KB133312

존재의 박물관

장소, 사람 또는 세상을 떠날 때
우리가 남기는 것은

존재의
박물관

스벤 슈틸리히 지음 · 김희상 옮김

Was von
uns
übrig bleibt

청미

트라우데 보크Traude Bock(1920~2008)를 추모하며

페트라Petra를 위하여

차 례

이야기를 풀기에 앞서

저 앞의 나무에는 누군가 하트를 새겨놓았다. 그 옆 덤불에는 빈 담뱃갑이 완전히 구겨진 채 반쯤 흙에 덮여 있다. 그 뒤에 남녀 한 쌍이 서로 마주 보며 웃는다. 그 뒤의 집은 한때 꽃 가게였던 곳으로, 창문에는 여전히 꽃 가게임을 알리는 글씨가 남아 있다. 가게 옆의 나무는 분명 몇백 년은 되었으리라. 나무는 그동안 모든 것을 보았을까? 남녀 한 쌍은 서로 안 지 며칠 되지 않았다. 여자가 우연히 남자의 손을 건드렸던 순간을 이 쌍은 오래도록 기억하리라. 자동차 한 대가 지나가는데 왼쪽 뒤가 찌그러졌다. 운전자는 누구 때문에 왜 그런 흠집이 생겨났는지 안다. 까마득히 먼 옛날 이 도로 위로는 로마군이 행진했었다. 그 가운데 병사 한 명이 한 움큼의 동전을 잃어버렸으리라고 누가 짐작인들 할까. 자동차 바퀴가 지나가며 튀어 오른 동전은 차에 흠집을 남겼다. 이 동전은 시청 홀의 진열장에 전시되었고, 10년 뒤 이제 부부가 된 남녀 한 쌍은 아이들과 함께 그

것을 구경하리라.

우리 인간은 달리 어쩔 수 없다. 우리는 알지 못하는 사이에 찾아갔던 장소에, 다른 사람의 머릿속에, 세상에 흔적을 남긴다. 이를 위한 기념비는 드물다. 감사하는 일도 별로 없다. 그러나 항상 무엇인가 남는다. 우리의 흔적이, 우리 곁에 그리고 다른 사람들에게. 우리는 다른 사람을 우리 안에 보존하고, 우리는 다른 사람 안에 보존된다. 어떤 이에게 이는 그저 두뇌의 기능이다. 다른 사람에게는 커다란 위안이다.

많은 사람들은 세상에 뭔가 남겼으면 하는 갈망을 마음 깊숙한 곳에서 불태운다. 큰 것이든 작은 것이든. 인간은 아름다운 순간에 시간이 멈추기를 희망한다. 또는 좋아하는 곳이 암벽처럼 세월을 끄떡없이 견뎌주기 바란다. 기분 좋은 레스토랑, 갈대가 우거진 아름다운 공원, 상품이 잘 진열된 산뜻한 상점은 영원히 사라지지 않아야 한다. 심지어 자신이 세상을 떠날 때 무엇인가 자신의 흔적을 남겨놓으려 평생 일하는 사람도 드물지 않다. 집, 나무 또는 아이를 통해 이들은 계속 살아가기 원한다. 또는 어떤 생각, 기억, 우승컵을 통해. 이런 희망을 중요하게 여기지 않는 사람도 있다. 이들은 오늘날 누구나 모차르트의 이름과 음악을 안다고 해서 모차르트가 얻는 것이 무엇이냐며 고개를 절레절레 흔든다. 이들은 10대 청소년들에게 하인츠 뤼만*이 누구인지 아느냐고 묻고, 청소년이 모른다고 고개를 저으면 이렇게 말한다. "나 때는 그를 모르는 사람이 없었어." 이들은 죽음과 함께 인생의 막이 내리며, 자신에게서 아무것도 남지 않는다고 생각한다. 이들은 그저 뒤에 오는 사람을 위해 자리를 비워주고 싶을 뿐이다.

인생은 우리가 그 허망함을 어떻게 보든 끄떡도 하지 않는다. 지난 누천년의 경험이 이를 증명한다. 흔적을 남기려는 우리의 노력은 대개 실패의 운명을 피하지 못했다. 작가 에리히 케스트너**는 이렇게 썼다. "무엇이 남아 자리를 계속 지킬지는 시간이 고른다. 그리고 대개 시간이 옳다." 우리는 원하는 것을 위해 노력할 수는 있지만, 시간이 우리보다 훨씬 더 강력하다. 시간이 남겨두는 것만이 현재에서 울림을 남긴다. 다른 모든 것은 어제 내린 눈일 뿐이다.

  희소식은 있다. 아무튼 우리에게서 뭔가는 틀림없이 남는다. 다만 그게 무엇일지 우리는 모른다. 앞으로도 모를 뿐이다. 인생이 우리를 기억하리라. 찾아갔던 곳, 만났던 사람, 우리가 살았던 세상을. 이런 점에서 본다면 인생은 계획할 수 없는 것, 카오스이자 생동감이 넘치는 흥미로운 것이다. 바로 이 지점에서 이 책은 시

● 하인츠 뤼만(Heinz Rühmann: 1902~1994)은 독일의 배우이자 영화감독이다. 탁월한 성격 연기로 큰 인기를 누린 인물이다.
●● 에리히 케스트너(Erich Kästner: 1899~1974)는 독일이 낳은 걸출한 소설가다. 나치스의 군국주의를 날카롭게 비판해 숱한 박해를 받으면서도 유머와 촌철살인의 기지가 넘치는 숱한 작품을 남겼다.

작한다. 무엇이 남겨지는지 관심을 가지고 그 이유를 추적해볼 생각이다. 생물적인 흔적을, 정신적인 흔적을, 문화적인 흔적을, 구체적인 흔적을 찾아 여행해보는 것이 이 책의 목표다. 이는 곧 역사와 미래로의 여행이다. 손이 닿는 곳이면 모든 원전에서 지식을 끌어모아 담아볼 생각이다. 고문헌을 뒤적이고, 먼지가 내려앉은 그림을 관찰하며, 고대의 길이 모습을 드러낼 때까지 도시 지도를 훑어볼 것이다. 범죄소설을 읽고 지문도 채취한다. 향토 영화와 연애 영화를 보고 텍스트를 읽으며 팝송을 들으리라. 사랑에 빠진 사람의 두뇌를 분석하고, 가상의 세계를 찾아가보자. 키스를 하고 사랑하고 속삭이고 싸우고 은퇴하고 죽어가는 인생을 따라가보자. 모으고 버리며, 보존하고 묻어버리자. 봉제 인형, 티셔츠, 기념품 등 진짜와 가짜 기억으로 가득한 이 책은 온갖 풍문과 그림도 담았다.

다른 사람이 우리 안에 어떤 흔적을 남기는지 하는 거꾸로 된 방향의 물음도 똑같이 흥미로운 동시에 답을 찾기 어렵다. 우리 인품의 어느 부분이 어디서 왔는지 우리는 대개 말할 수 없다. 또는 누가 우리에게 다른 사람을 위해 문을 열어주도록 가르쳤는지 하는 물음의 답도 우리는 알지 못한다. 샐러드에 일단 식초부터 치고 그다음에 식용유를 넣어야 한다고 누가 가르쳐주었을까? 우리는 부모와 친척과 선생님과 친구, 교육과 경험의 작품이다. 지하철에서 전혀 알지 못하는 사람들이 서로 나누는 말은 할아버지의 지혜만큼이나 우리에게 커다란 영향을 줄 수 있다. 다만 우리는 귀담아들어야 한다. 이 책은 기꺼이 귀 기울여 듣고자 한다. 또 우리가 살았던 장소도 우리 안에 흔적을 남긴다. 다만 우리는 자세히 살펴보아야만 한다. 이 책은 살펴보는 일에 흠뻑 빠진다.

이 책은 모든 문제마다 뭔가 할 말이 있다고 주장하지는 않는다. 물론 나는 주제의 여러 측면들을 되도록 놓치지 않고 담아내려 노력하기는 했다. 그러나 이 텍스트는 나의 기호(嗜好)와 관심, 내가 어린 시절과 성인기에 겪었던 경험, 관에 들어갈 내 몸뚱이와 머릿속을 어지럽게 날아다니는 잡념의 결과물일 따름이다. 내가 나 자신을 특별하게 여긴다는 말은 아니다. 그저 이 책은 다른 사람이 썼다면 전혀 다른 책이 되었으리라. 이 책은 또 주로 나의 주변, 독일 함부르크 알토나에서 일어난 일을 다룬다. 또 헤센에서 보냈던 어린 시절을. 저 앞 교회 옆의 담뱃갑이 벌써 몇 달째 계속 바래고 닳아가는 것을 나는 지켜보았다. 로마의 병사와 동전은 로마의 옛 국경 지대에 있었다. 이 책은 솔직히 장황할 정도로 나의 많은 경험을 다룬다. 주로 내가 했던 일의 이야기다. 달리 어쩔 수 없지 않을까. 내가 이 책에서 '우리'라고 쓸 때, 이 우리는 나와 가까운 '우리', 서양 백인의 '우리'다. 물론 이 우리는 누구도 따돌리지 않는다. 그러나 이 책이 모든 것에 대해 모든 것을 이야기할 수는 없다. 이 책의 관점은 명확해야만 한다. 그렇지 않다면 그림은 모서리부터 흐려지고 말 테니까. 바로 그래서 이 책은 유럽 중부의 안경을 쓰고 '우리'를 바라본다. 아시아나 아프리카의 관점을 담은 책이 있다면 나는 틀림없이 샅샅이 읽어가며 내 것으로 만들리라.

마침 일요일 아침이며 밖에는 햇살이 비친다. 나는 1970년대의
빨강과 노랑과 녹색의 줄무늬가 새겨진 안락의자에 앉아 있다.
1950년대의 튤립 모양의 등을 단 램프가 등 뒤에서 아늑한 빛
을 비추어주고 있다. 그 옆의 축음기에서는 1960년대의 음악이
흘러나온다. 안락의자와 램프와 축음기는 각각 20년 전과 10년
전과 1년 전에 거리에서 나와 만났다. 안락의자와 램프는 폐기
물 신고 딱지를 붙여 내놓은 것이었고, 축음기는 그냥 눈에 띄었
다. 램프와 내가 우리가 될 때 비가 엄청 내렸던 기억이 난다. 램
프는 가까운 전파상 '라디오 쾰슈(Radio Kölsch)'에서 수리해야
만 했다. 그 전파상은 이제 없어졌으며, 그 자리는 미용실이 되
었다. 나는 종종 누가 램프와 안락의자를 거리에 내놓았을까 자
문하곤 했다. 그 좋은 축음기는 왜 내다 버렸을까. 가구는 쫓겨
나거나 폐기당하거나 또는 심지어 달아났을 수도 있다. 죽음보
다는 더 나은 어떤 것을 찾아 길을 떠났다가 나와 만났을까? 당
연히 나는 이런 물음에 답이 주어질 수 없음을 안다. 아무래도
물건은 자신의 스토리가 아직 완결되지 않아서 어느 날 다른 주
인을 찾아 길을 떠난 것일 수 있다. 왜 어떤 것은 오고, 다른 것
은 사라질까. 대개 우리는 답을 알지 못하고, 그저 서로 어울리
며 살아갈 뿐이다.

청소년기에 나는 하인리히 뵐의 소설에 감명을 받았다. 그의 단편 「방랑자여, 그대 스파…로 가거든」에서 부상당한 병사는 자신이 누운 병실 문 위의 자리를 응시한다.● 나치스가 권력을 잡기 전까지 십자가가 걸렸던 곳에는 "벽에는 생겨난 지 얼마 안 되는 십자 모양의 노란색 얼룩이 있다. 그것은 예전에 걸려 있던 십자가, 아무 힘도 없고 작은 십자가보다 더욱 또렷하고 선명하다." 나는 당시 이 대목을 읽고 큰 충격을 받았다. 어떤 것은 더는 세상에 있지 않아서 그 존재를 더욱 분명하게 드러낸다. 빈자리는 밝게 빛나서 어쩔 수 없이 눈을 끔뻑이며 늘 다시금 살펴봐야 한다.

이 책은 일상에 좀 더 주의를 기울이자는 호소다. 지금, 인생의 바로 이 순간에, 우리와 다른 사람 안에 남는 것을 위해. 원한다면 '맹목적 변화'에 반대하는 마음가짐으로. 많은 경우 단지 몇 년만 신경 쓰지 않아도 돌연 파트너는 전혀 다른 사람이 된다. 또는 버스를 타고 일터로 가는데 전에 전혀 보지 못한 새 건물이 나타난다. 언제 저런 것을 지었을까. 나는 《지나가는 것에 머물다》라는

● 하인리히 뵐(Heinrich Böll: 1917~1985)은 독일의 전후문학을 대표하는 작가로 1972년에 노벨 문학상을 받았다. 「그대 스파…로 가거든Wanderer, kommst du nach Spa……」는 뵐이 1950년에 발표한 작품으로 전쟁에서 중상을 당한 군인이 야전 병원에 실려 와 수술을 받는 과정을 그린 작품이다. 처음에는 전혀 알아차리지 못했으나, 이 야전 병원이 자신이 다녔던 학교였음을 깨달으면서 병사는 충격을 받는다. 제목은 고대 그리스의 시구에서 따온 것으로 서정시인 시모니데스가 스파르타의 전사한 병사를 추모하기 위해 쓴 것이다.

제목의 블로그를 쓰면서 매일 지나다니는 길이라도 자세히 살피고 둘러보며 바닥만 볼 게 아니라 위도 올려다보는 것이 중요함을 발견했다. 그렇지 않으면 우리는 그저 지나갈 뿐이며, 우리가 지나친 공간은 그저 아무것도 아닌 곳에 지나지 않는다. 변화는, 그것이 미세한 것이든 파격적인 것이든, 나를 자극한다. 무너져가는 낡은 건물조차도 멋진 면이 있다. 전후에 지어진 고층 건물도 아름다운 구석이 있다.

평범함이란 없다. 이 책이 말하고자 하는 핵심이다. 어떤 것도 항상 있지 않으며, 영원히 남지 않는다. 우리도, 이것도, 저것도. 우리 주변의 모든 것은 생명의 표시를 담았다. 장소와 인간과 세상에서 이런 표시를 읽을 수 있다면 얼마나 아름다울까. 그럼 모든 것이 풍요로워진다. 어떤 이에게는 바깥에서 이름 모를 새들이 삑삑, 삐리리, 쩍쩍거리는 소리가 들린다. 다른 이에게는 박새, 지빠귀, 울새의 지저귐이 들린다. 어떤 이에게 벽의 칠은 낙서이며, 다른 이에게는 헤라쿠트*의 새로운 예술 작품이다. 너는 오늘 어딘가 다르다고 나는 느낀다. 혹시 뭐가 변했는지 들려주지 않으련?

---

* 헤라쿠트(Herakut)는 독일의 거리 예술가 듀엣의 명칭이다. 야스민 지디쿠비(Jasmin Siddiqui)와 팔크 레만(Falk Lehmann)은 2004년부터 공공 공간에 벽화를 그려 국제적인 명성을 얻었다.

이 책은 우울하지 않다. 어쨌거나 우울하지 않으려 했다. 가장 좋은 대답을 찾아내려 노력하지도 않았다. 그 반대다. 차라리 몇몇 물음이 싹을 틔울 수 있는 텃밭이었으면 하고 바란다. 그래서 나는 전혀 생각하지도 못한 물음, 개성적이며 독특한 물음의 열매가 달렸으면 한다. 나는 그저 내 물음만 가졌을 뿐이다. 내 편집자인 율리아 포어라트Julia Vorrath와 내가 함께 생각해낸 물음도 있기는 하다(이 물음들은 각 장의 문을 열어준다). 내가 전혀 엄두도 내지 못한 가장 아름다운 물음 가운데 하나는 여배우 아델레 노이하우저의 자서전 『내가 나의 최대 적이었다』에서 찾아냈다.• 그녀는 이 책에서 자신이 어떻게 죽어가는 어머니를 동행했는지 묘사한다. 마지막 대화에서 어머니는 갑자기 이렇게 묻는다. "그래, 아델레, 너의 행복은 어디 있니?" 아델레는 오늘날 이 마지막 물음과 씨름한다. "난 이 물음을 준 어머니가 정말 고맙다." 아델레가 불행해서 그런 게 아니다. 이 물음은 그녀의 인생을 뒤흔든 또 하나의 물음을 숨기고 있기 때문이다. "아직도 새로운 것, 살아보지 못한 것이 있을까?" 행복은 전혀 찾아보지 않은 바로 그곳에 숨어 있는 게 아닐까?

• 아델레 노이하우저(Adele Neuhauser: 1959년생)는 오스트리아 여배우다. 그리스인 아버지와 오스트리아인 어머니 사이에서 태어나 부모의 갈라섬으로 어려서부터 극심한 혼란을 겪어 10살 때부터 21살 때까지 숱한 자살 시도를 했다. 자서전 『내가 나의 최대 적이었다Ich war mein größter Feind』에서 그녀는 자신을 버렸던 어머니와의 화해 과정을 담담하게 묘사한다.

내가 이 책을 쓰게 된 것은 호기심 때문이다. 내가 뭔가를 알아서 기꺼이 전해주려는 게 아니라, 내가 뭔가를 알고 싶어서 이 책을 썼다. 내 물음이 촉발제가 되어 여행한 몇 달 동안 많은 커다란 물음은 갈수록 작은 물음으로 변했다. 나는 안다. 내가 걸어온 많은 길은 이미 나에 앞서 걸어간 사람들이 있다는 것을. (그리고 이 글에서 언급하는 모든 책은 독자 여러분에게 꼭 읽어보라고 추천한다.) 심지어 이미 다져진 옛 길조차 나는 끝까지 가보지 못했다. 길마다 끝까지 갔더라면 나는 이 책을 절대 끝낼 수 없었으리라. 최소한 몇 가지 새로운 교차로를 발견한 것에 나는 기쁨을 느낀다. 책은 3부, 곧 장소와 인간과 세상에 헌정되었다. 각 부는 짤막한 열개(들어가는 말)와 덮개(덧붙이는 말)를 가진다. 이런 장치로 나는 조금이라도 더 내 경험을 이야기하고자 했다.

이 책을 쓰며 내 인생은 좀 더 풍요로워졌다. 그리고 내 집은 좀 더 가득 찼다. 오늘 아침에 먹을 빵은 공화국 궁전*에서 나온 접시 위에 담았다. 이 접시는 나의 새 재산이다. 공화국 궁전에서 남은 유물에 무엇이 있는지 검색했을 때 접시는 이베이(eBay)의 판매 상품 목록에 불현듯 나타났다. 마치 마법의 등잔이 내놓은 답처럼. 나는 '즉시 구매'를 클릭하는 수고만 치렀다. 이 접시를 보면

• 공화국 궁전(Palast der Republik)은 구동독의 정부 청사였던 건물로 지금은 철거되고 그 자리에 옛 베를린 성이 복원되었다.

지난 몇 달이 떠오른다. 책 한 권 쓰는 일이 아무 흔적도 남기지 않을 수는 없는 노릇이다.

2018년 7월

스벤 슈틸리히

장소,

사람 또는

세상을 떠날 때

우리가

남기는 것은

내가 잃어버렸던 것 가운데 가장 중요한 물건은 무엇인가? • 내 집에는 50년 전에 누가 살았을까? • 돌아갈 수만 있다면 기꺼이 돌아가고 싶은 곳은? • 절대 돌아가고 싶지 않은 곳은? • 지금 내가 있는 곳을 친구들이 스마트폰으로 보아도 좋을까? • 저 앞에 있는 꽃은 누가 심었을까? • 어렸을 때 타던 그네가 아직도 있을까? • 가방에서 지난여름에 휴가를 보낸 해변의 모래가 나온다면 어떤 기분이 들까? • 내가 사는 도시의 이름은 어떻게 생겨났을까? • 어디를 가든 늘 지니고 싶은 물건은 무엇인가? • 내가 태어난 곳은 누가 골랐을까? • 지금 있는 곳을 영원히 떠나기 전에 마지막으로 보아두고 싶은 것은? • 내가 버린 쓰레기를 누군가 살펴본다면, 그는 나를 어떻게 생각할까? • 내가 남긴 흔적 가운데 가장 오래된 것은 어디 있을까? • 내 어린 시절은 어떤 냄새를 풍길까, 현재는? • 내 인생에서 가장 오래된 물건은 무엇일까? • 내가 살았던 옛집에 새로 들어온 입주자가 집을 어떻게 바꾸었는지 보고 싶은가? • 그동안 살면서 남긴 흔적 가운데 기꺼이 지웠으면 하는 것은 무엇인가? • 내가 다녔던 초등학교는 오늘날 어떤 모습일까? • 보물 상자를 어딘가에 묻어둔다면, 그 안에 넣고 싶은 것은? • 나무껍질에 내 이름을 새겼던 나무가 여전히 있을까? • 추억 속의 장소는 항상 '좋았던 시절'을 보여줄까? • 예전에 근무했던 일자리에 내 이메일 계정이 그대로 남아 있을까? • 고향 생각을 하면 가장 먼저 떠오르는 것은? • 지금은 없어진 추억의 장소 중 원형 그대로 되살리고 싶은 곳은? • 부모님 댁에 남아 있는 내 물건은 무엇인가? • 기억은 제발 버렸으면 속이 시원한 것인가? • 내 심장을 어디서 잃어버렸을까?

제 1 부

우리가 떠난 자리에는
무엇이 남을까

들어가는 말

항상 그 자리에 있던 것이 갑자기 사라졌다. 어느 날 아침 멀쩡했던 집은 온데간데없고 공사장 가림막이 쳐진 앞에서 우리는 놀란 눈을 끔뻑거린다. 벽이라고는 없어 휑한 곳에서 우리는 그 자리에 못 박히기라도 한 것처럼 꼼짝도 하지 못한다. 우리는 지금 아무것도 없는 저곳에 얼마 전까지만 해도 어떻게 계단을 올라갔는지 의아해한다. 저곳, 한 층 더 높은 공간에 아마도 침대가 놓여 있었고, 우리는 매일 밤 "잘 자요" 하고 말했을 수도 있다. 그러나 지금 보이는 것이라고는 잿더미뿐이다. 우리는 기억을 더듬으며 주위를 멈칫거리며 둘러본다. 집은 사라졌으나, 여전히 그 존재는 남았다. 우리의 머릿속에.

장소가 우리를 떠나버리는 경우도 없지는 않다. 그러나 대개 장소에 등을 돌리는 쪽은 우리다. 어떤 식으로 등을 돌리게 되는지 그 사연은 다양하기만 하다. 세상에는 무수히 많은 장소가 있으며, 인간도 저마다 제각각 다르니까. 우리는 차분하면서 단호하게 등 뒤의 문을 닫거나, 서둘러 빠져나오느라 모든 것을 그대로 두기도 한다. 안도감 또는 좌절감과 함께, 충격을 받았거나 입가에 미소를 띠는 표정에서 우리는 그 사연의 천차만별을 읽어낸다. 오랫동안 즐겨 찾았던 곳이 있는가 하면, 다시는 돌아갈 수 없거나 가고 싶지 않은 곳도 있다. 그때마다 우리는 늘 같은 물음을 품는다. 이곳에 무엇을 남겨놓을까? 무조건 가지고 가고 싶은 것은 무엇일까? 이 책은 이런 물음들을 다루고자 한다. 지극히 개인적인 차원에서든 인간 일반의 차원에서든.

이 책은 생물학과 법의학을 살펴보고, 약간은 역사와 고고학도 들쑤셔가며, 팝 문화를 방문해보고, 사람이 더는 살지 않는, 또는 절대 다시는 그곳에 발을 들이지 않을 장소를 이야기해보고자 한다. 또 어디서 어떻게 인간이 영원의 반열에 올라서는지 하는 물음도 추적해볼 생각이다. 끝부분에서는 어떻게 사람이 흔적도 없이 사라질 수 있는지 하는 문제를 여담 삼아 다루어보려는 것이 나의 계획이다. 어제까지만 해도 멀쩡히 있다가 흔적도 없이 사라져버린 저 공사장 가림막 뒤의 집처럼.

그렇게 완전히 사라지는 일은 결코 없다

생물학을 따라서:

초등학교에 남은 지문, 개의 코,

박테리아, 역사적 이중 살인

그리고 우리 머리 위의 구름

우리는 가는 곳마다 우리의 일부를 남긴다. 또 뭔가 가져오기도 한다. 가는 곳마다 우리는 뭔가를 주고, 뭔가를 가져온다. 얼마나 그곳에 오래 머물렀든, 그곳에 머무는 동안 우리의 존재감이 얼마나 미미했든 상관없이 이런 주고받음은 이루어진다. 절대 사진첩에 수록되지 않을 장소도 수두룩하다. 우리가 빨리 스쳐갔거나, 우리를 획 스쳐가는 곳에는 주유소, 슈퍼마켓, 대기실, 고속버스 따위가 꼽힌다. 그런 곳에 우리의 일상이 남긴 흔적은 빠르게 말라붙어 얼룩을 남긴다. 30분쯤 머무르는 장소 또는 다용도실에 남는 흔적도 마찬가지다. 그럼에도 우리는 이런 공간으로부터 뭔가 가져온다. 차표, 영수증, 구두 밑창에 달라붙은 껌은 이런 스쳐 지나가는 만남의 명백한 증거다. 또 우리가 남기는 것도 만만찮다. 신용 카드 거래 내역, 우리 얼굴을 찍은 폐쇄 회로 카메라 영상 따위는 우리가 절대 만날 일이 없는 사람의 하드 디스크에 저장된다. 이런저런 일을 하느라 바삐 돌아다니는 우리를 갈수록 작게 만들어지는 소형 렌즈가 높은 해상도로 촬영하며, 스마트폰의 GPS 센서는 가상의 지도에 우리의 동선을 그려놓는다. 어디를 가든 우리는 무엇인가 남긴다. 심지어 걸어 다닐 때 흔적도 따라다닌다. 그 가운데 대부분은 언제 그런 게 있었냐는 듯 슬쩍 사라지지만, 생각했던 것보다 훨씬 더 오래 남는 것도 적지 않다. 가장 오래 남는 것은 다름 아닌 발자국이다.

남은 발자국 가운데 오늘날까지 보존된 가장 오래된 것은 탄자니아 북부의 올두바이 협곡에 있다. 올두바이 협곡은 진화의 결정적 단서를 풍부하게 담은 곳이다(그리고 영화 「2001: 스페이스 오디세이」*는 이 장소의 원시인을 검은 돌기둥처럼 묘사했다). 이곳에서 생태학자 데이비드 웨스턴은 발굴 작업을 벌이느라 고된 하루를 보낸 끝에 고생물학자 앤드루 힐을 장난삼아 코끼리가 싸질러놓은 똥으로 밀쳤다. 미끄러져 넘어진 힐은 자신의 코앞에서 화석의 흔적을 발견했다. 자세히 살펴본 흔적은 영양과 코뿔소와 딱정벌레가 남긴 것 외에 원시인의 발자국이었다. 고고학자 메리 리키의 연구 팀은 쾌재를 불렀다.** 이 발자국은 우리의 선조들이 화산재가 쌓인 들판을 걸으며, 물론 두 발로 허리를 곧게 펴고 걸으며 남긴 것이다. 350만 년 전 이날은 비가 약간 내린 덕에 화산재가

---

* 「2001: 스페이스 오디세이A Space Odyssey」는 1968년에 개봉된 스탠리 큐브릭(Stanley Kubrick) 감독의 작품이다. 충실한 과학 고증을 바탕으로 인간의 진화와 인공 지능과 우주 생활을 다룬 영화다.

촉촉했다. 이것이 말라서 굳어져 오늘날까지 고스란히 남았다. 케냐와 에티오피아에서도 이런 흔적은 많기만 하다. 크레타섬의 놀라울 정도로 오래된 흔적을 두고도 고고학자들은 그 정체가 무엇인지 골머리를 앓는다. 오늘날은 돌무덤이 되다시피 한 해변에 누가 찍었던 간에 이 발자국 역시 두 발로 서서 걸은 것이 분명하다. 그 발의 형태는 오늘날 우리가 알고 있는 그 어떤 종의 원숭이와도 맞지 않는다. 이 발자국이 보존된 땅은 지중해가 소금 사막이었던 시절, 곧 대략 600만 년 전에 생겨났다. 이 발자국은 그저 오래된 흔적 그 이상의 것이다. 이 발자국 때문에 우리의 선조는 오로지 아프리카의 사바나에서만 발달했다는 이론이 사정없이 흔들리기 때문이다.

오늘날 직립 보행을 하는 '호모 사피엔스'로 시내의 보행자 구역을 걷는 사람은 당연히 발자국, 정확히 말하면 구두 자국을 남긴다. 약간 비나 눈이 내렸다면 명품 전문점이나 승강기 바닥에서 그 자국은 반짝인다. 몇백만 년 전과 비교해 오늘날 발자국은 오래잖아 다른 사람의 발자국에 덮인다. 그리고 밤이 되면 청소 서비스나 도로 관리 요원이 찾아와 하루 동안 남은 자국을 제거한다. 누가

●● 데이비드 웨스턴(David Western: 출생 연도 미상)은 미국 캘리포니아 대학교의 생물학 교수로 '아프리카 보존 센터'를 이끄는 책임자다. 앤드루 힐(Andrew Hill: 1946~2015)은 영국 출신의 고생물학자로 예일 대학교 고고학 교수를 지낸 인물이다. 메리 리키(Mary Leakey: 1913~1996)는 영국의 고생물학자로 호미닌(Hominin) 화석 발견에 공을 세운 인물이다.

정확히 그런 발자국을 찍었는지 하는 물음의 답은 수백만 년 전의 광활한 아프리카와 마찬가지로 대개 알 수 없게 마련이다. 다만 발자국이 범행 현장의 주요 단서라서 그 주인이 누구인지 경찰이 촉각을 세우는 경우는 예외다. 이런 경우 평소 덧없이 사라지던 발자국은 돌연 범인의 최대 실수가 되어, 그 구두 굽의 모양은 결정적인 증거로 탈바꿈한다. 바로 그래서 경찰은 '구두 굽 모양 참조'라는 이름의 거대한 데이터 뱅크를 구축해두었다. 예를 들어 브란덴부르크 지방경찰청은 시장에서 통상적으로 거래되는 구두 유형을 6,000개가 넘게 컴퓨터에 저장해두었다. 이 데이터 뱅크에는 다시금 6,000개가 넘는 발자국, 그동안 범행 현장에서 확보된 단서도 추가되었다. 물론 그저 발자국 하나만으로 범인을 직접 추적하는 일은 가능하지 않다. 그러나 그 자국과 맞는 진짜 구두를 찾아낼 수 있다면, 이와 맞물린 단서는 빠르게 개인적 면모를 드러낸다. 사람은 저마다 다르게 걸으며, 이에 따라 구두 뒷굽이 닳는 모습도 제각각이기 때문이다. 예를 들어 팔자걸음을 걸으면 구두 뒷굽의 바깥쪽이 더 닳고, 안짱걸음을 걸으면 구두 뒷굽의 안쪽이 더 닳는 것이 그런 개인적 특성이다. 도시나 건물 계단에 생긴 발자국, 비가 온 뒤에 반짝이는 발자국을 주목하는 사람의 눈에는 선과 원과 점과 홈이 가득한 세상이 열린다. 그만큼 발자국이 남긴 흔적은 지문만큼이나 독특한 개성을 드러낸다.

말이 나온 김에 짚어보자면 지문이 개인의 유일함을 드러낸다는 지식은 인류의 역사만큼이나 해묵은 것이지만 쉽게 잊히기 일쑤다. 고대 바빌로니아 사람들과 중국의 초대 황제들은 이미 손가락이나 손바닥을 점토나 진흙에 찍었다고 한다. 이후 누천년 동안 그런 자국은 서명으로 여겨졌다. 그러나 지문이나 손바닥 모양을 중시한 풍습은 그런 자국이 가진 비교 불가의 특성을 간파했기 때문이라기보다는 글을 쓸 줄 아는 사람이 극소수였다는 점과 더 깊은 연관을 가진다. 이런 사정은 19세기에 들어 변하기 시작했다. 변화는 처음에는 인도와 일본에서, 다음에는 유럽에서, 그다음에는 미국에서 일어났으며, 결국 전 세계로 퍼져나갔다. 이 변화의 물꼬는 1858년에 터졌다. 인도로 파견된 영국의 식민지 관리 윌리엄 제임스 허셜*은 캘커타 근처에서 문득 색을 칠해 찍은 손바닥 자국이 계약서를 위조하는 사기를 막을 좋은 방법이라는 생각을 떠올렸다. 이후 손바닥 자국을 더 면밀하게 관찰하던 그는 손가락 끝의 물결 모양이 사람마다 다르다는 점을 주목했다. 그는 자신의 손가락에 검정색을 칠해 종이 위에 찍었다. 그런 다음 가족과 친구들의 손가락도 찍어보았다. 이 자국들을 비교해본 끝에 허셜은 지문이 정말 개인만의 유일한 것이라는 결론을 내렸다. 연구를 계속한 허셜은 지문을 자신이 관리로 부임하는 곳마다 계속해서 유용하게 이용했다. 그러나 이 발견이 큰 영향을 끼치지는 못했다.

• 윌리엄 제임스 허셜(William James Herschel: 1833~1917)은 지문 감정을 개척했다는 평을 듣는 영국 출신의 관료다.

스코틀랜드 출신의 선교사 헨리 폴즈*는 1880년 무렵에 일본
에서 발굴 작업을 하다가, 도공의 손가락 자국이 선명하게 찍혀
있는 도자기 조각을 발견했다. 이게 뭐지 싶어 의아해진 그는 기
회가 있을 때마다 도자기 조각들을 살펴보고 결국 허셜과 같은
결론에 이르렀다. 그의 행운은 지문이 사람마다 다르다는 자신의
가설을 현장에서 확인할 기회를 잡았다는 점이다. 선교사이면서
의학자이기도 한 폴즈가 봉사하던 병원에서 누군가 병에 담긴 소
독용 알코올을 몰래 한 모금씩 마시는 사건이 일어났다. 폴즈는
그 사건의 진상 규명을 위해 발 벗고 나섰다. 그는 병에 묻은 지
문을 혐의가 가는 사람의 지문과 비교한 끝에 진범을 밝혀내는
데 성공했다. 그는 이 발견의 공로를 누구에게도 빼앗기지 않겠다
고 결심했다. 재빨리 그는 《네이처Nature》지에 글을 기고해, 지문
을 개인의 신원 확인 방법으로 쓰자고 제안했다. 발표된 글은 허
셜도 읽었다. 허셜은 당장 《네이처》지에 편지를 써서 자신이 벌써
20년째 지문을 신원 확인용으로 쓰고 있다고 알렸다. 이후 헨리
폴즈와 윌리엄 제임스 허셜은 몇십 년을 두고 지문의 독특함을
발견한 공로가 누구의 몫인지 다투었다.

독일에서는 젊은 수의사 빌헬름 에버**가 베를린의 어떤 도살

---

* 헨리 폴즈(Henry Faulds: 1843~1930)는 스코틀랜드 출신의 의학자이자 선교
  사로 지문 감정의 발달에 중요한 기여를 한 인물이다.
** 빌헬름 에버(Wilhelm Eber: 1863~1898)는 독일의 수의사로 지문 감정 개발
  에 기여한 인물이다.

장에서 푸주한들이 그 피 묻은 손으로 장부에 서로 다른 자국을 남기는 것을 주목했다. 1888년 프로이센 정부는 빌헬름 에버의 주장 "범행 현장에서 최소 1cm² 크기의 손자국만으로도 개인에게 직접 혐의를 둘 수 있다"를 받아들이지 않았다. 내무부의 공무원은 에버에게 이런 답장을 썼다. "선생님의 제안은 현장에 적용하기에 무리가 있다고 보여, 아직은 자세히 검토할 계획이 없음을 알려드립니다." 1903년에 들어서야 비로소 독일 드레스덴의 경찰은 범인 검거에 처음으로 지문을 사용했다.

오늘날 어떤 집을 턴다거나 은행을 습격한다거나 누군가 살해하려는 사람은 무조건 장갑을 낀다. 19세기 말엽만 하더라도 범죄자는 장갑을 끼어야 한다는 생각 자체를 하지 않았다. 전 세계적으로 경찰이 지문을 증거로 채택한 첫 사건은 아르헨티나 부에노스아이레스 남쪽의 작은 항구 도시 네코체아(Necochea)에서 일어났다. 1892년 6월 19일 그곳에서는 두 명의 아이들, 네 살의 여아 테레사Teresa와 그보다 두 살 더 많은 오빠 폰시아노Ponciano가 잔인하게 살해당했다. 누군가 아이들의 머리를, 그것도 밝은 대낮에 강타한 것이 사인이다. 아이들의 엄마 프란시스카 로하스Francisca Rojas 역시 목에 자상을 입은 채로 발견되었다. 그리고 그녀는 이웃의 농부를 범인으로 지목했다. 하지만 이웃은 한사코 범행을 부인했다. 현지 경찰은 수사가 좀처럼 진척되지 않자 부에노스아이레스주의 주도 라플라타에 지원을 요청했다. 몇 주 뒤 파견된 에두아르도 알바레스Eduardo Alvarez 경위가 수사 권한을 넘겨받고 빠르게 이웃의 알리바이가 맞음을 확인했다. 알바레스 경위는 침실 문의 틀에 피 묻은 손가락 자국이 남은 것을 발견했다. 그는 이 자국을 사건과 관련된 사람들의 지문과 비교했다. 그 결과 혈흔의 지문과 일치한 것은 엄마의 오른손 엄지손가락이었다. 그러자 프란시스카 로하스는 그대로 무너지며 자신이 아이들을 타살한 것을 자백했다. 그녀는 새 애인에게 빠진 나머지 아이들을 걸림돌이라 여겨 살해하는 만행을 저질렀다. 로하스는 무기징역을 선고받았다. 아르헨티나는 이로써 지문 감식을 경찰의 정식 수사 기법으로 채택한 최초의 국가가 되었다. 오늘날까지도 살인자 로하스는 잊히지 않았다. 100여 년 전 아무도 죽이지 않은 대다수 사람들과는 달리, 그녀는 위키피디아에 이름이 올랐기 때문이다.

대중문화가 지문을 쌍수를 들어 반긴 것은 놀라운 일이 아니다(물론 당시의 대중문화가 오늘날의 그것과 같지는 않았다). 우선 우리의 몸에 다른 누구도 가지지 않는 지극히 개인적인 특색이 있다는 점은 상상력을 마음껏 펼칠 공간을 열어주었기 때문이다. 지문이 범죄소설의 단골 소재로 승승장구하게 된 효시를 쏘아올린 사람은 마크 트웨인이다. 그는 이미 1883년에 「엄지 찍은 자국과 그로 빚어진 결과」라는 제목의 이야기를 선보인 바 있다.* 어떤 남자가 아내와 아이들을 죽인 살인범을 추적하며 자신을 점쟁이로 꾸민다. "나의 장비는 간단하다. 약간의 붉은 물감과

한 장의 하얀 종이가 내 장비다. 나는 고객의 엄지에 물감을 발라 종이에 찍게 한다. 나는 그 자국을 밤새 연구하고 다음 날 자국의 주인에게 운명을 알려준다." 그는 43개의 지문을 수집한다. 그리고 마침내 범인이 누구인지 밝혀낸다. 한 점의 의혹도 없이. "엄지는 네가 변장시킬 수 없는 유일하게 확실한 것이니까." 아서 코넌 도일의 걸출한 탐정 셜록 홈스는 1903년의 추리소설 『노우드의 건축가 The Norwood Builder』에서 지문 감정으로 범인을 밝혀낸다. 물론 이 추리소설에서는 지문을 심지어 왁스로 변조하는 수법도 등장한다. 이 얼마나 대단한 상상력인가!

우리가 지우지 않은 지문 자국은 대단히 끈질긴 생명력을 자랑한다. 생물학에서 보는 지문은 피부의 지방이 남긴 자국이다. 매끄러운 표면에서 말라붙은 지문은 저절로 없어지지 않는다. 안경이나 와인 잔, 냉장고의 매끈한 금속 부분이나 스마트폰의 터치스크린에 남은 지문은 김을 서리게 만든 다음 문지르고 닦아주어야만 사라진다. 과학 실험은 지문이 심지어 비닐봉지에 7년 동안이나 남아 그 주인이 누구인지 밝혀줄 수 있음을 확인했다. 영국에서 이루어진 어떤 실험은 창문의 금속 창틀에 묻은 지문이 바람

● 마크 트웨인(Mark Twain: 1835~1910)은 독특하면서도 깊이 있는 자신만의 문학을 구축한 미국의 작가다. 본문이 언급한 이야기는 마크 트웨인이 1883년에 발표한 『미시시피 위의 인생 Life on the Mississippi』의 제31장을 이루는 것으로, 그 제목은 「엄지 찍은 자국과 그로 빚어진 결과 A Thumb-print and What Came of It」이다. 프란시스카 로하스 사건이 1893년에 일어난 것에 비추어 트웨인은 그보다 10년 전에 이미 지문의 진가를 알아본 셈이다.

과 비에 고스란히 노출되었음에도 2년 반 동안 끄떡없이 남았음을 보여주었다. 조건만 유리하게 맞아떨어진다면 지문의 생명력은 감히 무한함을 넘볼 정도다. 예를 들어 초등학교에서 유리창을 만졌고, 이후 이 유리창을 잘 말려주고(이를테면 창고나 지하실에서), 닦지 않았으며, 다른 누구도 유리창을 만지지 않았다면, 졸업한 지 몇십 년 뒤에도 그 초등학생의 지문은 고스란히 남는다.

아무튼 만지거나 밟는 모든 것에 우리는 자국과 흔적을 남긴다. 무엇을 만지든, 어디를 걷든, 또 우리 몸이 무엇과 닿았든, 우리의 그 무엇, 우리 자신의 아주 작은 일부가 그것도 아주 오랫동안 남는다. 인간의 머리카락, 지금까지 발견된 가장 오래된 머리카락은 남아프리카에서 수십만 년의 세월을 버텨냈다. 이 머리카락은 요하네스버그 근교의 어떤 동굴에서 하이에나의 굳어진 배설물 가운데서 나왔다.

　오늘 아침 바람에 날려간 우리 머리카락이 얼마나 멀리, 또 어디에 내려앉을지 누가 알까? 인간은 하루에 60~100가닥 정도의 머리카락을 잃는다. 모근이 죽어서 빠지거나, 모자에 들러붙거나 해서 주인을 잃은 머리카락은 허공을 둥둥 떠다니다가 어딘가에 내려앉아 오래 머문다. 머리카락을 현미경으로 들여다보면, 머리카락 색을 알 수 있고, 염색을 했는지 여부는 물론이고 그 주인의 대략적인 나이를 가늠할 수 있다. 머리카락을 화학 분석하면 그 주인이 술을 마셨는지, 마약을 했는지도 알 수 있다. 게다가 모근에는 유전자가 있어서, 무엇보다도 주인이 남자인지 여자인지, 피부색과 눈동자 색깔은 어떤지 알 수 있다.

DNA는 그 주인의 인생보다도 더 오래간다. 그리고 DNA 분석은 1984년 생화학자 앨릭 제프리스*가 우연히 개발한 이후 해를 거듭할수록 개선되어왔다. 1987년 그의 유전자 감식은 처음으로 범인을 검거하는 성과를 올렸으며, 1990년부터 독일에서도 법적 효력을 가지는 증거로 인정받았다. 이때부터 체세포는 주인의 정체를 폭로할 잠재적 배신자가 되었다. 전보다 적은 단서만 가지고도 혐의가 가는 사람의 범죄를 입증하는 것은 충분히 가능해졌다. 유전자 감식 방법이 등장하기 전에 혈흔은 유로화 동전 정도의 크기는 되어야 분석될 수 있었지만, 오늘날에는 밀리미터 크기의 자국만으로도 충분하다. 그리고 분석은 갈수록 강력해진다. 머지않아 DNA 하나만 가지고도 그 주인의 외모는 얼마든지 추적될 수 있을 전망이다(이미 법적으로도 허용되었다). 그러므로 함부르크의 법의학자 클라우스 퓌셸**은 독일에 거주하는 모든 사람의 유전자 정보를 저장해두어야 한다고 요구한다. "요람에서 무덤까지, 우리 조국의 곳곳과 국경의 모든 지역에서"

• 앨릭 제프리스(Alec Jeffreys: 1950년생)는 영국 생화학자이자 유전학자로 유전자 감식을 고안해낸 인물이다. 이 공로를 인정받아 1994년 영국 여왕으로부터 귀족 작위를 받았다.
•• 클라우스 퓌셸(Klaus Püschel: 1952년생)은 독일 법의학자로, 현재 함부르크 대학병원의 법의학과 연구소 소장이다.

유전자 정보를 저장해두면 사회는 범죄로부터 완전히 안전해진
다고 그는 강조한다.

　우리가 남기는 많은 생체 흔적은 아주 쉽게, 눈에 잘 띄지도 않
고 여행 다니기를 무척 좋아한다. 대개 우리는 이런 흔적을 소리
없이 주변으로 날려 보내는가 하면, 어떤 것은 큰 소리를 내며 폭
발적으로 쏟아내기도 한다. 예를 들어 심한 재채기를 하는 사람은
콧물과 침을 사방에 뿌려놓는다. 물론 그 안에는 DNA가 가득하
다. 매사추세츠 공대(Massachusetts Institute of Technology, MIT)
의 연구자들은 재채기와 함께 쏟아져 나온 에어로졸이 11m 이상
번져나가는 것으로 밝혀냈다. DNA 프로필 확인은 우리가 짧은
문장을 말하며 뿌리는 아주 적은 양의 침방울만 가져도 충분하
다. 그리고 자연이 거들어주기만 한다면 아주 오랫동안 침방울은
자신의 주인이 누구인지 알려준다. 여름에 시내 중심가에서 보도
에 침을 뱉은 사람은 넉 주 동안 비가 한 방울도 내리지 않았다면
여전히 자신의 행위에 책임질 각오를 해야만 한다. 그 침 위에 여
러 명의 다른 보행자가 계속 침을 뱉었다고 해도 원래 침의 주인
은 밝혀질 수 있다. 도서관에서 책에 재채기를 하면 책에 달라붙
은 분비물이 말라 DNA가 남는다. 학교 유리창에 졸업생의 지문
이 남는 것처럼 말이다. 이렇게 남은 DNA는 유구한 세월 동안 끄
떡없이 남아 누가 재채기를 했는지 증언한다. 현재 더블린의 연구
자들은 1410년의 책에서 유전자를 추출하는 실험을 한다. 이 연
구자들은 500년도 넘은 그 먼 옛날에 책에 나오는 십자가 멘 예

수 그림에 틈만 났다 하면 입을 맞춘 신부의 많은 것을 알아내고
싶어 한다.

그 어떤 흔적도 남기고 싶지 않은 사람은 어떤 경우든 반드시 장
갑을 끼고 마스크를 쓰려 안간힘을 쓰리라. 그러나 그래본들 소용
이 없다. 장갑과 마스크로 중무장을 해도 우리는 끊임없이 우리
자신을 흘리고 다니기 때문이다. 우리는 어디를 가든, 무엇을 하
든 항상 뿌연 먼지 구름 속에서 지낸다. 마치 칠칠치 못한 청년이
땅콩을 까먹으면서 주변을 지저분하게 만들듯, 이 뿌연 먼지는 다
름 아닌 우리 자신이 만들어낸다. 주변의 입자 구름 속에서 둥둥
떠다니는 것은 한때 우리 자신의 일부였다. 그 먼지는 바로 우리
의 늙은 피부다. 피부 세포는 끊임없이 재생을 하면서 낡은 것을
버린다. 새롭게 생겨난 세포층이 아래에서 밀고 올라오며 표면의
늙은 세포를 밀쳐낸다. 이렇게 해서 우리는 1~2달마다 완전히 새
로운 피부를 얻는다. 과학자들은 우리가 1분에 대략 4만 개의 피
부 세포를 잃는다고 본다. 이는 곧 매 초당 600개의 세포를, 하루
에 5,000만 개의 세포를 잃는다는 뜻이다. 성인 한 명은 매년 4kg
의 세포를 배출한다. 우리가 '집 먼지'라고 하는 것의 대부분은 곧
우리가 더는 필요로 하지 않는 낡은 피부의 가루다. 우리는 주말
에 집 청소를 하며 우리 자신의 잔재를 다시 들이마신다.
　우리의 피부 세포가 떨어져 나가는 것을 전문가들은 '박리(剝
離)' 또는 '표피 탈락'이라고 한다. 이 현상에서 우리가 옷을 입었

든 벗었든 하는 차이는 중요하지 않다. 세포가 이처럼 끊임없이 떨어져 나가는 흐름을 의복은 막을 수가 없다. 세포는 그냥 간단하게 우리 발아래 떨어지는 게 아니다. 셔츠나 스웨터의 목둘레선은 우리 몸의 굴뚝이나 마찬가지다. 우리가 알아차리지 못하지만, 우리 몸과 주변 사이의 온도 차이 때문에 우리 몸에 가까이 있는 공기가 움직인다. 언제 어디서나 우리 몸은 공기의 흐름 속에 있을 뿐만 아니라, 직접 흐름을 만들어내기도 한다. 발에서 시작된 흐름은 다리를 타고 올라가 팔 아래서 약간 느려졌다가 턱 주위에 이르러 소용돌이를 일으키며 헤매다가 얼굴의 윤곽선을 만나며 다시 빨라져 머리 위로 올라간다. 이렇게 해서 머리 위에 죽은 세포의 작은 입자 구름이 형성되었다가 주변 공기 속으로 슬그머니 사라져간다. 외부의 조건에 따라 개인의 이런 공기 흐름은 최고 1초당 30cm라는 속도를 자랑하며, 머리 위 20cm 지점까지 올라가 구름을 만든다. 걷거나 뛸 때 옷은 일종의 송풍구 역할을 하면서 목둘레선, 소매, 바짓가랑이로 공기를 밀어낸다. 그리고 이런 흐름은 공기만이 아니라 우리의 늙은 피부 세포를 낚아챈간다. 세포 입자들은 그때그때 정도의 차이는 있지만 서로 뭉쳐진다(수백 개의 피부 세포가 결합하여 인비늘이 되어야만 우리는 비로소 육안으로 피부 세포를 볼 수 있다). 무거운 것은 바닥에 떨어지거나 옆에 앉은 사람의 셔츠에 가서 달라붙는다. 대개의 피부 세포는 바람을 타고 소리도 없이 가볍게 날아간다.

세상에는 이처럼 우리가 누구인지 알려주는 것이 항상 남는다. 우리는 대개 이런 남음을 알아차리지 못하며, 의식하는 경우도 거의 없다. 감시 카메라에 찍혔는지 모르듯, 우리는 몇 달이 지나도 이런 흔적이 어디 남았는지 알지 못한다. 자연이 지워버렸는지 여부도 우리는 알지 못한다. 일상생활을 하며 우리는 자신의 흔적을 두고 고민하는 일도 없다. 그러나 범행을 저지르고 도망가는 범인은 이런 사실을 유념해야 한다. "모든 접촉은 흔적을 남긴다." 포렌식 전문가들이 흔히 하는 말이다. 꼭 직접 접촉해야만 흔적이 남는 것도 아니다. 바로 이런 이유 때문에 살인 사건의 현장에서 피해자를 접착테이프로 꼼꼼하게 감는다. 방송 드라마에서는 이런 장면이 나오지 않지만, 이것은 단서를 확보하는 대단히 중요한 수사 기법이다. 테이프를 떼어낼 때 이 테이프에 중요한 흔적이 붙어 남기 때문이다. 물론 수사관이 인비늘의 모양을 가지고 그 주인이 누구인지 알아내는 것은 아니지만, DNA는 그 주인의 결정적인 정보를 알려준다. 예를 들어 2010년 뮌헨글라트바흐 인근에서 꼬마 미르코Mirco가 실종되었을 때 수사 당국이 가진 단서라고 해야 아이가 낯선 사람의 자동차에 탔다는 것뿐이었다. 수색을 통해 꼬마의 옷가지가 발견되었다. 수사관들은 이 옷가지, 특히 조깅 바지에서 범인의 인비늘을 찾아냈다. 이 인비늘은 미르코가 자동차 뒷좌석에 앉으면서 바지에 묻었다. 포렌식 수사관들은 전부 2,300개의 흔적을 분석했다. 3주 뒤 범인은 검거되었다. 그 결정적 단서는 인비늘과 DNA였다.

　버스나 지하철 혹은 택시를 탈 때마다 타인의 인비늘은 우리

옷에 달라붙는다. 도심을 산책한다는 것은 육안으로는 볼 수 없는, 단 한 번 얼굴조차 본 일이 없는 타인의 입자들 바다를 헤치고 다니는 것과 다르지 않다. 걱정할 건 없다. 우리는 받아들이는 만큼, 베푼다. 우리는 피부 세포의 입자 구름을 옷자락처럼 끌고 다니며, 가는 길마다 숲에서 빵가루를 뿌리는 헨젤과 그레텔처럼 우리 자신을 뿌려놓는다. 떠나온 바로 그곳에 우리는, 최소한 한동안 머무른다. 인비늘을 육안으로 볼 수 있다면, 우리 도시는 마치 하얀 눈가루를 뒤집어쓴 것처럼 보이리라.

우리의 피부 세포는 놀라울 정도로 멀리 나아가며 일대를 떠돈다. 심지어 바람이 그리 심하지 않은 날도 마찬가지다. 그저 주차장의 평평한 아스팔트 위를 편안하게 걷는 동안에도 피부 세포는 몇백 미터 이상을 간단히 날아간다. 몇 개는 바다의 갈라진 틈새 사이에 머무르며, 어떤 것은 가로등 아래 피어난 잡초 사이에 엉기고, 또 다른 것은 주차한 차의 문짝에 달라붙기도 한다. 피부 세포는 바람이 조용한 날에는 예를 들어 버스 정류장의 대기석 아래 옹기종기 모여 더 멀리 갈 꿈을 꾸기도 한다.

몸과 아주 가까운 발아래 떨어져 풀 속에서 안전한 은신처를 발견하는 인비늘이 있는가 하면, 매끄러운 시멘트 바닥에 떨어져 이리저리 속절없이 내몰리는 것도 적지 않다. 심지어 주차장 바닥에 떨어진 인비늘은 지나가는 자동차가 일으키는 바람에 휩쓸려 우리가 전혀 가본 적이 없는 곳에 떡하니 우리의 흔적을 남기기도 한다. 전혀 가본 적이 없는 곳에 내 흔적은 얼마든지 남을 수 있다.

우리의 진짜 흔적을 가장 높은 확률로 찾아낼 능력을 자랑하는 것은 오로지 개, 최소한 전문 훈련을 받은 탐색견이다. 개가 아주 예민한 코를 가졌다는 점은 까마득한 옛날 어린아이들도 익히 알았던 사실이다. 이미 고대 그리스에도 탐색견은 눈부신 활약을 펼쳤다. 13세기에도 만물박사 알베르투스 마그누스Albertus Magnus는 자신의 책『동물에 관하여De animalibus』에서 이렇게 썼다. "다른 모든 동물보다도 개는 도둑과 악당을 찾아낼 수 있는 특성을 자랑한다." 오늘날에도 개의 이런 능력은 널리 쓰인다. 범죄자와 그 희생자를 찾는 일뿐만 아니라, 예를 들어 실종된 노인을 찾는 일에도 개는 탁월한 능력을 발휘한다. 오늘날에는 특수 훈련을 받고 사람 찾는 일을 전문으로 하는 개까지 등장했다. 이런 개는 한눈파는 일이 없이 묵묵히 우리가 남겨놓은 피부 세포, 마치 수백만 개의 백묵 가루처럼 우리가 걸어간 방향을 나타내주는, 하지만 눈으로는 볼 수 없는 인비늘의 흔적을 냄새로 찾으며 따라간다.

우리의 냄새가 어느 한 장소에 오래 남는다는 것은 누구나 경험으로 아는 사실이다. 우리 자신의 고유한 체취만 오래 남는 것은 아니다. 면도를 하고 바른 로션이나 듬뿍 뿌려댄 향수 역시 누군가 공간에 머물렀다는 확실한 정황 증거다. 심지어 우리 몸에서 나는 체취를 측정하는 단위도 존재한다. 1988년 덴마크의 공기 품질과 온열 쾌적감 전문가이자 엔지니어인 포울 올레 팡에르[*]가 도입한 이 단위의 이름은 '올프(Olf)'다. 1올프는 평균적으로 1.8m² 의 피부 면적을 가진 성인이 하루에 0.7번 목욕을 하는 위생 상태 에서 앉아서 일을 하며 풍기는 냄새의 양으로 정의된다. 해당 분 야의 전문가들은 "1올프는 평균적인 위생 상태의 개인을 기준으 로 삼은 냄새의 양"이라고 공식화한다. 팡에르에 따르면, 담배를 많이 피우는 흡연자가 25올프, 격렬한 운동을 하고 난 뒤의 사람 은 30올프의 냄새를 풍긴다. 이 정도의 냄새는 당사자 본인도 참 기 힘들다(본인이 심한 감기에 걸린 경우는 제외하고).

탐색견은 담배 냄새나 '샤넬 넘버5' 따위로 혼란에 빠지지 않는다. 개는 찾고자 하는 사람의 냄새를 미리 알려준 그대로 정확히 골 라낸다. 개가 이처럼 임무를 탁월하게 수행할 수 있는 가장 큰 이 유는 무엇보다도 우리 인간이 저마다 약간씩 다른 냄새를 풍기기 때문이다. 이런 '개인적 체취'는 우리가 먹는 음식, 우리의 기분 또 는 우리가 쓰는 화장품과 무관하다. 어째서 그리고 왜 냄새가 생 겨나는지 하는 물음의 답은 우리 인간이 어떻게 이루어진 존재인 지에 관해 많은 점을 알려준다. 냄새는 우리 피부 위의 박테리아

- 포울 올레 팡에르(Povl Ole Fanger: 1934~2006)는 덴마크 공대의 교수를 지 냈으며 공기 청정도 연구에 선구적 역할을 한 인물이다.

가 만든다. 피부에는 지구상에 살고 있는 사람들보다 더 많은 미생물체가 산다. 그리고 모두 배가 고프다. 박테리아가 특히 즐겨 먹는 것은 수백만 개의 땀구멍과 분비샘으로 밀려 나오는 우리 몸의 노폐물이다. 몸은 체온을 조절하기 위해 각종 액체를 분비한다. 이런 액체는 대부분 물이기는 하지만, 그 가운데에는 요소와 단백질과 지방과 젖산, 호르몬, 암모니아 그리고 미량의 당분과 염분이 들어 있다. 이 액체는 그 자체로는 아무 냄새가 없다. 박테리아가 이 액체에 허겁지겁 달려들어 그 화학 구조를 분해시킴으로써 비로소 냄새가 생겨난다. 예를 들어 이렇게 해서 낙산(酪酸)과 개미산이 발생한다. 그럼 우리는 고약한 땀 냄새 때문에 콧등을 찡그린다. 그러나 이 냄새는 우리 각 개인의 특성을 더 잘 알려준다. 우리가 박테리아에게 제공한 요리의 양념은 유전자와 면역 체계에 따라 개인마다 다르다. 그리고 우리가 초대한 식사 손님 박테리아도 주인인 우리의 특성에 따라 다르다. 이를테면 두 사람의 손바닥에 사는 박테리아의 종류는 고작 13% 정도만 일치한다.

우리의 체취는 이처럼 개성을 가질 수밖에 없다. 우리 피부 위에 사는 박테리아는 우리 자신이 엄선한 손님이며, 이 손님들이 독특한 냄새를 만들어낸다. 피부 세포를 잃어버리면서 우리는 그 위에 사는 미생물체와도 작별한다. 허공을 떠도는 인비늘이 어딘가에 내려앉으면 박테리아는 아무튼 이 세포가 남아 있는 한, 계속 먹어치운다. 바로 그래서 우리 냄새는 어디 다른 데서도 계속 폴폴 난다. 개가 코를 킁킁대며 우리를 찾을 수 있는 결정적 단서는 곧 박테리아가 제공한다.

훈련받은 탐색견이 어떤 곳에 우리가 남겨놓은 냄새를 얼마나 오랫동안 맡을 수 있는지 하는 물음은 여전히 격론만 낳을 뿐 확실한 답을 얻지 못하고 있다. 어떤 흔적이 오래가느냐, 아니면 금방 없어지느냐는 여러 조건들이 함께 맞물리는 통에 쉽게 답을 찾을 수 없는 문제다. 기온, 날씨, 인비늘이 떨어진 바닥의 성질 등이 그 조건이다. 너무 춥거나, 지나치게 덥고 메마른 곳에서 세포는 금세 파괴된다. 반대로 잿빛 하늘이지만 우산 없이 외출해도 좋은 날씨는 완벽하다. 인비늘을 놀이터로 삼는 박테리아는 습한 것을 좋아하기 때문이다. 인비늘이 구멍 숭숭 난 사암이나 부드러운 이끼가 낀 숲길에 떨어지면, 개는 좋아서 어쩔 줄 모른다. 그런 곳에서 미생물체는 왕성한 번식을 하는 나머지 심지어 집단 서식을 하며 자율적으로 재생하기 때문이다. 그리고 세포의 원래 주인이었던 사람의 냄새가 여전히 오래 살아남는다.

숲과 들판에서 흔적을 추적할 때 다시금 끼어드는 문제는 구두 발자국이다. 발로 흙을 밟을 때마다 우리는 그곳에 서식하는 미생물 공동체를 격하게 흔들어놓기 때문이다. 찻숟갈 하나 정도의 흙에는 1조 개의 미생물체들이 그때그때 바뀌는 조건에 따라 균형을 이루며 살아간다. 그런데 구두로 밟는 순간 서식지는 완전히 바뀐다. 무엇보다도 풀줄기가 꺾인다. 깊숙한 곳에 있어 예전에는 빛을 전혀 보지 못하던 미생물체가 돌연 위로 올라온다. 얼마 전까지만 하더라도 촉촉했던 것은 이제 햇빛을 받아 말라버린다. 발자국을 이겨내지 못하는 미생물체도 많다. 아무튼 이런 식으로 미생물체의 생리적 과정은 완전히 느려지거나, 돌연 속도를 낸다. 모든 것이 갑자기 변한다. 이제는 부패 박테리아들이 모여들어 군집을 이룬다. 이 모든 것을 개는 냄새 맡을 수 있다. 개뿐만 아니라 우리 인간도 마찬가지다. 이른 새벽에 촉촉한 풀밭에 나가 냄새를 킁킁거리며 맡아보고, 구두로 풀을 밟아 풀줄기가 꺾였을 때 다시 냄새를 맡아보면, 이곳의 냄새가 확연히 변한 것을 우리는 알 수 있다. 이런 '토양 손상'은 따로 특별하게 우리 인간의 냄새를 풍기지는 않지만, 후각이 뛰어난 개는 우리의 냄새와 우리가 온 방향을 발자국의 냄새로 알아낸다. 심지어 재능이 아주 뛰어난 개는 우리가 자전거나 창문을 연 자동차를 타고 빠른 속도로 이동해서 거리에 우리의 세포가 별로 남지 않았다 할지라도 흔적을 추적할 수 있다.

남은 흔적의 냄새가 얼마나 오래가는지 하는 물음에 대한 대략적인 답은 이렇다. 표준치는 두 주다. 이 정도 오래된 흔적은 뛰어난 탐색견이라면 얼마든지 찾아낼 수 있다. 그러나 우리 냄새 중 어떤 것은 수명이 훨씬 더 짧고, 또 어떤 것은 몇 달 가는 것도 있다. "개는 일반적으로 냄새가 오래되어서가 아니라, 집중력이 부족해서 실패한다." 작센의 경찰대학 실종자 추적 전문가 라이프 보이드케Leif Woidtke가 자신의 책 『인물 흔적—사실과 허구Mantrailing—Fakten und Fiktionen』에 쓴 글이다. 성공적

탐색의 결정적 조건은 탐색에 앞서 개에게 맡게 하는 냄새의 질과 순도다. 냄새를 지닌 것, 이를테면 티셔츠가 다른 물건과 섞이지 않을수록 그만큼 더 냄새는 순수하다. 오래 입고 다닌 티셔츠일수록 그 냄새는 더욱 강렬하다. 개인의 '대표 냄새', 곧 '개가 코로 맡고' 이 냄새의 주인이 누구인지 알아내는 대표 냄새가 확실히 존재한다는 점은 놀랍기 그지없다. 심지어 장갑을 끼고 만진 물건도 그 개인의 독특한 냄새를 풍긴다. 또는 손으로 만진 다음 불태워버린 휴대용 화장지의 재 역시 그 손의 주인 냄새를 풍긴다. 어떤 물건 옆에서 숨만 쉬어도 이 물건에 숨 쉰 사람의 냄새가 밴다고 주장하는 연구도 있다. 어떤 것을 만지지 않고 그 위에 손을 살짝 펼치기만 해도 냄새는 충분히 그 물건에 남는다. 다시 말해서 인간의 체취는 물건과 직접적인 접촉이 없이도 그 물건에 전해진다. 이런 확인은 대단히 의미심장하다. 우리 인간은 몸으로 세상과 접촉해야만 존재하는 게 아니다. 우리는 실제로 더 넓고 더 높게 더 멀리까지 존재한다. 다시 말해서 우리의 인비늘이 이루는 구름에 담긴 모든 것으로, 비록 잠깐일지라도, 우리는 도처에 머무른다.

인간이 저마다 다른 냄새를 가진다는 점은 자연의 공연한 장난이 아니다. 냄새를 감지하는 후각은 우리에게 아주 중요한 것이며, 진화해오는 과정에서 대단한 강점으로 작용했다. 후각은 우리가 어머니 배 속에서 이미 키우는 첫 번째 감각이다. 배 속에서

들는 소리는 둔하고 약하기만 하며, 눈으로 볼 수 있는 것도 많지 않다. 그러나 수태가 이루어지고 몇 달만 지나도 태아는 양수의 냄새를 맡을 수 있다. 출산의 순간에 후각은 이미 거의 완성된 상태에 이른다. 후각은 우리 인생에서 처음으로 방향을 잡게 도와주는 감각이다. 후각으로 우리는 친밀함과 낯섦을, 가족과 타인을 구분한다. 갓 태어난 아기는 엄마의 양수 냄새에 편안함을 느낀다. 엄마의 아늑한 향기에 아기는 일체의 경계심을 내려놓는다. 아기는 빠르게 엄마의 향기와 다른 여인의 그것을 구별할 수 있다. 대다수의 어머니는 출산한 지 한 시간이 지난 뒤 냄새로 자기 아이를 알아낸다. 비록 아이를 철저히 목욕시킨 다음 어머니의 눈을 가린다고 해도 말이다. 왜일까? 엄마와 아기는 아주 비슷한 체취를 가졌기 때문이다. 인간은 코로 자신의 어머니를 알아내며, 결속과 안전함과 편안함의 느낌을 누린다. 친밀함이 주는 심적인 안정감이야말로 체취가 왜 그토록 우리에게 강렬한 영향을 주는지 설명할 근본 원인이다. 갓 태어난 젖먹이는 엄마가 입은 옷이나, 엄마 냄새가 나는 인형 또는 애착 담요를 가까이 두면 이내 안정을 찾는다. 하지만 다른 여인의 옷은 이런 효과를 전혀 일으키지 못한다. 가까운, 사랑하는 사람이 자주 접촉한 물건의 향기에서 느끼는 편안함은 어른으로 살아가면서도 더 강해질 수 있다. 그리고 말이 나온 김에 짚어보자면 우리는 혈연관계가 가까워질수록 체취도 비슷해진다. 일란성 쌍둥이의 체취는 거의 같아서 인간의 코로는 구분할 수 없다. 심지어 탐색견조차 일란성 쌍둥이는 냄새로 구분하지 못한다.

우리 체취의 유일함을 과학적으로 증명하는 성과를 이루어낸 것은 무엇보다도 오스트리아 빈에 있는 '비교행동연구 콘라트로렌츠연구소'다. 이 팀은 케른텐(Kärnten) 알프스 지역의 어떤 마을 남녀 주민 약 200명을 대상으로 한 실험에서 10주 동안 2주마다 겨드랑이에서 난 땀을 채취했다. 팀은 되도록 순수한 땀만 모으기 위해 대단히 비싸고 수고로운 방법, 곧 "자석의 자력을 이용한 롤러"를 사용했다. 자발적으로 참가한 주민은 실험을 하는 동안 오로지 향수 성분이 들어가지 않은 화장품만 쓸 수 있었으며, 땀 채취 이틀 전부터 겨드랑이 털을 제모하지 않고, 채취를 앞두고 12시간 전부터는 목욕도 할 수 없었다. 결과는 더없이 분명했다. 모든 참가자는 저마다 독특한 냄새를 가졌다. 오스트리아 연구 팀은 체취의 이런 개인적 편차와 성별에 따른 차이를 만드는 화학 요소를 373개로 확인해냈다.

지문과 마찬가지로 인간의 고유한 체취는 경찰, 스파이, 예술가의 상상력을 자극해왔다. 이를테면 영화 「타인의 삶」*은 미결수

• 「타인의 삶Das Leben der Anderen(영어 The Lives of Others)」은 2006년에 개봉된 폰 도너스마르크(von Donnersmarck) 감독 작품이다. 동독 시절의 문화계 블랙리스트 사건을 다룬 독일 영화. 정부가 '슈타지(Stasi: Ministerium für Staatssicherheit의 약칭, '국가보안부'가 정식 명칭이다)'라는 정보부 조직을 이용해 문화계 인사들을 통제하고 감시하면서 권력자의 사익을 위해 만행을 저지르는 것이 주요 내용이다.

를 심문하는 장면으로 시작한다. 미결수에게 동독 정보부 슈타지의 대위는 "두 손을 허벅지 아래에, 손바닥이 아래로 가게" 놓은 자세로 꼼짝도 하지 말라고 거듭 명령한다. 심문이 끝난 뒤 대위는 하얀 장갑을 끼고 의자에 씌워진 시트를 조심스럽게 떼어내 저장용 병 안에 집어넣는다. 나중에 대위는 부하에게 병을 보여주며, "이건 탐색견을 위해 저장해둔 보존용 체취야" 하고 설명한다. "체취는 미결수를 심문할 때마다 채취해두고 절대 잊어버려서는 안 되네!" 당시만 하더라도 슈타지는 요주의 인물의 체취 견본을 전담하는 "식별 훈련을 받은 개"를 운용했다. 장벽이 무너지고 난 뒤에 슈타지의 체취 견본을 담은 병은 1,000개가 넘게 발견되었다. 위생용 봉지에 담긴 인분, 곧 "반체제 인사들의 냄새(《디 차이트Die Zeit》지의 표현)"로 채집한 인분은 동독에서 만들어낸 발명품이지만, 체취 보관은 동독에서 처음 시도한 것이 아니며 다른 나라에서도 마찬가지 작업을 했다. 다른 국가들에서 이런 작업은 이미 20세기 초에 이루어졌다. 서독과 지금의 독일 연방공화국에서도 드물기는 하지만 같은 방법이 동원되었다. 2007년 독일의 하일리겐담(Heiligendamm)에서 열린 'G8 정상회담'에 앞서 검찰은 전국적인 수배를 벌여 화염병 공격을 계획한다는 혐의를 받는 사람으로 하여금 스테인리스로 제작된 사각형 파이프를 손으로 만지게 해 그의 체취를 채집했다. 이 파이프는 잘 봉인되어 'G8 정상회담'을 반대하는 혐의자의 이름을 새겨 보관되었다. 다른 사례에서는 혐의자의 땀에 전 속옷을 당국이 확보하기도 했다. 변호사이자 녹색당 정치가인 한스크리스티안 슈트뢰벨레*는 당시 당국의 이런 처사에 격노하면서 재치 있게도 "쿵쿵대며 냄새 맡는 완벽한 염탐 국가"라고 꾸짖었다.

오늘날 '체취라는 지문'은 법의학의 관점에서 철 지난 것이다. 그 대신 몇 년 전부터 미생물군 유전체가 각광을 받는다. '미생물군 유전체'란 우리 피부 위에 그리고 우리 안에 사는 미생물체의 군집을 이르는 말이다. 이런 박테리아는 많기만 하다. 우리 몸에 있는 세포 네 개 중 오로지 하나만이 박테리아가 아닌 인간의 것이다. 그리고 박테리아는 저마다 선호하는 먹이와 즐겨 서식하는 곳이 다르다. 예를 들어 우리 머리에는 겨드랑이와는 다른 미생물체가 산다. 겨드랑이에는 어깨 위보다 훨씬 더 많은 박테리아들이 난리 법석을 피운다. 그리고 박테리아도 인비늘처럼 우리를 버리고 떠난다. 과학은 우리가 1시간당 대략 3,000만 개의 박테리아세포를 주변에 흘린다고 추정한다. "박테리아세포는 당신의 얼굴에서 떨어지며, 당신이 뱉는 침 속에 섞여 있고, 당신이 숨을 내쉴 때 코로 빠져나온다"고 시카고 대학교의 미생물학자 잭 길버트Jack Gilbert는 말한다. 우리가 입고 다니는 옷도 박테리아의 가

---

* 한스크리스티안 슈트뢰벨레(Hans-Christian Ströbele: 1939년생)는 독일 정치가로 4선 의원을 지낸 인물이다. 2009년 의회의 최고령 의원으로 독일 정보부를 통제하는 위원회에서 중책을 맡았다.

출을 막지 못한다. "당신이 어딘가에 자리를 잡고 앉으면, 곧장 엉덩이에 사는 미생물은 의자 표면으로 옮아간다. 그곳에서 당신의 박테리아가 있다는 과학적 증명은 다음 사람이 앉을 때까지 가능하다."

거꾸로 우리는 구두로 다니는 곳곳마다 미생물체를 채집해 데리고 다닌다. 이렇게 해서 구두 밑창에는 우리가 다닌 곳이 켜켜이 층을 이룬다. 밑창에서 떼어낸 박테리아 표본을 가지고 그 주인이 어디를 다녔는지 대략적으로 추적해보려고 시도한 과학자들은 깜짝 놀라고 말았다. "심지어 우리는 어떤 사람이 자기 방에서 친구 방으로 갔다는 것도 확인할 수 있습니다." 아르곤 국립연구소의 사이먼 랙스가 한 말이다.* 요즘 더욱더 많은 과학자와 법의학자가 미생물로 우리가 어디 있었는지 확실하게 입증하려고 노력하는 것은 놀라운 일이 아니다. 그리고 이런 노력은 상당한 성과를 거두고 있다. 오리건 대학교의 연구 팀은 실험 참가자를 깔끔하게 소독한 공간에 머물게 한 다음, 어느 정도 시간이 지난 뒤 공간의 공기 가운데 박테리아를 분석했으며, 오로지 이 분석 데이터만을 가지고 그 주인이 누구인지 알아맞히는 데 성공했다. 참가자가 테스트 전에 샤워를 하고 깔끔한 새 옷으

---

* 아르곤 국립연구소(Argonne National Laboratory)는 1946년에 설립된 미국의 국립 연구소로 시카고 대학교 금속공학과의 후신이다. 사이먼 랙스(Simon Lax)는 잭 길버트의 제자로 생활 환경의 물리적 연구 전문가다.

로 갈아입었음에도 이런 놀라운 결과가 나왔다. 시카고의 '홈 미생물군 유전체 프로젝트(Home Microbiome Project)'는 집을 이사하는 사람을 동행하여 같은 사실을 확인했다. 이사하고 몇 시간 지나지 않아 옛집과 새집은 미생물체만 가지고는 전혀 구분이 되지 않았다. 옛집에 새로 입주한 사람이 자신의 박테리아를 새 환경에 퍼뜨리는 동안, 우리의 미생물체는 이미 자신의 새집을 완전히 정복했다.

지하철 전동차 안의 머리카락. 빵집 바닥에 찍힌 구두 발자국. 계단에 수북한 인비늘. 폐쇄 회로 카메라 영상. 자전거 안장에 묻은 지문. 우리는 이처럼 전혀 의식하지 못하는 가운데 많은 흔적을 남긴다. 그리고 언제나 우리는 거기 있었다. 나, 너, 그(또는 그녀)는 여기 왔었다. 그리고 우리는 다른 사람이 남긴 흔적 위에 우리의 흔적이라는 층을 깔아놓는다. 우리의 고향은 시골 마을 또는 도시일 뿐만 아니라, 우리보다 앞서 이 길을 걸어간 사람들이 남긴 흔적이기도 하다. 그 사람들은 저마다 흔적을 남기고 다니면서 길을 다져놓았다. 지금 우리는 그 길을 따라 걷는다. 그들이 남긴 생물 흔적을 우리는 두 눈으로 보지는 못하지만, 그들이 언젠가 이곳에 있었다는 사실만큼은 확실하다. 그들이 남긴 흔적은 분해되어 우리가 현재 서 있는 이 장소의 일부분이 되었다. 우리가 이곳을 떠나 다른 곳으로 간 뒤에 우리의 뭔가도 이 장소에 남으리라.

수백만 년의 유물 위에서

켜켜이 쌓인 층으로 이루어진 역사 :
화석이 된 뱀과 손님이 떠난 호텔방,
테이크아웃 커피 컵과 치즈의 라틴어 어원
그리고 하늘을 나는 자동차 주차장

어디에 있었든, 어디로 갔든, 우리는 뭔가 남겨놓는다. 우리가 가는 장소에는 언제나 그 이전과 그 이후가 있다. 우리 몸이 남기는 흔적은 대개 두 눈으로 볼 수 없다. 우리는 그저 그곳에서 해온 일이나 한 일을 더 명확히 볼 따름이다. 또 우리가 그곳에 흔적을 남겼다는 사실을 아는 사람도 거의 없다. 아니면 그냥 빠르게 잊히거나. 우리가 그곳을 바꾸어놓았다고 해서 장소가 우리를 기억하는 것도 아니다. 몇 년 전에 집의 정원에 개집을 지어주었다거나 노간주나무를 심었다는 사실은 고작해야 오랜 이웃이 기억해줄 뿐이다. 오늘 아침 누가 놀이터에 파란색 공을 잊어버리고 그냥 두고 갔는지 말해줄 수 있는 사람은 찾아보기 힘들다. 누가 어제 자동차로 교통 표지판을 들이받았는지 목격한 사람은 아무도 없다. 누가 지하철 역사에 스프레이로 그라피티를 그려놓았을까? 이런 물음의 답은 오로지 비밀을 아는 은혜를 받은 사람만이 줄 수 있다.

인간이 지나가는 곳에는 뭔가 남는다. 시청 앞 광장에 선 나무의 가지에 일회용 비닐봉투가 걸려 바람에 나부낀다. 아스팔트 바닥에 담배꽁초들이 나뒹굴고, 보행자의 발아래 사탕 포장지가 바스락거린다. 저마다 바람 없는 조용한 곳을 찾는 모양새다. 모두 살아 움직이는 생명이며, 잠시라도 머물러 쉴 곳을 찾는다. 우리는 일상의 배경을 이루는 이런 만화경을 거의 주목하지 않는다. 버스가 곧 출발하거나, 슈퍼마켓이 조금만 있으면 문을 닫기 때문이다. 길을 가며 왜 여기 유리창에 갑자기 금이 갔는지, 또는 저기 보도 위에 누가 음료 캔을 버렸는지 우리는 거의 묻지 않는다.

안쪽, 곧 실내도 이런 사정은 마찬가지다. 이를테면 지은 지 백년도 넘는 집에 사는 사람은 자신의 침실에서 아이들이 만들어졌을 수 있음을 마음에 두어야한다. 또는 유대인 이웃들을 내쫓은 사람들이 바로 이 집 주방에서 라디오로 히틀러 연설을 들었다는 사실에 누가 신경이나 쓸까. 거실에서 달 착륙 중계방송을 보았다는 사실도 기억하는 사람은 거의 없다. 덧칠을 계속한 벽의 페인트 층은 대체 몇 겹이나 될까? 벽지 뒤에 숨은 벽지는 몇 장이나 될까? 사람들은 대개 이런 물음에 관심이 없다. 나중에 이 집에 새로 이사 올 사람도 우리가 어떤 삶을 살았는지 관심을 가질 턱이 없다. 벽지나 조금 신경 쓸까? 우리는 사라졌고, 다시는 돌아오지 않는다. 우리가 만든 욕실 문의 흠집은 그대로 남겠지만, 우리는 어쩌다 그런 흠집이 생겼는지 누구에게도 알려주지 않으리라.

사람들은 대개 부수적인 일들과 잡동사니에 눈길을 주지 않는다. 숲을 산책하며 부러진 나뭇가지들을 보고 누가 호기심을 느낄까? 어떤 사람이 부러뜨렸는지 궁금해할까? 이런 물음들은 그 답을 절대 알아낼 수 없다고 생각하는 통에 더욱 관심에서 멀어진다. 우리가 어떤 사람의 흔적을 찾아냈을 때, 그 사람은 이미 오래전에 사라졌다. 그리고 나뭇가지를 부러뜨린 사람이 "딱!" 하고 부러지는 소리를 들었다는 보장은 어디에도 없다(자동차로 차량 진입 방지용 말뚝을 들이받은 경우처럼). 이처럼 대다수 흔적은 그 원작자를 추적하기 힘든 작품이다. 우리가 알지 못하는, 또는 전혀 알 일이 없는 사람이 세상 또는 심지어 우리 집 안에 무엇인가 덧붙이거나 가져간다. 그게 몇 시간 전일 수도, 몇백 년 전일 수도, 심지어 우리 등 뒤에서 그러는 것일 가능성은 농후하기만 하다. 아무튼 우리는 매일 무엇인가 흘리거나 가져간다. 그리고 흘리거나 가져간 것이 어떻게 될지 우리는 많은 경우 조금도 알지 못한다. 오늘 아침 자기도 모르게 호주머니에서 50센트 동전을 떨어뜨리고 뒤늦게 그 사실을 알게 되더라도, 이 동전이 어떻게 될지 우리는 전혀 알지 못한다. 50센트 동전은 어떤 사람에게 기차표를 사거나 점심을 사 먹는 데 부족한 액수를 채워줄 수 있다. 또는 동전이 1,000년 뒤에 누군가에게 발굴되었다고 해보자. 그럼 이 동전은 세상에 존재하는 유일한 유로화 동전이라 엄청나게 비싼 값에 거래되지 않을까? 어떤 경우든 이 동전을 얻은 사람들은 그 동전의 주인이 우리였다는 것을 알아내지 못할 것이다.

그러나 많은 경우 우리가 남기는 것은 지극히 개인적인 흔적이다. 이 흔적을 다른 사람들은 우연히 열차 안에서 혹은 새로 이사 온 곳의 집수리를 하다가 발견한다. 소파의 틈새에 낀 예쁜 브로치 또는 지붕 밑 다락방에서 나온 녹슨 권총을 보며 사람들은 의문을 품으리라. 대체 누가 여기 살았던 걸까? 습득물은 상상의 바다로 뛰어드는 도약대다. 이걸 돌려주면 사례금을 받을까 싶어 상상력은 되도록 멋진 스토리를 그려본다. 이 열차를 탔던 사람은 틀림없이 유명한 여배우일 거야! 아냐, 혹시 여자 스파이일까? 예전에 이 집에 은행 강도가 살았구나! 그럼 약탈한 돈도 어디 숨겨 놓지 않았을까? 권총에는 틀림없이 지문이 남았을 거야!

존 스타인벡은 자신의 여행기인 『찰리와 함께한 여행』에서 열쇠를 받아들고 방으로 들어갔으나 아직 청소가 되지 않은 시카고의 어떤 호텔방을 묘사한다.* 방 안을 둘러본 그는 앞서 묵었던 손님의 흔적, 몇 장의 영수증, 쓰레기, 쓰다만 편지, 다 마시고 빈 버번위스키 병, 수북이 쌓인 담배꽁초를 발견한다. 누군가 이 방에서 글을 쓰고, 술을 마시며 담배를 피웠구나. "어딘가 웅크리고 있었거나 지나간 동물은 눌려서 납작해진 풀과 발자국과 아마도 똥을 남긴다. 그러나 방 안에서 밤을 지새운 인간은 자신의 인생 역

---

* 존 스타인벡(John Steinbeck: 1902~1968)은 미국을 대표하는 작가 가운데 한 명으로, 1962년에 노벨 문학상을 받았다. 본문에 언급된 『찰리와 함께한 여행 Travels with Charley: In Search of America』은 1962년에 발표된 여행기다.

정, 최근 겪었던 일, 또 많은 경우 미래 계획과 희망과 자신의 성격을 고스란히 남긴다. 나는 그 사람의 인격이 어떤 식으로든 벽면에 스며들었다가, 천천히 다시 배어 나온다고 믿는다."

장기적으로 볼 때 인간이 남기는 유물은 층을 이루며 켜켜이 쌓인다. 그리고 이 층을 깊게 파고들어갈수록, 더 많은 상상력을 동원할수록, 우리는 예전의 사람들이 어떤 삶을 살았는지 재구성할수 있게 된다. 고고학자가 흙 속에서 도자기 조각들을 발견하거나 고대의 동전을 발굴해낼 때, 이 유품은 우리보다 앞서 이곳에 살았던 사람들의 삶 가운데 극히 작은 단면만 보여줄 뿐이다. 생명을 가진 모든 것은 결국 썩고 부패하고 사라진다. 피부와 머리카락은 물론이고 널빤지나 옷감도 언젠가는 썩는다. 그래서 말이지만 인류의 역사는 살덩이와 나무가 아니라, 금속과 세라믹 맛이 난다. 썩지 않고 남은 철과 도자기만으로 우리는 역사를 재구성해왔으니까. 물론 공예품은 당시 사람들의 생활이 어땠는지 확실한 이야기를 들려주기는 한다. 그러나 흔히 우리는 자신의 입맛에 가장 맞는 이야기만을 역사라 여기는 기묘한 존재다. 게다가 시간을 더 멀리 거슬러 올라갈수록 우리가 할 수 있는 것이라고는 짐작과 추정뿐이다. 사변으로 점철된 허황된 이야기가 심심찮게 떠도는 이유는 바로 이것이다. 그리고 우리가 최고의 역사라 여기는 것은 역설적이게도 당시 사람들은 별 가치가 없다고 본 물건, 곧 쓰레기의 이야기다. 우리가 발굴한 도자기 조각은 몇천 년 전에 깨진 귀중한 보물이거나, 세월의 톱니바퀴에 무너져버린 소중한 화병인 경우가 드물다. 그것은 그냥 누구도 원하지 않아 내다 버린 쓰레기일 뿐이다. 값싼 방법으로 빠르게 만들 수 있는 것을 사람들은 쓰레기 더미에 던져버리곤 한다. 오늘날 과거의 위대한 유물이라며 우리가 좋아서 희희낙락하는 것은 사실 과거의 쓰레기에 지나지 않았다.

돌아가는 추세를 보건대 미래의 고고학자는 기뻐할 이유가 더욱 많아질 게 분명하다. 우리는 고대인이나 석기 시대 사람들보다 쓰레기를 훨씬 더 많이 만들어내기 때문이다. 1970년대에 가정에서 배출하는 쓰레기가 급속도로 늘어나자 헤센 주정부는 심지어 '그루베 메셀'*, 오늘날 세계자연유산으로 유명한 이곳을 쓰레기 매립장으로 만들려는 계획을 세웠다. 이 계획이 그대로 추진되었다면 수백만 년 묵은 화석들, 이를테면 말의 조상인 히라코테륨(Hyracotherium)이나 악어 또는 원숭이의 조상 다르위니우스(Darwinius) 등의 소중한 화석이 라인마인 지역의 쓰레기에 묻혀버리고 말았으리라. 1995년 그루베 메셀은 독일 최초로 유네스코 세계자연유산 목록에 이름을 올렸다. 당시 환경부 장관이었던 요슈카 피셔Joschka Fischer는 하마터면 쓰레기를 뒤집어쓸 뻔한 이

- 그루베 메셀(Grube Messel)은 독일 다름슈타트 인근의 거대한 구덩이를 이르는 명칭이다. 이 구덩이는 오일 셰일을 채취하느라 생겨난 것으로 시신세의 깨끗이 보존된 화석들이 많이 나와 1995년 유네스코 세계자연유산으로 지정되었다.

소중한 유산을 구출하고자 분투했으며, 헤센 주정부가 이 대지를 매입하는 계약서에 서명했다. 그의 공을 기리기 위해 이곳에서 발굴된 뱀 화석에 '팔레오피톤 피셔리(Palaeopython fischeri)'라는 이름을 붙여주었다. 아무튼 이런 것도 세상에 이름을 남기는 한 가지 방식이다.

오늘날 독일 국민 한 명은 각종 상품의 포장 탓에 생겨나는 쓰레기를 매년 200kg이 넘게 버린다. 그 가운데 일부는 그냥 거리에 버려진다. 비닐봉지는 자연에서 수백 년은 지나야 비로소 분해되기 때문에 우리보다 세상에 훨씬 더 오래 살아남는다. 커피 캡슐도 마찬가지다. 그리고 이 캡슐은 갈수록 늘어난다. 10년 전 독일에서는 1년에 약 800톤의 커피 캡슐이 팔렸다. 2017년에는 2만 600톤으로 늘어났다. 독일에서 매시간마다 잠깐 사용하고 버려지는 테이크아웃 컵은 32만 개다. 이 컵을 만드느라 매년 4만 3,000그루의 나무가 베어진다. 일회용 컵은 일종의 시대적 선언이다. 일회용 컵만큼 21세기 초 도시 생활 스타일을 압축해서 보여주는 것은 없다. 일회용 컵에 담긴 선언은 이렇다. 나 여기 있을게. 그러나 아주 잠깐만 있을 거야. 나는 늘 돌아다녀야만 해, 내겐 목표가 있거든. 그 목표를 위해 매초를 이용해야만 해. 내 뒤에 뭐가 오든 알 게 뭐야. 소중한 건 내 시간이야. 소중한 건 나야.

쓰레기는 우리가 살아가는 시대를 이야기해준다. 그리고 이 이야기에는 우리 자신이 누구인지 알려주는 단서가 포함된다. 어느 도시 구역에서 어떤 사람이 살았는지, 돈이 많은지 적은지, 독신인지 가족을 이루어 살았는지, 젊었는지 늙었는지 궁금하다면, 우리는 그 사람이 버린 것을 살펴보면 간단히 알 수 있다. 도시 생활과 주거 문화를 전문으로 연구하는 위톨드 립신스키[•]는 이런 말을 했다. "쓰레기는 거짓말을 하지 않는다. 정크 푸드 포장, 술병, 거의 벗다시피 한 모델로 표지를 장식한 잡지는 때때로 자신에 대해 말하는 것과는 상충된 모습을 고스란히 드러낸다."

쓰레기를 얼마나 많이 만들어내는지 하는 문제는 우리 손에 달렸다. 세상을 만들어나가는 일도 마찬가지가 아닐까. 우리는 우리 마음에 드는 대로 세상을 꾸밀 수 있다. 우리보다 앞서 살았던 사람들이 그랬던 것처럼. 좋든 나쁘든. 우리를 둘러싼 주변의 모든 것은 이러저러하게 만들고 싶다는 의지의 결과물이다. 오늘날 도시와 농촌 마을을 돌아보거나, 고속도로 또는 국도를 달리면서 어째서 이쪽에는 수천 개의 집들이 들어서 있고, 저쪽에는 세 마리 암소가 한가로이 풀을 뜯는 들판이 있는지 하는 물음에 단 1초라도 시간을 허비하는 사람은 거의 없다. 왜 이쪽에는 다리가 놓여 있고, 저쪽에서는 딸기를 손수 딸 수 있는 밭이 있는지 묻는 사람은 혹시 정신 나간 거 아니냐는 눈초리에 시달린다. 우리는 대부분 세상을 당연하게 받아들인다. 세상은 그냥 지금 보

● 위톨드 립신스키(Witold Rybczynski: 1943년생)는 캐나다 출신 건축학자로 미국 펜실베이니아 대학교의 명예교수다.

이는 그대로라고 말이다. 그러나 세상은 또한 의도의 결과물이다. 세상은 우리보다 앞서 살았던 사람들이 꾸며놓은 결과물이니까. 도로마다, 소들이 한가로이 풀을 뜯는 초원마다 예전 사람들이 품었던 의도의 흔적이 담겼다.

문화 이론가 바존 브로크*는 이런 생각 놀이를 제안했다. "우리는 자신을 이미 과거의 사람으로, 현재를 과거로 살펴보는 법을 배워야만 한다." 우리가 더는 세상에 존재하지 않는다면 어떻게 될까 하는 물음은 매우 흥미진진할 수 있다. 우리가 없어진 뒤에 저기 저 나무는 앞으로 무엇을 보게 될까? 50년 뒤 실제로 하늘을 나는 자동차가 나타난다면 저 앞의 주차장은 어떻게 될까? 분명 100년 뒤에 저 나무는 오늘날의 우리가 제아무리 기발한 상상으로도 생각하지 못한 어떤 것을 보게 되리라. 브로크의 제안은 거꾸로도 통한다. 저기 저 나무는 지금껏 무엇을 보았을까? 저 나무가 자랄 때 저 자리에 무엇이 있었을까? 그리고 나무는 누가 심었을까? 저 앞의 주차장에는 예전에 무엇이 있었을까? 누가 주차장을 만들 생각을 했으며, 저 아스팔트는 무엇을 덮었을까? 우리의 오늘 아래에는 어제가 깔려 있으며, 어제와 오늘의 위에는 내일이 감돌고 있다. 우리의 세상은 언제나 중간 결과일 따름이다. 우리

---

* 바존 브로크(Bazon Brock: 1936년생)는 독일 미학자로 부퍼탈 대학교의 교수를 지냈다. 전위예술인 이른바 '플럭서스(Fluxus)', 곧 고착된 형식을 버리고 끊임없는 변화를 추구하는 예술 흐름을 대표하는 인물이다.

는 잠깐 살다가 이내 곧 다시 사라진다. 우리네 인생은 '이미 지나간' 누천년이라는 세월과 별반 다르지 않은 '지금'일 따름이다. 이런 이야기는 무슨 우울한 감상에 젖어 하는 한탄이 전혀 아니다.

어린아이가 놀이터의 모래밭을 헤집듯 역사를 이리저리 들쑤셔보는 일은 흥미롭다. 그럼 탄탄대로의 밑에서 먼지가 폴폴 나는 흙길이 나타나기 때문이다. 오래된 도시의 구시가지 포석 아래에는 수천 년 전 사람들이 걸었던 길이 지나간다. 우리가 걷는 길은 시간이 퇴적해 이루어진 것이다. 예를 들어 오늘날 레겐스부르크 도시 지도에는 옛 로마 시대의 길이 표시되어 있다. 쾰른에서 출퇴근 시간에 아헨 슈트라세의 정체된 자동차 행렬에 끼어 꼼짝도 하지 못하는 사람은 아주 먼 옛날 이미 왕래가 잦았던 길 위에 서 있음을 위로로 삼아야 한다. 중세에 아헨에서 대관식을 치른 왕들은 이 거리를 따라 쾰른으로 와서 대주교를 만나야만 했다. 도르트문트의 시내에는 베스트푈리셰 헬베크(Westfälische Hellweg)라는 이름의 거리가 있다. 이 거리는 5,000년도 넘는 역사를 자랑한다. 오늘날 독일의 인기 높은 쇼핑가 가운데 하나인 이 거리에서 사람들이 유유자적 거닌다. 얼마나 많은 사람들이 이 거리에서 거래를 하고 다투며 때로는 울고 때로는 웃으며 살았을까? 아헨에서 레겐스부르크로 가는 아우토반 'A3'를 자동차로 달리는 사람은 8세기에 각각 하루 정도 걸으면 닿는 곳마다 성과 궁전을 세운 카를 대제의 족적을 따르는 셈이다. 이런 고성과 궁전은 에센, 뒤스부르크, 보훔이라는 도시들로 변모했다. 독일의 다른 아우토반 역시 옛 왕들이 걷던 길, 이를테면 오토 1세, 하인리히 4세가 걷던 길 또는 흔적을 덮고 있다. 거리 위로 거리가 켜켜이 쌓이며, 작았던 구역이 큰 구역으로 자라나거나, 옛 성의 폐허를 새 건물이 묵직하게 짓누른다. 아무 흔적도 없이 깨끗하게 사라지는 것이란 없다. 독일 남부의 칼프(Calw)와 가까운, 이끼와 풀이 무성한 언덕을 걷는 사람은 자신도 모르는 사이에 중세의 마을, 곧 오버뷔르츠바흐(Oberwürzbach)라는 이름으로 불렸던 마을의 잔재 위를 걷는다. 그리고 함부르크 알토나의 쇼핑센터 '메르카도(Mercado)'를 둘러보는 사람은 17세기의 유대인 공동묘지 위를 걷는 셈이다. 바로 그래서 이 쇼핑센터의 주차장은 지하가 아니라 건물 옥상에 있다(허공을 떠다닐 미래 자동차를 위한 매우 실용적인 주차장이다).

높이 날아오르는 비상을 꿈꾸는 계획은 얼마 가지 않아 과거라는 뿌리에 발목을 잡히기 일쑤다. 그리고 많은 경우 뿌리는 강력해서 새로운 것이 들어서지 못하게 막아선다. 베를린 성을 복원하기로 한 계획이 실행에 옮겨졌을 때, 여전히 그 아래 버티고 있는 공화국 궁전의 지하실과 기초를 어찌할 것인지 시당국은 골머리를 앓았다.* 결국 공화국 궁전은 해체되었고, 이를 이

---

* '베를린 성(Berliner Schloss)'은 15세기 중반부터 20세기 초까지 브란덴부르크 선제후와 프로이센 왕들의 궁으로 쓰인 건물이다. 제2차 세계대전 이후 동독이 '공화국 궁전(Palast der Republik)'으로 개명해 썼으며, 통일 이후 옛 모습대로 복원되었다.

루던 건축 자재는 다른 건물에서 계속 생명을 이어간다. 궁의 갈색 유리는 전 세계로 팔려나갔다. 지금은 다른 건물에서 사람들이 그 유리를 통해 바깥을 내다본다. 그 시멘트는 분쇄되어 도로를 만드는 데 사용되었다. 지금은 자동차들이 그 위를 달린다. 그리고 철근은 녹여 세계에서 가장 높은 빌딩인 두바이의 '부르즈 할리파(Burj Khalifa)' 골격 일부를 이루었다. 아무튼 오늘날 베를린의 성격을 고스란히 보여주는 상황이 아닐 수 없다. 베를린은 독일 현대사의 갖가지 문제들이 서로 얽혀 열기를 뿜어내는 용광로다. 다른 그 어떤 대도시에서도 20세기의 모순과 갈등이 베를린처럼 제동 장치 없이 충돌하며 폭발하지 않는다. 현재에도 베를린에서는 무엇이 남고 무엇이 사라져야 할지를 두고 어제와 오늘이 매일 협상을 벌인다. 베를린에는 오늘날에도 여전히 제2차 세계대전 당시 생긴 총알 자국이 선명하게 남아 있다. 냉전의 상징이었던 '글리니케 다리(Glienicker Brücke)'에는 동독과 서독의 국경이 여전히 흔적으로 남아 있다. 다리 중간 지점에서 밝은 녹색이 짙은 녹색으로 바뀐다. 그리고 불과 몇십 년 전 매일 국경 수비대가 순찰을 돌던 옛 장벽의 자리에는 오늘날 작고 알록달록한 아이들 놀이터가 있다.

우리 개인들의 역사에도 켜켜이 층이 쌓인 장소들이 있다. 나이가 먹어갈수록 층은 늘어난다. 어렸을 때 학교 옆에는 간이매점이 있었는데, 지금 그 자리에는 꽃 가게가 들어섰다. 우리 자신이 나이를 먹거나, 나이 먹은 사람의 이야기를 잘 들어보면, 예전과 다른 곳은 얼마든지 있다. 오늘날 아버지가 근무하는 곳은 원래 우체국 자리였다. 또는 저 아래 시장 광장 거리의 첫 집은 '번호 2'를 가졌다. '번호 1'의 집은 전쟁 통에 폭격을 당해 사라졌기 때문이다.

한곳에서 오래 살거나, 오랜 시간이 지나 익숙했던 장소를 다시 찾는 사람은 항상 기억 속의 지도를 떠올리며 헤매기 마련이다. 어떤 장소를 가슴 깊이 새겨둔다는 것은 세월의 흐름에도 변함없는 추억을 간직함을 뜻한다. 그래 맞아, 그때는 가을이었어, 겨울에 이곳에 있으면 어떤 기분이 드는지 잘 알아, 햇볕은 타는 것처럼 뜨거웠어. 그때 나는 유모차에 탄 채 나무 꼭대기를 올려다보았지. 저 보리수를 타고 올라갔던 기억이 생생해. 이곳은 내가 늘 즐겨 찾던 곳이야, 과거로 시간 여행을 할 수만 있다면 나는 이곳에서 나 자신과 만날 수 있어.

《잘 있었니, 사진아Dear Photograph》라는 이름의 블로그는 이런 발상에서 탄생했다. 이 블로그 주인의 간단한 부탁은 이렇다. "여러분의 과거 사진으로 현재를 찍어보세요!" 원하는 사람은 자신의 소중한 추억이 담긴 장소를 찾아가 옛날과 똑같은 구도로 다시 한 번 사진을 찍는다. 묘목을 심는 장면을 찍은 옛 사진의 오늘날 그 자리에는 커다란 나무가 서 있다. 다른 어떤 사진은 65년 전의 어머니를 보여준다. 어머니는 베로나의 석조 다리 앞에 서 있다. 사진 속의 처녀는 당시 18세이다. 다리는 변함이 없다. "지금 어머니는 저를 더는 알아보지 못하세요." 딸 안날리사Annalisa가 사진 아래 쓴 글이다. "그리움과 안타까움이야말로 중요한 주제다."《가디언Guardian》지에서《잘 있었니, 사진아》블로그를 다룬 기사의 내용이다. "자녀는 부모를 그리워하고, 부모는 자녀의 어린 시절을 그리워한다."

어렸을 때 보았던 풍경이 절대 변하지 않으면 얼마나 좋을까 하는 마음은 간절하기만 하다. 노인들은 흔히 무의식적으로 이런 소망을 품는 나머지 옛 장소에 일어나는 새로운 변화를 받아들이려 하지 않는다. 이를테면 백화점 '헤르티'의 간판은 벌써 오래전에 '카르슈타트'로 바뀌었음에도 노인들은 여전히 '헤르티'라 한다.• 그들은 변화를 더는 따라가지 못한다. 그들은 자신이 어디서 있는지 안다고 굳게 믿는다. 오로지 현지 사정에 밝은 사람, 그 동네에 오래 산 사람 또는 질문하기를 꺼리지 않는 사람만이 백화점을 찾아내리라. 향수는 우리 내면 속의 어제가 우리를 둘러싼 오늘보다 훨씬 더 중요하다고 여기게 만들 정도로 강력한 힘을 발휘한다. "결코 잊을 수 없는 그때가 언제나 다시 찾아오려나." 연극배우 요아힘 마이어호프는 자신이 어린 시절을 보내고 성장한 장소를 다룬 책을 쓰며 이런 제목을 붙였다. 마치 그는 눈을

• 헤르티(Hertie)는 1882년에 창립된 독일의 유통 회사로 한때 115개 백화점을 운영할 정도로 번성했던 기업이다. 그러나 무리한 공격적 경영으로 실적이 급속도로 악화되면서 1993년에 카르슈타트(Karstadt)라는 기업에 인수 합병되었다.

끔벅하며 우리의 동의를 구하는 것만 같다.*

장소는 세상의 풍파를 이겨내고 살아남는다. 변화하는 가운데서
도 변하지 않는 것, 이것이 장소와 우리의 차이점이다. 우리는 왔
다가 사라진다. 장소는 남는다. 그리고 장소는 우리가 누구였는
지, 우리가 그때 그곳에서 무슨 생각을 했는지 붙잡아둔다. 우리
가 좋아했던 그대로 장소는 남는다. 추억 속의 모습으로 남아주
기를 우리가 원한 그대로. 장소는 몇천 년의 세월을 두고 이곳을
찾았던 사람들의 습관과 풍습을 기호와 상징으로 저장해둔다. 찾
아와 머물렀거나 다시 가버린 사람들의 흔적을. 우리는 어떤 장소
에서 성장하며 세월과 더불어 그곳의 풍습과 전통을 흡수해 우
리 안의 확실한 부분으로 받아들인다. 마치 시간의 흐름과 더불
어 오로지 이곳에만 있는 수소, 산소, 탄소, 질소의 조합이 우리
뼛속에 쌓이듯.

　이런 동위 원소의 조합이 우리가 어디 출신인지, 또는 어느 곳에
얼마나 오래 살았는지 알려주는 것과 마찬가지로 우리가 성장한
곳의 역사 역시 우리 안에 살아 있음은 증명될 수 있다. 말하는 투,

---

* 요아힘 마이어호프(Joachim Meyerhoff: 1967년생)는 독일 연극배우이자 작가
다. 베를린과 뮌헨과 빈을 오가며 활발한 활동을 벌이는 동시에 여러 권의 자전
적 소설을 쓰기도 한 인물이다. 본문에서 인용한 문구는 그의 책 제목 『결코 잊
을 수 없는 그때가 언제나 다시 찾아오려나Wann wird es endlich wieder so,
wie es nie war』이기도 하다.

즐겨 먹는 음식, 사고방식, 감정, 믿음은 모두 우리가 어디 출신인지 알려주는 특징이다. 바이에른 사람을 보라. 팔츠 사람, 프리슬란트 사람을 보라. 미국인이나 이탈리아인 또는 중국인을 보라.

인간은 대개 오래 산 곳에서 일어나는 일, 좋은 쪽이든 나쁜 쪽이든, 최소한 그 일부라도 자신 안에 받아들이게 마련이다. 전래된 예절이나 풍습 또는 잘못된 고정 관념을 한사코 거부하는 사람이라 할지라도 거의 누구나 언젠가는 자신이 어디 출신인지 하는 문제에 맞닥뜨린다. 주변과 철저하게 무관하게 사는 사람은 아무도 없으니까. "고향과 인생에서 처음으로 만난 사람 그리고 성장의 배경이 되는 풍경은 우리의 사람됨에 결정적인 영향을 미친다. 이런 영향은 그냥 간단하게 휴지통에 버릴 수 있는 게 아니다." 마리온 그레핀 된호프●가 쓴 문장이다. 우리는 누구나 인생을 살며 접하는 이야기, 냄새, 맛, 소리를 우리 자신 안에 미량 원소로 가진다. 이런 것들이 나의 내면과 끊임없이 마찰을 일으킨다 할지라도 내 안의 일부라는 사실은 부정되지 않는다.

사람들은 자신이 소속감을 느끼는 장소를 두고 '고향'이라는 단어

● 마리온 그레핀 된호프(Marion Gräfin Dönhoff: 1909~2002)는 독일 역사상 최고의 저널리스트로 평가받는 인물이다. 가운데 이름에 백작(Gräfin)이라는 칭호가 들어가 있듯, 귀족 출신인 그녀는 동독의 출현으로 고향을 잃었다. 《디 차이트Die Zeit》지의 편집장이자 발행인으로 오랫동안 일했으며, 동서 대립의 화해를 위해 평생 헌신했다.

를 쓴다. 고향은 그 지칭하는 대상이 달라질 수 있는 단어다. 고향은 국가 전체를 뜻할 수도 있고, 오로지 어린 시절을 보낸 마을을 뜻할 수도 있다. 대다수 독일인은 자신의 출신 지역에 깊은 소속감을 느낀다. 바야흐로 21세기임에도 자신이 태어난 곳이나 자란 곳에 머무르고 싶어 하는 독일인은 많기만 하다. 어떤 설문 조사에서는 독일 국민의 26%가 예나 지금이나 자신이 성장한 지역에 살고 싶다고, 또는 되돌아가 살고 싶다고 답했다. 30%는 고향과 고작 몇 킬로미터 떨어진 지점에 산다. 고향은 사람마다 다른 울림을 준다. 심지어 어떤 이들에게 고향은 아무것도 아니다. 다만 한 가지만큼은 분명하다. 우리가 고향을 어떻게 느끼고 무엇이라 부르든, 변화는 끊임없이 일어난다. 지난 누천년 동안, 몇백 년 동안, 몇십 년 동안, 고작 몇 년 동안, 그리고 오늘 지금도 고향은 변한다. 아우토반 아래 깔린 길로 고대의 카이사르는 여행을 다녔다. 국도를 통해 사람들은 저마다의 전통을 가진 시골로 온다. 공항에는 매일 새로운 생각을 가진 사람들이 비행기에서 내린다. 변할 수밖에 없다, 세상이 원래 변하는 것이니까. 세상에 시간이 완전히 정지한 곳은 절대 없다. 시간이 정지한 것처럼 보이는 까닭은 우리가 자세히 살피지 않기 때문이다. 심지어 사막도 변한다.

주변의 사물에 붙여주는 이름 역시 세월과 함께, 왔다가 사라지는 인간과 함께 변한다. 특히 언어는 이를 쓰는 사람들의 생각에 늘 영향을 미친다. 우리는 서로 대화를 주고받으며 생각을 이어가기 때문이다. 독일의 경우 게르만어로 시작된 언어는 끊임없이 변화하고 있으며, 이런 변화는 앞으로도 멈추지 않으리라. '빈트(Wind: 바람)'는 매우 독일적으로 들리는 단어이지만, 그 뿌리는 로마 사람들이 쓰던 '벤투스(ventus)'다. '만텔(Mantel: 외투)'의 어원은 라틴어 '만텔룸(mantellum)'이고, '케제(Käse: 치즈)'의 어원은 '카세우스(caseus)'다. 훨씬 더 뒤에 아랍 상인들은 '쿠파(quffa)', 곧 갈대로 엮은 광주리를 들고 유럽에 나타났다. 우리의 '코퍼(Koffer: 가방)'는 이 쿠파에서 비롯되었다. 아랍 상인들이 유럽을 찾은 때부터 우리는 '커피(Kaffee: 터키어 '카베kahve', 또는 아랍어 '카화qahwa')'를 '타세(Tasse: 잔, 사발을 뜻하는 아랍어 '테사täsa')'로 마신다. 국경을 의미하는 독일어 '그렌체(Grenze)'는 13세기에 폴란드어 '그라니카(granica)'에서 생겨났다. '레름(Lärm: 시끄러움, 소동)'은 15세기에 이탈리아어 '알라르메(all'arme)' 곧 '(위험한 상황이 발생했으니) 무기를 잡아라!'에서 유래했다. 결국 레름은 '알람(Alarm: 경보)'과 친족 간이다. 모젤 지역은 30년 전쟁을 치르는 동안 프랑스군이 점령했다. 프랑스 병사들은 무엇보다도 '부테유(bouteille: 병)'를 퍼뜨려 독일에서도 술병을 '부델(Buddel)'이라고 하도록 영향을 미쳤다. 독일 사람들은 프랑스 귀족에 열광한 나머지 '아버지'와 '어머니'를 '파파(Papa)'와 '마마(Mama)'로 부르기를 즐겼다(두 번째 'a'에 강세를 주는 프랑스어 발음 그대로). 그 밖에도 '무메(Muhme: 숙모)'는 '탄테(Tante)'로, '오하임(Oheim: 삼촌)'은 '옹켈(Onkel)'로, '바제(Base: 여자 사촌)'는 '쿠지네(Cousine)'로, '페터(Vetter: 남자 사촌)'는 '쿠쟁(Cousin)'으로 각각 바뀐 것 역시 프랑스어의 영향이다. 독

일어가 다른 나라로 넘어가 그곳을 고향으로 삼은 대표적인 사례
로는 '블리츠크리크(Blitzkrieg: 기습 공격, 전격전)', '벨트슈메르츠
(Weltschmerz: 염세적 세계관, 독일어 원뜻은 '세계의 아픔)', '킨더가
르텐(Kindergarten: 유치원)', '슈납스(Schnaps: 독한 술)' 등을 꼽을
수 있다. 폴란드 사람들은 이름이 잘 떠오르지 않을 때 '비하이스
터'라고 말하며, 핀란드 사람들은 휴식을 가질 때 '카페파우시'라
고 한다.• 그리고 오늘날 독일어에는 매년 새로운 외래어, 특히 영
어가 첨가된다. 이런 외래어는 주로 인터넷 용어에서 온 것이다. 우
리 '메신저' 할까, 우리 '라이크(Like)' 할까, 뭔가 배웠을 때 '러닝
(Learning)' 했다 하는 따위가 그런 예이다. 그리고 '빙겐(Bingen)'
은 라인강변에 있는 도시일 뿐만 아니라, 최근 들어 몇 시간이 걸
리든 드라마를 몰아 보는 이른바 '빈지워칭(Binge-watching)'을 뜻
하는 약어이기도 하다.

인터넷은 우리가 가장 새롭게 창조해낸 장소다. 인터넷은 현실
의 장소는 아니지만, 매우 진짜 같은 곳이다. 우리는 인터넷에서
'월드 와이드 웹(World Wide Web)'이라는 끝없이 펼쳐지는 풍경
을 질주한다. 링크에서 링크를 따라 웹사이트마다 누비며, '사이트
(site)'라는 영어 단어의 뜻 그대로 장소, 대지, 현장을 누비는 밝

• '비하이스터(Wihajster)'는 독일어 '비 하이스트 에스?(Wie heisst es?: 이름이
뭐죠?)'에서, '카페파우시(Kaffeepaussi)'는 '카페파우제(Kaffeepause: 커피 휴
식)'에서 각각 온 것이다.

은 디스플레이는 우리의 마우스 클릭에 따라 때로는 짧게, 때로는 길고 오래 세상을 보여준다. 우리는 상품을 디지털 장바구니에 담으며, 열심히 댓글을 달아 다른 사람들의 댓글들을 묻어버린다. 그러면 그 댓글들은 독일 남부의 저 외딴 산골 마을, 누구도 이름조차 기억하지 못하는 산골 마을보다 더 깊게 가라앉아버린다. 아마도 언젠가는 학자들이 인터넷 쇼핑몰을 바닥까지 훑으며 예전 사람들은 무슨 생각을 하며 살았는지 발굴하리라. 오랜 전통과 전래된 관습을 찾아내고 당시 유행과 해묵은 고정 관념에 어떤 게 있는지 살필 것이 분명하다. 인터넷은 모든 저장고 가운데 가장 큰 것이며, 이곳에서도 층이 켜켜이 쌓인다. 심지어 '노 맨스 스카이(No Man's Sky)'와 같은 사이언스픽션(Science Fiction, SF) 컴퓨터 게임에서 플레이어가 온라인으로 가상의 장소를 포기할 때 무엇을 남겨놓는지 연구하는 고고학자도 있다. 그동안 지키던 행성을 포기하고 다른 행성으로 여행하는 플레이어는 어떤 흔적을 남길까?

실제로 우주 탐사를 가서 그 행성에 무엇을 남겨놓는지 우리는 안다. 고성능 망원경으로 달을 관찰하면 우리는 그곳에 남겨놓은 것을 볼 수 있다. 그곳에는 쓰레기가 가득하다. 또 몇 개의 발자국도 있다. 1972년에 우주비행사 가족을 촬영하여 코팅한 사진도 거기에 있다. 그리고 알루미늄으로 만든 피규어도. 이것은 우주비행사 피규어. 우주 탐사에 헌신하다가 사망한 천문학자와 우주

비행사를 기념하기 위한 피규어다. 다음번에 달나라에 착륙하는 사람 역시 뭔가 남겨놓을 것이며, 그가 걸어간 길에는 나중에 아마도 도로가 건설되리라. 잘 알지 못하는 낯선 행성으로 이주한 우리는 지구에서와 마찬가지로 층을 쌓아가며 세대에서 세대로 지구의 역사를 되풀이할 게 틀림없다.

우리는 인간이다. 그리고 우리는 아주 다양한 모습과 색채를 자랑한다. 우리는 예전에 이곳에 살던 사람과는 다르게 말한다. 생각도 다르다. 우리는 세상과 장소를 우리 희망에 맞춰 바꾼다. 그리고 우리는 언제나 떠돌아다닌다. 평화를 유지할 때도 있고, 시비와 다툼이 벌어질 때도 있다. 우리는 피난을 하거나 거대 국가를 등에 업고 여행한다. 인간은 일자리를 찾아, 배우려고, 먹고살려고 방랑을 한다. 상인, 군인, 사제, 예술가, 대장장이 또는 이발사, 그도 아니면 그냥 떠돌이도 찾아온다. 심리학자, 기계공학과 전자공학을 결합한 메커트로닉스 종사자 또는 커뮤니티 매니저처럼 다양한 직종의 사람이 찾아오지만 주로 하는 일은 마케팅이다. 머지않아 홀로그램 디자이너나 로켓 기술자도 찾아오리라. 이들은 때로는 몇 년, 때로는 그저 며칠 머무른다. 이들은 저마다 전통 음식을, 노래를, 관습을 가져온다. 다툼이 잦기는 하지만 지극히 정상이다. 사랑에 빠지는 일도 많으며, 이 또한 정상이다. 이들은 새롭게 찾아와 머무르며 이 장소를 새로운 고향으로 삼기도 한다. 몇십 년을 이곳에서 살면서 숲속에서 나

못가지를 부러뜨리고 그랬는지조차 모르고 살아가리라. 그 뒤에는 아마도 이들의 자녀가 고목에 자신의 이름을 새기리라. 다만 변화는 여전히 늠름하게 서 있는 고목 옆에 새로운, 반들반들 윤이 나는 드론 스테이션이 들어선 것이다. 정확히 예전에 주차장이었던 바로 그 자리에.

"나 여기 왔었다": 자신을 영원히 남기고픈 열망

존재의 박물관:

자아도취에 빠진 왕과 이름을 새기는 순례자,

다리를 사랑한 자물쇠, 성문 앞 우물가의 보리수와

스타일러스를 가진 우체부

우리는 우리가 영원히 세상에 존재할 수 없음을 안다. 우리가 없어도 세상은 계속 돌아간다는 것 역시 어렴풋이 짐작은 한다. 우리가 사라져 잠깐 삐거덕하기는 하겠지만, 그래도 해는 다시 떠오른다. 그리고 우리는 잊힌다. 우리는 매우 덧없는 존재다. 장소는 세월이라는 도도한 강의 흐름에도 끄떡없이 남지만, 덧없이 사라지는 우리는 일찌감치 자신을 붙잡아둘 방법을 찾아왔다. 알맞은 도구를 만들어내면서부터 우리는 장소에 자신을 붙들어 매어 영원의 끝자락이라도 잡아보려, 최소한 이름과 여기 왔었다는 사실만이라도 남기려 안간힘을 써왔다. 긁고 새기고 깎고 파면서 돌에, 나무껍질에, 땅속에 우리를 남긴다. 뭔가 불변하는 것을 남기고자 하는 열망은 추우면 몸이 어는 것과 마찬가지로 인간적이다. 우리가 이 세상에 존재했다는 것, 여기 존재했다는 것, 이곳에서 살았다는 것을 무엇인가가 우리에게, 특히 우리 뒤에 오는 사람들에게 증명해주었으면 하는 것이 이런 갈망이다. 우리는 어떤 장소의 석화(石化)한 역사책 안에 우리 이름의 낙인을 남기고 싶다. 이곳에서 일하고, 이곳에서 쉬었노라. 이곳에서 나는 인생을 더는 살지 못하고 고꾸라지는 게 아닌지 근심했었노라. 이곳에서 겪은 일이 너무 아름다워서 혹은 너무 끔찍해서, 이 장소를 나는 결코 잊지 못하겠노라. 여기서 우리는 서로 사랑을 나누었으며, 서로 잡아먹을 것처럼 다투었노라. 여기서 나는 너에게 입 맞추었노라.

인류는 이미 태초에 동굴과 암벽에 그림을 그렸다. 그림은 우리가 서로에게 들려주는 이야기다. 불의 그을음을 물감 삼아 처음으로 그린 그림은 이렇게 이야기했다. 보라, 내가 여기 있노라, 이것이 내가 창을 던져 잡은 고기로다! 보라, 이곳에서 나는 승리를 구가했노라. 이런 그림은 흔히 성공적인 사냥을 위한 지침 또는 승리한 싸움의 증거로, 최초의, 아직 이름이 없는 영웅의 손바닥을 낙관처럼 찍었다. 갈수록 몸집을 부풀린 이야기는 권력의 묘사에 치중했다. 하늘의 높은 뜻을 받들어 태어난 이름을 장소에 붙이는 풍습은 옛 황제와 왕을 다룬 기록에 흔히 등장한다.

　이런 풍습이 얼마나 오래되었는지 보여주는 것은 오늘날 베이루트의 북동쪽에 남은 고대 유적이다. 그곳에서는 유장하게 흘러온 강의 하구가 바다와 만난다. 아랍어로 '나흐르 엘칼브(Nahr el-Kalb)'라는 이름을 가진 이 강을 고대 그리스 사람들은 '리코스(Lykos)'라고 했다. 아랍어의 원뜻을 그대로 옮기면 '개의 강'인 이

강은 고대 이집트 지배 구역의 국경이었다. 계곡은 워낙 깊어 오로지 하구에서만 건널 수 있다. 군사 전략적으로 요충지인 이 하구를 놓고 다툼이 끊이지 않았다. 바로 그래서 이곳을 차지한 지배자는 저마다 자신의 이름을 암벽에 새겼다. 승리를 이런 식으로 자축한 첫 번째 왕은 기원전 18세기 메소포타미아의 샴시아다드 1세●이다. "나는 거대한 바다의 해변에 내 이름을 새긴 비석을 세우노라." 어떤 신전에 새겨진 비문은 '우주의 왕'이 나흐르 엘칼브의 강변에 자신의 이름을 영원히 남기려 시도했다고 전해준다.

오늘날 그곳에서 볼 수 있는 첫 번째 부조는 기원전 13세기의 람세스 2세를 새겼다. 이 부조는 파라오 람세스 2세가 세우게 한 세 개 부조 가운데 하나다. 태양신 라Ra가 람세스 2세에게 승리의 칼을 전해주는 모습을 묘사한 것이 이 부조다. 그로부터 600여 년이 지난 기원전 671년에 이집트는 승승장구하던 아시리아의 왕 에사르하돈에게 점령당했다. 에사르하돈은 람세스 2세의 부조 바로 옆에 자신의 이름을 새기게 했다. 옛 파라오의 이름은 이미 세월의 풍파에 시달린 끝에 흐릿해졌으나, 에사르하돈의 이름은 빛난다. 약 100년 뒤 신바빌로니아 왕 네부카드네자르 2세는 이스라엘을 점령하고 이곳에 자신의 공덕비를 세웠다. 이후에도 왕들은 계속해서 이곳에 자신의 이름을 새겼다.

● 샴시아다드 1세(Šamši-Adad I: 기원전 1809~1776)는 아시리아의 왕으로 지중해에 걸쳐 강력한 왕국을 건설했다.

그 가운데 특히 로마의 황제 카라칼라는 강을 따라 나 있는 길을 넓혔다. 술탄 바르쿠스는 나흐르 엘칼브에 다리를 만들고 자신의 이름을 남겼다.•

1860년 나폴레옹 3세는 자신의 군대를 이끌고 나흐르 엘칼브에 이르는 협곡을 넘었으며, 이 원정을 영원한 기록으로 남기기 위해 암벽에 새겼다. 20세기에는 영국군과 프랑스군이 베이루트와 다마스쿠스에서 거둔 승리를 각각 비문으로 선포했다. 1946년 레바논은 제2차 세계대전의 종전과 연합군의 퇴각을 자축하며 대리석 판에 이를 새겼다. 가장 최근에 새겨진 비문은 이스라엘 군대가 레바논 남쪽에서 퇴각한 사실을 알린다. "2000년 5월 24일 장군 에밀 라후드•• 대통령 각하의 재임 기간 동안 드디어 해방의 시대가 시작되었다." 돌에 새겨진 비문의 내용이다. 이로써 에밀 라후드 역시 역사에서 자신의 위치를 확보했다. 오늘날 나흐르 엘칼브는 유네스코가 지정한 세계기록유산이다.

• 람세스 2세(Ramses Ⅱ: 기원전 1303~1213)는 고대 이집트 제19왕조의 3대 왕이다. 에사르하돈(Esarhaddon: 재위 기원전 680~669)은 아시리아의 왕으로 이집트를 원정해 누비아 국경까지 점령했다. 네부카드네자르 2세(Nebuchadnezzar Ⅱ: 기원전 630~562)는 신바빌로니아 칼데아 왕조의 2대 왕이다. 바빌론의 공중정원을 세운 인물로 구약 성경에 느부갓네살이라는 이름으로 등장한다. 카라칼라(Caracalla: 186~217)는 로마 황제로 제국의 모든 자유민에게 로마 시민권을 허락한 인물이다. 술탄 바르쿠스(Sultan Barkus)의 인물 정보는 알 길이 없다.
•• 에밀 라후드(Émile Lahoud: 1936년생)는 레바논 군 장성 출신 정치가로 1998년에서 2007년까지 대통령을 지낸 인물이다.

돌에 자신의 이름을 새겨 영원을 맛보고자 한 이런 풍습이 부자와 권력자만의 전유물은 아니었다. 영원할 수만 있다면 대리석이나 황금이 아닌들 어떠랴. 문자의 발명과 전파 이후 사람들은 벽에 그림을 그리고 글자를 끄적거렸다. 고대에도 이미 사람들은 이런 식으로 풍문, 저주, 축복, 욕설 또는 자신의 이름을 신전과 공중목욕탕의 밝은 벽에, 또는 암벽이나 조각상에 새겼다. 오늘날 우리는 이런 것을 '그라피티(graffiti)'라고 한다. 이 단어는 '쓰다' 또는 '그리다' 하는 뜻의 고대 그리스어 '그라페인(graphein)'에서 유래했다. 이런 어원은 이탈리아어 '그라피아레(graffiare)', 곧 '긁다'라는 단어에 오늘날까지도 고스란히 살아남았다. 고대에 문자나 그림을 새기는 필기구는 '스틸루스(Stilus)', 곧 첨필(尖筆)이었다. 철이나 청동, 상아 또는 동물 뼈로 만든 이 뾰족한 스틸루스로 사람들은 밀랍으로 만든 판에 쓰거나 새겼다. 고대의 시민은 언제 어디서든 스틸루스 한 자루쯤 가지고 다녔다. 이것이 없으면 못으로도 썼다. 카이사르는 자신이 암살당할 때 스틸루스로 막아보려 안간힘을 썼다고 한다. 오늘날 이 필기구의 디지털 버전은 '스타일러스'•로 택배를 수령할 때 태블릿에 서명을 하는 데 쓴다.

물론 벽에 새긴 고대의 그라피티는 거의 남아 있지 않다. 집을 허물고 다시 짓거나, 옛 거리 위에 새 도로를 까는 등 결국 장소

• 스타일러스(stylus)는 태블릿의 스크린에 직접 대고 쓰는 디지털 펜이다.

는 끊임없이 변화하기 때문이다. 게다가 아주 단단한 돌이라 할지라도 세월의 풍파에 닳아버린다. 그러나 시간이 서기 79년에 멈추어버린 장소가 있다. 베수비오 화산이 폭발했을 때 그 재에 덮여버린 폼페이가 바로 그곳이다. 나중에 발굴된 집들의 벽에는 낙서가 가득하다. "마르쿠스 아틸리우스Marcus Atillius가 여기서 보초를 섰다." "쿠르소르Cursor가 티라누스Tyrannus에게 인사를 보낸다." 그 아래에 이에 화답한 낙서도 보인다. "티라누스가 쿠르소르에게 답례를 보낸다." "마르쿠스는 스펜두사Spendusa를 사랑해." 고대의 사랑이 남긴 흔적이다. 어떤 이름을 알 수 없는 무명씨는 술집의 벽에 이렇게 써놓았다. "오늘 드디어 여주인에게 새의 날개를 달아주었네." 이게 후세에 뭘 남기려는 것인지 잘 짐작되지는 않지만, 아무튼 익살이 넘치는 외설이 판치는 것은 오늘날의 화장실 낙서와 별반 다르지 않다. 다만 당시에는 은밀한 벽 속이 아니라, 담벼락에 이런 글을 새겼다. 이런 식으로 선포하고, 댓글 달고, '악플' 달고, 비틀어가며 뭔가 쓰거나 지우는 것은 오늘날과 별반 다르지 않다. 폼페이에서 벽에 끄적거리는 것(당시에도 금지된 행동이었다)은 일종의 사회적 네트워크였다. 심지어 집주인은 다음과 같은 저주로 자신의 재산을 보호하려 들었다. "이 벽에 낙서하는 사람은 베누스Venus의 화를 받을지라." 화산 덕에 보존된 바실리카의 벽에는 오늘날에도 선명한 글씨가 남아 있다. "놀랍구나, 벽아, 그 숱한 헛소리를 감당해야만 함에도 너는 무너지지 않는구나."

인간이 벽에 그림을 그리고 뭔가 끄적거리는 것을 재미있어하고 그런 일에서 의미를 찾는다는 사실은 세월의 흐름에도 변하지 않았다. 심지어 이런 사실은 위대한 예술 작품의 역사에서 고스란히 확인된다. 특히 두드러지는 것은 17세기 네덜란드에서 나타난 회화 작풍이다. 이 그림은 주로 건축물을 그렸다. 화가들은 실제 건물의 내부를 모든 관점, 각도, 그리고 그 안에 비치는 빛의 놀이를 작품에 담아냈다. 특히 인기를 끈 모티브는 교회 내부이다. 그런데 놀랍게도 거의 모든 작품은 교회 안의 기둥에 그라피티를 묘사해놓았다. 당시에는 교회 안의 신도들이 앉는 자리에 낙서를 하는 것은 당연한 일이었던 모양이다. 심지어 어린아이가 기둥에 낙서하는 것을 그린 그림, 이를테면 에마누엘 더 비터의 작품 「델프트의 오래된 교회 내부Inneres der Delfter Oude Kerk」나 피터르 산레담이 위트레흐트 교회를 그린 작품 등을 심심찮게 볼 수 있다.• 그러나 당시에도 그라피티는 전혀 환영받지 못했다. 그라피티는 발견되는 즉시 족족 제거되었다. "바보의 손이나 저런 걸 끄적이겠지. 테이블과 벽은 마지막 흔적 하나 남기지 말고 깨끗이 닦아야만 한다!" 1882년 프리드리히 니체는 이렇게 요구했다. 니체는 오늘날의 그라피티를 본다면 아마도 분명 절망

• 에마누엘 더 비터(Emanuel de Witte: 1617~1692)는 탁월한 교회 그림을 많이 남긴 네덜란드의 화가다. 피터르 산레담(Pieter Saenredam: 1597~1665) 역시 네덜란드의 화가로 교회를 주로 그렸다.

의 탄식을 쏟아내리라.

예로부터 어떤 장소에 자신의 흔적을 영원히 남겼으면 하는 갈망
은 집에서 멀리 떨어질수록, 또 다시 이 장소에 올 일이 거의 없
을수록 더 강렬해지는 모양이다. 어쨌거나 돌이나 나무에 이름
혹은 글귀를 새기는 정말이지 많은 흔적은 순례자나 관광객 또
는 군인의 것이다. "기둥이나 벽만 보았다 하면 뭔가 가득 써놓았
다." 폼페이가 몰락할 당시 로마 상원의원 소플리니우스●가 투덜
댄 말이다. 이미 3세기에 로마에 있는 베드로 무덤에는 그라피티
전용 벽이 설치되었다. 전용 벽은 무덤을 찾는 순례자들이 이름
을 새길 장소를 아예 따로 만들어 아무데나 긁적여대는 혼란을
막으려는 대책이었던 모양이다. 순례자의 뒤를 이은 사람들은 최
초로 휴가를 즐기는 여행객이었다. "테베의 두 멤논 거상은 네로
황제 때부터 이곳을 찾은 로마 관광객들이 새긴 이름들로 뒤덮
였다." 알렉산더 데만트●●가 자신의 책『시간: 문화사Zeit: Eine
Kulturgeschichte』에서 쓴 표현이다. 이스탄불의 아야 소피아에
서는 중세부터 순례자와 관광객이 영원의 흔적을 남기기 바빴다.
그리고 고대 이집트와 고대 그리스의 건축물에도 이름은 빼곡하

● 소플리니우스(Plinius minor: 61~112)는 고대 로마의 정치가이자 법조인이다.
●● 알렉산더 데만트(Alexander Demandt: 1937년생)는 독일 역사학자로 로마
사와 고대 문화사 전문 연구가다. 베를린 자유대학교 교수를 지냈다.

게 새겨졌다. 그 가운데에는 유명 인사도 적지 않다. 예를 들어 시인 바이런 경Lord Byron은 아테네의 수니온(Sounion)곶에 있는 포세이돈 신전에 멋들어지게 휘갈긴 글씨로 자신의 성(姓)을 남겼다. 시인 아르튀르 랭보Arthur Rimbaud는 대문자로 자신의 이름을 룩소르 신전에 새겼다(2013년에는 그곳에서 14세의 중국 학생이 랭보를 흉내 내 "딩진하오丁錦昊 여기 왔다"고 신전 부조의 알렉산드로스 대왕이 입은 옷 부분에 끼적였다. 이 사건은 일파만파 파장을 일으켰으며 놀란 베이징 정부는 '문명 관광객이 지켜야 할 태도'라는 이름의 법을 제정해 국민에게 외국 관광지에서 경거망동하지 말라고 경고했다).

피렌체 대성당에도 이미 18세기에 몇몇 사람들이 벽에 이름을 새겼다. 그러나 최근 몇 년 동안 이 성당에 방문자들이 남긴 낙서는 심지어 이 문화재의 가치를 위협할 정도로 심각한 폐해를 안겨왔다. 문화재 보호를 담당하는 관리들은 시급히 뭔가 대책을 세워야만 했다. 머리를 쥐어짠 관리들은 방문객이 디지털로 이름을 남길 수 있는 앱(App)을 개발해냈다. 관광객은 가상의 펜, 붓이나 스프레이 같은 모양의 가상 펜 가운데 하나를 고르고 원하는 배경, 대리석이나 담벼락이나 황금 가운데 취향에 맞는 것을 선택해 그 위에 '자필 서명'을 남긴다. 완성된 자필 서명은 온라인으로 저장된다. 이런 모든 시도는 성공적이다. "문화재가 손상을 입지 않으면서, 동시에 그라피티를 남기고픈 사람들의 욕구도 만족시킵니다. 더욱이 가상의 그라피티는 불멸의 생명을 자랑합니다." 앱 개발자는 싱글벙글한다. 이들은 문화재를 훼손하는 반달리즘*을 막을 수 없다는 점을 잘 안다. "이름을 남겨 기념하고 싶다는 욕구와 의지는 인간 본성의 일부이거든요." 그리고 이 본성은 비트와 바이트로 이루어진 영원함에 만족할 줄 안다.

평범한 사람들의 숱한 이름은 문자 덕분에 벽에 살아남는다. 이 사람들의 이름은 『브로크하우스』**를 아무리 뒤져도 나오지 않는다. 이 이름들은 1560년 식당 주인 휴 드레이퍼와 마찬가지로 런던 탑에 갇혀 있을 따름이다.*** 아니, 벽에 갇혀 있다고 해야 더 정확한 것이 이 이름들의 운명이다. 또는 애비 로드 스튜디오****의 하얀 벽에 남겨진 이름도 마찬가지다. 2008년에는 대니얼 로이Daniel Roy, 2011년 8월 28일에는 리사 야슈차크Lisa Jaszczak라는 이름이 그곳에 남겨졌다. 대개 이 이름은 우리가 그 주인이 누구인지 아는 유일한 정보다. 그래도 이들의 이름

• 반달리즘(Vandalism): 문화나 예술을 파괴하려는 경향. 455년경 유럽의 민족 대이동 때 반달족이 로마를 점령하여 광포한 약탈과 파괴 행위를 한 것에서 유래한다.

•• 『브로크하우스Brockhaus』는 세계에서 가장 오랜 역사를 자랑하는 백과사전이다. 독일어로 간행된 이 백과사전은 1808년부터 나왔으며, 2015년에 폐간되어 온라인 서비스만 제공한다.

••• 휴 드레이퍼(Hew Draper 또는 Hugh Draper)는 영국 브리스틀에서 식당을 운영하던 남자로 천문학을 취미 생활로 삼았다. 마술로 사기를 치려 했다는 누명을 쓰고 런던 탑에 갇혀 지내는 동안 벽에 정교하고 아름다운 천문학 지도를 새긴 것으로 알려진 인물이다.

•••• 애비 로드 스튜디오(Abbey Road Studio)는 런던의 웨스트민스터에 있는 음악 스튜디오의 명칭이다. 1931년에 설립된 것으로 비틀스를 비롯해 많은 유명 가수들이 녹음한 전설적 스튜디오이다.

은 시간을 버티고 살아남았다. 물론 그 이름 옆에는 직업이나 이름을 남긴 날짜가 적힌 경우도 심심찮게 볼 수 있다.

이따금 이름에 더 많은 사연이나 메시지가 담긴 경우도 보인다. 후손에게 보내는 일종의 경고가 이런 메시지다. 오늘날 베를린의 제국의회 의사당에 가보면 나치스 독일의 종말을 앞두고 벌어졌던 마지막 전투의 흔적뿐만 아니라, 이곳에서 싸웠던 사람들의 이름도 찾아볼 수 있다. 적지 않은 수의 러시아 병사들이 의사당 벽에 자신의 이름을 남겨 영원을 맛보고자 했다. 몇 달 동안 잔혹한 전쟁을 치른 병사들에게 자신의 이름을 남기는 일은 그렇게도 중요했다. 이들은 이름을 남기기 위해 자신이 가진 모든 것을 동원했다. 병사들은 대개 단단한 돌로 이름을 새겼으며, 연필이나 석탄을 쓰기도 했다. "나는 여기 왔노라, 그리고 침을 뱉었노라. ― 고르닌Gornin." 오늘날에도 읽을 수 있게 남은 낙서다. 또는 이런 글귀도 보인다. "우리는 이곳 제국의회 의사당, 히틀러의 소굴에 왔다! 대위 코클류슈킨Kokljuschkin, 중위 크라스니코프Krassnikow, J. 15/V 45." 이런 낙서는 우리가 지금 그 이름을 읽는 바로 그 자리에서 몇십 년 전 전투를 치른 끝에 남루해진 군복을 입고 손에 돌을 쥔 남자들이 남긴 것이다. 그들과 우리를 갈라놓은 것은 오직 시간뿐이다. 허공의 화약 냄새는 사라졌지만, 독일과 베를린과 의사당과 벽과 남자들의 이름은 여전히 존재한다. "저는 옛 스탈린그라드에서 온 러시아 여성들 단체 관광객을 안내했죠." 제국의회 의사당의 가이드를 맡은 여인의 회고담이다. "그때 어떤 할머니가 저에게 오더니 죽은 남편이 이곳에 왔었으며, 자신의 이름을 남겨놓았다는 말을 했다고 하더군요. 연로한 할머니는 남편이 손으로 쓴 이름 앞에 서자 하염없이 눈물을 흘렸습니다."

의회에는 병사들의 이 이름을 지워야 한다고 주장하는 의원들이 있다. 그 참혹한 전쟁을 치르고 천신만고 끝에 살아남은 병사들의 이름을, 저 옛날 그 전쟁을 치르자며 함성을 질러대던 의사당에 남은 이름을.

다른 나라, 다른 곳에서는 1944년 야로슬라프 차테치카Jaroslav Žatečka가 자신의 이름과 함께 몇 가지 기호를 벽에 새겼다. 그가 16번째 생일을 맞이하고 나흘이 지나서 남긴 흔적이다. "ŽATEČ AAd 682 8. 5. 1944." 이 벽은 테레지엔슈타트(Theresienstadt, 체코, 테레진Terezín) 게토에 있는 것이다. 'AAd 682'는 그가 이곳으로 강제 수송되면서 얻은 식별번호로, 'AAd'는 운송열차를, 682는 그의 수감번호를 나타낸다. 1944년 9월 28일 차테치카는 전부 2,488명의 유대인들과 함께 아우슈비츠-비르케나우로 이송되었다. 살아남은 사람은 고작 473명이다. 소년 차테치카는 살아남은 사람 가운데 한 명이다. 그는 1945년 4월 다하우(Dachau) 강제수용소에서 풀려났다. 제국의회 의사당에서 자랑스럽게 자신의 이름을 새긴 병사들이 전쟁을 끝내기 한 달 전에 소년은 가까스로 살아남았다.

새로운 시작을 기념하고자 하는 열망은 언제나 뜨겁다. 이런 열망은 특히 젊은 연인이 품는 소망이다. 이들은 갓 꽃봉오리를 피운 사랑이 영원히 지속하기를 갈망한다. 그리고 이 사랑을 온 세상에 널리 알려 실제로 영원한 뿌리를 내렸으면 하는 마음도 간절하다. 사랑하는 두 사람이 손을 꼭 잡고 역사에 이름을 남기고자 하는 낭만적 성향, 사랑을 위해서라면 불길에라도 뛰어들 것 같은 무모한 격정은 늘 새로워 보이기는 하지만 사실 인류 역사만큼이나 해묵은 것이다. 영원한 사랑을 다짐하던 증표는 이내 흘러간 옛사랑의 회한 어린 흔적으로만 남을 따름이다. 그러나 처음 품었던 희망은 언제나 최후의 순간에도 미련을 버리지 못한다. 또 사랑이 영원하지 말라는 법은 없다고 당사자는 몇 번이고 다짐한다. 심지어 베를린의 제국의회 의사당, 전투의 결의를 다지는 영웅적 말투가 난무하던 의사당에서조차 아모르의 화살이 관통한 하트가 벽에 그려져 있다. 이 그림 안에는 1945년부터 '아나톨리Anatoli와 갈리나Galina'가 흰 바탕에 검은 글씨로 손을 굳게 잡았다.

자연에는 군인보다는 사랑에 빠진 사람들의 이름이 더 많다. 이름을 남길 곳으로 건물 벽보다 자연을 더 선호하는 이유는 뭘까? 아무래도 사랑에 빠진 사람은 사랑을 맺어주는 연결 고리 역할을 해주는 것, 곧 나무를 좋아해서 그런 게 아닐까? 나무는 약속을 잡기 알맞으며, 그 뒤에 숨어 마음껏 애정을 나눌 수 있다. 그리고 나무는 큰 도시든 작은 마을이든 어디서나 자란다. 나무는 그만큼 우리에게 친숙한 자연이다. 그러나 안타깝게도 나무 역시 생명을 가진 저장고다. 다시 말해서 나무에 새겨둔 이름 역시 나무와 함께 세월을 이기지 못하고 사라진다. 이미 저 고대의 시인 테오크리토스*의 사랑 이야기만 들어도 우리는 가슴이 저며온다. 그는 사랑하는 여인 헬레나Helena의 이름을 물결처럼 시원한 그늘을 드리워주는 플라타너스 껍질에 새겼다. 그러나 이 사랑은 끝내 결실을 보지 못하고 말았다. 결국 헬레나의 이름은 길을 오가는 방랑자들의 입맞춤만 받았을 뿐이다. 시인 오비디우스 역시 사랑에 빠져 황홀함에 젖은 산의 요정 오이노네의 이야기를 들려준다. 트로이의 왕 프리아모스Priamos의 아들인 파리스Paris의 연인 오이노네는 이런 노래를 부른다. "당신이 내 이름을 너도밤나무에 새겨주었군요, 낫으로 깎아 '오이노네'라 선명하게 읽을 수 있네. 나무가 자라면서 내 이름도 높이 오르리." 나무가 자라며 그녀의 사랑도 자라기를 바라는 간절함이 고스란히 배어나는 노래이다(이 사랑은 헬레나를 선택한 파리스가 오이노네를 버릴 때까지만 자랐다).** 괴테도 역시 1776년 라이프치히에서 케트헨 쉰코프를 흠

- 테오크리토스(Theokritos)는 기원전 3세기경에 활동한 고대 그리스 시인이다. 목가적인 서사시를 주로 쓴 인물이다.
- 오비디우스(Ovidius: 기원전 43~서기 17)는 고대 로마의 시인이다. 사랑을 주제로 한 많은 걸작을 쓴 인물이다. 오이노네(Oenone)는 산의 요정으로 목동 파리스와 사랑에 빠졌다가 그가 왕자임이 드러나고, 아프로디테의 뜻에 따라 그가 헬레네와 결혼을 하면서 버림받는 통에 비극적 사랑을 상징하는 전설의 캐릭터다.

모한 나머지 자신과 그녀의 이름을 보리수에 새겼다.[*] 보리수는 당시에 이미 사랑의 나무로 여겨졌다. 이런 배경을 염두에 두면 독일에서 가장 유명한 사랑 나무가 보리수인 것은 놀라운 일이 아니다. 보리수는 빌헬름 뮐러가 시를 쓰고, 여기에 프란츠 슈베르트가 1827년에 곡을 붙인 가곡에서 자란다. 누구나 한 번쯤 들어보았을 노래다. "성문 앞 우물가에 서 있는 보리수 / 나는 그 그늘 아래 단꿈을 꾸었네. / 가지에 희망의 말 새기어놓고서 / 기쁠 때나 슬플 때나 찾아온 나무 밑."[**]

오늘날 보리수에 새겨진 하트는 대다수 사람들에게 그저 낭만적 이벤트, 밸런타인데이에 되풀이되는 진부한 이벤트일 뿐이다. 그리고 껍질에 글자나 그림을 새기는 것은 나무에게 몹쓸 짓이라는 점을 모르는 사람은 없다. 그래서 오늘날 사람들은 나무 대신 다리에 자물쇠를 매달아놓는다. 어찌나 열심히 매달아대는지 자물쇠 무게로 다리가 무너질 지경이다. 이 풍습은 2008년에 독일에 들어왔다. 정확히 말해서 이 풍습은 이탈리아에서 수입되었다. 이탈리아에서 '사랑의 자물쇠(lucchetti dell'amore)'는 어떤 소설 덕에 인기를 끌었다. 페데리코 모치아의 『나는 너를 원

- 아나 카타리나 쇤코프(Anna Katharina Schönkopf: 1746~1810)는 괴테가 17세 때 흠모했던 3세 연상의 여인이다. 케트헨(Käthchen)은 그녀의 애칭이다.
- 빌헬름 뮐러(Wilhelm Müller: 1794~1827)는 후기 낭만파의 독일 서정 시인으로 오스트리아 작곡가 프란츠 슈베르트(Franz Schubert: 1797~1828)의 가곡에 많은 영감을 준 인물이다. 「보리수」는 『겨울 나그네Winterreise』(원제는 '겨울 여행')의 다섯 번째 곡이다.

해』에서 서로 사랑에 빠진 스텝Step과 진Gin은 어떤 다리 위에 서서 대화를 나눈다. "이게 뭔지 알아?" 스텝이 여자 친구에게 물었다. "이건 이른바 사랑의 사슬이라고 하는 거야. 여기에 자물쇠를 걸어 잠그고 열쇠를 테베레(Tevere)강에 던져버리지." "그렇구나, 그래서?" 진이 물었다. "사슬로 묶인 한 쌍은 영원히 함께하는 거야." 스텝은 사슬에 자물쇠를 걸어 잠근 다음 열쇠를 빼고 진의 눈을 똑바로 들여다보았다. 진은 그를 마주 보고 미소를 지으면서 눈썹을 치켜올렸다. 스텝은 열쇠를 엄지와 검지로 잡고 허공가운데 약간 흔들었다. 그리고 열쇠를 놓았다. 열쇠는 떨어지며 공중에서 몇 번 돌다가 테베레의 강물 속으로 사라졌다. 진은 꿈을 꾸는 것만 같은 눈길로 열쇠를 몽롱하게 바라보다가, "왈칵 나에게 뛰어올라 다리로 내 허리를 감싸고 꼭 안은 다음, 키스를 하며 엉엉 소리 내어 울었다. 기뻐서 흘리는 눈물이다. 그녀는 미친듯이 뜨겁게 키스했다, 그래 미친 게 틀림없다, 그녀는⋯⋯, 그녀는 아름다웠다." 이 극적인 장면은 그야말로 폭발적인 반응을 이끌어냈다. 그동안 베를린과 베네치아 같은 몇몇 도시에서 이 풍습은 금지되었다. 파리의 퐁데자르(Pont des Arts, 예술의 다리)에는 90톤이 넘는 무게의 자물쇠가 달려 난간 일부가 무너지는 사

● 페데리코 모치아(Federico Moccia: 1963년생)는 이탈리아 작가이자 영화감독이다. 그가 쓴 연애소설은 이탈리아 젊은이들에게 일종의 '컬트' 대접을 받는다. 『나는 너를 원해Ho voglia di te』는 2006년에 발표된 작품으로 영화로도 만들어졌다.

고가 일어났다. 당국은 서둘러 자물쇠들을 제거했다. 아마도 독일에서 사랑의 자물쇠 걸기의 시발점이 된 쾰른의 호엔촐레른 다리(Hohenzollernbrücke)에는 그동안 15만 개가 넘는 자물쇠가 달렸다. 여기에 인터넷에서 가상으로 다리에 걸 수 있는 자물쇠까지 치면 그 개수는 엄청나게 늘어난다. 쾰른의 어떤 호텔은 심지어 '낭만의 주말, 루체티 델라모레 디 콜로니아(Lucchetti dell'Amore di Colonia, 쾰른에서 사랑의 자물쇠를)'라는 이름의 패키지 상품을 선보였다. 이 주말 숙박 패키지는 '알록달록한 사랑의 자물쇠 하나(열쇠 포함), 그리고 낭만적인 연애시 한 편'을 무료로 제공하며, 추가 요금을 치르고 주문할 때에는 연인의 이름도 새겨준다(사랑의 자물쇠에). 아무튼 잠깐 사랑을 나눌 사람들을 위한 패키지는 아니다.

너와 나 두 사람은 '우리'가 되고자 여기 왔노라. 우리는 이 약속의 장소가 영원히 보존되기를 바라노라. 무엇보다도 모든 사람이 우리의 언약을 볼 수 있어야 한다. 잠근 쇠붙이로 자신들의 결합을 공공장소에 과시하려는 안간힘이야말로 인간이 가지는 가장 농밀한 갈망의 표현이다. 열쇠를 던져버린 자물쇠는 더는 바꿀 수 없는 계약서와 마찬가지다. 장소, 이 경우 다리는 이 계약서를 보관해둔 사서함이다. 사랑이 강물을 따라 흘러가버리더라도 다리로 다시 돌아오면 자물쇠는 여전히 있을 테니까.

자신을 영원의 반열에 올려놓고자 하는 갈망은 계속해서 새로운 도구를 만들어내 활용한다. 스마트폰의 카메라를 이용하는 것은 비교적 최근의 기술이다. 이제 사람들은 스마트폰으로 직접 자신의 사진을 찍는다. 이른바 '셀피(Selfie)'라고 하는 것이 그 방법이다. 요즘 젊은 사람들은 셀피를 즐긴다. '셀피'라는 개념은 2002년 호주에서 처음으로 등장했으며, 2013년 옥스퍼드 사전에서는 셀피를 '올해의 단어'로 선정했다. 셀피는 언제라도 스스로 만들 수 있는(그리고 포토샵으로 변조할 수 있는) 개인의 존재 증명이다. 그리고 이 그림은 돌을 쪼거나 새기는 수고를 하지 않아도 된다. 그저 몇 번의 자판 입력으로 셀피는 어디라도 누구에게나 전송될 수 있다. 태양신 라가 람세스 2세에게 스마트폰을 주었더라면 파라오는 매우 흡족해했으리라. 백성과 멀리 떨어져 있어도 파라오는 원할 때면 언제나 자신의 그림을 전송할 수 있었을 테니까. 오늘날 관광객들은 나흐르 엘칼브에서, 고대 왕들의 비문 앞에서 셀피를 찍는다. 물론 이 사진은 옛날의 우편엽서처럼 "내가 어디 왔는지 봐!" 하고 말하지 않는다. 셀피는 "나를 봐!" 하고 요구한다. 셀피는 이 사진을 보는 다른 사람이 어디서 찍은 것인지 알아보는 데 필요한 바로 그만큼만 배경을 보여준다. 셀피의 중심은 항상 발신자의 초상화다. 잘 찍혔는지 잠깐 살피고 손가락만 몇 번 까딱하면 몇 초 뒤에 사진은 집에 있는 친구나 가족의 손에 들어간다. 또는 아예 소셜 네트워크에 올려놓거나. 그리고 아마도 소셜 네트워크에서 사진은 영원히 남지 않을까.

지니고 가는 것과 남는 것

가방에 싼 고향: 아직 따뜻한 침대와 박물관의 테디 곰 인형,
배낭 멘 독일인, 방사능에 노출된 멧돼지와 검은 신발 한 켤레

때는 1140년. 호엔슈타우펜 왕조의 왕 콘라트 3세가 이끈 군대는
벨프 왕조의 성 바인스베르크를 몇 주째 포위한 채 항복을 강요
했다.* 어느 날 드디어 굶주림에 견디다 못한 주민들이 자비를 구
하자 왕은 측은한 생각이 들었다. 콘라트 3세는 성을 정복하기 전
에 여인들은 모두 성을 떠나도 좋다면서 들고 갈 수 있는 것은 가
져가도 좋다고 허락해주었다. 다음 날 아침 성문을 통과하는, 끝
날 줄 모르는 여인들의 행렬을 보며 왕은 놀란 입을 다물지 못했
다. 여인들은 저마다 등에 남편을 업고 있었기 때문이다. 왕은 여
인들의 꾀에 미소를 감출 수가 없었다. 조카 프리드리히가 이대로

---

* 콘라트 3세(Konrad Ⅲ: 1093~1152)는 독일 슈바벤 지역을 거점으로 하는 호엔
슈타우펜 왕조 출신의 독일 왕이다. 왕조의 기틀을 닦는 데 공을 세운 인물이
다. 벨프 왕조 역시 독일의 유구한 역사를 자랑하는 왕조다. 주로 바이에른과
작센 지역을 장악했으며, 하노버와 영국과 아일랜드 등에 왕을 배출한 가문이
다. 바인스베르크(Weinsberg)는 독일 바덴뷔르템베르크주의 하일브론에 있는
고성이다. 지금은 폐허로만 남아 있다.

놓아줄 것이냐고 흥분하자 왕은 말했다. "평화롭게 가도록 내버려 두려무나. 왕이 한 말을 뒤집어서야 되겠느냐!" 성의 폐허는 오늘날까지도 '바이버트로이(Weibertreu)', 곧 '여인의 절개'라는 이름으로 알려져 있다.

인간이 어떤 장소를 떠나는 이유는 아주 다양하다. 독일에서는 다행히도 생사가 걸린 경우는 드물다. 예를 들어 인간은 다른 도시에 직장을 구해 기쁜 마음으로 이사를 한다. 또는 여자 친구가 400km 떨어진 곳에 살아서 두 주마다 한 번씩 주말에 프랑크푸르트에서 함부르크까지 오는 것을 힘들어해 어쩔 수 없이 프랑크푸르트로 이사하는 경우도 있다. 대도시의 대학교에 다니고 싶어 고향을 떠나는 학생도 많다. 떠나는 사람은 친구를 잃으며, 새로운 친구를 사귄다. 또 예전만큼 부모를 자주 못 보는 것도 감수해야만 한다. 남는 것은 어린 시절 읽었던 책들과 추억이다. 인생의 한 시절이 매듭을 짓는다. 어릴 때 즐겨 하던 소꿉놀이, '여행 갈 때 뭘 가지고 갈래?' 게임은 이제 현실이 된다. 바지 한 벌, 신발 두 켤레 그리고 여행용 다리미 등 짐은 사람에 따라 많기도 하고 적기도 하다. 어떤 장소를 떠난다는 것이 언제나 나쁘지만은 않다. 부모님 집을 나오는 일은 새 출발이 될 수 있다. 은퇴를 하는 경우라 할지라도 다시 옛 일터로 출근하지 않아도 된다는 사실은 해방감을 선물한다.

장소를 떠나며 맞닥뜨리는 물음은 늘 똑같다. 무엇을 남겨놓을까? 무엇을 가져갈까? 어떤 것은 쓸 만하고, 무엇은 짐일까? 인생에서 계속 자리를 차지해야 마땅한 것은 무엇일까? 왜 나는 떠나야 한다는 생각만 하면 배 속이 불편해질까? 텐트를 걷을 때마다 나는 무슨 희망을 품을까? 무엇이 두려울까? 독일 언어위원회*에서 2004년 가장 아름다운 독일어를 물었을 때 1위에 뽑힌 단어는 '합젤리히카이텐(Habseligkeiten)', 말 그대로 '가져서 축복으로 여겨지는 것'이다. 이것이 없다면 나는 누구일까? 꼭 필요한 만큼만 가져갈 수 있다면 나는 무엇을 택할까? 새로운 고향, 더 나은 미래를 찾아 나서야만 한다면 지금까지 내 인생의 중심을 잡아주던 본질은 무엇일까? 검소한 마음가짐으로 꼭 간직하고 지켜야만 하는 것은? '최소의 소유물'이 곧 '합젤리히카이텐'이다. 이 설문 조사에서 2위를 차지한 단어는 '게보르겐하이트(Geborgenheit)', 즉 '편안함', '아늑함'이다. 원하는 곳에 드디어 도착했다는 따뜻한 느낌이 '게보르겐하이트'다.

세상의 수많은 사람들이 무엇을 남겨놓아야 하며, 무엇을 꼭 가져가야만 하는지 하는 문제로 고민한다. 불행히도 매일 이런 고민을 하는 사람들은 많기만 하다. 인류 역사에서 고향을 등져야만 했던 피난민이 가장 많이 발생한 때는 1945년을 전후한 시점

---

* 독일 언어위원회(Deutscher Sprachrat)는 독일 학술교류지원청과 독어학회 그리고 괴테 문화원이 참여하는 독일어 지킴이 목적의 단체다.

이다. 이후 다행스럽게도 그보다 더 많은 피난민이 발생하지는 않았다. 당시, 곧 제2차 세계대전이 한창이던 시기와 그 이후를 돌이켜보고 그때부터 다시 앞으로 천천히 나아가며 살피는 관점은 매우 많은 점을 배울 수 있게 해준다. 이런 관점은 오늘을 두고 우리가 배워야 할 점도 일깨워준다. 감상에 젖어 희생자 수를 헤아려보고 그 아픔을 곱씹으며 복수를 하자는 것이 아니다. 이런 관점을 가져야 마땅한 이유는 단 하나다. 당시 고향을 등져야만 했던 사람은 오늘날 고향을 떠나야만 하는 사람과 몇 가지 공통점이 있다.

제2차 세계대전 동안 당시 이른바 '동쪽 지역', 곧 동유럽에서 수천 명의 사람들은 독일군에게 마른하늘에 날벼락 맞듯 느닷없이 집에서 쫓겨났다. 숱한 사람들이 현관 앞에서 총에 맞거나 끌려갔다. 집 안의 난로가 아직 따뜻한 경우도 많았다. 집 앞에서 두려움에 질려 떨고 있는 집주인들을 새 주인은 전혀 배려하지 않았다. "두 젊은 처녀는 거친 손길로 외투와 옷과 블라우스와 속옷이 벗겨지는 치욕을 당했다. 거친 손은 가방을 뒤집고 처녀의 몸을 샅샅이 더듬었다. 그들은 우리의 돈을 가져갔으며, 반지와 목걸이를 벗겼다. 쇠로 만들어진 머리핀은 따로 준비된 바구니에 넣었다. 그들은 짐 꾸러미에서 비누와 양초와 성냥과 식료품을 몰수했다." 얀 피스코르스키의 책 『쫓겨난 사람들』에서 할리나 키릴로바 소스노프스카Halina Kirylowa Sosnowska가 기억하는 독일군이다.* 심지어 아이들의 봉제 인형도 배가 갈리는 험한 꼴을 당했다. 그 안에 귀중품을 숨겨놓았지도 모른다는 의심 탓에. 경찰은 "꼭 필요한 것 이상은 절대 가져갈 수 없다"고 엄포를 놓았다. 꼬마들은 등에 배낭을 메고 부모를 따라 아장거리며 걸었다. 배낭 안에는 요강과 그림 그리는 도구 몇 개만 들었을 뿐이다. 소녀의 손에 매달려 대롱거리는 인형은 절대 해를 입지 않아야만 한다. 인형이 멀쩡해야만 아이의 순수한 영혼은 상처를 입지 않는다. 아이의 일상과 다른 소유물은 그냥 버려졌다.

전쟁이 끝날 기미가 보이기 시작하면서 다시금 난민이 내몰리기 시작했다. 동쪽으로 밀고 들어온 군인들이 이번에는 서쪽으로 도망가며 약탈을 자행했다. 발터 켐포브스키의 책 『에코로트』에서 하사관 카를하인츠 볼터Karl-Heinz Wolter는 1945년 슐레지엔의 어떤 마을을 회상한다.** "마을은 더없이 깊은 평화 속에 잠겨 있다." 주민이 모두 떠났기 때문이다. 볼터는 잠긴 문을 부수고 집 안으로 들어갔다. "주민이 떠난 지 얼마 안 되는 게 틀림없다. (…)

● 얀 피스코르스키(Jan Piskorski: 1956년생)는 폴란드 역사학자다. 폴란드와 독일의 교과서편찬위원회 의장을 역임했으며, 현재 슈체친 대학교 교수다. 『쫓겨난 사람들Die Verjagten』은 피스코르스키가 2013년에 펴낸 역사학 연구서다.
●● 발터 켐포브스키(Walter Kempowski: 1929~2007)는 독일의 작가로 시대상을 그린 작품을 왕성하게 쓴 인물이다. 전부 네 권으로 이루어진 『에코로트Echolot(음향 탐지기)』는 1943년에서 1945년까지 사람들의 일기와 편지와 신문 기사 등을 모아 펴낸 책이다. 이 책에서 작가는 일체의 논평을 하지 않고 서로 대립된 입장을 충실히 보여줌으로써 전쟁 한복판의 인간 심리를 증언한다.

담배 연기가 여전히 허공에 걸려 있다. 칼로 자르다 만 케이크가 식탁 위에 놓여 있다. (…) 차곡차곡 개킨 세탁물, 비누 그리고 다른 일상용품이 소파 위에 가지런히 놓여 있다. (…) 침실은 아침에 잠자리에서 일어난 그대로의 모습이다." 항복 선언 직후 특별 명령이 떨어졌다. "독일 국민은 누구나 오로지 20kg의 여행 짐만 가져갈 수 있다." 그리고 "생물이든 무생물이든 집 안의 모든 물건은 손상되지 않은 상태로" 현장에 남아 있어야만 하며, 모든 집은 열린 채로 두어야 하며, "집과 방의 열쇠는 바깥쪽에 꽂아두어야만 한다."

모든 피난민의 기억에서 열쇠는 빠지지 않는 부분이다. 열쇠는 잠가두었다는 표시다. 그리고 되돌아왔을 때 여전히 뭔가 열 것이 있으리라는 희망의 상징이기도 하다. 크리스타 볼프는 『살아 있는 이들을 위한 추도사』에서 1945년 1월의 어느 날 아침에 황망히 꾸린 짐 보따리를 들고 복도에 서서 지도자 동지의 사진이 걸렸던 벽에 남은 밝은 얼룩을 보는 기분을 묘사한다.● 열다섯

● 크리스타 볼프(Christa Wolf: 1929~2011)는 독일의 작가다. 전쟁으로 실향민이 되어 동독으로 피난한 뒤 공산당원으로 정치적 활동을 하면서 활발하게 작품을 썼다. 함축적이면서도 명징한 필치로 자신만의 차원을 구축한 작가다. 공산주의 체제 아래서 전체주의를 비판하며 인권 신장을 위해 노력했다. 동독 정보부 슈타지의 정보원 노릇을 한 이력 탓에 비난을 받았지만, 이는 어디까지나 피해자를 보호하려는 행동이었음이 밝혀지기도 했다. 본문에 언급된 『살아 있는 이들을 위한 추도사Nachruf auf Lebende』는 그녀의 유고를 모아 2014년에 출간된 책이다.

살의 소녀 화자는 당시 상황을 정확히 기억한다. "할머니는 모든 찬장과 문들의 열쇠를 몸에 지니셨다. 사람들이 문을 부술 정도로 악하지는 않다고 굳게 믿으셨기 때문이다." 가족은 화물차를 타고 고향을 떠났다. 덜컹거리며 달리는 화물차 옆으로 집들이 흔들리며 지나갔다. 버려둔 집으로 언젠가 돌아올 수 있기는 한 걸까 하고 소녀는 자문한다. 그러나 "그동안 이웃이 침입해 필요로 하는 것을 훔쳐가버렸다." 그리고 열쇠를 바깥쪽에 꽂아두어야 한다는 엄명에도 사람들의 바지 호주머니마다 열쇠가 잘그락거렸다. 이 열쇠는 새로 정착할 새집 한 귀퉁이에 안전한 은신처를 발견하리라. 크리스타 볼프의 소설에 등장하는 할머니도 열쇠를 여생 동안 꼭 간직했다. "할머니의 사망 이후 (…) 열쇠는 그 남루하지만 정갈한 속옷 안에 달아놓은 주머니 속에서 발견되었다."

끝없이 펼쳐지는 눈밭, 발트해 연안의 석호, 길게 이어지는 피난민 행렬, 말들의 울부짖음, 흠씬 젖은 종이 가방, 이미 굳어진, 할머니와 할아버지의 시신들, 줄지어 가는 수레에 탄 얼어붙은 얼굴들, 그 사이사이에 아무것도 모르는 꼬마들은 목에 "이름과 생년월일, 부모, 고향 그리고 목적지가 적힌 나무판"을 걸었다고 『에코로트』에서 엘라 코솔Ella Kossol은 회상한다. 이런 그림은 오늘날 텔레비전에서 잊을 만하면 보여주는 피난민의 극적인, 아니 극적으로 꾸며진 장면이다. 도망갔든 쫓겨났든 그동안 독일 국민의 전후 시대 기억은 하나로 통일되었다. 아무튼 저마다 어떤 식으로든 전쟁의 피해자라고 불평한다. 고향을 떠나며 당시 남은 것, 아니 뒤집어 말하면 이제 더는 남지 않은 것은 전쟁이 끝나고 몇십 년이 흐르며 일종의 정신적 틀로 굳어졌다. 그래서 오늘날까지도 '피난'은 자발적으로 집을 버리고 떠난 게 아니다. 사람들은, 그가 어디 출신이든 모든 것을 잃었다. 가진 것도 없고, 고향도 잃었다. 모든 것을 새롭게 세워야만 했다. 피난 간 사람은 빈털터리일 수밖에 없다. 피난민이 지닌 모든 물건, 그에게 남은 모든 것은 패배자임을 보여줄 뿐, 미래를 위한 것은 아니다.

당시 피난 갈 필요가 없었던 지역의 주민은 피난민을 '배낭 멘 독일인'이라 불렀다. 피난민이 어렵사리 마련한 거처에는 구석에 흔히 '고향 코너'가 마련되곤 했다. 향수를 달래려 고향에서 쓰던 물건들을 한구석에 가지런히 놓아둔 이 '고향 코너'는 어제의 진열장이랄까. 그곳에 보물처럼 모셔둔 추억의 물건은 먼지를 털어주는 보살핌을 받았다. 나무껍질을 엮어 만든 신발. 낡은 성경책. 빛바랜 사진. 이런 추억의 물건으로 주인은 동프로이센이 아주 가깝게 느껴졌다. "장소에 내재하는 기억의 힘은 위대하다." 로마의 사상가 키케로는 이미 고대에 실향민의 마음을 아주 잘 알았다. 많은 '쫓겨난 자'(실향민은 자조적으로 자신을 이렇게 칭했다)는 전후 시대에 안타깝게도 고향에 두고 와야만 했던 것을 그리워하며 야위어갔다. 지크프리트 렌츠 •의 소설 『향토 박물관』에서 주

• 지크프리트 렌츠(Siegfried Lenz: 1926~2014)는 독일 작가로 전후 시대와 현대 독일문학을 대표하는 인물이다.

인공은 전쟁이 끝난 뒤 갖은 수고를 아끼지 않으며 모아온 고향의 물건들로 만든 마주렌 박물관에 불을 지른다. "불의 열기를 이기지 못한 박물관 지붕이 균열을 일으킬 때 요란한 폭음과 함께 지붕은 무너져 내렸다. 무기 전시실의 러시아 보병 탄약이 폭발했기 때문이다. 이 탄약은 마주렌[●]의 겨울 전투 때 쓰던 것이다." 탄약과 함께 붐바스^{●●}와 작은 북, 신부 웨딩드레스, 공 모양의 멋진 다리를 가진 침대, 장식된 빨랫방망이와 빨래판 등이 모두 불타버렸다. 박물관에는 "구석구석마다 증인이 살았다." 이 증인은 당시를, 곧 실향민의 잃어버린 과거를 오늘과 근근이 이어주는 물건이었다.

전쟁이 끝난 뒤 애향 영화와 가요는 서독에서 나오는 족족 대성공을 거두었다. 1951년에 개봉된 영화 「녹색은 황야다」^{●●●}는 1,600만 명이라는 관객을 끌어모았다. 1956년 프레디 퀸^{●●●●}은 자신의 노래 「향수병Heimweh」으로 100만 장 이상의 음반을 팔아 '골든 레코드'를 받았다("내 말 좀 들어줘, 너 황금색 별. / 멀

● 마주렌(Masuren)은 동프로이센 지방의 지역 이름으로 원래 독일 땅이었으나 1945년 동프로이센의 분할 이후 폴란드 영토가 되었다. 폴란드 지명으로는 마주리(Mazury)이며, 영어로는 마주리아(Masuria)다.
●● 붐바스(Bumbass)는 막대에 방울을 단 유럽 악기다.
●●● 「녹색은 황야다Grün ist die Heide」는 한스 데페(Hans Deppe)라는 독일 영화감독이 만든 작품으로 전쟁이 끝난 뒤 실향민의 애환을 다뤄 크게 성공한 영화다.
●●●● 프레디 퀸(Freddy Quinn: 1931년생)은 오스트리아 가수이자 영화배우다. 6,000만 장이라는 당시로서는 기록적인 레코드 판매고를 올린 전설적 인물이다.

리 있는 사랑하는 이들에게 인사를 전해주렴. / 기쁨과 아픔으로 / 속절없이 흘러가는 시간아"). 1958년에도 그는 「고향을 잃었어요 Heimalos」라는 노래로 100만 장 이상의 음반을 팔았다("세상에는 고향 잃은 사람이 많다네. / 나처럼 고향을 잃고 외로워한다네"). 멀리 떨어질수록 고향은 그만큼 더 아름다워진다. 오, 슐레지엔은 얼마나 아름다운가! 그곳에 남은 것은 더욱 의미심장해지며 중요하고 소중하다. 사람들의 이런 심사는 예나 지금이나 시대를 막론하고 어디서나 똑같다.

눈엣가시인 사람을 어떻게든 낙인찍어 고향에서 내모는 일은 세계대전으로 지독한 트라우마를 겪은 뒤에도 계속되었기 때문이다. 독일도 그랬다. 1952년 동독은 '해충 작전'이라는 운동을 벌였다. 서독과 동독 사이에 새롭게 생겨난 국경에 동독은 폭 5km의 지대를 설정해놓고, 정보부 '슈타지'가 "적대적이며, 사상이 불온하고, 범죄를 저지를 소지가 다분한 요주의 인물"로 지목한 사람들을 모두 그곳에서 살지 못하게 몰아냈다. 흐릿한 여명 속에서 화물차가 속속 도착했다. 인민경찰이 집집마다 들이닥치며 "짐 싸, 서둘러!" 하고 고함을 질러댔다. 사람들은 두려움에 떨며 옷을 주섬주섬 꿰입고 되는대로 챙긴 물건을 팔에 안은 채 여름날 새벽에 집 밖으로 내몰렸다. 강제 이주라는 말은 누구도 입 밖에 내지 않았다. 집과 땅을 잃은 사람에게 보상이라고는 없었다. 결국 거의 8,500명에 가까운 사람들이 고향을 잃었다. 향후 몇 년 동안 일반인은 오로지 특별 증명서를 가져야만 야르자우나 빌무트

하우젠을 방문할 수 있었다.* 그러다가 언젠가 두 마을은 사라졌다. 이 마을들은 14세기부터 사람들이 살았던 유서 깊은 곳이었다. 이제 마을은 파괴되어 전혀 존재하지 않았던 것처럼 깨끗이 자취를 감추었다. 그 대신 지금 이 두 곳은 '옛 국경을 기념하는 자리'로 만든다며 울타리와 경비 탑이 정비되어 관광객을 맞을 뿐이다.

사랑하는 고향을 부랴부랴 떠나야만 하는 사람은 어떤 기분일까? 「녹색은 황야다」의 마지막 장면에서 예전에 지주였던 뤼더 뤼더르젠Lüder Lüdersen이 아마도 정확히 말한 게 아닐까. "고향을 떠나야만 했던 경험을 하지 않은 사람은 실향민이 된다는 게 어떤 의미인지 전혀 헤아릴 수 없다." 그러나 누구나 이런 물음을 가정법으로 생각해볼 수는 있지 않을까? 고향을 떠나야만 한다면, 사랑하는 사람을 잃는 것처럼 아플까? 어떤 감정이 더 우세할까? 상실에서 오는 슬픔? 이런 상황을 막지 못했다는 부끄러움? 앞으로 어떻게 되는 걸까 하는 두려움? 혹은 분노? 이 모든 감정이 가능하다. 예나 지금이나 우리는 이 모든 감정에 휘말릴 수 있다. 잃는 것은 소유물만이 아니기 때문이다. 희망에 부풀었던 꿈, 미래 역시 우리는 잃는다.

조국을 떠나고 싶다는 생각은 동독에서 상당히 널리 퍼져 있었

● 야르자우(Jahrsau)는 작센안할트에, 빌무트하우젠(Billmuthausen)은 튀링겐에 있던 옛 국경 지대 마을이다.

다. 실제 감행하지는 않았다 할지라도, 그런 생각을 품었거나 실행에 옮기려 진지하게 고민한 경우는 얼마든지 있었다. 심지어 동독의 영화사 '데파'•는 이런 문제를 다룬 영화 「도피Die Flucht」를 만들기도 했다. 의사를 연기한 주연 배우 아르민 뮐러슈탈••은 서독으로 탈출하고 싶어 한다. 진지하게 고민한 끝에 그는 동독에서 살았던 자신의 인생을 완전히 정리하기로 결심하고 아주 중요한 문서들과 앨범, 할머니와 아버지의 사진이 담긴 앨범을 쓰레기장에 버린다. 어지럽게 허공을 날던 종잇조각들은 시커먼 쓰레기 위에 흰 비둘기처럼 내려앉았다. 이 순간 의사와 관객은 안다. 여기에서 그의 인생은 끝나버렸음을. 소중한 문서와 사진을 쓰레기로 버리는 사람에게 남을 건 아무것도 없다(물론 그는 영화가 끝날 때까지 동독을 떠나지 않는다).

대략 10년이 넘게 지난 시점에서 동독의 국가수반은 그 자신이 도피해야만 했다. 에리히 호네커Erich Honecker는 자신과 아내 마르고트Morgot에게 중요한 물건을 담은 가방 두 개를 사람을 시켜 모스크바로 보냈다. 그가 그동안 동독에서 어떤 삶을 살았고 무슨 일을 했는지 증명하는 이런 물건들은 동독에 남아야 마땅했다. 인조가죽 가방과 황금빛 걸쇠로 장식된 가방, 이 두 가방은 어찌된

• 데파(DEFA, Deutsche Film Aktiengesellschaft)는 1945년에 동독 정부가 설립한 관영 영화사다.
•• 아르민 뮐러슈탈(Armin Müller-Stahl: 1930년생)은 독일 영화배우로 유일하게 동독과 서독 영화에 모두 출연했다. 1997년에는 오스카 조연배우상을 받았다.

일인지 모스크바에 도착하지 않았다. 바로 그래서 우리는 오늘날 호네커 가족이 무엇이 없어져도 아쉽지 않았으며, 어떤 것은 꼭 간직하려 했는지 그 답을 안다. 가방에는 주로 사적인 편지와 비밀문서가 담겨 있었다. 그러나 또한 호네커가 1930년대 초에 모스크바에서 다녔던 레닌 학교 시절의 각종 증명서 복사본, 그가 받은 명예박사 학위증, 마르고트의 학창 시절 학적부, 그녀가 받았던 장관 임명장, 소비에트 정부가 발행한 각종 증명 사본 및 정치 성명문, 정치가들에게 보낸 부탁의 편지, 전 세계에서 답지한 지지 표명도 포함된다. 그리고 호네커 가문이 여러 세대에 걸쳐 찍은 수백 장의 사진도 가방에 들어 있었다. 이미 오래전에 흘러가버린 시간을 인화지에 붙들어 맨 추억의 사진들. 짧기는 했지만 기쁜 순간도 있다. 사진 가운데 호네커 가족이 발트해의 섬 필름(Vilm)의 모래 언덕에서 스파이 게임을 벌인 걸 찍은 것이 있다(다섯 명의 적이 비밀 기지를 염탐하다 들켜 "목숨을 대가로 치러야만 했다"고 호네커의 딸 소냐Sonja는 앨범에 메모해놓았다). 다른 앨범 한 권은 온통 호네커 가족이 아끼던 사냥개 플렉스Flex의 사진뿐이다.

동물도 흥미로운 주제다. 동물은 인간이 집을 버리고 떠날 때 거의 항상 남는다. 개, 고양이, 비루한 말, 소. 반대로 데리고 가는 것은 언제나 봉제 동물 인형이다. 물론 대개 곰이다. 곰은 가방을 불룩하게 만들거나, 주인의 배에 찰싹 달라붙는다. 또는 잃어버리지 않으려고 꼭 움켜쥔 아이 손에 매달려 대롱거리기도 한다. 어떤 특별한 곰은 심지어 박물관에 상시 전시되는 영광을 누린다. 동독에서 탈출하거나 피신한 난민을 수용하던 난민 수용소 마리엔펠데*는 지금은 당시를 기념하는 박물관이 되었다. 그곳 상설 전시관의 한 자리를 차지한 갈색 곰의 이름은 '베를리후프Bärlihupf'로 워낙 열렬한 사랑을 받은 나머지 왼쪽 귀가 떨어져 나가고 말았다. 당시 곰의 주인은 열두 살 소녀 안드레아Andrea다. 두 번째 생일에 선물로 받은 곰을 10년 동안 애지중지해온 안드레아는 1973년 11월 어느 날 한 살 더 많은 언니와 아빠와 함께 아우토반 휴게소에서 도피를 도와줄 사람을 기다렸다. 자동차로 가족에게 접근하던 조력자는 안드레아의 팔에 안긴 베를리후프를 보았다. 즉각 그는 가족에게 따라붙은 미행이 없음을 알아차렸다. 위험하지 않다. 곰은 처음부터 약속된 신호였다. 곰을 아버지가 들고 있었다면, 조력자는 등을 돌리고 가버리기로 말을 맞추었다. 이제 조력자는 아버지와 두 딸을 차에 타게 했다. 가족은 재빨리 차의 트렁크 안으로 기어들어갔다. 가족은 깜빡 잠들지 않도록 주의해야만 했다. 무의식적으로 뒤채는 모든 움직임은 차량 검열을 불러 발각될 수 있기 때문이다. 아버지와 두 딸은 헤센과 튀링겐 사이의 헤를레스하우젠(Herleshausen)에서 국경을 넘을 때까지는 숨조차 쉬지 말고 긴장해야만 했다. 드디어 넘었다.

• 베를린 남부의 마리엔펠데(Marienfelde)는 제2차 세계대전 종전 직후 동독에서 서독으로 빠져나오는 난민을 받아주던 수용소로 1950년에서 1953년까지 30만 명을 도왔다. 지금은 박물관이다.

안도의 긴 한숨이 절로 나왔다. 모든 것이 순조로웠다. 탈출은 성공했다. 조력자가 두 아들도 마찬가지 방법으로 데려오려 한 시도는 안타깝지만 실패로 돌아갔다. 두 아들은 감옥으로 보내졌다. 일부 가족은 동독에 그대로 남았다. 1976년에야 비로소 아들들은 서독 정부가 몸값을 지불해주는 조건으로 풀려났다.

40년 뒤 함부르크, 슈미데코펠(Schmiedekoppel), 거의 1,000명을 수용할 수 있는 1차 난민 수용소에서 봉사 요원은 이곳에서 부모와 그 자녀들이 다른 수용소로 어떻게 분산 수용되는지 이야기를 들려줬다. "한밤중에 버스가 와서 가족과 그 아이들을 데려가요. 물론 사전에 어디로 갈지 알려주지는 않습니다." 아침에 남아 있는 것은 오로지 테디 곰 인형이다. 그럼 봉사자는 그 인형을 소독해 다른 아이들에게 준다. 이 다른 아이들도 한밤중에 버스를 타고 다른 수용소로 가면, 역시 남는 것은 테디뿐이다. 그럼 테디는 다시 소독을 받는다. 부모는 사전에 전혀 모르고 있다가 황망하게 짐을 챙겨 떠나느라 아이가 테디를 챙기도록 보살필 여유가 없다. "어쩌겠어요? 아무것도 모르고 있다가 다른 곳으로 분산 배치를 받기 때문에 부모는 어쩔 수가 없어요." 그래서 남는 것은 결국 테디 곰 인형이다.

같은 해인 2013년 시리아의 알레포(Aleppo)에서 바나 알라베드Bana Alabed의 어머니는 트위터를 했다. 딸 바나는 일곱 살이다. 모녀의 주위에는 폭탄이 비 오듯 쏟아졌다. "우리는 어려서부터 이런 곳에서 살았죠" 하고 그녀는 트위터에 입력하고 사진을 첨부

했다. 포탄이 만들어놓은 잿더미 속에 하얀 플라스틱 의자가 보인다. 의자는 다리가 날아갔다. 의자 위에 놓인 인형은 꺾인 머리를 두 다리 사이에 묻고 있다. 의자 아래에는 털투성이의 봉제 양 인형과 테디가 널브러져 있다. 붉은색의 테디는 양의 배를 베개 삼아 등을 대고 누워 있다. 흰 바탕에 붉은 곰이 만든 형상이 하나의 커다란 빨간 하트처럼 보인다.

오늘날 전 세계적으로 거의 7,000만 명에 가까운 난민이 뿌리를 잃고 떠돈다. 예전과는 결코 비교할 수 없는 엄청난 수의 난민이다. 그리고 난민은 계속 늘어난다. 오늘날 고향을 버리고 고난의 길에 오르는 사람은 무엇을 남길까? 너무도 사랑하는 나머지 기꺼이 남고 싶었던 고향을 떠날 때 그들은 무엇을 남길까? 아무것도 남기지 않는 사람은 극소수다. 돌과 콘크리트와 무덤만 남기는 사람은 거의 없다. 무엇보다도 인간이 살았던 곳에는 사람이 남는다. 노인과 허약자와 떠나기를 거부한 사람이. 물질 중 남는 것은 한 떼기의 땅, 조촐하지만 정든 집, 가구, 너무 무겁거나 지나치게 커서 지니고 갈 수 없는 살림살이 따위다. 그리고 다시 회복하기가 어렵거나 절대 회복할 수 없는 어떤 것도 난민은 잃는다. "많은 난민은 정체성을, 자신이 어떤 의미를 가진다는 느낌을 잃는다." 미국 심리학자 케네스 E. 밀러Kenneth E. Miller가 쓴 글이다. "이 느낌은 그들이 고향에서 맡았던 사회적 역할과 직업과 함께 사라진다. 자기 집처럼 편안하기만 했던 고향에 내린 뿌리를 이들은 잃는다. 결국 뿌리가 뽑히며 세대 사이를 이어주는 역사에 단절이 생긴다." 이것은 분명 우리가 무엇을 남길까 하는 물음에 주어지는 가장 고통스러운 답이다. 우리는 한때 우리 자신을 이루었던 정체성을 잃는다. 떠나며 가지고 갈 수 없는 것은 바로 우리 자신이다.

오늘날 고향을 버리고 피난길에 오르는 사람이 구체적으로 무엇을 짐에 담는지는 작사가 제니퍼 톡스비 $^\bullet$가 쓴 시 「그들이 자신과 함께 가져간 것What They Took With Them」이 잘 보여준다. 유엔 난민기구의 홍보대사인 여배우 케이트 블란쳇Cate Blanchett은 다른 배우들과 함께 톡스비의 시를 가지고 난민 구호를 호소하는 리듬 있는 낭송 퍼포먼스를 담은 동영상을 만들었다. 이 동영상은 인터넷에서 쉽게 찾아볼 수 있다. 이 동영상에서 배우들은 난민이 피난길에 올라 바다를 건너고 산을 넘으며 자신의 미래를 위해 중요하다고 여겨 포기하지 못하고 지니고 가는 것이 무엇인지 낭독한다. 차례로 꼽아보면 가방, 가족사진, 각종 자격증, 경전, 고교 졸업장, 과자, 구명조끼, 국기, 금고, 기도 양탄자, 난민 증명서, 담배, 대추야자 열매, 동전, 라이터, 레몬, 레이저 포인터, 마시멜로, 머그잔, 멀미약, 면도기, 목발, 묵주, 물병, 바지, 반지, 방석, 방한복, 병역필 증명서, 부적, 붕대, 비닐봉투, 비스킷, 빗, 사진, 샴푸, 샌들, 선크

$\bullet$ 제니퍼 톡스비(Jenifer Toksvig: 1970년생)는 덴마크 작사가이자 극작가다. 그녀의 아버지 클라우스 톡스비(Claus Toksvig: 1929~1988)는 덴마크의 전설적인 방송인이다.

림, 소독한 식수, 속옷, 손톱깎이, 스카프, 스테인리스 냄비, 시계, 식용유, 신분증, 아기 모자, 아기 분유, 아기 옷, 여권, 여행용 어댑터, 염주, 우유, 운동복, 유심 카드, 육류 통조림, 인삼, 인형, 일회용 밴드, 잔돈, 재봉틀, 전화번호, 정원의 흙, 지갑, 지도, 지팡이, 진통제, 집 열쇠, 찻잔, 충전기, 치약, 칫솔, 터번, 텐트, 파이프, 팔찌, 포대기, 플래시, 플래시 드라이브, 헤드폰, 헤어 젤, 호루라기, 휴대폰, 휴지, 휘발유 통, 히잡 등이 으레 지니는 물건이다. 이런 물건은 그저 단순하게만 보이지만 배낭 속에 넣어 국경을 넘으면서 어떤 위대한 인생 스토리의 소품이 된다.

피난 가는 사람이 가져가지 못하고 남겨놓는 것은 유사 이래 변하지 않았다. 고향의 풍경과 향취 그리고 사랑하는 사람들. 아마 직업과 신분도 챙길 수 없는 것이리라. 오늘날 난민이 품에 지니는 것은 원칙적으로 전 세계 모든 사람들이 고향을 떠나야 할 때마다 가방이 비좁을지라도 챙기는 것, 곧 돈, 귀중품, 몇몇 도구, 꼭 필요한 약, 집 열쇠, 가장 소중한 추억의 물건이다. 모든 것이 예전과 같으며, 늘 해왔던 그대로이고, 다만 물건만이 더 현대적인 것으로 바뀌었을 뿐이다. 우리 시대에 들어와 새롭게 등장한 것은 스마트폰이다. 스마트폰은 고향의 집과 고향에 남은 사람들과 이어주는 끈 없는 끈이다. 허우적거리며 살아남아야만 하는 이국 땅에서 같은 난민끼리 연락할 도구가 스마트폰이다. 스마트폰이 의미하는 것은 이렇다. 너는 혼자가 아니야. 너는 홀로 있지 않아.

도움이 필요하면 얘기해. 너는 할머니가 편찮으시면 곧 알 수 있어. SNS로. 또는 메신저로.

고향에 남은 사람들에게 자신의 이야기를 들려주고 그들의 걱정을 줄여주고 싶은 갈망은 유구한 역사를 자랑한다. 이런 갈망은 다른 종류의 향수병, 옛날부터 집에서 멀리 떨어져 언제 어떻게 될지 모르는 위험 속에서 생활하며 긴 시간을 보내야 하는 사람들, 곧 군인의 향수병과 비견할 만하다. 프랑스와 두 번의 전투가 그 좋은 예다. 제1차 세계대전 때 프랑스에서는 800만 명이 넘는 민간인이 징집되었다. 당시 이른바 서부 전선에서 땅을 판 참호 안의 수많은 병사들은 집에 있을 사랑하는 여인만을 생각했다. 그래서 잉크병은 인기를 한 몸에 받았다. 편지를 쓰기 위해, 참호에서 고향으로 보낼 편지를 쓰기 위해 잉크병은 동이 났다. 1948년 노르망디에서 미국군이 후퇴했을 때에도 정말이지 엄청나게 많은 잉크병이 남았다. 대개 미국 상표의 잉크병이었다. 병사들에게 편지 쓰는건 이루 말할 수 없이 중요한 일이었다. 인터넷은 먼 훗날 이야기다. 오늘날에는 어머니, 아버지, 형제자매, 친구가 클릭 한 번의 거리에 대기한다. 그럼에도 무진장 멀게만 느껴지는 이유는 뭘까. 옛날에 편지 한 통이 가려면 몇 주가 걸렸다. 오늘날에는 채팅 상대가 로그인하지 않으면 한 시간도 영원이다. 클릭해도 답이 없는 상대를 기다릴 때면 해묵은 두려움이 다시 고개를 든다. 향수병이 속을 헤집는다. 그리고 양심의 가책이 찔러댈 때도 많기만 하다. 많은 난민은 새로운 고향에서 잘 지내는 자신을 용납할 수가 없다. 고향에 두고 온 사람들은 어찌 지낼까 눈물이 앞을 가리기 때문이다. 많은 경우 아직 살아 있는지조차 알 수 없는 탓에 난민의 가슴은 무너진다. 이런 마음의 병은 '생존자 증후군(Survivor Syndrome)'이라고 한다. '살아 있어 죄스러운 마음'이 이런 증후군이다. 이 질환을 처음으로 진단받았던 사람들은 나치 강제 수용소 생존자다.

늘 같은 물음이 고개를 든다. 나는 대체 무엇을 남겨두어야 할까? 나는 무엇을 가져가야 좋을까? 그리고 이 버림과 취함의 줄다리기에서 나는 어떻게 지내야 좋을까? 이런 물음들에 주어지는 가장 솔직한 답은 이렇다. 모르겠다. 뭐라 말할 수가 없다. 그리고 더욱 어려운 일은 다른 사람의 마음을 헤아리는 것이다. 인생은 저마다 다른 것이 중요하게 마련이니까. 뽑힌 뿌리는 절단되어 없는 팔다리가 아프게 느껴지는 '헛팔다리 통증'을 유발한다. 친구와 다시는 같이 놀 수 없다는 것을 아는 아이는 어떤 기분일까? 자동차 백미러 속의 소가 계속해서 작아지는 것을 보는 농부의 심정은 어떨까? 더욱이 여물을 줄 사람이 이제는 아무도 없다는 것을 아는 농부의 심정은? 가족묘를 다시는 볼 수 없다면 그 상실감은 얼마나 클까?

대개의 경우 어떤 물건은 우리가 떠날 때 챙겨 가져가야 비로소 중요한 것이 된다. 슈투트가르트 '역사 하우스'에는 검은 신발 한 켤레, 천으로 만든 신발 한 켤레가 전시되어 있다. 이라크 출신의 열네 살 소녀가 고향을 떠나야만 했을 때 신었던 신발이다. "소녀는 이 신발을 신고 이라크와 터키의 국경을 넘느라 길도 없는 황량한 지대를 여섯 시간이 넘게 걸어야만 했다. 이 신발을 신고 화물차와 승용차에 올라탔으며, 잠을 잘 때도 벗지 않았고, 이렇게 두 주 동안 강행군을 해서 마침내 독일에 도착했다." 이 박물관에서 신발에 붙인 설명이다. "바덴뷔르템베르크에 도착한 이후 소녀는 이 신발을 더는 신지 않았다. 소녀의 어머니는 이 닳은 신발을 딸이 버리기를 바랐다. 더는 신을 수 없는 상태인 데다가, 혹독했던 경험을 기억할 필요가 없지 않냐고 어머니는 말했다. 그렇지만 정확히 바로 그래서 딸은 신발을 간직했다." 예전에 교복의 일부일 뿐이었던 신발로 소녀는 고향을, 피난과 미지의 나라에 도착한 것을 기억하고 싶어 했다. 오늘날 신발은 소녀가 쓴 역사의 일부다. 고향 집이었다면 소녀는 틀림없이 신발을 버렸으리라. 우리가 가진 소유물이 잘 알지 못하는 타국의 박물관에 전시된다면 어떤 기분일까? 이 물음의 답은 오로지 우리 스스로, 다른 사람을 생각할 필요 없이 찾아야만 한다.

고향을 떠나야만 뿌리가 뽑히는 건 아니다. 그런 경우는 많기만 하다. 장소는 사라지거나 알아보기 힘들 정도로 변한다. 이런 변화는 대개 아주 천천히 이루어진다. 아마도 무슨 불쾌한 경험으로 소원해졌거나, 더는 우리가 알던 그 장소가 아닌 경우도 많다. 우리는 장소가 낯설게만 느껴진다. 또는 장소가 우리를 낯설어하거나. 자주 가던 술집의 주인이 갑자기 바뀌었다. 매일 저녁 개를 데리고 산책하던 벌판에 신축 건물이 들어섰다. 혹은 최근 들어 젊은이들이 부쩍 늘어났다. 우리는 갑자기 늙어버린 것 같고, 그들이 무슨 말을 하는 건지 모르겠어서 어리둥절한 나머지 편치가 않다. 저들도 우리가 하는 말을 잘 못 알아듣는다. 말 그대로 밤새 나라 전체가 사라지기도 한다. 1989년 동독이 존재하기를 멈추었을 때 그 주민은 장소를 떠나지 않았다. 오히려 장소가 그들을 떠났다. 덩그러니 남은 국민은 그대로 있으면서 동시에 사라진 고향 탓에 어리둥절하기만 했다. 가진 것 그리고 그동안 배운 것은 여전히 남아 있기는 하지만 더는 아무런 가치가 없다. 독일 민주주의 공화국의 국민은 심지어 써온 단어마저 잃어야만 했다. 몇십 년을 당연하게 써온 단어들이 돌연 아무런 의미가 없거나 심지어 금지어가 되었다. 언어학자 만프레트 헬만°은 동독 지역 출신의 기업체 대표들이 1990년에 회사 부장들에게 내린 공지를 수집해두었다. "작금의 상황으로 미루어 다음의 단어들은 쓰지 말 것을 간곡히 부탁드립니다. 간부, 작업반, 집단, 절약 경제, 공작, 영역 등 과거에 주로 썼던 특별한 단어는 삼가주세요. 이 단어들은 서독 사람이 듣기에 좋지 않은 어감이 강해 부정적인 연상을 하도록 만들 수 있습니다. 서쪽 기업들과 거래를 하며 부담스

● 만프레트 헬만(Manfred Hellmann: 출생 연도 미상)은 독일 언어학자로 통일 이후의 독일어 변화를 집중적으로 연구해온 학자다.

러운 상황을 만들 필요는 없으니까요."

1989년 이후 구동독 지역의 학생들은 역사 교과서에서 몇몇 주제를 다룬 장들을 통째 찢어내야만 했다. 젊은 세대가 '통일'을 어떻게 받아들이는지 그 느낌을 크리스타 볼프의 손녀 야나 시몬 Jana Simon은 이렇게 묘사한다. "어린 시절의 추억을 다시 찾아볼 수 있는 곳은 없다. 청소년 시절의 클럽은 거의 모두 문을 닫았다. 심지어 경찰서 등 몇 곳은 불에 탔다. 도로에는 다른 이름이 붙었다. 학교도 마찬가지다. 부모님 집의 가구들은 교체되었다. 옛날에 살던 집은 수리를 해서 예전 모습이 남지 않았다. 어려서 먹던 과자나 사탕도 사라졌다. (…) 모든 것이 사라졌다. 옛날 교과서는 쓰레기통 옆에 버려졌다."

장소가 우리를 떠나가기도 한다. 우리를 들어오지 못하게 막아버리거나 열쇠를 빼앗아서 말이다. 그럼 장소는 여전히 존재하기는 하지만 우리가 접근할 수 없는 곳이 된다. 이를테면 은퇴를 하기 바로 전 날이 그런 상황이다. 은퇴는 인생에 깊은 상처를 안기는 단절이다. 내일이면 다른 사람이 내 책상에 앉겠구나. 내가 일하던 계산대가 다른 사람의 차지가 되겠구나. 내일 내 사무실 문은 다른 사람이 열겠구나. 독일에서는 매년 150만 명이 은퇴한다. 그리고 이 수치는 갈수록 늘어난다. 이른바 '구조 조정'에 희생되는 사람은 하루가 다르게 늘어난다. 난민의 경우와 비슷하게 그동안 노동자들은 '일자리 생존자 증후군(Workspace Survivor Syndrome)'

이라는 트라우마에 시달린다. 무시로 직장 동료가 해고당하는 탓에 남는 사람은 안도의 한숨보다는 딱히 무어라 말할 수 없는 죄책감에 힘들어한다. 실직하는 동료를 볼 때마다 어째서 자신은 무사한지 하는 물음은 더욱 절박해진다. 그러다 덜컥 끝장을 맞을 때까지 이 물음은 계속 우리를 괴롭힌다. 2008년 9월 어느 날 파산한 은행 리먼 브라더스(Lehman Brothers)의 직원들은 지체 없이 뉴욕 사무실을 떠나야만 하며, 다시는 돌아올 수 없을 거라는 두려움에 사로잡혔다. "저마다 서둘러 자신의 물건을 챙기기 시작했어요." 당시 은행 직원 모 그리메Mo Grimeh의 회상이다. "사무실 안은 동료들로 가득했는데 아무도 일하지는 않았죠. 많은 이들이 눈물을 흘리더군요. 맥주나 테킬라를 마시는 동료도 많았죠, 저마다 담배를 피우기도 했고요. 아무튼 완전한 카오스였어요. 저는 상자에 개인 물건을 챙기는 동료들을 보았죠. 가족사진, 화분 또는 고객의 명함들을 챙기더군요. 여직원들의 상자는 구두로 가득했어요. 계속해서 구두가 나오더군요. 대다수 여직원들이 책상 밑에 몇 켤레씩 구두를 두고 있었다는 걸 저는 그때 처음 알았어요. 그날까지만 해도 그런 건 짐작조차 못했었죠."

물론 파산은 직원이 기업이나 업체와 작별하는 보기 드문 이유이기는 하다. 오늘날처럼 한시적인 노동 계약을 맺는 풍토에서야 이런 작별이 새삼스러운 것은 아니겠지만, 예전에 해고는 엄청난 충격을 안기는 일이었다. 어느 날 갑자기 동료가 마지막 근무라며 짐을 싼다. 이 동료는 자기 인생의 첫 근무를 이 회사에서 했다.

예전이든 오늘날이든 이런 작별은 불쑥 찾아오는 게 아니라, 살금살금 다가온다. "남은 이틀 동안 내 일자리에서 뭘 할까?" 볼프강 프로징거●의 책 『은퇴In Rente』●●에서 저널리스트로 은퇴를 목전에 둔 헤커Hecker가 자신에게 던지는 이 물음은 사실 그가 훨씬 더 오래전부터 곱씹어오던 것이다. 많은 사람들은 '은퇴 이후의 시간'을 기뻐한다. 정원에서 보내는 시간, 자유롭게 스스로 정해 쓰는 시간, 취미 생활을 즐길 시간을 기뻐한다. 그러나 헤커는 터널의 끝에서 오로지 암흑만 본다. 끝을 맞이하기 오래전에 이미 끝을 예감하는 기분을 프로징거는 이렇게 썼다. "오래전부터 그를 사로잡고 좀체 비켜설 줄 모르는 느낌, 모든 것을 뒤덮은 곰팡이처럼 눅눅하고 칙칙한 느낌은 정말이지 불쾌했다. 마침내 자리를 잃는다는 느낌, 이제 자신은 쓸모를 잃었다는 느낌이 그것이다."

일단 그는 사무실의 책꽂이를 비웠다. 그런 다음 책상의 서랍을 차례로 정리했다. 벌써 몇 년 전의 탁상용 달력, 편지, 사진, 오래전에 써서 묵혀온 원고를 챙기며 마지막으로 근무하는 날 책상 위에 남은 것, 필기구, 서류 그리고 주소록 카드 상자까지 빼놓지 않았다고 프로징거는 썼다. "카드 상자는 그냥 상자가 아니라,

---

● 볼프강 프로징거(Wolfgang Prosinger: 1948~2016)는 독일의 저널리스트다. 뮌헨 대학교와 프라이부르크 대학교에서 독문학과 역사를 전공했다. 1970년대에 원자력 발전소 반대 운동에 헌신했다. 독일과 스위스의 여러 일간지에서 기자로 일했으며, 《바젤 신문》의 로마 통신원을 지냈다. 2001년부터 베를린의 《타게스차이퉁》 문예란을 전담했다. 2016년 암으로 사망했다.
●● 이 책은 국내에 『은퇴』(김희상 역, 청미, 2021년)라는 번역본이 나와 있다.

보물 상자다." 그러다가 문득 그는 실제 작별이 아주 가까이 왔음을 실감한다. "아주 직접적인 아픔이 들어섰다. 아픔으로 심장이 저렸다. 나는 이곳에서 일만 한 게 아니라, 아예 살다시피 했다고 그는 생각했다. 헤커는 마음을 추스르려 노력했다. 마지막 순간에 괜한 감상으로 체면을 구기지는 말자고 그는 자신에게 다짐했다. 헤커는 병든 어린아이를 다루듯 자신을 타일렀다."

현재라는 하나의 작은 점에는 그처럼 많은 과거가 몰려들어 그 주인을 짓누른다. 현재가 위축되어 작아질수록 미래는 불투명하다. 오랫동안 한 장소에만 살았음에도 갑자기 떠나야만 하거나 떠나고 싶은 사람은 대개 이런 불안과 아픔을 겪는다. 예를 들어 이제 나이가 너무 들어 오랫동안 살아온 집에서 계속 살림을 하기가 어려운 사람이 그 집을 나서며 마지막으로 문을 닫을 때의 심정은 이루 말할 수 없이 복잡하다. 또는 임대료를 더는 감당할 수 없어 이사를 가야만 하는 사람도 마찬가지다. 이런 경우는 그 집에 그리 오래 살지 않았더라도 발을 떼기가 힘들다. 그곳을 떠나며 제발 떨어지지 않았으면 하는 사람들도 아쉬움을 키운다. 이를테면 단 하나의 프로젝트만 함께 했지만 이 경험으로 서로 속속들이 이해하고 진심으로 아끼는 동료와 작별하는 일은 정말 고통스럽다. 얼마 안 되는 한정된 시간이었지만 고향처럼 친근하게만 여겨지는 사람은 세월이 지나도 그립고 생각나게 마련이다. 향수는 사람을 두고도 느낄 수 있다. 그리고 이런 사람을 데려갈 수 없다면 당사자는 안타깝고 슬플 수밖에 없다.

그러나 이런 슬픔도 마른하늘의 날벼락처럼 사건이 터져 예전에 알던 모든 것이 모두 증발했을 때의 충격에 비하면 아무것도 아니다. 독일의 다큐멘터리 감독 로베르트 비초레크Robert Wiezorek가 그런 일을 겪었다. 어느 날 갑자기 그를 둘러싼 네 벽이 사라지고 말았다. 당시, 곧 2009년 3월 3일 이른 오후 쾰른의 제베린슈트라세(Severinstraße)에서 도시 기록 보관소가 무너져버렸다. 비초레크는 무너진 건물의 바로 옆집에서 7년을 살았다. 불행 중 다행히도 사고 당시 그는 집에 있지 않았다. 저녁때가 되어서야 현장에 도착한 그는 그 분화구처럼 푹 팬 구덩이 언저리로 가는 소방관에게 동행할 수 있게 해달라고 애걸했다. 그곳에서 그는 자신의 방에 그대로 남은 가구, 책들, 벽에 걸린 그림들을 고스란히 보았다. 그의 방은 4층이었고, 벽들이 무너져 마치 오픈 인형 하우스처럼 보였다. 외벽은 전부 무너졌다. 이 순간 가장 확실한 사실은 비초레크가 자신의 방에 가볼 수 없다는 점이다. 그건 너무 위험하다. "어째 비현실적이라는 느낌이 강했죠. 내 물건들은 모두 그대로 있었으니까요. 두 눈으로 똑똑히 보기는 하는데, 내 물건들은 마치 타임캡슐 안에 들어 있는 것처럼 나는 접근할 수가 없었어요." 비초레크는 당시의 감정을 이렇게 묘사했다. "방은 마치 둥지처럼 여겨졌어요. 보호막을 벗겨버린 둥지랄까. 벌거벗겨진 것만 같아 가슴이 너무 아팠어요."

며칠 뒤 자정이 지난 시간에 소방대원의 전화가 비초레크를 깨웠다. 소방대원은 무너진 집에서 꼭 구출했으면 하고 바라는 물건의 목록을 써달라고 했다. 그럼 그 목록을 가지고 건물에 들어가 꺼내 오겠다면서. 얼마나 많이? "남자 한 명이 들 수 있는 정도, 아마도 장바구니 하나 가득 담긴 정도는 꺼내 올 수 있죠." 소방대원의 대답이다. 시간은 얼마나 걸릴까? "대략 30분 정도는 될 것 같아요." 비초레크는 재빨리 자기 방의 스케치를 그렸다. 어디에 무엇이 있는지 소방대원이 알아야 하니까. 그런 다음 비초레크는 고민에 빠졌다. 뭘 꺼내 오라고 하지? 부모에게 물려받은 것? 영화 만드는 사람으로서 필요로 하는 기계? 필름? 값나가는 물건? 소방대원은 플래시를 단 장바구니를 들고 건물로 들어갔다. 대원은 차례로 서류철, 컴퓨터, 하드 디스크를, 그런 다음에는 사진, 귀금속, 도자기 같은 개인 용품을 챙겼다. 모든 것은 장바구니에 차례로 담겼다. "대원은 오로지 30분만 작업을 벌였죠." 비초레크가 당시일간지인 《쾰른 룬트샤우Kölnische Rundschau》의 기자에게 한 말이다. "하지만 대원의 수고 덕분에 저는 새 출발이 한결 쉬웠습니다." 소방대원이 구조해준 귀중품은 이랬다. "제가 가장 먼저 꺼내달라고 한 것은 봉제 인형, 어렸을 때부터 함께 해온 조그만 강아지 인형입니다. 사고가 났을 때 당장 떠올랐던 것이 그 인형이었죠. 그 녀석은 항상 제 방 안의 한 구석을 차지했죠. 녀석만큼은 꼭 구하고 싶었어요. 녀석이 어디 있는지도 저는 정확히 알았죠." 그다음으로 과거의 잔재에 묻히면 안 되었던 것은 조개다. 이 조개는 비초레크의 증조할아버지가 약 100년 전에 발트해 해변에서 산 것이다. 건물이 붕괴되는 사고가 났을 때 비초레크는 이미 조개는 포기한 심정이었다. 건물이 붕괴되면서 조개는 이미 잃어버린 것처럼 보였기 때문이다. "구조대원이 다음 집으로 넘어가기 전에 저에게 이 정도면 원하는 걸 찾은 거냐고 묻더군요. 저는 당장 조개가 없다고 대답했죠. 소방대원은 자신의 방호복 호주머니에서 조개를 꺼냈습니다. 안전하게 챙겼는데 깜빡했다더군요. 정말이지 그 순간은 가슴이 터지는 줄 알았습니다." 끝내 구해내지 못한 것은 비초레크의 책들이다. 책들을 잃은 것을 두고 그는 몹시 안타까워했다. 그리고 이 슬픔은 남았다.

심리학에서는 사물 가운데 우리 인간이 특별히 중시하는 게 따로 있다고 본다. 가지고 있다는 사실만으로도 기분이 좋아지는 게 그런 것이다. 내가 늘 지니고 다니는 주머니칼, 내 기타, 내 운동화, 내 자동차, 내 만년필은 그저 단순한 사물이 아니라 상징적 성격을 가진다. 틸만 하버마스는 자신의 책 『사랑하는 물건들』에서 지극히 개인적 특성을 가지는 물건의 예를 차례로 든다.[•] 봉제 인형, 옷가지, 보석, 사진, 돌이나 깃털 또는 말린 꽃잎 같은 자연물이 그런 예이다. 반려동물도 마찬가지다. 중요함이란 개인적인

- 틸만 하버마스(Tilmann Habermas: 1956년생)는 독일 심리학자다. 철학자 위르겐 하버마스(Jürgen Habermas)의 아들로 프랑크푸르트 괴테 대학교의 석좌교수다. 본문에 언급된 책 『사랑하는 물건들. 상징과 정체성 형성의 도구 Geliebte Objekte. Symbole und Instrumente der Identitätsbildung』는 1999년에 출간한 것이다.

인연, 그 대상에 우리가 부여하는 특별함을 뜻한다. 개인적인 인연을 맺은 물건에는 의미가 부여되며, 이 의미는 갈수록 커진다. 의미를 가진 물건은 단순한 존재 이상의 것, 곧 상징이 된다. 다른 사람은 이 상징이 가지는 심오한 의미를 설명해주어야만 알아듣는다. 사랑하는 물건은 우리에게 아주 다양한 충족감을 줄 수 있다. 대개 사진, 일기, 편지, 우편엽서, 증조할아버지의 조개는 만남, 곧 사람 사이의 인연을 기억하게 해준다. 자신이 어떤 가문 출신이며, 어떤 인생을 살아왔는지 이야기를 들려주는 것이 이런 물건이다. 성공을 상징하는 물건도 있다(학위증, 우승컵, 표창장 등). 또는 일종의 거울 노릇을 하는 물건도 있다. 바깥으로 내가 누구인지 꾸며 다른 사람들에게 보여주거나, 내가 나 자신을 비추어보기도 하는 것이 이런 물건이다. 대개의 경우는 물질적 풍요 또는 사회적 신분을 나타내는 수단이 되는 것이 이런 물건이다. 상류층에 속한다거나, 또는 그래 나는 상류층은 아니지만 속물도 아니야 하는 일종의 자기 확인을 하게 해주는, 말하자면 자신이 누구인지 정의할 수 있게 해주는 것이 이런 상징적 물건이다. 틸만 하버마스는 이런 물건을 두고 '정체성 대상'이라고 했다.

"우리는 다른 사람들의 눈에 바로 우리가 좋아하는 물건이더군요." 로베르트 비초레크가 덧붙인 소감이다. 그는 옛 삶의 터전이 무너진 뒤 비교적 빠른 시간 안에 아주 가까운 곳에서 새로운 집을 찾아냈다. 1년 동안 새집에서 그는 사랑하는 물건의 상실을 애도했다. 마침내 마음을 추스른 그는 정성을 다해 새집을 옛집과 거의 같은 모습으로 꾸몄다. 엄선한 물건은 새롭게 꾸며진 옛 물건과 다르지 않았다. 그는 심지어 자신이 소장했던 옛 책들을 일일이 떠올려가며 구할 수만 있다면 새롭게, 심지어 같은 판본으로 장만했다. 비초레크는 다른 사람이 되었다. 이제 그는 물건을 더욱 소중히 여긴다. 그리고 자신의 모친이 돌아가신 이후부터 그는 형과 함께 물건과 이루는 관계를 새롭게 정리하는 법을 배웠다. 형제는 어머니가 애지중지했던 물건 가운데 몇 가지에 전혀 다른 의미를 부여하거나, 심지어 아무 의미가 없는 것으로 솎아내기도 했다. 무엇을 간직하고 무엇을 버려야 할까? "판단은 결코 쉽지 않더군요. 하지만 판단의 과정에서 배운 점은 물건도 시간과 더불어 허망하게 사라진다는 것이죠. 또 사물이 다시 사라지는 것은 지극히 자연적인 일이기도 합니다."

쾰른의 '역사 하우스'는 다른 곳에 새 입지를 찾아 몇 년째 새로 짓고 있다. 전문가들은 이곳의 소장품 가운데 손상된 것을 복구하는 데에만 최소 30년이 걸릴 거라고 진단한다. 사고 현장, 로베르트 비초레크를 떠나버린 장소 역시 여전히 공사장이다. 카니발 퍼레이드는 몇 년째 이 구덩이를 빙 돌아 피해 간다. 사고 원인인 지반 붕괴를 부른 지하철 공사는 빨라야 2023년에 전체 노선이 완성된다고 한다. 이 노선은 쾰른의 중앙역에서 도시 남부까지 가는 데 8분의 시간을 단축하려 계획된 것이다. 이 노선은 '제베린슈트라세'를 원래의 계획에서 빼버렸다. 이 거리는 이미 역사의 많은 것을 경험했다. 로마 시대에는 군단 병력이 이 거리를 행군했다. 중세부터 이 거리는 학교, 교회, 양조장 등으로 활력이 넘쳐나던 곳이다. 로베르트 비초레크는 이곳에서 7년을 살았다. 지금 이 거리는 붕괴로 생겨난 구덩이를 불도저로 메우는 작업이 한창이다. 철근 구조물은 하루가 다르게 높게 올라간다. 머지않아 다시 가면 쓴 카니발 행렬이 이 거리를 지나가거나, 다시금 군대가 이 거리를 행진할 수도 있다. 역사는 인간이 만드는 거니까. 그리고 역사는 항상 앞으로 나아가기만 하는 것은 아니다.

인간이 사라지면 흥미로운 일이 일어난다. 그럼 자연이 다시 힘을 회복해 빼앗긴 것을 되찾으려 한다. 인간이 서둘러 어떤 장소를 떠나 다시는 그곳으로 돌아오지 못하거나, 무척 많은 시간이 흐른 뒤에야 돌아올 수 있는 불행한 사고의 현장에서 어떤 일이 일어나는지 현재 가장 잘 관찰할 수 있는 장소는 세계에서 두 곳이다. 두 장소는 처참한 파국이라는 하나의 공통점으로 묶인다. 두 곳은 원자력 발전소가 폭발한 체르노빌과 후쿠시마다. 1986년과 2011년에 각각 폭발한 두 원자력 발전소의 주변은 죽음의 땅이다. 우크라이나와 일본의 두 재해 사이에는 정확히 25년이라는 세월이 놓여 있다. 그리고 두 도시의 주민은 모두 당시 빠른 시간 안에 자신의 집으로 돌아갈 수 있을 것으로 기대했다.

1986년 4월 26일 체르노빌 원자력 발전소의 4번 블록 원자로

가 폭발했을 때 그곳에서 가까운 우크라이나 도시 프리피야트(Pripyat)의 주민들은 곧 벌어질 5월 1일의 축제 준비에 들떠 있었다. 주민은 사고가 난 것을 며칠 뒤에서야 알았다. 그런 엄청난 사고에도 당국은 고작 주민에게 따뜻한 옷가지와 운동복을, 아이들은 교과서를 챙겨 며칠 동안 숲에서 야영을 하라고만 했다. 몇몇 주민은 당국의 발표를 의심한 나머지 집으로 달려가 손수 물건을 챙기려 했으며, 다른 주민은 문에 쪽지를 내걸었다. "친애하는 선량한 시민 여러분, 우리 집에서 귀중품을 찾지 마세요. 우리 집에는 귀중품이 없습니다. 필요한 모든 것은 이용하시되, 약탈만큼은 안 됩니다! 우리는 돌아올 겁니다." "5층 집을 상상해보라. 그 안에는 아무도 살지 않으며, 옷, 가구, 물건은 누구도 쓰지 못한다. 이 집은 체르노빌에 실제 있다." 노벨 문학상 수상자 스베틀라나 알렉시예비치가 자신의 책『체르노빌의 목소리: 미래의 연대기』에 쓴 글이다.•

군 당국은 사고가 난 그해 겨울에 지역의 정비를 시도했다. 군인들이 빈집에서 매트리스와 텔레비전을 들어냈다. 군용차의 타이어는 찌그러진 냄비 위를 달렸으며, 흰 눈밭에는 신발 한 짝이

• 스베틀라나 알렉시예비치(Svetlana Alexievich: 1948년생)는 벨라루스 저널리스트이자 작가다. 우크라이나 태생으로 러시아어로 작품 활동을 하며 개인의 육성을 수집하는 독특한 작풍을 인정받아 2015년 노벨 문학상을 받았다. 본문에 언급된 책의 원제는『체르노빌의 기도Chernobylskaya molitva』이며, 국내에는 위의 제목으로 출간(2011)되었다.

덩그러니 놓여 있었다. 나무들은 마치 가위로 자른 종이처럼 앙상한 몰골을 보여주었다. 어떤 나뭇가지에 인형이 걸려 있었다. 오늘날 원자로를 중심으로 한 출입 금지 구역(주민 소개 지역)은 여전히 그 반경이 30km가 넘을 정도로 크다. 이곳에서 버티며 사는 생물은 극소수다. 이들은 대개 이곳에 묻히리라.

2011년 3월 11일에는 후쿠시마 원자력 발전소에서 북동쪽으로 163km 떨어진 지점에서 지진이 일어났다. 약 한 시간 뒤 쓰나미가 덮쳤으며, 이튿날 1번 블록이 폭발한 뒤 일부가 무너졌다. 방사능이 지역을 뒤덮었으며, 반경 20km 크기의 제한 구역이 설정되었다. 수십만 명에 이르는 사람들이 고향을 버리고 탈출했다. 대다수 주민은 곧 자신의 집으로 돌아갈 수 있을 거라고 낙관했으며, 이재민을 위한 수용 시설은 길어야 3년 정도 유지될 거라고 보았다. 반년 뒤 몇몇 주민이 몇 시간 동안 집으로 돌아가 상황을 살펴도 좋다는 허락을 받았을 때 마을의 집은 이미 약탈당한 뒤였다. 결국 대다수 주민은 다시는 돌아가지 않기로 결정했다. 오늘날 여전히 12만 명의 사람들이 고향을 떠나 살아가고 있다.

체르노빌과 후쿠시마의 방사선으로 오염된 지역은 오늘날 인간이 더는 살 수 없는 곳이다. 풀과 덤불만 무성할 뿐이다. 집들은 폐허가 되다시피 했으며, 깨진 유리창과 부서진 가구의 잔재가 바닥을 뒤덮었다. 누렇게 바랜 종이와 책들이 너저분하다. 사방에 쓰레기와 녹슨 철물로 가득하며, 온통 곰팡이가 끼었다. 이런 난장판 한가운데서 테디를 비롯한 각종 인형이 죽은 허공을 노려본다.

몇몇 인형은 가스 마스크를 썼다. 도처에 신발이 널렸다. 그리고 온통 동물들이 어슬렁거린다. 우크라이나의 '죽음 지대'에는 당시 몇몇 사람들이 다시 들어갔다. 군인과 사냥꾼은 버려진 채 떠도는 개, 고양이, 말을 대부분 사살했다. 일본에서 동물은 고스란히 버려졌다. 개와 고양이 1만 5,000마리, 소 3,500마리, 돼지 3만 마리, 닭 44만 마리 그리고 정확히 몇 마리인지 알 수 없는 말은 인간이 지역을 떠날 때 버려졌다. 특히 개가 곤경에 처해 일찍 죽었다. 개는 대개 목줄에 묶여 있었기 때문이다. 고양이는 거의 살아남았다. 몇 년 뒤 후쿠시마 지역을 돌아본 과학자들은 가는 곳마다 고양이와 마주쳤다. 이 고양이는 사람이라고는 전혀 본 적이 없는 녀석들이다. 우크라이나에서 사람들은 사고 지역을 다시 들어갈 수 있게 되었다. 물론 관광객으로서만. 프리피야트로 가는 도로변의 마을은 황폐해졌다. 밝은 대낮에 늑대와 멧돼지가 떼를 지어 순찰을 돈다. 이곳은 늑대와 멧돼지의 왕국이다. 심지어 멧돼지는 방문객을 공격한다. 왕국을 방어하고 싶은 모양이다. 후쿠시마의 방사능 오염 지역에는 너구리와 멧돼지가 제멋대로 들쑤시고 다닌다. 방호복을 입은 사냥꾼이 인간의 옛 고향을 탈환하려고 나섰다. 사냥꾼이 사살한 멧돼지만 2만 마리다.

인간이 어떤 장소를 떠날 때, 함께 갈 수 없는 것만 남는 게 아니다. 인간 안에 둥지를 틀었던 무엇인가도 끝장이 난다. 길을 떠난다는 것은 다른 곳에 가서 다른 사람이 되어야 함을 뜻하기 때문이다. 인간이 뭔가 지니고 가려고 안간힘을 쓰는 이유는 바로 이것이다. 과거를 놓아버리고 싶지 않거나, 과거가 보존해달라고 보채기 때문이다. 바로 그래서 어디를 가든 지키고 싶은 것은 시간이 빠르게 흘러가도 살아남는다. 그리고 우리가 마음속으로나마 고향으로 되돌아가고 싶을 때 이 지켜온 것은 귀환할 도구가 되기도 한다. 우리가 소중히 여기는 물건 안에는 항상 우리 자신의 예전 모습이 숨어 있다. 이런 물건은 단순한 추억 이상으로 우리네 인생을 지탱해주는 기능을 한다. 이런 물건이 선물하는 친숙함으로 우리는 인생을 견뎌낸다. 우리는 이런 물건을 가지고 자신이 살아온 이야기를 하는 것을 즐긴다. 인생을 살며 어떤 어려움을 겪더라도 꼭 지키려고 구출한 바로 그것이 우리 인생을 이야기해준다. 우리가 잃어버린 것도 인생 이야기를 들려주는 것은 마찬가지다. 고향을 떠나며 잃어버린 것은 우리 안에 그대로 남기 때문이다. 우리 자신은 늘 함께 가는 동시에 남는다.

여담:
어떻게 해야 완벽하게 사라질까?

"아무도 모르게 나는 내가 사는 곳에서 사라지고 싶었죠. 그래서 누구도 나를 주목하지 못하게 평소와 조금도 다르지 않은 표정을 지었어요." 예술가 팀 에첼스의 동영상 「삭제」에 등장하는 10대 소년이 하는 말이다.● 카메라는 숲속에, 빛이 잘 드는 숲속 공터에 앉은 소년을 보여준다. 이 장소는 어디에나 있는 곳인 동시에 아무 데도 아닌 곳, 없는 곳이나 마찬가지인 공간이다. 10대 소년은 자신이 어떻게 사라졌으면 좋은지, 어느 날엔가 불현듯 지워졌으면 좋겠다고 이야기한다. "누구도 저를 알아보지 못했으면 좋겠어요. 변장을 해서가 아니라, 그냥 아무도 나를 눈여겨보지 않아서, 두드러질 게 없는 그냥 아

● 팀 에첼스(Tim Etchells: 1962년생)는 영국 극작가이자 행위예술가다. 「삭제 Erasure」는 2003년 작품으로 일상으로부터 일탈을 꿈꾸는 열여섯 살 소년을 통해 존재와 결여의 의미를 새겨보는 동영상이다.

무엇도 아닌 존재라서." 소년에게 사라짐은 자유를 의미한다. 이 사라짐은 소년이 즐기는 상상 놀이다.

전 세계적으로 사라진 사람, 곧 실종자는 200만 명이 넘는 것으로 추산된다. 주로 제2차 세계대전을 거치며 실종이 발생했다. 전쟁으로 실종된 사람들이 어떻게 되었는지 알아보려는 관심은 여전히 크기만 하다. 2017년 독일 적십자사의 실종자 찾기에 가족의 소식이 궁금하다며 새롭게 신청한 건수는 8,851건이다. 그때까지 처리된 건수는 9,119건이다. 적십자는 그 가운데 23%가 "운명을 밝혀주는 소식"을 얻었다고 집계했다. 오늘날의 전쟁에서도 사람들은 사라진다. 끌려가거나 죽임을 당하는 경우도 많다. 범죄 조직이, 사병 조직이, 정보부가 주로 그 배후다. 매년 8월 30일은 '실종자를 국제적으로 기리는 날'이며, 5월 25일은 '실종 아동을 위한 날'이다. 우리는 이런 날들로 비자발적으로 사라진 사람들을 기억한다. 이들은 사라짐을 당했다.

독일에서 실종된 사람들을 다루는 자료는 연방경찰청의 '실종/생사 불명'이다. 현재 이 데이터 뱅크에는 대략 1만 3,500건이 저장되었다. 그 가운데에는 며칠 만에 해결되는 것이 다수이지만, 30년이 넘도록 미제로 남는 경우도 없지 않다(독일의 인물 추적 최장기간은 30년이다). 이 자료는 늘 변한다. 매일 300건 가까이 새로 등재되거나 삭제된다. 모든 사례의 절반 이상은 일주일 만에 해결되며, 실종자의 80%는 한 달 만에 발견된다. 1년 이상 실종되는 사람의 비율은 대략 3%다. 모든 실종자의 2/3는 남성이며, 절반은 아동과 청소년이다. 이들이 어디 있었는지는 거의 대개 밝혀진다.

경찰은 "익숙한 생활 환경을 벗어났으며, 현재의 체류 장소를 알 수 없고, 신체나 생명에 위험이 가해진다고 보는 경우"를 실종으로 간주한다. 바꿔 말해서 스스로 지금까지의 인생과 작별하기로 결심하고 자신이 사는 도시나 농촌을 벗어난 경우를 경찰은 실종으로 취급하지 않는다. "심신이 온전한 성인은 자신이 머물 곳을 자유롭게 선택할 권리, 체류 장소를 가족이나 친구에게 알리지 않고도 선택할 권리를 가진다." 연방경찰청의 공식 입장이다. "바로 그래서 위에서 묘사한 신체나 생명의 위험을 가정할 수 없는 경우는 해당 인물을 수색하는 것이 경찰의 과제가 아니다."

「삭제」의 10대 소년은 자신의 실종을 꿈까지 꿀 정도로 탐닉한다. "저는 사라지는 것만으로 만족하지 않아요. 저는 사라진 어떤 것의 그림자가 되고 싶어요. 헤어스타일은 너무 길지도 너무 짧지도 않아야 해요. 옷의 색깔은 푸른색이거나 갈색 또는 그 중간쯤의 색으로 옷차림새는 설명하기조차 너무 지루할 만큼 평범해야 하죠. 저는 옷을 마트나 백화점에서 사요. 백화점이라고 해서 무슨 대단한 곳은 아니고, 누구나 이용하는 곳, 정말 내켜서 가는 사람은 아무도 없는 그런 백화점이에요. 저는 옷에서 상표를 다 떼어내요." 되도록 겉으로 드러나지 않아야 하며 항상 몸에 지닌 게 없는 가벼운 차림이 좋다. 그래야 시간의 틈새로 사라져 누구도 자신을 찾을 수 없는 곳으로 갈 테니까 하고 소년은 주장한다. 자신이 없어졌으면 하는 상상은 사춘기 10대에게 흔히 보이는 것이다. '실종', 곧 '사라지다(슈빈덴schwinden)'라는 말의 어원은 중세에 쓰던 옛 독일어 '슈빈탄(swintan)'이다. 이 단어의 뜻은 '여위다, 시들다, 의식이 몽롱하다'이다. 먹은 것이 없어 깡마른 나머지 어지럽고 몽롱한 현기증(슈빈델Schwindel)에 시달리며 바라보는 세상은 헛되이 흘러간다. 어지러운 눈은 암흑 속을 헤맨다. 그럼 인간은 정말 사라진다.

오늘날 의도적으로 컴퓨터 모니터에서 사라진다는 것은 결코 쉬운 일이 아니다. 개인의 데이터가 너무 많은 데이터 뱅크에 지나치게 많이 입력되었다. 주민 등록, 이른바 소셜 미디어 서버, 신용 카드 회사 등에 개인 정보는 숱하게 저장되었다. 게다가 너무 많은 카메라가 있다. 버스, 공항 그리고 모두의 손에. 깨끗이 사라지려면 대체 무엇을 하고, 무엇을 주의하며, 어떤 것을 피해야 할까? 철두철미 꼼꼼한 준비는 필수다. 어떤 흔적을 지우거나 바꿔놓을지 사라지고자 하는 사람은 철저히 고민해야 한다. 그 밖에도 사라진 뒤의 인생은 어떻게 계속되어야 할지 사라지기 전에 심사숙고하는 것이 현명하다.

'익숙한 생활 환경'을 떠나기 전에 우리는 한 자루 가득 담긴 물음과 씨름해야만 한다. 가장 중요한 물음 가운데 하나는 이것이다. 도대체 왜 나는 사라지고 싶은가? 사라짐이 어떤 문제의 해결책인가? 빚 때문에? 부부 갈등? 우울증? 아니면 그냥 다른 어디

선가 새롭게 시작하고 싶어서? 꼭 사라지지 않아도 다른 방법은 얼마든지 있다. 예를 들어 친구와 이야기를 나누어보거나, 위협이나 추행을 당할 때는 경찰에 신고하는 것이 그런 방법이다. 또 다른 물음은 우리가 이미 익히 아는 것이다. 무엇을 가져가고, 어떤 것을 버릴까? 꼭 필요한 것만! 이게 답이다. 그런데 이 꼭 필요한 것은 거의 모든 것이다.

진지하게 사라지고 싶다는 생각을 하는 사람은 그동안 살아온 인생에도 최고의 순간이 있었다는 점을 부정하려는 것이 아니라, 다만 어디 다른 곳에서 새 출발했으면 하는 것이 자신의 소망임을 명확히 깨달아야만 한다. 중요한 것은 잘 알지 못하는 낯선 땅에서 새 출발을 시도한다는 것이다. 반드시 나라를 떠날 필요는 없다. 그저 다른 대도시로 떠나는 것만으로도 충분하다. 물론 유념해야 할 문제는 과연 누가 나를 찾을까 하는 것이다. 그리고 추적자는 어디까지 나를 따라올까? 아내가 나를 찾는지, 아니면 경찰이 나를 추적하는지 또는 폭력 조직이 나를 찾아내려 여기저기 들쑤시고 다니는지 하는 문제는 엄청난 차이를 빚어낸다. 각 경우마다 접근 방식이 다르며, 활용하는 정보가 차원을 달리하고, 집요함의 정도도 상이하다. 전문 수색자로 일하는 동시에 사라지고자 하는 사람을 돕기도하는 프랭크 에이헌은 사라지려 할 때 가장 중시해야 할 규칙을 이렇게 정리했다. 나를 찾는 사람이 누구든 실력이 아주 뛰어나다고 생각하라. "전문적인 추적자는 목표 인물을 찾아내는 데 모든 것을 건다." 에이헌이 자신의 책『혼

적 없이 사라지는 법』에 쓴 글이다.•

　바로 그래서 새로운 인생을 어떻게 꾸려갈지 일찌감치 생각을
정리해보고, 심지어 꼼꼼하게 계획을 세우는 것이 중요하다. 당장
닥쳐서 하려면 시간이 없을 테니까. 우선 무엇으로 살 것인가? 직
업을 찾을 수는 있을까?(일자리를 찾을 기회도 대도시가 더 높다.) 몸
이 아플 때 약을 구하기는 쉬운가? 그리고 무엇보다도 잊지 말아
야 할 문제는 흔적 없이 사라졌음에도 나에게 중요한 모든 사람과
계속 연락하고 지낼까 하는 것이다. 딱 부러지는 답을 찾기는 힘
들지라도 일찌감치 이런 물음과 씨름해보는 것이 늦었을 때보다
훨씬 더 낫다. 새로운 인생을 시작하기 전에 무료 이메일 주소를
만들어두는 것이 편리하다. 새 인생에서는 불편한 일이 많으니까.

　다음 행보는 흔적을 지우는 것이다. 흔적 지우기는 예를 들어
자신이 가진 것을 버려야 한다는 뜻이다. 가장 좋은 방법은 자신
이 나오는 사진을, 심지어 모든 사진을 파쇄하는 것이다. 그럼 찾
기에 이용될 단서가 확 줄어든다. 예전에 입던 옷? 버려라! 가장
좋은 방법은 예전에 전혀 입어본 적이 없는 새 옷을 구입하는 것
이다. 데이터가 문제라면 자신의 신분을 암시하는 디지털 흔적은
결코 완전히 지워질 수 없음을 우리는 유념해야 한다. 자신의 페

• 프랭크 에이헌(Frank M. Ahearn: 출생 연도 미상)은 미국의 프라이버시 전문
　가로 개인 정보와 관련한 다수의 베스트셀러를 쓴 인물이다. 『흔적 없이 사라지
　는 법How to Disappear』은 2010년에 출간된 책으로 《뉴욕 타임스》지의 베스
　트셀러 목록에서 오랫동안 고공 행진을 했다. 국내에는 2012년에 번역되었다.

이스북이나 트위터에 올라 있는 프로필을 지우고자 하는 사람은 문제가 간단치 않음을 알고 당혹하게 마련이다. 우선 지운다고 해서 지워진다는 보장은 어디에도 없다. 한편으로 올려둔 프로필을 샘플로 삼아 그 주인의 행동을 얼마든지 예측할 수 있다. 다른 한편으로 올려둔 프로필을 오히려 역으로 이용해 추적자를 따돌리는 방법도 효과적이다. 이를테면 어떤 풍경을 꼭 보고 싶다는 글을 올려두고 그 풍경을 찍은 사진도 몇 장 첨부해두는 것이 그런 방법이다. 실제로 전혀 가볼 일이 없는 곳의 그런 사진은 상대방을 교란하기에 충분하다. 또는 단 한 번도 가본 적이 없는 곳에서 휴가를 즐긴 듯한 사진을 연출해 올려두는 것도 마찬가지다. 어차피 흔적은 남는 것이기에, 되도록 탐색을 힘들고 어렵게, 많은 비용이 들어 곤혹스럽게 만드는 것이 좋은 선택이다. 이런 가짜 정보는 아주 쓸모가 있다. 가짜 정보는 새롭게 꾸며낸 정체성이 실제로 존재하는 것만 같은 인상을 심어준다. 데이터가 많을수록, 예를 들어 가짜 주소, 읽지 않을 신문 구독, 식당의 시급 아르바이트 또는 신청만 하고 나가지 않은 청소 아르바이트 따위의 데이터가 많을수록 새로운 '나'는 생동감을 자랑한다.

사라지기로 작정한 시점을 몇 달 앞두었을 때 중요한 것은 은행계좌에서 꾸준히 소액을 인출하는 일이다. 현금으로 지불하면 신용 카드 흔적이 남지 않는다. 장을 볼 때는 배낭과 빠르게 마르는 옷가지(그리고 갈아입을 옷도 마찬가지), 밑창 무늬가 평범한 신발 따위가 큰 도움을 준다. 그리고 휴대폰도 되도록 새것을 쓰자. 약간의 수고만 들이면 등록되지 않은 유심 카드는 얼마든지 구할 수 있다.

그럼 이제 어디로 간다? 목적지는 추격하는 사람이 누구냐에 따라 신중하게 정해야 한다. 하지만 몇 가지 규칙은 항상 통한다. 아는 사람이 있는 곳은 절대 피해야 한다. 한 번 갔던 적이 있는 곳도 안 된다. 또 도피 중인 것처럼 행동하는 것 역시 금물이다. 새로운 헤어스타일? 좋다. 그러나 연습한 것처럼 보이는 새로운 행동은 금물이다. 아무튼 튀어 보이는 행동은 안 된다. 물론 실종자는 도처에 지문을 남기기는 한다. 하지만 그렇다고 늘 장갑을 끼는 것은 너무 두드러져 보이는 잘못된 행동이다. 빠지는 머리카락 때문에 늘 모자를 쓰고 다니는 것도 좋지 않다. 카메라를 의식해 늘 바닥만 보고 다니는 것은 군중 속에 섞여 들어가기보다는 의심스러워 보일 가능성이 크다.

"나는 유령이 되고 싶어요. 그렇다고 죽는 것은 아니에요. 그저 두드러지지 않게 살고 싶어요. 창문 유리로 내 얼굴을 보되 김이 서리지 않는 그런 유령이 나는 되고 싶어요." 팀 에첼스의 동영상에 나오는 10대 소년의 말이다. "내 얼굴은 군중 속의 그저 그런 한 명, 실종자가 몇 명인지 알려주는 통계 수치 가운데 하나이면 족해요." 아마도 그의 이런 태도가 정답이 아닐까. '완벽하게 사라지는 일'은 이래야 한다. 그럼 무수히 남을 흔적에도 추적은 피할 수 있다. 하나의 인격체인 자신을 지워버리고 저 대중 속에 섞일 때 우리는 제대로 사라진다. 숨 한 번 크게 들이마시고 잠수를 타는 거다.

덧붙이는 말

몇 년 전 돌아가신 외조부모의 집을 청소하면서 나는 집 구석구석을 마지막으로 사진 찍었다. 꽃무늬가 들어간 벽지는 손가락으로 건드리기만 해도 바스러질 정도로 삭았다. 할아버지 서재에서 발견한 오렌지색과 녹색의 우표 붙이는 스펀지 함. 크리스털로 만든 진열장. 어머니는 집을 어떤 젊은 부부에게 팔았다. 얼마 전에 우리는 새 주인이 집을 어떻게 꾸며놓았는지 구경해도 좋다는 허락을 받았다. 모든 것이 훨씬 더 밝아지고 투명해졌다. 난방 장치도 바닥까지 덮힐 수 있는 것으로 바뀌었다. 아무튼 젊은 부부답게 집은 새로운 분위기를 자랑한다. 그 대신 집이 담았던 역사는 사라졌다. 아니 더 정확히 말해서 새로운 역사를 쓸 채비를 한 집이다. 이런 변화로 나는 약간 충격을 받았다.

나는 새 주인(매우 상냥한 젊은 부부)에게 그처럼 넙죽 안긴 집에게 좀 비난을 하고 싶었다. 지금껏 인생을 살아오며 나는 기존의 것을 그렇게 자신 있게 비워버린 경우를 거의 보지 못했기 때문이다. 외조부모가 그곳에서 살았던 모든 세월은 흔적도 남기지 않고 지워졌다. 더불어 내 어린 시절도. 심지어 그 아름다웠던 유리벽돌과 온실도 사라졌다. 나는 우리의 흔적이 그처럼 감쪽같이 사라질 수 있다고는 상상조차 하지 못했다.

생각이라는 것을 하게 된 이래 나는 내가 보는 모든 것이 내일 아침이면 사라지는 게 아닐까 하는 야릇한 느낌에 사로잡히곤 한다. 그래서 아마도 나는 어떤 장소를 가게 되면 내가 오기 전에 그곳은 어떤 모습이었을까, 나 이전에 누가 거기 살았을까 자문하는 모양이다. 나는 어려서 주로 들판에서 놀았는데, 오늘날 그곳에는 주택들이 즐비하게 들어서 있는 것이 그런 느낌을 가지게 된 이유일 수 있다. 아무튼 영원한 것은 없다. 또 그래서 나는 박물관이 좋다. 박물관에 전시된 물건은 역사 여행을 할 수 있게 해준다. 내가 기념품에 쉽게 마음을 빼앗기는 이유도 이런 것이다. 나는 외할아버지의 우표 붙이는 스펀지 함을 아직도 가지고 있다. 축구 경기를 보러 갔던 'FC 상파울리' 경기장의 관람석에서 갈라져 떨어진 나뭇조각도 내가 가진 기념품이다. 나는 프랑크푸르트 대학교의 탑을 허무느라 폭파하는 장면도 방송에서 생중계로 지켜보았다. 나는 그 탑에서 공부했었는데…… 함부르크에서 처음으로 엘프필하모니*를 찾았을 때 나는 모든 것을 다시 허물어버린다면 세상은 어떤 모습일까 하고 자문했다. 그리고 독자 여러분에게 솔직하게 털어놓자면, 수년 전 뉴욕에 갔을 때 나는 '윈도스 온 더 월드(Windows on the World)'라는 이름의 바 메뉴판을 기념으로 슬쩍 가져왔다. 그곳은 세계무역센터 빌딩의 109층에 있었다.

왜 내가 이렇게 되었는지 나는 모르겠다. 나는 보이는 간판마다 읽어야 직성이 풀리며, 발에 걸리는 돌마다 살피는 사람이다. 내가 사는 집 앞의 길모퉁이를 돌아가면 교회가 있다. 교회 앞 보도블록에는 볼프강Wolfgang과 로자 힐렐존Rosa Hillelsohn이 이 동네에서 살다가 1941년에 수용소로 끌려가 죽임을 당했다는 내용이 새겨진 석판이 있다. 그곳에서 멀지 않은 거리에 예전에 '밤비(Bambi)'라는 이름으로 불렸던 영화관 건물이 있다. 건물 벽에는 사슴 그림이 그려져 있고, 그 옆에는 안내판이 붙어 있다. 안내판에는 비틀스가 한때 이 건물 뒷방에서 살았다는 내용이 써 있다. 아무튼 슈퍼마켓에 장을 보러 가거나, 보행자 거리를 걸을 때마다 나는 이런 과거의 흔적을 발견한다. 아, 말이 나왔으니 하는 말인데, 이 보행자 거리는 몇 년 전 시당국이 철거하기로 했던 곳인데 예술가들의 구출 노력에 살아남았다. 거기로 가는 길에는 '아트 스토어 상파울리(Art Store St. Pauli)'라는 조그만 갤러리가 있다. 그 주인은 카를Karl이라는 사람인데, 거의 30년째 이 갤러리를 운

• 엘프필하모니(Elbphilharmonie)는 2016년 11월에 완공된 함부르크의 콘서트 홀이다. 함부르크의 새로운 랜드마크를 건설한다는 계획으로 9년의 공사 끝에 세워진 이 음악당은 높이 110m를 자랑하며 물결 모양의 지붕으로 독특한 맵시를 뽐낸다. 엘베(Elbe)강 바로 옆에 세워져 이런 이름이 붙었다.

영해왔으며, 내가 이 책을 쓰는 동안 사망했다. 그가 없는 지금 이 곳이 무엇으로 변할지 누가 알겠는가?

과거를 살피기 좋아하는 나의 태도를 무슨 멜랑콜리나 향수와 혼동하지 않았으면 하는 게 나의 바람이다. 이런 태도 덕분에 나는 매일 내 주변의 장소들에 새롭게 눈뜬다. 그저 평범한 곳이든 화려한 곳이든. 옛것과 새것을 대비시키고자 하는 것은 아니다. 모든 장소는 저마다 역사를 가진다. 약간이나마 이런 역사에 다가갈 때 내 인생은 그만큼 더 풍요로워진다. 그리고 현재를 더 밝게 바라볼 안목이 열린다. 또 이로써 나는 나의 과거를 만들어 보존한다.

　내가 첫 번째로 사랑한 봉제 인형을 나는 지금도 가지고 있다. 그것은 하얀 고양이다. 물론 그동안 헝클어져 몰골이 말이 아니다.

장소,

사 람 또 는

세 상 을 떠 날 때

우 리 가

남 기 는 것 은

네가 가버리면 나는 무엇이 아쉬울까? • 내가 좋아하는 유머는 누구에게서 배웠는가? • 내가 가진 최악의 선입견은 어떻게 생겨났는가? • 나는 언제 무겁지 않은 마음으로 작별 인사를 했을까? • 옛날 내 여자친구는 지금 무엇을 할까? • 나의 가장 최신 사진은 누가 찍었는가? • 지금껏 인생을 살며 만났던 사람들 가운데 조금도 보고 싶지 않은 사람은 누구인가? • 나는 누구와 헤어졌으며, 또 나중에 이 이별을 후회했는가? • 내가 없는 자리에서 친구들이 나를 두고 어떤 말을 하기를 바라는가? • 언제 마지막으로 보답을 바라지 않은 채 남을 도왔는가? • 가장 최근에 누구에게 깊은 인상을 받았는가? • 인생을 살며 어떤 사람과 가장 많은 시간을 보내고 싶은가? • 내가 진심으로 감사해야 할 사람은 누구인가? • 내가 잃은 사람들 가운데 가장 중요한 인물은 누구인가? • 내 아이가 나보다는 전처나 전남편과 사는 게 더 좋다고 한다면 어쩔 것인가? • 사람은 충분히 오래 알고 지내면 모두 친구가 될까? • '청소년기의 사랑'이라는 문구를 읽으면 누가 가장 먼저 떠오르는가? • 친구를 새로 사귀는 것 또는 기존의 우정을 관리하는 것, 둘 가운데 어느 것이 더 쉬운가? • 가장 최근에 꿈에 본 사람은 누구인가? • 꿈에 누구를 보고 싶은가? • 나는 어떤 성격을 가진 친구가 좋은가? • 내가 좋아했던 선생님은 아직 살아 계신가? 살아 계시다면 잘 지내시는가? • 사랑하는 사람과 헤어지더라도 간직하고 싶은 그의 물건은 무엇인가? • 어떤 적을 기꺼이 한 번 더 보고 싶은가? • 누군가 미워하지 않는다면 나는 어떻게 지낼까? • 이별한 뒤에 그동안 해준 선물을 다시 달라고 할 수 있을까? • 어떤 작별이 가장 쉬웠는가? • 내 인생에서 다시는 보고 싶지 않은 사람은 누구인가? • 나에게 필요한 사람임에도 그를 떠날 수 있을까? • 사람들이 나를 바꿀 수 있을까?

제 2 부

우리가 누군가를 떠날 때
무엇이 남을까

들어가는 말

우리는 꾸준한 모습으로 살아가면서도 바뀐다. 우리는 주고받는다. 이런 것을 두고 우리는 인생이라 한다. 그리고 인생을 사는 동안 우리는 혼자이고 싶지 않다. 우리는 다른 사람과 함께 저녁 시간을 보내고, 세계를 발견하며, 인생의 황혼을 즐기고 싶어 한다. 인간은 그 자체로 사교적인 존재다. 누구나 좋은 친구, 친절한 동료를 가지고 싶어 하며, 아름다운 대화를 원한다. 그리고 물론 이런 모든 만남은 크든 작든 우리 안에 흔적을 남긴다. 꼭 누군가와 오래 알고 지내야만 하는 것도 아니다. 흔적을 남기는 데 서로 알아야만 할 필요도 없다. 이를테면 우리가 쇼핑몰에서 진열된 물건을 구경하며 깊은 대화에 빠져 유유자적 걷는 동안, 옆을 지나가던 사람이 우리의 대화에서 어떤 말 한마디에 깊은 감명을 받을 수 있다. 이 말로 그의 인생이 바뀐다. 흔적을 남기는 일은 이처럼 간단할 수 있다. 오로지 우리의 존재만으로도 이처럼 영향을 주는 일은 일어날 수 있다. 과학자들은 우리의 두뇌가 없는 얼굴을 지어낼 수는 없다고 한다. 우리가 꿈에 나타나는 얼굴은 이미 어디선가 우리가 본 얼굴이다. 어디서 봤더라, 그래 지하철이었어. 아니 학교였나? 그도 아니면 일터? 아, 페이스북에서 잠깐 본 얼굴이구나.

우리는 서로 흔적을 남긴다. 지금부터는 이 이야기를 해보고자 한다. 사랑하는 사람, 최고 형태의 '우리'를 이루는 서로 사랑하는 사람은 아주 많은 걸 주고받는다. 그러나 친구, 지인, 적 또는 아무 상관이 없는 사람과도 우리는 적지 않게 주고받는다. 이런 사실을 염두에 두고 정리해도 물음은 똑같다. 다른 사람은 우리 안에 무엇을 남겨놓는가? 우리는 그들에게 무엇을 심어주는가? 그리고 헤어지면 어떻게 우리는 우리 자신을 다시 회복하는가?

이 책의 제2부는 낭만적 사랑을 하나의 커다란 전체로 탐색하려는 행보로 시작한다. 물론 베개 속에 얼굴을 묻고 눈물지을 일도 약간은 있다. 그러나 나는 감상적 접근보다는 기억을 할 때 우리 두뇌가 대체 어떤 일을 벌이는지 자세히 관찰하는 데 더 신경 쓸 생각이다. 인연이 맺어지고 풀어질 때마다 적잖이 소란스럽기는 하지만 그런 것이 우리네 인생살이이니까. 제2부를 맺는 부분에서는 갈수록 더 중요해지는 잊힐 권리를 다룬 여담을 풀어보련다.

두 '나'로 하나 되는 '우리'

사랑이라는 이름의 미로: 하나 된 영혼과 뛰는 심장,

소금 크리스털과 공 모양의 인간,

잠 못 이루는 장군과 무너지는 신축 건물

사랑은 불꽃처럼 한순간에 피어오른다. 그는 그녀를 보고 한눈에 반한다. 그를 보는 그녀의 머릿속에서 섬광이 번쩍인다. 두 사람은 사랑에 빠지고, 결국 결혼한다. 이 덜컹대는 난리 법석의 과정에서 물론 서로 어긋나며 삐딱해지는 일은 얼마든지 일어날 수 있다. 그래서 모든 쌍은 서로 속도를 맞출 필요가 있다. 때로는 아주 천천히, 때로는 아주 빠르게, 때로는 아주 시끄럽게, 때로는 나직하게 사랑의 길을 다져나가야 마침내 두 사람이 입을 모아 세상을 향해 우리 서로 사랑한다고 외칠 수 있다. 어느 한쪽이 슬그머니 발을 빼기 전까지 사랑은 그럭저럭 이어진다. 사랑은 확인과 의심, 위험을 각오하는 밀고 당기기를 먹고 자란다. 이중의 의미를 담은 표현은 밤잠 이루지 못하게 숱한 해석을 낳는다. "연락할게." 욕실 거울에 붙은 쪽지에는 빨간 립스틱으로 키스 마크까지 찍혔다. "우리 둘이 잘 맞는 것 같아." 서로 좋아하는 노래의 플레이리스트가 그 보증이란다. 두 사람의 플레이리스트에는 같은 노래들이 있고, 그 노래들은 마치 같은 앨범에 담긴 곡인 것처럼 잘 어우러지는 느낌이 든다. "우리가 사귄다고 세상에 알리자." 이른바 소셜 네트워크는 세상에 자랑해야 한다고 유혹해댄다. 다리 난간에 주렁주렁 매달렸던 사랑의 자물쇠는 확인해준다. "우리 두 사람은 영원히 함께한다." 부디 희망대로 이루어지기를.

그럼 낭만의 저편에는 무엇이 있을까? 감정의 바다에서 방향을 잡아나가는 데 도움을 주는 것은 통계 자료다. 그 가운데 하나는 독일인이 행복한 관계를 인생에서 가장 중요한 것 2위로 꼽았음을 알려준다. 이보다 약간 더 많은 사람들은 좋은 친구가 더 중요하다고 꼽았다. 갓 사랑에 빠진 사람들은 오늘날 변화무쌍한 모습을 보여준다고 페어팜 조사 결과는 확인해준다.[*] 서로 알게 된 지 석 달 만에 이미 거의 80%에 가까운 연인은 자신의 새 파트너를 부모에게 소개했으며, 자녀를 가질지 하는 문제는 30%가 진지하게 의논했다. 이미 동거에 들어간 커플은 4%다. 결혼은 좀 더 시간을 두고 결정해야 한다는 의견이 대다수였다. 독일에서는 매년 약 41만 쌍이 결혼한다. 그 가운데 대략 27만 8,000쌍이 초혼이다. 남성의 평균 연령은 34세이며, 여성은 32세다. 그리고 모든 결혼 가운데 20%는 재혼 혹은 그 이상이다. 매

● 페어팜(Pairfam, Panel Analysis of Intimate Relationships and Family Dynamics, 애정 관계와 가족 역동성의 패널 분석)은 2008년부터 독일 연방정부에서 민간 기관에 위탁해 조사하는 가족 동향이다. 14년을 주기로 장기적인 관점에서 사회의 구조 변화를 추적한다.

년 4,000명의 여자와 6,000명의 남자가 새로운 배우자를 찾는다. 동성애 부부는 매년 7,700쌍이 '결성', 관용 독일어 표현 그대로 '결성'된다. 그럼 결혼하기 가장 좋은 때로 어떤 계절을 선택할까? 여름 또는 늦가을을 가장 많은 선택한다. 그때는 햇살이 아름답기 때문이다.

결혼을 주제로 한 노래 가운데 가장 큰 인기를 누린 곡 중 하나는 미국 가수 존 레전드John Legend가 부른 「All of Me」이다. "나 당신에게 나의 모든 것을 드리리. / 그리고 당신은 당신의 모든 것을 나에게 주오(I give you all, all of me / And you give me all, all of you)." 우리는 하나가 될 것이며, 하나 된 우리에게 부족할 건 없어라. 사랑은 채움이며, 사랑은 강력하다. 사랑을 향한 갈망은 이 세상 최고의 권력자도, 가장 명석한 두뇌의 소유자도 무릎 꿇게 만들었다. 이 얼마나 낭만적인가. 역사에서 이런 낭만적 순간은 실제로 많았다. 예를 들어 1796년 3월 프랑스 군대의 최고 사령관 나폴레옹은 이탈리아 원정에 나섰다. 당시 그는 26세의 젊은 나이로 사랑에 흠뻑 빠져 아내 조제핀Josephine에게 편지를 썼다. "당신을 사랑하지 않고는 단 하루도 보낼 수 없으며, 당신을 팔에 안지 않고는 밤잠을 이룰 수 없구려. 나를 내 생명의 영혼인 당신에게서 떨어뜨리는 야심과 명예욕을 저주하지 않고는 차 한 잔도 나는 마실 수 없구려." 베토벤은 1812년 "영원한 사랑"에게 이렇게 썼다. "나의 천사여, 나의 모든 것이여, 나의 나여." 당시 그는 이미 42세였다. 나는 당신이요, 당신은 나요, 우리는 하나다. 아무래도 사랑은 아주 강력한 접착제인 모양이다.

사랑이 두 사람의 온전한 결합이라는 생각은 오래된 것, 매우 오래된 것이다. 이미 플라톤만 하더라도 이런 생각은 생소하지 않았다. 플라톤은 기원전 400년경에 살았다. 당시 철학자 플라톤은 서로 사랑하는 것이 인간의 타고난 성향이라고, 사랑은 "본성을 되살려내는" 특별한 힘이며, 이로써 "두 사람은 하나가 되어 인간의 본성을 치유한다"고 썼다. 반쪽을 찾아 끊임없이 헤매야만 하는 이유를 플라톤은 신들의 분노라고 설명한다. 아주 먼 옛날, 말 그대로 태곳적에 인간은 세 가지 종류가 있었다고 플라톤은 이야기한다. 남성과 여성 그리고 양성을 모두 가진 인간이 그 세 가지다. 더 나아가 인간은 본래 두 개의 몸이 합쳐진 형태를 자랑했다. 이를테면 남자 둘이, 또는 여자 둘이, 혹은 남자와 여자가 하나의 존재로 결합한 형태가 인간의 본래 모습이다. 이렇게 해서 인간은 팔 네 개, 다리 네 개 그리고 얼굴 두 개를 가지지만, 머리만은 하나다.

둘이 등을 대고 달라붙어 공 모양을 한 이런 존재는 힘이 무척 세서 신들의 천상을 습격하려는 야심까지 품었다고 한다. 제우스는 분노한 나머지 인간을 둘로 가르는 형벌을 내렸다. 반쪽을 잃은 인간은 비탄에 빠져 절절한 고통의 눈물을 흘리며 다시 하나가 되고자 늘 '더 나은 반쪽'을 찾아 헤맨다.

한때는 둘이 하나 된 온전한 존재였기 때문에 우리 인간은 자신이 반쪽을 잃은 불완전한 존재라 여긴다. 바로 그래서 "전체를 갈망하는 이런 욕구가 곧 사랑이다" 하고 플라톤은 썼다. 다행스럽게도 자신의 반쪽을 되찾은 인간들은 "서로 팔로 부둥켜안고 상대방을 간절히 탐닉하며 다시 함께 성장할 수 있기를 갈구한다." 그리고 갖은 우여곡절을 겪으면서도 평생 함께하겠다고 안간힘을 쓴다. 묘한 것은 "서로 원하는 것이 무엇인지 툭 털어놓고 말할 줄도 모른다"는 점이다.

오늘날까지 철학자들은 플라톤의 이 이야기를 늘 곱씹어 읽으며 각자의 시대에 맞는 의문을 던지고 답을 찾는다. "인간이 가슴 깊숙한 곳에 품은 간절한 욕구는 자신의 단절된 것만 같은 외로움의 감옥에서 빠져나오는 것이다." 에리히 프롬이 1956년에 발표한 자신의 책 『사랑의 기술』에서 쓴 글이다. [*] 사랑의 핵심은 자신의 인격적 정체성을 잃지 않으면서 다른 사람과 하나로 결합하는 융화다. "사랑의 역설은 두 존재가 하나 되면서도 둘로 남는 것이다." 사랑하는 사람은 자신이 맛보는 모든 즐거움, 관심, 이해, 앎을 상대방과 나누며 기쁜 일이든 슬픈 일이든 함께한다. 사랑하는 사람은 "자신 안에서 생동하는 모든 것을 상대방에게 베푼다.

---

[*] 에리히 프롬(Erich Fromm: 1900~1980)은 독일에서 태어난 유대인으로 미국으로 망명해 활동했던 정신분석학자이자 철학자다. 비판 이론을 대변한 프랑크푸르트학파 가운데 한 사람이다. 『사랑의 기술Die Kunst des Liebens (영어 The Art of Loving)』은 그의 대표적 저술로 고전의 반열에 오른 책이다.

이렇게 자신의 생명력을 나누어 줌으로써 상대방을 풍요롭게 만들고, 상대방에게 살아 있음이라는 감정을 키워주어 자신의 생동감을 강화한다." 사랑을 하는 우리는 상대방에게 기꺼이 우리의 가장 소중한 것, 시간, 믿음, 친밀함 그리고 내일과 모레에도 곁을 지켜줄 거라는 귀중한 약속을 베푼다. 결국 우리의 사랑은 상대방을 나의 가장 귀중한 존재로 만든다. 사랑한다는 것은 내가 네 안으로, 네가 내 안으로 들어옴을 뜻한다.

두 사람이 서로를 위해 창조되었다고 보는 사랑의 이해는 우리 안에 매우 깊숙하게 닻을 내렸다. 인류학자들은 벌써 오래전부터 전 세계적으로 이런 이해가 아주 널리 퍼진 것임을 확인해왔다. 166개 국가 가운데 147개 국가, 곧 거의 90%가 사랑을 서로에게 맞춤한 짝을 찾는 일로 이해했다. 이는 곧 낭만적 사랑이 인류 보편의 갈망이라는 확인이다. 세계 어디서나 사람들은 사랑으로 웃고 운다. '더 나은 반쪽'을 찾고야 말겠다는 갈망은 예나 지금이나 변함없이 인기를 누린다. 물론 오늘날에는 이 반쪽과 무조건 곧장 결혼해야 하는 것은 아니다. '완벽한 커플'이 되고자 하는 열망은 매일 헤아릴 수도 없이 많은 채널, 이를테면 신문, 소설, 영화, 방송 드라마, 팝송, 가요 등으로 그 애절함을 드러낸다. 어디를 가나 러브 스토리는 사람들의 귀를 쫑긋하게 만든다. 당신과 같은 사람은 이 세상에 없어, 당신은 나에게 특별한 존재야. 바로 그래서 어딘가에 너에게 꼭 맞는 누군가가 있을 거야. 퍼즐 조각처럼 딱 맞는 짝이 말이야. 이 반쪽을 찾아 헤매는 방랑은 길고도 고통스럽기만 하다. 그러나 타협은 절대 없다. 반쪽을 찾아낼 수만 있다면 너희는 더없는 희열과 마음의 평안을 누리리라고, 확실하게 믿어도 좋다고 사랑은 우리의 귀에 속삭인다. 언제나 늘. 고대 그리스 신화에 등장하는 불의 신 헤파이스토스는 사랑에 빠진 연인에게 다음과 같이 제안한다. "하나로 녹아들라. 그럼 죽어서도, 죽음 이후의 저승에서도 너희는 떨어지지 않으리라." 플라톤은 이렇게 썼다. "사랑하는 이들은 그의 제안을 기꺼이 받아들여, 서로 하나로 녹아드는 융화야말로 본래 목표임을 깨달아야 하리라."

물론 21세기를 살아가는 우리는 누구나 사랑 안에 어두운 그늘, 언제라도 좌초할 위험한 구석을 담은 그늘이 숨어 있음을 안다. 밸런타인데이의 카드에 정성껏 써넣은 '영원한 사랑'은 간절하기는 할지라도 자연에 그런 영원함은 없다. 그 밖에도 많은 사람들은 자기 마음대로 하지 못하는 게 아닐까 하는 두려움, 존재감을 잃는 것은 아닐까 하는 걱정 때문에 상대에게 온전히 빠지는 걸 좋아하지 않는다. 게다가 모퉁이를 돌아가거나 인터넷에서 지금 묶인 상대보다 더 나은 파트너를 찾을 수 있지 않을까 하는 불안감은 도무지 잦아들 줄을 모른다. 지금의 상대에게 시간을 잃느니 계속 찾는 것이 더 낫지 않을까. 진짜 완벽한 상대를. 마침내 누리는 충만함을. 오늘날 흔히 보는, 혹시 엉뚱한 상대를 선택한 것은 아닌지 하는 근심이 낭만적 사랑이라는 꿈을 부정하지는 않는다. 오히려 정반대로 심장이 뜨겁게 뛰게 만들 사람을 찾아 좀 더 흡족한 애정 생활을 꾸렸으면 하는 희망은 삶의 무시할 수 없는 활력소다. 모든 시작은 순수하고 짜릿하다. 아직 포장을 풀지 않은 선물이 가장 아름다운 선물이다. 나의 연심에 응답해주는 사람이 갑자기 나타나면 손가락과 손과 입술과 피부는 사랑이라는 해묵은 주제를 변주한다. 그럼 그동안의 쓰라렸던 경험과 거기에서 비롯된 의심으로 무장한 이성적 태도는 금세 허물어져 소파 틈새로 흘러버린다. 그럼 낭만적 갈망은 필터처럼 우리의 시선을 걸러내 원하는 색채만 보게 만든다. 이 필터가 걸러낸 것은 심장이 쿵 하고 내려앉은, 가슴 한 구석이 뜨겁게 달아오르는 사랑에 빠진 사람이 보는 사탕 봉지처럼 알록달록한 현실이다. 두 눈에 세상은 온통 장밋빛이며, 모든 감각은 신선함의 기운을 만끽한다. 매일, 모든 밤, 오늘, 내일, 그 어디에서든 낭만은 무지개의 영롱함을 자랑한다. 도처에서 찾고 만나고 잃어버리고 다시 찾는 우여곡절은 끊이지 않는다. "사랑은 있는 그대로 받아들이는 것이다." 에리히 프리트*가 쓴 글이다. "'웃겨' 하고 이성은 말한다. '경솔해' 하고 신중함은 타이른다. '그런 게 어딨어' 하고 경험은 다그친다. '그냥 있는 그대로 받아들여' 하고 사랑은 말한다."

• 에리히 프리트(Erich Fried: 1921~1988)는 오스트리아의 시인이자 에세이스트이며 번역가로 특히 셰익스피어를 독일어로 번역하는 데 발군의 실력을 발휘한 인물이다.

사랑은 우리보다 훨씬 더 강하다. 우리가 사랑을 너무 잘 알고 있더라도 사랑은 여전히 마법을 구사할 수 있다. 물론 이런 마법은 낭만적 사랑이라는 이상이 2,000년도 넘게 깊은 뿌리를 내려왔기 때문에 가능하다. 심지어 언어에도 사랑의 힘은 아로새겨졌다. "나 너한테 미쳤어." 누군가를 강렬히 욕구할 때 우리는 이렇게 말한다. "나 아무래도 너에게 푹 빠졌나 봐." "당신이 너무도 보고 싶은 나머지 나는 하루가 다르게 여위어가." "나는 당신의 사랑에 굶주렸어." 표현은 조금씩 달라도 그 핵심은 한결같다. 사랑 없이 우리는 살 수가 없다! 언어학자들은 우리가 사랑을 이야기할 때 쓰는 단어가 곧 우리가 사랑에 기대하는 것이 무엇인지 정한다고 진단한다.

우리 몸은 언제라도 결합이 주는 심오한 감정을 확인해줄 각오가 된 상태다. 배가 아프며 심장이 뛰거나 얼굴이 붉어지고 손이 땀으로 젖는 것은 사랑에 빠진다는 것이 몸의 반응이기도 하다는 점을 여실히 보여준다. 미국 애틀랜타의 에모리(Emory) 대학교 신경과학자 래리 영Larry Young은 이렇게 말한다. "사랑은 특정 회로를 통해 뇌로 전달되어 작용하는 화학 물질이다." 사랑을 느낀다는 것은 뇌가 자극을 받아 일으키는 흥분 상태다. 아드레날린은 심장 박동을 빠르게 하며, 페닐에틸아민은 우리를 황홀감에 빠뜨리고 상대를 가지고 싶다는 욕구를 끌어올린다. 도파민 같은 신경 전달 물질이 뇌신경에서 활발히 분비되면 보상 체계가 작동하여 상대를 향한 마음의 문이 활짝 열리게 된다. 사랑이 주는 행복감의 정체는 바로 이 도파민이다. 옥시토신은 유대감을 형성하는 역할을 하며, 특히 사랑하는 사람의 눈을 서로 들여다보고 몸을 어루만질 때, 또는 키스를 할 때 활발히 분비된다.

농밀한 키스를 나눌 때 평균적으로 61mg의 물과 0.7mg의 단백질, 0.45mg의 염분과 0.76mg의 지방질만 입을 통해 오가는 게 아니라, 2만여 개의 효소와 박테리아도 교환된다(바로 그래서 오랜 동안 함께 산 커플의 구강 미생물은 아주 비슷한 양상을 보여준다). 키스할 때 우리 몸은 엔도르핀을 분비한다. 몸과 마음이 행복해지는 원인이다. 핏속의 세로토닌이 증가하면서 기분은 밝아진다. 그 덕에 스트레스 호르몬 코르티솔이 줄어들면서 혈압이 떨어진다. 키스를 하며 DNA가 오간다는 점은 키스하고 한 시간 뒤 구강에서 상대방의 DNA를 발견할 수 있다는 사실로 증명된다(덕분에 법의학자는 한결 수고를 던다). 이 모든 것이 한 번의 키스에서 일어나는 일이다. 묘한 사실은 여성의 90%는 키스를 하면서 눈을 감는 반면, 남성은 52%만 그렇게 한다는 점이다. 아무튼 눈을 감는 것 이상의 일이 키스를 하면서 벌어진다. 우리 안의 저 깊은 곳에서 몸은 정신과 만난다. 너와 나는 비록 찰나의 순간이지만 단 하나의 존재가 된다. 너에게 입맞춤하는 나와, 나에게 입맞춤하는 네가 있을 뿐, 다른 것은 일절 없다. 있어야 할 필요도 없다. "둠 노스트로스 아니모스 페르 오라 믹스토스(Dum nostros animos per ora mixtos)." 15세기의 휴머니스트 콘라트 첼티스*가 쓴 글이다. "입을 통해 영혼이 서로 어우러지는구나."

상대방의 영혼이 어떤 비밀을 품었는지 알려주는 모든 것을 사랑에 빠진 사람은 쌍수를 들어 반긴다. 무슨 책을 읽는지, 어떤 음악을 듣는지, 어느 것 하나 소홀히 다루지 않는다. 상대방이 나에게 문을 열어준 그 순간은 영원하여라. 공원에서 다람쥐에게 땅콩을 주던 그녀의 모습은 얼마나 아름다웠던가. 경기장에서 골이 들어간 순간에 함께 환호성을 지르며 우리는 얼싸안았지. 이렇듯 사랑은 매 순간을 특별한 순간으로 만든다. 그리고 연인은 서로 소중히 여길 품성을 찾아내려 노력하며, 자신도 그런 특성을 닮으려 안간힘을 쓴다. 단 한 번 제법 그럴싸한 농담을 한 것을 두고 상대방은 감격해 마지않으며 당신은 정말 굉장한 유머 감각을 가졌다고 추켜세운다. 단 한 번 잘 맞는 옷을 입은 것을 두고 놀라운 패션 감각이라는 찬사가 터져 나온다. 세계, 미래, 너, 나, 우리, 아무튼 사랑에 빠진 시기에는 모든 것이 우리 눈에 장밋빛으로 보인다. 우리는 주의력, 상상력, 희망을 특별한 사람에게 집중하면서, 상대방을 자신 안으로 빨아들인다. 사랑은 우리 안에 흔적을 남기지 않을 수 없다. 감정과 섹스와

• 콘라트 첼티스(Conrad Celtis: 1459~1508)는 독일 바바리아 지역(오늘날의 바이에른)에서 출생해 활동한 휴머니즘 운동가다. 오비디우스의 작풍에 따른 시를 많이 썼다.

정체성을 담당하는 두뇌 부위의 활동이 활발해진다. 그만큼 신경 세포의 네트워크가 촘촘하게 맞물린다. 갓 사랑에 빠진 사람의 혈액 속의 세포 성장 지수는 대단히 높아진다. 말 그대로 우리는 신경 조직을 완전히 새롭게 정비한다. 이처럼 사랑은 우리를 예전과는 다르게 바꾸어놓는다. 이런 변화를 보이지 않는 사람은 아무도 없다.

"사랑하는 사람의 두뇌는 24시간 내내 긴장을 늦추지 않는다." 프랑스 소설가 스탕달Stendhal이 19세기에 쓴 글이다. 이처럼 사랑은 특별한 감정을 불러일으킨다. 스탕달은 이런 효과를 나뭇가지 하나를 암염 굴에 던져 넣는 것에 비교한다. "두서너 달 뒤 나뭇가지를 다시 꺼내면 반짝이는 소금 크리스털 결정체로 뒤덮인 것을 볼 수 있다. 심지어 아주 작은 나뭇가지에도 무수히 많은 다이아몬드가 반짝인다." 사랑은 이처럼 상대방을 귀한 존재로 만든다. "이런 것이 사랑이다, 인간은 주어진 대로 사랑한다. / 자신이 귀하게 여기는 것으로 모든 결함이 묻힌다." 프랑스의 극작가 몰리에르Molière가 쓴 글이다.

"사랑은 눈을 멀게 만든다." 이 말은 단순한 속담에 그치지 않는다. 유니버시티 칼리지 런던(University College London)의 과학자 안드레아스 바텔스Andreas Bartels와 세미르 체키Semir Zeki는 갓 사랑에 빠진 사람들을 '자기 공명 영상(Magnetic Resonance Imaging, MRI)'으로 촬영해 그 사진을 새로운 파트너에게 보여주었다. 사진을 본 파트너의 두뇌 반응을 보여주는 모니터는 보상,

동기 부여, 욕구 등을 관할하는 두뇌 부위가 밝게 빛나는 것을 확인해주었다. 더 나아가 비판적으로 거리를 두고 합리적인 판단을 내리도록 하는 두뇌 부위는 활동이 현저히 줄어들었다. 또 두려움을 관장하는 부위의 혈액 순환도 그리 활발하지 않았다. 바꾸어 말해서 사랑에 빠진 사람은 자신이 보호받는다는 안정감 덕분에 과감해지고 대담해진다. 연구자들은 사랑에 빠진 사람의 두뇌는 자신의 소중한 사랑을 찍은 사진에 약물중독자가 약물 사진에 보이는 것과 아주 비슷한 반응을 보이는 것으로 확인했다. "다른 사람이 파트너를 선택한 것을 보며 우리가 혹시 저 사람 어떻게 된 거 아냐, 왜 저런 상대를 고르지 하고 의아함에 사로잡히는 것은 전혀 놀라운 일이 아니다. 실제로 눈이 멀어 그런 파트너를 고른다." 세미르 체키가 쓴 글이다. 비슷한 연구를 진행한 신경과학자 카요 다카하시Kayo Takahashi는 그 결과를 이렇게 요약했다. "사랑, 특히 격정적 단계의 사랑은 방향을 잃고 헤매는 것 같은 혼란 속에서도 대다수 사람들이 매우 편안하고 바람직하다고 느끼는 보편적인 경험이다." 이제 막 사랑에 빠진 사람의 두뇌는 상대방을 크리스털처럼 반짝이는 존재로 미화하고 어두운 측면에는 눈감거나 아예 몰아냄으로써 사랑을 더욱 키우려 한다.

상대방을 '미친 듯 갈구함', 깊은 결합을 갈망하는 인간의 사랑이 그저 명확한 판단을 흐리는 화학 물질의 작용 때문이라고 설명할 수도 있으리라. 또는 진화에 도움이 되어 그렇다는 설명도 얼마든지 가능하다. 하지만 이런 과학 설명이 우리 두뇌에서 정말 무슨 일이 일어나는지, 어떤 두뇌 부위는 폭죽을 터뜨리고 다른 부위는 얌전한지 전체를 남김없이 이해했다는 주장은 오만한 월권이다. 아무튼 두뇌가 어떻게 작동하는지 우리는 오로지 두뇌로만 생각해야 하니 사랑 문제는 결코 간단한 게 아니다. 물론 낭만적 사랑이 자극과 반응이라는 화학 물질의 간단한 작용 그 이상의 것, 다시 말해서 호르몬으로 남김없이 비밀이 풀리는 게 아니라 그 어떤 신비를 담고 있다고 확인해주는 연구가 있다면 기분은 좋으리라(우리의 허영심이 만족할 테니까). 제네바 대학병원의 정신과 전문의 프란체스코 비앙키데미슐리Francesco Bianchi-Demicheli는 미국 시러큐스 대학교의 스테파니 오티그Stéphanie Ortigue와 함께 뜨거운 사랑에 빠진 젊은 여성 36명의 두뇌를 스캔했다. 그 결과 애인의 사진을 본 젊은 여성들의 두뇌 활동은 더욱 더 복잡해지는 것으로 나타났다. 예를 들어 여성의 자존감과 자화상 그리고 몸매와 관련한 두뇌 부위가 밝게 반짝였다. "이것이 대단히 흥미로운 이유는 사랑이 자아의 확장임을 시사하기 때문이다." 오티그가 한 말이다. "다르게 말하자면 사랑에 빠진 사람은 상대방에게 자신을 투사한다. 이는 곧 우리가 낭만적 사랑을 이해하는 방식을 바꾸어야 함을 뜻한다." 자아의 확장은 호르몬의 작용으로는 설명되지 않기 때문이다. 그럼 결국 우리는 플라톤이 말한 공 같은 인간, 두 개체가 하나로 결합한 인간으로 되돌아가야 사랑을 올바로 이해할 수 있지 않을까.

1986년 미국의 심리학자 일레인 햇필드Elaine Hatfield와 수전 스프리처Susan Sprecher가 발표한 지표를 가지고 과학자들은 여성이 자신의 파트너와 얼마나 '깊게 사랑에 빠졌는지'를 조사했다. '열정적 사랑 지표(Passionate Love Scale)'는 사랑이 얼마나 뜨거운지 측정하기 위해 고안된 지표다. 이 지표는 커플 사이의 융합이 얼마나 깊게 이루어졌는지 보여준다. 모두 15개의 문항은 각각 '0'(전혀 맞지 않음)에서 '9'(확실하게 맞음)까지 점수로 매겨진다.

1. 혹시 버림을 받는 게 아닐까 몹시 불안하다.
2. 많은 경우 나는 내 생각을 통제할 수 없다는 느낌을 받는다. 그만큼 내 생각은 ○○에게 사로잡혔다.
3. 내가 ○○을/를 행복하게 만들어주는 어떤 일을 하면 나 자신이 행복해진다.
4. 나는 누군가 다른 사람보다 ○○와/과 함께 있는 게 좋다.
5. 그 사람이 다른 누군가와 사랑에 빠진다는 생각만으로도 나는 질투가 끓어오른다.
6. 그 사람의 모든 것을 나는 간절히 알고 싶다.
7. 나는 몸으로든 감정으로든 정신적으로든 그 사람을 원한다.
8. 나는 그 사람의 관심을 끝없이 받고 싶다.
9. 나에게 그 사람은 완벽한 파트너다.
10. 그 사람과 어떤 식으로든 접촉하면 몸이 반응하는 것을 나는

느낀다.

11. 내 생각은 항상 그 사람을 중심으로 맴돈다.

12. 나는 그 사람이 나를 알았으면 좋겠다. 나의 생각, 나의 두려움, 나의 희망을.

13. 나는 그 사람이 나를 갈망한다는 징후를 보고 싶어 안달한다.

14. 그 사람이 나에게 강한 매력을 느낀다.

15. 그 사람과의 관계에서 뭔가 어긋나면 나는 대단히 우울하다.

각 문항의 점수를 합산한 것이 106점 이상인 경우는 거의 무조건적인 사랑을 의미한다. 86~105점은 열정적이기는 하지만 밀도는 약간 떨어지는 사랑이다. 66~85점은 어쨌거나 이따금 불타오르기는 하는 사랑이다. 45~65점은 욕구가 거의 시든 상태이며, 44점 이하는 파트너 생각을 더는 하지 않는 단계다.

사랑의 초기 단계, 곧 '열정적 사랑 지표'에서 양쪽이 모두 100점 이상의 점수를 기록하는 단계에서 사랑은 워낙 강력해 통증도 이기게 해준다. 버지니아 대학교의 신경학자 제임스 콘James Coan은 젊은 여성들에게 가벼운 전기 자극을 주고 이에 반응하는 뇌의 활동을 측정했다. 그리고 파트너가 그녀의 손을 잡아준 상태에서 같은 실험을 되풀이했다. 그 결과 두 사람이 손을 잡았을 때 아픔은 확연히 줄었다. 위험을 경고하는 두뇌 부위는 거의 반응하지 않았다. 이처럼 연인의 애정은 일종의 진정제 효과를 낸다. 이 시기의 사랑은 워낙 강력해 우리의 목숨을 앗아갈 수도 있다. 이른바 '행복한 심장 증후군(Happy Heart Syndrome)'은 심장 근육에 경련을 일으켜 갑자기 몸에 피가 돌지 못하게 한다. 이 증상은 심장마비의 경우와 똑같다. 이 증상을 촉발하는 요인은 집중적인 행복감과 감정의 스트레스다. 이 증상으로 희생된 여인 가운데 한 명은 결혼식을 치르며 제단 앞에 섰을 때 무너졌다. 심장이 기쁨으로 터져버렸다.

물론 대개는 이런 불상사가 없이 커플은 행복한 시간을 누린다. 또 계속해서 잘 지내는 경우도 많기만 하다. 그래도 나중에 우리가 특히 선명하게 떠올리는 순간은 처음 사랑의 불꽃을 피우기 시작한 몇 달 동안이다. 처음을 소중하게 기억하는 원인은 생물학과 심리학 두 가지 측면에서 찾아진다. 우선 처음 사랑에 빠졌을 때 우리 몸에는 행복 호르몬 도파민이 그야말로 넘쳐흐른다. 과학자들은 우리 몸이 더 많은 도파민을 만들어낼수록 그만큼 더 기억력이 좋아지는 것을 발견해냈다. 처음 만나 사랑을 시작할 무렵의 기억이 오래도록 선명한 이유는 바로 도파민 때문이다. 첫 번째 데이트. "너를 사랑해" 하는 첫 고백. 처음으로 함께 갔던 휴가 여행. 그녀는 쑥스러울 때마다 손가락으로 머리카락을 돌돌 말곤 했지. 그는 미소 지을 때마다 입가에 보조개가 생겼지. 첫 시절의 기억이 선명한 두 번째 이유는 당시에 품는 많은 물음 때문이다. 처음 알아가는 시기에서는 모든 정보 하나하나가 소중하다. 우리가 정말 맞을까? 이 사람과 계속 만나고 싶은가? 나는 상대방에게, 상대방은 나에게 무엇을 원할까? 우리 관계는 어디까지 갈 수 있을까? 세 번째로 꼽을 수 있는 이유는 이렇다. 모든 것이 새롭다. 많은 것이 신선하고 사랑스러워 보인다. 이 신선함 덕분에 우리는 곰곰이 따져가며 고민하지 않는다. "이 순간은 결코 잊을 수 없으리." 막스 프리슈•는 이렇게 썼다. "마주 보는 사랑은 시작되었지만, 아직 내용은 쓰이지 않았다. 영화에 비유를 하자면 이제 막 첫 장면이 시작되었으며, 기억은 지금부터 채워져야 한다. 우리는 일단 미소를 지으며 마주 보고, 나중에 가서야 비로소 머리로 따져본다."

우리 몸은 이런 지나칠 정도의 사랑을 오래 견디지 못한다. 도파민 도취는 대략 2년 정도 지속될 뿐이라고 과학자들은 말한다. 2년이 넘어가면 두뇌의 보상 체계는 한밤중의 네온 광고판처럼 끊임없이 반짝이지는 않는다. 그럼 우리의 세로토닌과 옥시토신은 그저 평상시의 편안한 수준으로 줄어든다. 행복한 커플은 서로 친숙하며 친근하게 느끼기는 하지만, 이따금 생각의 차이를 드러낸다. 사귀는 단계에서 빠르게 치솟았던 신경 세포 성장 지수는 다시 예전의 수준으로 돌아간다. 우리 몸이라는 생물은 밀접한 결합을 요구하며 일부일처의 생활 방식을 장려한다. 자녀를 출산하면 여성의 엄마 호르몬인 옥시토신은 다시금 활발히 분비된

• 막스 프리슈(Max Frisch: 1911~1991)는 스위스의 작가이자 건축가다. 전쟁의 경험을 토대로 인간 실존의 의미를 천착하는 작품을 썼다.

다. 반면 남성의 테스토스테론은 줄어든다. 결국 커플은 그저 심드렁한 평온에 만족한다.

생물학의 관점에서 부부 관계란 두 개의 두뇌가 함께 미래를 열어갈 길을 찾는 것을 뜻한다. 두 몸이 서로 알아가면서 서로에게 맞춘다. 두뇌는 누가 우리인지 알며, 우리의 면역 체계는 누가 우리가 아닌지 안다. 서로 익숙해지면 우리는 상대방을 내 편으로 인정한다. 예를 들어 섹스 행위는 파트너끼리 생물적 정체성의 아주 작은 일부를 서로 주고받는 행동이다. 이때 우리 몸에 위험한 것을 골라내는 면역 체계는 DNA를 가지고 상대방이 누구인지 알아내는 법을 익힌다. 다음은 작가 다이앤 애커먼●이 쓴 글이다. "면역 체계는 침입자의 극히 작은 일부, 곧 DNA를 상대가 누구인지 알아볼 특징으로 저장해둔다. 이런 식으로 우리는 시간이 가면서 일종의 키메라●●가 된다. 우리는 서로 말초적으로 자극할 뿐만 아니라, 아예 상대방을 나의 일부로 받아들인다."

서로의 부족한 점을 채워주는 충만한 관계가 건강을 지켜준다는 점을 의학자들은 오래전부터 알고 있었다. 기혼자는 평균적으

● 다이앤 애커먼(Diane Ackerman: 1948년생)은 미국 작가이자 박물학자이며 정원사다. 폭넓고 깊은 과학 지식을 바탕으로 자연과 인간 본성을 탐구하는 글을 써온 인물이다. 대표작으로는 『감각의 박물학A Natural History of the Senses』(1990, 국내 번역본 2004)이 있다.

●● 키메라(chimera)는 한 개체 내에 서로 다른 유전적 성질을 가지는 동종의 조직이 함께 존재하는 현상을 말한다. 예를 들어 종류가 서로 다른 둘 이상의 식물을 접목했을 때에, 자라난 식물체가 양쪽의 성질을 닮는 현상 등이 있다.

로 독신자에 비해 더 오래 살며, 의사에게 가는 일이 드물고, 혹 입원하더라도 빠르게 회복한다. 심혈관계 질병에 잘 걸리지 않으며, 당뇨병, 알츠하이머병 또는 폐질환 따위를 거의 앓지 않는다. 암에 걸려도 생존 확률이 더 높다. "금슬 좋은 부부 관계를 꾸리는 사람은 상처가 빨리 아물며, 병에 잘 걸리지 않고, 우울증이나 두려움에 시달리지 않는다." 제임스 콘도 이렇게 확인해준다. "우리는 상대방의 장점과 강점을 고스란히 받아들여 자신의 자아를 풍성하게 만든다." 이 말은 다이앤 애커먼이 한 것이다.

몸의 이런 상호 보완적 특성은 새롭게 찾아낸 짝과의 융합을 돕는다. 물론 이런 효과에는 부정적 측면도 있다. 몸의 상호 보완적 특성은 상대방의 나쁜 습성에도 고스란히 적용되기 때문이다. 이를테면 뚱뚱한 배우자를 만난 사람은 자신도 과체중이 될 위험을 키운다.

처음 만나 눈에 콩깍지가 씌는 단계가 지나면 생활을 전체적으로 조율해야 하는 단계에 접어든다고 심리학에서는 설명한다. 이제 두 '나'는 하나의 '우리'가 되기 위해 치열한 협상을 벌인다. 낭만적 사랑은 현실의 일상생활과 공생할 길을 찾아내야만 하기 때문이다. 이제는 행복 호르몬이 넘쳐흐르는 두뇌만으로 상대방이 품는 희망과 두려움은 감당되지 않는다. 이런 협상에 이르기까지는 극작가 조지 버나드 쇼George Bernard Shaw가 상정한 표현이 적확하게 들어맞는다. "사랑은 한 사람이 다른 모든 사람과 엄청나게 다르다는 과장을 기초로 삼는다." 애초의 열정이 식을 조짐을 보이는 지금 고개를 드는 의문은 이렇다. 그럼 이제 사랑은 무엇을 기초로 해야 할까? 이 물음의 답은 두 사람이 서로 머리를 맞대고 오로지 자신들의 힘만으로 찾아내야만 한다(이미 다른 사람들과 했던 경험을 정리하고 결산하는 태도도 꼭 필요하다). 이런 노력은 오로지 서로의 가치를 존중해주며 늘 거듭 같은 편이라는 다짐을 주고받을 때에만 기대했던 성과를 올릴 수 있다. 행복한 관계를 꾸려가는 사랑하는 사람들은 서로 안정감을 베풀어준다. 이제 두 사람에게 중요한 것은 함께 일구어가는 미래다. 바로 그래서 두 사람은 각자 관계에 품는 판타지를 되도록 일치시키는 것이 중요하다. 아내로서 나는 어떤 마음가짐을 가져야 할까? 나는 어떤 남편이 되고자 노력해야 할까? 내가 아내에게 품는 기대는 무엇인가? 나는 남편에게 어떤 것을 바랄까? 혹시 나는 나 자신이 할 수 없는 것을 상대방에게 기대하는 게 아닐까? 내가 베풀 수 있는 것은 무엇이며, 베풀 수 없는 것은 무엇인가? 나는 어떤 방면에서 상대방의 지지를 원하는가?

"사랑하는 사람은 우리 자신이 누구인지 비추어볼 단순한 거울인 것만은 아니다." 심리학자 베레나 카스트가 자신의 책 『맺고 놓아주기』에서 쓴 글이다.● "우리는 사랑으로 파트너가 가진 최고

● 베레나 카스트(Verena Kast: 1943년생)는 스위스 심리학자로 취리히 대학교 교수이면서 카를 구스타프 융 연구소를 대표하는 정신분석학자다. 심리학 주제로 수십 편이 넘는 다양한 책들을 썼다. 본문에 언급된 책 『맺고 놓아주기Sich einlassen und loslassen』은 1995년에 발표된 것이다.

의 가능성을 읽어내어 그에게 이를 실현할 수 있다는 느낌을 키워주어야 한다." 그러므로 사랑한다는 것은 바로 이것을 의미한다. 지지해주었음에도 파트너가 최고의 가능성을 실현하는 데 실패한다면 그저 너그러이 품어주는 것, 그리고 나 자신에게도 약간은 더 관대해지는 길을 찾는 것, 이것이 바로 사랑이다.

사랑으로 이루어진 결합은 모든 것을 순조롭게 풀어갈 수 있다. 하지만 극단적일 정도로 과도한 부담이 발생하는 경우도 흔히 나타난다. 주변의 압력이나 당사자들 사이의 갈등으로 사랑은 무너져 내리기도 한다. "위험 없는 아름다움은 없다네. / 사랑도 마찬가지야. / 사랑도 위험이 없지 않다네." 독일의 전위 밴드 '무너지는 신축 건물'•은 이렇게 노래한다. 의심할 바 없이 맞는 노랫말이다. 아름다움이 더는 눈을 멀게 하지 못한다면, 관계를 꾸리는 우리 자신이 어떻게 변화해야 좋은지, 또 사랑이 끝나버리면 그 후유증을 어찌 감당할 것인지 우리는 미리 대비하는 자세를 가져야 한다.

　관계를 맺고 꾸려가는 일은 우리가 상대방의 어떤 점을 남겨놓을지, 또 우리 자신에게서는 무엇을 남겨놓을지 벌이는 끊임없는 협상이다. 협상은 공정하게 이루어지거나, 근접 거리에서 벌이

• '무너지는 신축 건물(Einstürzende Neubauten)'은 1980년 독일 베를린에서 결성된 밴드로 실험적 음악을 선보인다.

는 육박전일 수도 있다. "모든 열린 관계는 우리의 정체성을 걸어야 하는 모험이다." 베레나 카스트가 쓴 글이다. 우리는 때로 우격다짐을 벌이며 서로 맞추어야 한다. 가까스로 지은 신축 건물에 균열은 얼마든지 생길 수 있다. 아주 미세한 틈새라 우리는 오랫동안 알아보지 못하기도 한다. 아마도 10년 뒤 우리는 이렇게 물으리라. 차라리 당시 우리 자신을 냉동해놓았다가 지금 해동한다면 우리는 어떤 기분이 들까? 다행이라며 가슴을 쓸어내릴까, 아니면 그동안 변한 주변 환경으로 충격을 받을까? 우리는 더 나은, 더 풍요롭고 사랑받을 가치가 있는 인간이 될까? 우리의 인격이 더욱 깊어지고 넓어져 관계가 원만해질까? 아니면 서로 할 말을 잃고 침묵하며 죽는 게 더 낫겠다고 불행해할까? '결혼했다'라는 의미의 독일어 숙어 '운터 데어 하우베 자인(Unter der Haube sein)'의 글자 그대로의 뜻은 '같은 모자를 쓰다'이다. 이 말은 또한 모자 아래서 두 사람이 함께 많은 작은, 둘만이 아는 은밀한 결정을 했음을 의미하기도 한다. 이런 결정은 우리의 내면 가장 깊숙한 곳에 자리 잡은 물음, 곧 우리는 세상을 어떻게 볼 것인가, 우리는 어떤 사람이 되고 싶은가 또는 앞으로 진정 하고 싶은 일은 무엇인가 하는 물음에 답을 찾으려는 노력의 산물이다. 그러나 처음 만나 뜨거운 사랑을 나눌 때 이런 물음은 머리보다는 가슴으로 다루어지기 일쑤였다. 이제 우리는 차분하고 냉정하게 물음의 답을 찾아야 한다.

무엇보다도 많은 이야기를 나누는 관계가 이루어져야 한다. 함께 설계하는 관계는 주로 대화를 통해 모양새를 갖춘다. 무수히 많은 가능한 미래 가운데 하나를 걸러내 크리스털처럼 투명하게 다듬어갈 길, 함께 미래를 향해 걸어갈 길은 대화로 찾아진다. 대화를 즐기는 커플은 세월이 가면서 안팎으로 다져진 '우리', '바깥세상과 상호 작용하면서도 바깥을 차단할 줄 아는 우리'를 이룬다고 미국의 심리치료사 매리언 솔로몬Marion Solomon과 심리생물학자 스탠 탯킨Stan Tatkin은 공저 『애정 관계의 사랑과 전쟁 Love and War in Intimate Relationships』(2010)에 썼다. "두 사람이 함께 꾸리는 '보금자리'는 어떤 구체적인 장소에 그치는 게 아니라, 애정 관계 자체의 대표이기도 하다. 이 보금자리에서 내밀한 결합으로 두 사람은 함께 발달하며 성숙해간다." 이런 과정을 겪으며 커플은 서로 부대끼며 생각의 차이를 상쇄해가면서 미래의 구상을 가다듬는다. 특히 "부부는 서로 모든 행동을 상대방의 의중과 입장에 맞추어주어야만 한다." 독일의 사회학자 바르바라 쿠흘러Barbara Kuchler와 슈테판 베허Stefan Beher가 쓴 『사랑의 사회학Soziologie der Liebe』에 나오는 문장이다. 부부의 미래뿐만 아니라, 지금껏 사귀었던 친구들, 기존의 의견, 관계를 맺기 전까지 살아온 이력 등 한마디로 지금껏 살아온 인생의 새로운 평가를 통해 '세계의 재정의'를 이룩하는 것이 중요하다. 두 사람의 과거를 새롭게 해석하고, 두 사람의 현실을 비슷하게 조율해야만 한다. 함께 이루어갈 바람직한 세상에 합의하고 힘을 모아 꾸미고 색칠해 새롭게 해석해낸 세상을 완성해가는 길을 손잡고 나아가는 부부는 아름답다.

　물론 간단하지 않다. 그러나 흥미로운 사실은 이 복잡한 과정이 대개는 특별히 주의를 기울이지 않아도 되는, 거의 무의식적인 흐름을 타고 이루어진다는 점이다. 두 사람 가운데 누구도 자신의 세상 또는 상대방의 세계를 새롭게 정의하려는 의도를 가지지 않는다. 아마 두 사람은 심지어 서로 변치 말자는 다짐을 굳게 고집할 수도 있다. 이들이 꾸미는 세상은 바깥의 간섭을 막으려는 철옹성과 같다. 그 안에서 두 사람은 마음껏 애정을 나눈다. 서로 눈을 들여다보는 그윽한 눈길, 틈만 나면 서로 장난을 치며 소소한 스킨십을 즐긴다. 누가 보아도 거리감이라고는 없는 닭살 애정이다. 이 새로운 애정은 두 사람이 쓰는 말투에서도 고스란히 드러난다. 둘만이 아는 비밀의 애칭은 오히려 애정의 과시다. 연인은 관계를 영롱한 크리스털로 다듬어가는 과정에서 밀도 높은 짤막한 울림을 주는 신호로 서로의 마음을 확인한다.("사랑해." — "나도.") 그리고 자주 오랜 대화를 나눈다. 그렇지만 세월이 흐르면서 커플이 주고받는 말은 적어지고 갈수록 짧아진다. 그러나 이것이 서로 할 말이 없어지는 조짐은 아니다. 오히려 정반대의 상황으로 보아야 할 경우가 많다. 서로 잘 알지 못하는 사람들은 별것 아닌 정보를 나누는 데 아주 많은 말을 필요로 하는 반면, 서로 익숙한 커플은 단 몇 마디의 말에 아주 많은 정보를 담아낸다. 이를테면 "모래"라고 단어만 말해도 상대방은 지난 번 휴가를 보낸 해변을 떠올린다. "주방" 하면 "나 지금 주방에 가서 신문 좀 읽으며 커피를 끓일 거야. 당신에게도 한 잔 가져다줄까?" 커플은 그동안 함께 쌓아온 경험과 습관적 행위를 바탕으로 공감대를 키우고 넓혀왔기에 몇 마디 간단한 말로도 깊은 속내를 드러낼 수 있다. 그저 입가를 씰룩하는 것으로 "커피 마시고 싶다"는 의중이 전달되며, 한 번의 손짓으로 "이제 곧 자러 갈게, 내일 일찍 나가야 하거든" 하는 의사가 전해진다. 아예 눈길로 모든 말을 대신하는 커플도 많다. 서로 말이 없는 부부라 할지라도 둘 사이의 소통은 자연스럽게 이루어진다. 오랜 세월에 걸쳐 쌓은 친숙함이 이런 소통의 바탕이다. "연인에게 말은 소통 과정의 극히 작은 일부일 따름이다. 커플은 주로 다른 소통 채널을 활용한다." 『사랑의 사회학』에 나오는 구절이다. 물론 이 채널은 커플만의 은밀한 채널일 수도 있다. 오랜 세월을 동고동락해온 부부는 일종의 비밀 언어(그리고 비밀 몸짓)를 구사한다. 다른 사람은 이게 무슨 소린지 도통 알 수 없는 신호는 부부가 함께 쌓아온 정체성의 일부다.

'함께 성장하는 커플'은 두뇌에 이 성장의 흔적을 간직한다. 그리고 이 흔적은 거의 영원에 가깝게 남는다. 흔적은 두 사람의 두뇌가 서로 잘 안다는 것, 무엇을 선호하며 예전에 어떤 삶을 살았는지 안다는 것을 보여준다. 심지어 어느 한쪽이 상대방의 과거에 무슨 일이 일어났는지 본인보다 더 잘 '기억'할 정도로 흔적은 강력한 힘을 자랑한다. 바로 그래서 부부는 서로 잘못된 기억을 바로잡아주는 역할을 소화할 수 있다. 그 밖에도 놀라운 점은 또 있다. 인간은 오랜 관계를 맺는 상대방에게 자신이 아는 사실을 저장해둔다. 과학자들은 이런 특이한 기억력을 '분산 기억(Transactive Memory)'이라 한다. 분산 기억을 쉽게 푼 설명은 이렇다. 전기가 나갔는데 양초나 플래시를 어디에 두었는지 나는 모른다. 그러나 나는 파트너가 그게 어디 있는지 알 거라며 안심한다. 나는 무슨 기념일이나 가족 생일을 꼭 기억해두지 않아도 된다. 아내나 남편이 챙기니까. 이처럼 우리는 파트너와 기억을 나눈다. 우리는 파트너가 저장해둔 정보가 신뢰할 만하며 언제라도 활용할 수 있다고 믿는다. 이런 공동의 기억은 개인의 기억보다 훨씬 더 크다. 말하자면 우리는 정신적으로 두 개체가 하나로 합쳐진 존재가 된다. 우리의 두뇌, 나라는 '자아'의 거장은 파트너와 함께하는 생활을 통해 '우리'로 발전한다. 우리는 상대방의 눈으로 보는 법을 배울 뿐만 아니라, 생각을 교환하며, 상대방의 습관이나 유머를 내 것으로 받아들인다. 우리는 상대방의 정신적 정체성의 일부를 우리 자신 안에 보존한다. 우리는 상대방의 역사를 기록하는 사관(史官)이다. 바로 그래서 어떤 이유로든 헤어진 커플의 두뇌는 다시 방향 잡기 어려워하며 아픔을 호소한다.

서점의 서가에 꽂힌 책 가운데 원만한 부부 관계라는 주제를 다룬 것들을 읽어보면 관계를 오랫동안 안정적으로 꾸릴 방법으로 항상 언급되는 충고는 대략 다섯 가지다.

1. 서로 개성을 존중하자.

2. 비밀은 공유하는 것이 좋다.

3. 늘 배우자를 위하는 자세를 갖자.

4. 다툼이야 얼마든지 일어날 수 있다. 중요한 것은 다투었더라도 용서하고 화해하려는 자세다.

5. 모든 것을 늘 심각하게 받아들이지 말자.

행복한 결혼 생활의 기초는 원활한 소통, 공통의 가치관 그리고 가족과 친구의 지원이다. 인스부르크 대학교의 심리학자 마르셀 첸트너Marcel Zentner는 행복하고 오랜 관계를 꾸려가는 데 개인적 특징은 별로 중요하지 않음을 밝혀냈다. 다만 한 가지 예외는 서로에 대한 '긍정적인 환상'을 유지하는 능력이다. 이런 능력은 관계를 지켜나갈 인내력을 키워준다. 남자든 여자든 오랜 세월을 함께하면서도 파트너가 매력적이고 유쾌하며 친절하고 어느 모로 보나 자신에게 이상적이라고 여기는 사람이 파트너에게 만족하고 파트너와 함께 만족한 인생을 산다.

우리가 자신의 사랑을 그림으로 그려본다면, 어떤 그림이 될까? 그 그림에서 파트너는 어떤 모습인가? 나는 나 자신을 어떻게 그렸는가? 우리는 서로 눈을 마주 보는가, 아니면 손을 호주머니에 꽂은 채 그저 나란히 서 있는가? 흐른 세월과 함께 그저 나이만 먹었는가, 아니면 우리에게, 그리고 우리 사이에서 어떤 긍정적인 일이 일어났는가? 이 물음들의 답은 관계가 얼마나 밀접하며 지속적인지 알려준다.

만약 누군가 나타나 그 그림은 현실과 아무 상관이 없다(또는 더는 상관이 없다)고 주장한다면, 무슨 일이 일어날까? 이런 가정만으로도 낯이 화끈거리리라. 그렇다면 그 그림은 그저 가식이었을 뿐이며, 화려하게 치장한 '우리'는 있을지라도 '나'는 없음이 분명해진다. 또는 그 '우리'도 애초부터 존재하지 않았거나. 그럼 너도 나도 우리도 아닌 저들은 말 그대로 넋 나간 얼굴로 구슬피 울리라.

열린 인생의 신경 치료

완전히 넋을 잃은 커플: 프랑스 황제와 잠자는 아리아드네,

자율과 인정 사이의 투쟁

그리고 심장이 깨져버린 사람의 아픔

1926년 11월 14일 27세의 에리히 케스트너는 오랫동안 사귀어온 자신의 연인 일제 율리우스Ilse Julius와 얼굴을 마주 보고 앉았다. 오랫동안 커플이었던 두 사람에게 이날은 커플로 보내는 마지막 날이다. 두 사람은 벌써 여섯 시간째 대화를 나누었다. "지난 6년 동안 너는 나를 사랑하지 않는다는 것, 전혀 사랑하지 않는다는 것을 알고 있었어." 에리히가 말했다. "무슨 소리야, 나는 네가 좋았어." 일제가 대답했다. "지금 눈물을 흘리기는 해도 너는 우리가 끝나서 속이 시원하잖아." 에리히는 차분하게 정리했다. 그런 다음 두 사람은 각자 자신의 길을 갔다. 2년 뒤 에리히 케스트너는 시 한 편을 썼다. "8년을 알고 지냈는데 / (서로 잘 알았다고 말할 수도 있는데) / 돌연 사랑이 사라져버렸네. / 다른 사람들이 지팡이나 모자를 잃어버리듯 (…) 두 사람은 동네의 아주 작은 카페로 가서 / 하염없이 각자 자신의 찻잔만 어루만졌네. / 저녁에도 두 사람은 여전히 그곳에 앉아 있었네. / 그리고 대체 어쩌다 이렇게 되었

는지 알 수가 없어 넋이 나갔네."

그로부터 90년이 지난 오늘날 사랑의 이별 노래는 이렇다. "너는 내가 잊어버리고 싶은 유일한 사람이야. / 용서할 수 없는 단 한 사람이지. / 네가 내 가슴을 찢어놓았지만 너는 유일한 사람이야."(비욘세Beyoncé) "모래시계에 마지막 모래알이 떨어졌네. / 우리 두 사람은 새로운 길을 찾을 수 없네. / 그리고 우리 둘 사이를 넓은 강이 가로막았네."(디 토텐 호젠*) "불편하고 조용하네. / 네가 말하기만 기다리는데 / 내가 지금 듣고 싶은 말은 / 솔직한 사과야. / 진지하게 하는 사과라면 믿어줄게. 문자로 보내는 사과는 지워버릴 거야. 우리 솔직해지자고."(마일리 사이러스Miley Cyrus) "너는 나를 씹고 뱉어버렸어, / 마치 내가 네 입 안의 독인 것처럼. / 너는 나의 빛을 뺏어가, 나를 말려 죽이는구나. / 그건 그때였고 이건 지금이지. / 이제 나를 똑바로 바라봐."(케이티 페리Katy Perry) "시간이 달콤한 시절을 빼앗아 가버렸어. / 너를 지울래."(테일러 스위프트Taylor Swift) "그리고 내가 여기에 쓸 때 핏방울이 종이 위에 떨어지네. / 이제 너에게 마지막으로 물어볼게. 그 모든 것이 그렇게 좋았어? / 네 사진을 보니 숨

• '디 토텐 호젠(Die Toten Hosen)'은 1982년 독일 뒤셀도르프에서 결성된 펑크록 밴드의 이름이다. 본래는 '디 로텐 호젠(Die Roten Hosen)', 곧 '붉은 바지'라는 이름이었으나 인쇄 실수로 위처럼 이름이 바뀌었다. 본래 'Die toten Hosen'은 청소년이 쓰는 비속어로 직역하면 '죽은 바지'이며, 비유적인 의미 '발기 불능'에 빗대어 '지루하다, 재미가 없다'라는 뜻이다.

쉬기가 힘들어. / 말해줘, 지금 행복하니?"(부시도Bushido — 독일 래퍼) 오늘날 라디오나 음원으로 듣는 이별은 대개 이런 울림을 준다.

우리가 만나는 모든 인간에게는 우리 자신의 일부가 남는다. 만남을 끝내고 돌아서 가는 우리는 상대방의 무엇인가를 함께 가져간다. 남는 것이든 가져가는 것이든 이 모든 것이 가치가 있는지 하는 물음이야 따로 다루어야 할 성질의 문제다. 우리는 얼마나오래 이야기를 나누었는지에 상관없이 항상 무엇이든 주고 또 받는다. 만남이 어떤 성격의 것인지, 잠시 스쳐가는 만남인지, 아니면 오래가는 것인지 하는 물음도 이 주고받음이라는 기본 구도에는 별 영향을 미치지 않는다. 우리의 정신이 쓰는 시집에 이름 한번 올리지 못할 사람은 많게 마련이다. 인생을 살며 우리는 그저획 스쳐 지나가는 일이 많기 때문이다. 각자 먹고사느라 그들도우리도 그저 걸음만 재촉하기 바쁘다. 이를테면 수공업자, 피자배달부, 어제저녁에 탔던 택시의 기사 또는 지하철에서 옆자리에앉았던 여인은 다시 얼굴 볼 일이 거의 없는 사람들이다. 반면, 머리나 심장에서 절대 지워버릴 수 없는 인간은 인생에서 반드시있게 마련이다. 지하철에서 옆자리에 앉았던 여인과 다시 조우해뜨거운 사랑의 막이 열리는 일은 얼마든지 일어날 수 있다. 시장에서 야채 팔던 총각이 남편이 되지 말라는 법은 없지 않은가. 우리가 이 사람과 함께 살며 오래도록 일상을 공유한다면, 이 더불어 삶과 이 사람은 우리 안에 물리적인 흔적을 남긴다. 우리 두뇌의 촘촘하게 맞물린 네트워크 안에 남는 이런 흔적은 우리가 주변의 세상을 지각하고 알아보는 데 고스란히 영향을 미친다. 관계가 흔들리게 되었을 때 이를 바로잡을 수 있는 마지막 기회는 대개 부부 관계 상담을 받으러 가는 것이다. 아마도 두 사람이 하는 최후의 약속이 될 수도 있다. 상담마저 수포로 돌아간다면 고통스러운 단계, 영어의 딱 들어맞는 표현인 '브레이크업(Break-up)', 곧 모든 것이 와르르 무너지는 단계가 시작된다. 이 변혁의 시기는 평생을 끝까지 함께하자고 약속했던 사람들에게 특히 격심한 아픔을 안긴다.

나쁜 소식 하나는 이렇다. 매년 부부의 연을 맺은 사람들 중 약 1,000쌍이 두 번째 결혼기념일을 맞이하지 못한다. 희소식은 독일에서 이혼하는 부부는 예전보다 훨씬 더 줄었다는 점이다. 오늘날보다 이혼이 적었던 해는 1993년 한 해뿐이다. 당시에는 평균적으로 11년하고 9개월 만에 이혼이 이루어졌다. 오늘날 이혼한 부부가 같이 산 햇수는 평균적으로 15년이다. 남자의 평균 이혼 연령은 46.6세이며, 여성의 경우는 43.6세다. 1991년에 이혼한 부부의 평균 연령은 이보다 7년 더 젊었다. 또 이혼을 아내가 주도한 경우는 51.2%이며, 남편이 이혼을 신청한 경우는 고작 40.9%다. 나머지 경우는 부부가 공동으로 이혼을 신청했다. 이혼한 부부의 약 50%는 아직 어린 자녀가 있었다. 2016년 부모의 헤어짐을 지켜본 아이들은 약 13만 2,000명이다. 대개의 경우, 곧 82.6%

는 이혼에 앞서 1년 동안 별거를 했다.

물론 이혼이라는 공식 절차를 밟지 않고 갈라선 커플은 더 많다. 어떤 설문 조사에서 지금껏 인생을 살며 단 한 번이라도 누군가와 갈라선 적이 있냐고 물었다. 응답자 가운데 "없다"고 대답한 비율은 28%다(흥미롭게도 이런 대답을 한 여성은 15%였으며, 남성은 39%였다). 거의 모든 사람이 인생을 살며 여러 차례 이별을 경험했다. 몇몇 사람은 이런 이별을 늦든 빠르든 잊었지만, 대다수는 이별을 가슴 안에 담고 살았다. 몇몇 사람은 사귀었던 상대가 어떤 인물인지 전혀 몰랐다고 답한 반면, 대다수는 사귀다 보니 언제부터인가 자기 자신보다 상대를 더 잘 알게 되었다고 답했다. 또는 우리가 정말 알고 지낸 게 맞나 하는 의문을 지울 수 없다는 대답도 적지 않았다.

어떻게 헤어지는가 하는 것은 태도의 문제, 곧 교육, 사회적 위치, 성별 그리고 어떤 시대에 살았는지 하는 문제다. 전통적인 이별 방법은 편지를 쓰거나, 한밤중에 중립적 장소에서 서로 신뢰를 바탕으로 만나거나, 술집에서 극적인 장면을 연출하는 것이다. 최근 들어서는 낯이 화끈거리는 전화 통화가 주를 이룬다. 또는 "나 잠깐 담배 사러 갔다 올게" 하고 그대로 사라지든가, 그저 퉁명스럽게 "할 말이 있어" 하는 식의 일방적 선언도 심심찮게 볼 수 있다. 욕실 거울에 마지막 말을 써놓은 쪽지를 붙여놓거나, 가십이나 다루는 잡지에 인터뷰를 하면서 상대를 경멸하는 표현을 늘어놓거나, 새 애인이 생겼다며 공개적으로 새 애인과 키스를 하는 이별 선언도 있다. 또는 그저 여자 친구가 잠들기를 기다렸다가 꽁무니를 빼는 졸장부를 보았다는 풍문도 잊을 만하면 들려온다. 하긴 전설에 따르면 고대 그리스의 왕 테세우스는 자신의 여인 아리아드네를 이런 식으로 낙소스섬에 버렸다고 한다. 아니면 그냥 냉전을 끝까지 밀어붙여 상대가 제풀에 나가떨어지게 만드는 방법도 있다. 아예 시끌벅적하게 싸움을 벌여 둘 가운데 한명이 무기를 내리고 항복하게 만드는 건 어떨까. 또는 영화 「장미의 전쟁」에서 마이클 더글러스^{Michael Douglas}와 캐슬린 터너^{Kathleen Turner}처럼 격전을 벌이다가 천정의 샹들리에에 매달려 추락하거나.* 심지어 자살을 택하는 경우도 드물지 않다. 아니면 헨리 8세처럼 아내의 목을 치게 하는 잔혹한 이별도 있다.(영어에는 심지어 헨리 8세의 왕비들이 당한 비극적 운명을 각운에 맞춰 노래하는 표현조차 있다. "Divorced, beheaded, died, divorced, beheaded, survived." ― "이혼당하고, 참수당하고, 죽고, 이혼당하고, 참수당하고, 생존했구나.")**

커플이 갈라서는 방법은 지난 몇 년 동안 폭발적으로 늘어났다.

---

* 「장미의 전쟁The War of the Roses」은 1989년에 개봉된 미국 영화로 대니 드비토(Danny DeVito) 감독의 작품이다.
** 헨리 8세(Henry Ⅷ: 1491~1547, 재임 1541~1547)는 잉글랜드의 국왕이자 아일랜드의 영주로 튜더 왕조의 2대 왕을 지낸 인물이다. 중앙 집권 체제를 강화하고 절대 왕정을 세우는 데 힘쓰면서, 왕위를 이을 아들을 낳으려는 욕심으로 결혼을 여섯 번 했다.

이런 성장세는 무엇보다도 디지털 커뮤니케이션 덕분이다. 아무래도 사람들은 불편한 이야기를 직접 하지 않아도 좋다는 점 때문에 이 새로운 선택지를 즐겨 이용하는 모양이다. 흔히 "감정을 더 확실하게 전달할 수 있고, 상대방의 기분을 불필요하게 상하게 하고 싶지 않다"는 것이 샌디에이고 주립대학교의 사회심리학자 진 트웽이Jean Twenge가 밝혀낸 동기다. 안전하게 거리를 두고 관계를 폭파하는 것은 예로부터 꾸준히 존재해온 욕구를 만족시키는 것처럼 보인다. 어쨌거나 문자 메시지(Short Message Service, SMS), 메신저 혹은 온라인 네트워크의 알림 서비스로 관계를 끝내는 사람의 수는, 수십 년 동안 꾸준히 증가해왔다.

짧은 메시지의 역사는 새 기술이 인간의 행동을 얼마나 빨리 바꾸어놓을 수 있는지 여실히 보여준다. 그리고 등장할 때마다 붐을 이루는 이 새 기술이 얼마나 빨리 좀 더 새것으로 대체될 수 있는지도. 첫 번째 SMS가 발송된 것은 불과 25년 전 일이다(때는 1992년 12월 3일로 아주 일찌감치 보낸 '메리 크리스마스'이다). SMS를 보낸다는 의미의 새 단어 '짐젠(simsen)'이 독일어 사전에 정식으로 등재된 것은 2004년이다. 메시지 수신 알람 신호음을 판매하는 것만으로 부자가 될 수 있을 정도로 SMS가 활짝 꽃을 피운 2010년에는 이미 300만 명의 독일인이 SMS로 관계를 끝냈다고 어떤 설문 조사는 밝혀냈다. 그 가운데 특히 대다수는, 뭐별로 놀랍지 않은 사실이지만, 14~19세의 청소년이다.

몇 년 뒤 독일 크니게 협회는 SMS를 통한 이별이 반윤리적인 행위는 아니라는 판단을 내놓았다.* 최소한 몇몇 전제 조건만 만족시킨다면 이런 이별을 비난할 이유가 없다면서 협회는 좀 더 구체적인 설명을 했다. "SMS로 관계를 끝내는 것은 단기적인 관계에만 허용될 뿐, 결혼과 같은 장기적 관계에서는 용납될 수 없다. 이런 이별은 세 가지 조건을 충족시켜야만 한다. (1) 채팅으로 시작된 관계는 허용되지만, 그래도 SMS보다는 짧은 편지가 낫다. (2) 두 관계 당사자가 최신 미디어를 매우 편안하게 여겨야 한다. (3) 서로 너무 멀리 떨어져 있어 직접 얼굴을 보고 만나는 것이 어렵다면 SMS는 허용된다." 2012년 독일에서 발송된 SMS는 자그마치 598억 건이다. 2017년에는 고작 127억 건으로 줄었다. 오늘날에는 와츠앱(WhatsApp: 모바일 메신저 애플리케이션)이 SMS를 밀어냈기 때문이다. 현재 이 서비스는 전 세계적으로 650억 건의 메시지를 발송한다. 매일.

간단한 문자로 어떻게 해야 관계를 가장 잘 끝낼 수 있을까? 되도록 적은 글자를 쓰되 오해의 여지가 없는 이별 통보는 어떻게 보내야 할까? 2017년 10월 영국 공영 방송 BBC는 이런 물음들의 답을 알고자 심리학, 부부 상담, 데이트 사회학 분야의 전문가 다섯 명에게 자문을 구했다. 상대방을 존중해주면서 관계를 끝낼

---

* 독일 크니게 협회(Deutsche-Knigge-Gesellschaft)는 독일의 인문주의자 아돌프 프라이헤어 크니게(Adolph Freiherr Knigge: 1752~1796)를 기려 설립된 협회다. 크니게는 인간 사회의 예의범절을 정리한 인물로 유명하다.

텍스트로 전문가들은 다섯 가지를 추천했다.

"안녕, 잘 지내지. 너를 알게 되어 정말 즐거웠어. 하지만 솔직히 말해서 나는 우리가 진짜 짝이라는 느낌은 안 들어. 아무튼 만나서 좋았어."

"솔직히 함께 시간을 보내면 재미있더라. 하지만 내가 보기에 우리는 커플로 정해진 사람들은 아닌 것 같아."

"너랑 채팅하는 게 정말 즐거웠다는 말은 꼭 하고 싶어. 너를 다시 보게 된다면 기쁠 거야. 하지만 그냥 친구로서. 너는 어떻게 생각하는지 모르겠네."

"내가 보기에 우리는 서로 어울리지 않아. 이 관계는 나와 맞지 않아. 그래서 이제 그만 연락을 끊고 싶어. 앞날에 좋은 일만 있기 바라."

"어제 나를 만나줘서 고마워. 너도 같은 느낌일 거라고 나는 굳게 확신해. 어쩌겠어, 낭만적 기분이 전혀 들지 않는데. 이런 사실을 먼저 말한다는 건 항상 불편하지. 그렇다고 감정을 숨기고 유령처럼 굴고 싶지는 않아."

솔직하고 책임지는 태도를 보이자. 오해의 소지를 남기지 않고 명확하게. 상대방에게 헛된 희망의 여지를 주지 말고, 판타지로 뛰어오를 발판을 남겨주어서는 안 된다. "혹시 미래에"나 "다시 한번 생각해볼게" 하는 따위로 여운을 남기는 태도는 금물이다. 되도록 명확한 내용을 될 수 있으면 적은 포장재로 감싸자. 포장은 어차피 쓰레기일 뿐이다. 전문가들은 대략 이런 정도(正道)를 중시한다. 그리고 무엇보다도 강조한 것은 그저 몇 밤을 같이 보내는 것 이상으로 지속된 관계라면 끝낼 때 반드시 대면을 하고 이별을 통보해야 한다는 점이다. 그리고 '유령'이라는 말은 장난스럽게 들릴지 모르나 실제 현실을 반영한 진지한 단어다. 사람들의 입에 이른바 '고스팅(Ghosting)'이라는 말은 대략 2014년부터 줄기차게 오르내린다. 불현듯, 그야말로 전혀 예상하지 못한 순간에 돌연, 물론 대개 디지털 세계에서 흔적도 남기지 않고 사라지는 것이 '고스팅'이다. 모든 형식의 커뮤니케이션을 거부하고 아무 말도, 어떤 흔적도 없이 사라지는 통에 사랑 냄새를 감지하도록 특화된 탐색견이라 할지라도 추적에 어려움을 겪게 만드는 것이 '고스팅'이다. 문자든 메일이든 아무 응답이 없으며 전혀 반응을 보이지 않는 상대방을 두고 '유령'이라는 탄식은 절로 나온다. 유령 노릇을 한다는 뜻의 영어 '투 고스트(to ghost)'에 딱 맞는 독일어 번역어는 없다. 물론 '가이스터른(geistern, 유령처럼 헤매다)'나, 정반대의 '베가이스터른(begeistern, 열광하다, 감격하다)' 따위로 '가이스터(Geister, 유령)'는 폭넓은 행보를 보여주기는 한다. 그러나 영어의 'to ghost'에 그나마 근접한 독일어 이웃은 '혼을 빼다', '얼이 나가다' 하는 뜻의 '엔트가이스터른(entgeitern)'이다. "그녀가 나의 얼을 빼놓네." 그럼 얼이 빠진 사람은 이런 물음에 사로잡히게 마련이다. 내가 뭘 잘못했나? 혹시 말실수를 했나? 그녀에게 다른 남자가 생겼나? 그녀가 나를 더는 사랑하지 않는 걸까? 그녀에게 무슨 일이 일어났나? 혹시 죽었나?

BBC에서 묘사하듯 '고스팅'은 충격적인 동시에 '간편하고 편리하며 효과적'이다. 최소한 유령 역을 맡기로 자처한 사람에게는. "믿을 수가 없네. / 네가 나를 보고 싶어 하지 않다니" 하고 제임스 블레이크●는 얼이 나간 사람의 감정을, 유령에게 홀려버린 암울한 속내를 노래한다. "네가 무엇을 느끼는지 모르겠어. / 그저 무선 침묵(radio silence)만이 계속되는군." 유령은 멀리 사라졌음에도 도처에 그늘을 드리운다. 도대체 어찌된 일인지 아무것도 풀리지 않았기에, 앞으로도 풀리지 않을 것이기에.

밖에서 보는 사람은 모른다. 버림받은 마음은 겉보기로는 잔잔한 호수처럼 보인다. 그렇지만 수면 아래서는 피가 들끓는다. 핏속의 세로토닌은 바닥 수준으로 떨어지며 마음의 평온과 여유는 사라진다. 도파민이 치솟으며 몸은 떠나버린 상대를 되찾는 데 도움을 줄 모든 자원을 가동시킨다. 아드레날린과 코르티손이 과도하게 분비되어 심장은 전속력으로 질주한다. 우리는 잠을 이룰 수가 없으며, 아무것도 먹고 싶지 않거나 먹을 수 없다(또는 냉장고 안에 있는 모든 것을 꾸역꾸역 욱여넣는다). 우리 몸은 그야말로 비상사태

● 제임스 블레이크(James Blake: 1988년생)는 영국 싱어송라이터다. 전자음악과 리믹스에 발군의 실력을 보여 여러 차례 국제적인 상을 받았다.

다. 나의 반쪽이 사라졌다. 마치 제우스가 다시 우리를 갈라놓은 것처럼.

미국 정신과 전문의 토머스 홈스Thomas Holmes와 리처드 래히 Richard Rahe는 이미 1967년에 인간이 인생의 위기를 맞으며 겪는 스트레스가 얼마나 되는지 측정한 바 있다. 이 측정에서 최악의 스트레스를 빚어내는 원인은 파트너의 죽음(100점)이며, 그 뒤를 이혼(73점)과 이별(65점)이 따른다. 계속해서 가족의 구금이나 죽음(63점), 사고나 질병(53점), 실직(47점), 이사(20점), 홀로 보내는 성탄절(12점)이 뒤를 잇는다.

이별은 끔찍한 아픔을 안긴다. 마음뿐만 아니라 몸의 본격적인 아픔이다. 버림을 받고 느낀다는 지옥의 아픔은 진짜다. 헤어짐의 충격이 강렬한 사람에게 자신을 떠나버린 애인의 사진을 보여주면, 치과의사가 치아의 신경을 건드렸을 때 비명을 지르는 두뇌 부위가 활성화된다. 캘리포니아 대학교의 신경과학자이자 사회심리학자인 나오미 아이젠버거Naomi Eisenberger는 인간이 거부당했다고 느낄 때 피할 수 없이 '사회적 통증'을 느끼는 것을 발견해냈다. 이 연구를 위해 나오미는 공을 가지고 하는 가상 게임을 프로그래밍하고 게임에 참가한 사람의 두뇌를 스캔했다. 그리고 참가자는 인터넷을 통해 다른 두 명과 게임을 한다는 말을 들었다. 실제로는 참가자 혼자 하는 게임이며, 다른 두 명은 컴퓨터가 꾸며낸 가상 플레이어다. 1라운드에서 참가자는 세 사람이 서로 공을 패스하는 게임을 즐겼다. 2라운드에 접어들자 참가자는 강제 퇴장을 당했으며,

다른 두 플레이어(컴퓨터)가 서로 공을 주고받는 모습을 지켜보아야만 했다. 사회적 따돌림을 당하는 사람의 두뇌를 스캔한 사진을 보니 평소 몸의 통증을 담당하는 부위가 활발히 움직였다. 이런 결과는 세계 도처에서, 힌디어를 쓰든 만다린어(중국의 방언)를 쓰든 바이에른 사투리를 쓰든 이른바 '왕따'를 당하는 사람이 왜 심장이 찢어지는 것 같은 아픔을 느끼는지 확실하게 설명해준다. 따돌림은 당사자에게 뒤통수를 얻어맞은 것 같은 격심한 충격과 압박을 가한다. 사회적 단절을 느끼는 사람의 두뇌는 똑같은 아픔을 호소한다. 사진에서 가위로 오려낸 것처럼 사랑하는 사람이 사라졌다. 함께하자던 미래는 연기처럼 날아갔다. 사랑에 빠졌을 때는 아픔도 거뜬히 이겨내던 이치와 마찬가지로 이제 사랑의 돌연한 부재는 몸을 아파 견딜 수 없게 만든다. 연인과 이어주던 다리가 와르르 무너진 지금, 그 파편은 사정없이 남겨진 사람을 찔러댄다. 과학자들은 심지어 실연의 아픔에 아스피린을 먹는 것이 좋다고 추천한다. 그게 정말 도움이 되는지 아직 불분명하지만, 사회적 따돌림으로 생긴 아픔은 진통제가 막아준다는 점을 이미 어떤 연구는 확인했다.

이별 국면에서 외부와의 소통은 몸이 맡는다. 시름시름 앓는 것을 보라. 질병은 "요즘 어떻게 지내?" 하는 물음에 주어지는 답이다. 아니, 질병은 물음을 무색하게 만든다. 몸은 두통, 복통에서 내적인 불안, 심혈관계 문제, 탈진, 불면증, 땀을 엄청 흘려대는 발한, 요통 또는 심지어 천식에 이르기까지 다양한 답을 준다. 면역 체계가 공격을 받는 탓에 심장마비의 위험이 높아진다. 가슴이 뻐근하다든가 호흡 곤란과 같은 징후는 이른바 '상심 증후군(Broken Heart Syndrom)'의 대표적인 예이다. 이 증후군은 이제 막 사랑에 빠진 사람의 '행복한 심장 증후군'과 원인은 같다. 다만 상심한 경우가 행복한 경우에 비해 그 발생 빈도가 20배 정도 더 높다. 스트레스 호르몬의 과다 분비는 심장의 관상 동맥 혈관에 경련을 일으켜 심장 근육에 피가 잘 돌지 않게 만든다. 이로써 심장은 올바로 기능하지 못한다. 이 증후군은 두려움을 줄여주는 약물로 잘 다스릴 수 있기는 하지만, 대략 20% 정도는 생명을 위협하는 치명적 결과를 낳는다. 그럼 인간은 실제로 깨진 심장 탓에 죽는다.

이런 지경에 이르지 않도록 우리가 할 수 있는 것은 없다. 또 이별을 하고 몇 달이 지났음에도 그날의 쓰라린 기억이 혈압을 치솟게 하는 것을 우리는 막을 수 없다. 우리는 그저 간절하게 그리운 상대가 다시는 돌아오지 않으리라는 것을 갈수록 더 명확히 새김으로써 핏속의 도파민이 더 떨어지지 않게 할 수 있을 뿐이다. 더 심약하게 굴다가 우울증에 걸리는 일만큼은 피해야 한다. 사실 우울증이라는 병도 신경 전달 물질인 호르몬의 부족 탓에 생겨난다. 두뇌가 평소 상대를 보며 느꼈던 익숙한 자극이 사라져더는 보상 체계의 호르몬이 분비되지 않을 때, 모든 익숙한 대화와 터치를 더는 얻지 못할 때, 우리는 우울감에 사로잡힌다. 이제는 두 사람이 함께 나누었던 기억이 다시금 혼자만의 것이 되고 말았으며, "양초가 어디 있지?" 하는 물음에 더는 답을 얻지 못하고 스스로 답을 찾아야만 한다는 점을 인정해야만 우울증을 막을 수 있다. 그렇게 하지 못하고 무선 침묵 속에 홀로 우두커니 앉아 어쩌다 이렇게 되었는지 머리를 감싸 안고 고민하다 보면 우리는 완전히 얼이 나간 나머지 말 그대로 머리를 잃어버린 것만 같은 상황을 맞을 수 있다.

하지만 이별이라는 드라마에는 대개 그에 선행하는 예고편이 있게 마련이다. 대단원의 막은 이에 이르는 도정이 없이는 생각할 수 없다. 이별은 거의 언제나 그에 상응하는 긴 준비 과정을 거친다. 모든 이별은 차근차근 단계를 밟는다. 다만 속도에 차이가 있을 뿐이다. 그리고 미국의 사회학자 다이앤 본Diane Vaughan이 확인한 그대로, 대다수의 이별은 무엇 때문에 관계가 틀어지기 시작했는지 알기 어렵다는 특징이 있다. '나중에' 어떤 원인으로 관계에 처음으로 진지한 회의를 품게 되었는지 정확히 기억하는 사람은 거의 없다. 혹시 무슨 결정적인 말실수를 했던 걸까, 언제부터 서로 그렇게 불편해지기 시작했지 하는 식으로 의문은 꼬리에 꼬리를 물지만 이거다 싶은 답은 나오지 않는다. 물론 파트너에게 기만을 당했다거나, 폭행이 원인 제공을 한 경우는 예외다. 나폴레옹의 경우도 원인은 분명했다. 한때 그토록 연애편지를 보내며 끔찍이도 사랑했던 조제핀이었음에도 나폴레옹은 그녀가 아기를 가지지 못하자 마음이 식기 시작했다. 1809년 나폴레옹은 이혼하겠다고 발표했다. 이 소식을 들은 조제핀은 실신하고 말았다. 1년 뒤두 사람은 이혼을 했으며, 같은 해에 새 애인 마리아 발레프스카Maria Walewska는 나폴레옹에게 첫 아기를 선물했다. 조제핀은 4년뒤 시름시름 앓다가 죽었다.

그러나 일반적으로 볼 때 이별의 동기는 당사자들조차 애매할정도로 숨어 있게 마련이다. 그래서 버림받은 사람은 세월이 흐른 뒤에도 정확한 동기를 알고 싶어 조바심을 낸다. 이별의 동기를 묻는 설문 조사에서 흔히 뭐가 뭔지 '아리송한 답변'이 올라오는 이유가 달리 있는 게 아니다. 어떤 관계 연구에서 1위로 꼽은동기는 이렇다. "사랑해준다는 느낌이 충분치 않으며, 나를 소중히 여겨주지 않는 것 같다." 그 뒤를 잇는 답변들은 "둘 사이의 공통점이 거의 없다"와 "서로 다른 미래를 꿈꾼다"이다. 응답자 가운데 71%(여성의 74%, 남성의 66%)는 가장 최근에 겪은 이별에서 관계를 끝내려는 진짜 이유를 상대방에게 말했다고 밝혔다. 26%에해당하는 응답자는 최소한 반쯤은 진실을 말해주었다고 했으며,단지 4%(여성의 2%, 남성의 6%)만 거짓말을 했다고 털어놓았다. 그러나 이런 연구 결과가 당사자들이 헤어지는 실제 이유를 알고있다는 것을 의미하지는 않는다. 게다가 이런 설문 조사에서 사람들은 실제 속내보다는 약간씩 허세를 부리게 마련이다. 그렇다면 그 답변은 적어도 응답자들이 정직한 것이 바람직하다고 생각한다는 것을 의미한다.

관계를 지속하는 게 좋은지 회의를 품은 사람은 갈수록 불만을 키운다. 이런 불만은 그 핵심에 있어 상대방을 보는 부정적 필터 탓에 키워진다. 갑자기 별것도 아닌 부수적인 점들이 신경을 건드린다. 지금껏 그냥 그러려니 하고 당연하게 여기고 넘겼던 것이 자꾸 거슬린다. 헛기침, 손마디를 딱딱 꺾는 것, 다리를 꼬는 자세, 바지에 잡힌 주름이 볼썽사납기만 하다. 이런 아무것도 아닌 일이 자꾸 비위를 건드리다가 나중에 가서 '서로 더는 맞지 않는' 증거로 돌변한다.

　다이앤 본은 불편한 침묵 속에서 시작되는 이런 과정을 '관계 해체(언커플링, Uncoupling)'라 한다. 배우자와 묶인 고리를 '해체'하면서 결국에는 '관계를 깨는 것'이 이런 과정이다. 이 과정은 상대방을 계속해서 의도적으로 새롭게 평가한다. "관계 초기에 감탄을 금할 수 없었던 특성은 갈수록 그 어두운 면을 드러낸다. 꼼꼼해서 믿을 만하다고 믿었던 상대방의 태도는 사사건건 따지는 옹졸함으로 돌변한다. 세심하게 주의하며 돌봐준다고 생각했던 배려는 통제와 감시로 돌변한다." 독일의 심리학자 베티나 폰 클라이스트Bettina von Kleist가 자신의 책 『그 이후의 시기Das Jahr danach』에 쓴 글이다. 관계를 깰 생각을 하는 사람은 내심 대안을 찾아 두리번거리며, 새로운 취미에 빠지거나 친구와 어울리며, 이별 이후의 인맥 관리를 위해 믿을 만한 새로운 인물을 찾는다. 한때 아늑했던 집 안보다 집 밖이 더 매력적이 된다. 집 안은 갈수록 어두워지고 싸늘해진다. 대화가 말라버리고, 접촉은 회피된다. '굿 나이트 키스'는 사라진다. 주말에 부모 집에 갈까? 그냥 당신 혼자 가!

헤어지기로 마음을 굳힌 사람은 실제 파국을 맞기까지 걸리는 시간 동안 상대방과 이어주는 내적인 끈을 천천히, 그러나 확실하게 끊어나간다. 아예 지금껏 맺어온 관계의 역사를 뒤엎고 새로 쓰는 경우도 흔하다. 헤어지기로 마음을 굳힌 사람은 자신이 지금 보는 문제를 왜 예전에는 보지 못했을까 의구심을 떨치지 못한다. 아니 어떻게 저렇게 단점투성이인 인간을! 기대에 맞춰주는 게 단 하나도 없네! 긍정적 추억은 돌려 해석되어 주변 정황 덕분에 생겨났다는 심술이 기승을 부린다(그 카페 분위기는 그가 없어도 늘 환상적이었어, 또는 그때 휴가 여행이 멋졌던 건 그녀 때문이 아니라, 거기가 뉴욕이었잖아!). 파국(브레이크업)에 이르렀을 때, 버림받는 사람은 덜컥 놀라 이별 작업을 시작해야 하지만, 이별을 선언하는 쪽은 이미 이런 이별 작업의 대부분을 소화한 경우가 많다. 이별을 선언하는 사람은 이미 상대방을 평가절하, 되돌리기 무척 어렵기만 한 평가절하를 한 반면, 이런 평가절하가 이루어지는 시점에서 앞으로 버림받을 사람은 무슨 일이 닥칠지 대개 짐작조차 하지 못한다. 바로 그래서 이별 통보를 받은 버림받은 사람은 왜 내가 그 모든 신호를 읽지 못했을까, 내가 어쩌다 이처럼 눈이 멀어 속수무책으로 당하는 걸까 곱씹으며 자책한다. 일찍 눈치챘더라면 내가 이 관계를 구할 수 있었을까? 내가 변한다면 우리는 아직 기회가 있을까? 한때 이겨내지 못할 게 없어 보이던 사랑은 이제 돌연 무기력한 한숨만 토해낸다.

이제 버림받은 사람도 서둘러 자신의 '나'에게 돌아간다. '나'는 자신에게 남은 유일한 것이니까. 떠나는 사람도 마찬가지다. "왜 파트너를 두고 떠나야 하는지 묻는 사람은 거의 항상 '나'에게서 답을 찾기 시작한다." 베티나 폰 클라이스트의 확인이다. 떠나는 사람이 자기중심적이어서 그런 것은 아니다. "떠나는 사람은 자신이 보기에 그동안 너무 많은 것을 포기해야만 했던 관계로부터 다시 빠져나오고 싶을 따름이다." 두 사람이 하나가 되어 이루었던 '우리'는 다시 '나'와 '너'로 갈라진다. 나와 너의 사이에는 바닥 모를 심연이 고개를 든다. 이것은 사랑의 '그라운드 제로'*다. 자신은 완전히 폐허가 되었으며, 상대방은 길을 떠났다. 남은 것은 파편과 매캐한 먼지뿐이다. "당신이 가버리고 난 뒤부터 많은 곳이 텅 비었으며, 아무 의미도 찾을 수 없는 게 빛을 잃은 대낮 같구나." 아르헨티나 작가 호르헤 루이스 보르헤스Jorge Luis Borges가 노래한 이별의 아픔이다. "당신의 부재는 올가미가 목을 조여오듯, 바다가 물에 빠진 사람을 집어삼키듯, 나를 에워싼다."

인터넷에서 '실연의 아픔'과 그 '지속 정도'를 검색하면 정말이지

• '그라운드 제로(Ground Zero)'라는 표현은 핵 실험을 할 때 폭탄이 터진 지점, 완전히 파괴되어 아무것도 남지 않은 지점을 가리킨다. 이것이 전의되어 2001년 9월 11일 테러로 파괴된 세계무역센터를 이르는 표현으로 사용되기도 한다.

애매한 답변이 올라온다. 실연의 아픔은 일반적으로 관계 자체의 기간 절반 정도 간다거나, 기간이 정확히 똑같다거나, 혹자는 두 배 정도 더 오래간다며, 어디까지나 자신의 경험담이라는 첨언을 붙여놓았다. 관계 문제를 다룬 어떤 설문 조사에서는 남성의 경우 평균적으로 17개월이 지나야 옛 애인을 잊는다고 한다. 여성의 경우 그 평균은 20개월이다. 인생을 알고리즘*으로 나타내는 것을 전문으로 하는 영국의 과학책 저자 가스 선뎀Garth Sundem은 심지어 개인별로 아픔이 지속되는 정도를 계산할 수 있는 '실연의 아픔 공식(Liebeskummer-Formel)'을 만들어냈다. 원하는 사람은 이 공식을 인터넷에서 쉽게 찾아 직접 계산해볼 수 있다.

이별, 단절, 그동안 당연하게 여겨온 모든 것의 해체 이후의 시간은 슬픔의 시간, 눈두덩이 퉁퉁 부어오르는 시간이다. 또는 타니아 블릭센**이 썼듯, "모든 아픔을 낫게 해주는 치유의 힘은 소금물 안에 있다. 땀, 눈물 혹은 바다에." 우리의 뺨을 타고 흘러내리는 눈물은 깊은 인간적 면모를 자랑한다. 우리는 감정에 북받쳐

- 알고리즘(algorism)은 어떤 문제를 해결하기 위해, 입력된 자료를 토대로 하여 원하는 출력을 유도해내는 규칙의 집합을 말한다.
- •• 타니아 블릭센(Tania Blixen: 1885~1963)의 본명은 카렌 블릭센(Karen Blixen)이며, 타니아는 독일어권의 필명이다. 덴마크 출신 작가로 주로 영어로 작품을 썼다. 대표작으로 『아웃 오브 아프리카Out of Africa』(1937)가 꼽힌다.

눈물을 흘리는 유일한 존재임에 틀림없다. 최초로 눈물에 과학으로 접근한 인물 가운데 한 명인 찰스 다윈Charles Darwin은 우리가 흘리는 눈물이 일종의 사회적 신호라는 점을 이미 깨달았다. 우리는 눈물로 주변에 이런 신호를 보낸다. 나 상처받았어, 내 편이 되어줄래. 최근의 두뇌 연구도 이런 사실을 확인해준다. 누군가 울고 있는 모습을 보면서 우리의 두뇌에서 작동하는 신경 조직은 바로 우리 자신이 눈물을 흘릴 때의 신경 조직이다. 눈물은 상대방의 감정 이입과 공감을 자동적으로 불러일으키기에 진화에서 중요한 역할을 한다. 눈물은 분명 타인과의 결속을 강화하는 데 도움을 준다. 갓난아기와 어린아이의 눈물이 엄마의 마음을 움직이는 것과 마찬가지로 어른이 되어서 흘리는 눈물 역시 상대방의 동정심을 자극한다.

다만 눈물이 떠나간 애인을 되돌려주지는 않는다. 아니, 아주 드물게만 돌려준다. 대개 눈물이 관계를 지탱해줄 수 없다는 점은 빠르게 확인된다. 인생에서 이별만큼 버림받은 당사자를 심각한 위기에 빠뜨리는 것은 따로 찾아보기 힘들다. 본인도 어느 정도 시간이 흐르고 나서야 자신이 빠졌던 위기의 심각성을 깨닫는다. 나이를 얼마나 먹고 이별을 겪느냐에 따라 조금 차이는 있을지라도, 한바탕 아름다운 꿈에서 깨어난 씁쓸함은 나이를 따지지 않는다. "우리 두 사람이 무엇이 될 수 있었을까?" 하는 물음의 답은 찾을 수 없는 게 되고 말았다. 또는 인생 설계가 참혹할 정도로 실패했다. 함께 꿈꿔온 내일이 무너졌을 뿐만 아니라, 공유했던 어제마저 물거품이 되었다. '우리 두 사람이 함께 그렸던 것'은 결코 현실이 될 수 없다. '우리가 서로 머리를 맞대고 계획했던 것'은 절대 실현될 수 없다. 가혹한 일이다. 결혼한 부부였다면 더욱 그렇다. 자녀까지 두었다면 견딜 수 없는 일이다.

1960년대에 정신과 전문의 엘리자베스 퀴블러 로스●는 애도를 그 진행 단계로 나누는 모델을 만들어냈다. 이 모델은 본래 죽음의 문제를 다루고자 정리된 것이기는 하지만, 사랑의 상실에도 그대로 들어맞는다. 떠나갔지만 보내줄 수 없는 애인을 그리워하는 사람의 속은 과연 어떨까. 모델이라고 해서 모든 애도가 똑같은 정형을 가짐을 뜻하지는 않는다. 어떤 이는 어느 단계를 더 강렬히 체험하고 다른 단계를 건너뛰기도 하며, 어떤 이는 그저 침묵으로 일관하기도 하고, 어떤 이는 같은 감정의 분출을 여러 차례 보이기도 한다. 하지만 모델은 함께 나누었던 시간과 당사자에게 무엇이 남는지 성찰해보고자 할 때 적잖은 도움을 준다.

퀴블러 로스는 작별을 감내하기에 이르는 네 단계를 '부정과 밀어내기', '분노와 저항', '슬픔과 절망' 그리고 '받아들임과 새 출발'

● 엘리자베스 퀴블러 로스(Elisabeth Kübler-Ross: 1926~2004)는 스위스 태생의 정신과 전문의로 주로 미국에서 활동하면서 이른바 '임종 연구'에 선구적 역할을 한 인물이다. 다수의 책들을 썼으며 그 가운데 특히 『죽음과 죽어감On Death and Dying』(1976)은 고전의 반열에 오른 역저다. 국내에는 청미(이진 역, 2018년)에서 번역 출판 되었다.

로 정리한다. 그리고 이 네 단계를 줄기차게 따라다니는 물음은 이렇다. 너와 만나지 않았다면 나는 다른 사람이 되었을까? 대체 나는 누구인가? 어떻게 해야 나는 너를, 내 안에 똬리를 틀고 있는 너를 끌어내 온전히 작별할 수 있을까?

첫 단계는 부정이다. 부정의 단계는 온몸이 마비라도 된 것처럼 꼼짝도 할 수 없는 시기이기도 하다. 이게 도대체 어떻게 된 거지. 믿을 수가 없어. 이럴 수가 없어. 이때는 또한 그토록 사랑한 사람과 가장 멀리 떨어지는 시기이기도 하다. 떠나는 사람이야 준비할 시간을 가졌다. 버림받은 사람은 느닷없이 날아온 주먹에 정통으로 맞고 그대로 바닥에 널브러져 버렸다. 쓰러진 채 꼼짝도 하지 못하면서 그(또는 그녀)가 다시 돌아오기를, 이렇게 떠난 건 실수였음을 깨닫기를 기다린다. 아니야, 틀림없이 돌아올 거야. 조만간 자신이 저지른 게 엄청난 잘못인 줄 깨닫고 돌아올 거야. 집안의 모든 것이 그(또는 그녀)가 나가버리기 전과 똑같아야 해. 돌아올 그날을 위해 침대는 산뜻하게 정리되어 있어야만 해. 그런데 그날은 계속 미뤄진다. 내일, 그래 내일은 틀림없이 초인종이 울릴 거야. 이번 연휴가 끝나면 돌아올 거야. 그동안 생각할 시간은 충분했으니까. 언제까지는 관계가 부활할 거라고 굳게 정해둔 시간은 내면의 최후통첩과 함께 계속 연장된다. 인생은 기다림 그 자체가 된다. 기다림이 무의미해질수록, 다시는 돌아오지 않으리라는 게 더욱 분명해질수록, 그만큼 더 기다림은 격렬하고 절박해진다. 상처? 까짓 아무럼 어때, 시간이 낫게 해주겠지. 돌아올 거라는 희망이 무너지지 않는 한, 나는 혼자가 아니야. 그래 조금만 더 기다려보자. 우리 정말 좋았었잖아. 최소한 함께 힘을 모으면 고치지 못할 게 뭐가 있겠어. 분명히 돌아온다, 돌아와. 제발 돌아와줄 거지. "일어나, 가자!" 에스트라공이 블라디미르에게 말했다. "안 돼, 그럴 수 없어." 블라디미르가 답했다. "왜 안 되는데?" 에스트라공이 물었다. "우리는 고도를 기다려야 해." 자신의 '더 나은 반쪽'이 돌아오기를 기다리는 한, 기다리는 사람은 새로운 인생을 시작할 수 없다. 앞으로 어떻게 해야 좋은지 이들은 물을 필요도 없다. 아무 일도 일어나지 않았으니까. 사랑은 여전히 불씨를 잃지 않았으니까.

물론 죽을 때까지 기다릴 사람은 별로 없다. 오늘 조용했던 초인종이 내일도 울리지 않을 거라는 깨달음은 언젠가는 찾아온다. 그럼 모든 것이 할 말을 잃는다. 파도가 잦아들며 완전한 침묵이 점령한다. "정적이 침몰한 배 안으로 물밀듯 몰려왔다"고 사뮈엘 베케트Samuel Beckett는 썼다. 그러다가 밀려오는 물의 힘을 이기지 못하고 인생의 서까래가 무너져 내린다. 와장창 소리와 함께. 이보다 더 어긋나는 대립각이 또 있을까. 버림받은 사람은 어떻게든 연락이 닿기를, 떠난 사람은 철저히 연락이 끊어지기를 바란다. 떠난 사람에게 이별은 마침내 누리게 된 평안을 의미한다. 남은 사람에게 새로운 정적이 의미하는 것은 이것이다. 이제 나는 혼자로구나.

이어지는 두 번째 단계는 분노와 저항이다. 분노는 안과 바깥을 겨눈다. 속에 꾹꾹 눌러 담은 분노는 대개 스스로 지어낸 죄책감을 먹고 자란다. 관계를 유지하고자 충분한 노력을 하지 않았어. 그 모든 경고를 보지 못했거나 진지하게 받아들이지 않았어. 나를 바꾸어야 했어, 그럼 우리는 행복했을 거야. 아니, 속상해할 거 없어, 그(또는 그녀)도 속이 편할 수는 없을 거야. 그 어떤 바보라도 관계를 잘 유지해나갈 텐데, 오로지 나만 그러지 못해. 이런 자기혐오에 푹 빠져 지내는 사람도 없지는 않다. 그러다가 언제부터인가 분노는 대개 떠나버린 사람을 겨눈다. "너는 나를 글자 그대로 짓밟았어. 나는 바닥까지 완전히 불타버렸어." 영국의 작가 레베카 웨스트가 자신의 애인 H. G. 웰스에게 1913년에 보낸 편지에 쓴 표현이다.[•] "나는 조만간 내 머리에 총알을 쏘거나, 죽음보다도 더 나를 파괴시킬 만한 짓을 벌일 거야."(1년 뒤 두 사람은 아들을 낳았다.)

상대방이 나를 사랑할 만한 가치가 없다고 여긴다면, 상대방 역시 나의 사랑을 받을 가치가 없다. 그럼 예전에는 좋아하지 않았지만 그냥 간과했던 온갖 사소한 것이 새록새록 신경을 건드린

• 레베카 웨스트(Rebecca West: 1892~1983)의 본명은 시셀리 이사벨 페어필드(Cicely Isabel Fairfield)이며 영국의 작가로 20세기 영국 문학을 대표하는 인물이다. 허버트 조지 웰스(Herbert George Wells: 1866~1946)는 사이언스픽션의 선구자로 꼽히는 영국 작가다.

다. 상대방이 읽던 책들이 벽을 향해 날아가고, 그(또는 그녀)가 즐겨 듣던 음반이 쓰레기통으로 직행한다. 그(또는 그녀)는 모든 것을 망가뜨렸다. 그(또는 그녀)가 관계를 저버렸다. 그러니 나라고 이렇게 하지 못하란 법이 어디 있는가. 이 '이별의 분노'는 분리의 한 과정이다. 분노는 이 끝장남을 막을 수 없어 느끼는 무기력감으로부터 벗어날 유일한 방법이다. 버림받은 사람은 이 쓰라린 시절을 보내며 내일이 두렵지 않다. 그래서 책을 던지고 음반을 버린다. 이런 에너지는 내일이 두렵지 않은 분노의 원천이다. 고양이가 생쥐를 가지고 놀듯 상대방을 자신이 요리할 수 있는 작은 조각으로 만들 수 있는 것은 분노 덕분이다. 이렇게 내는 화는 상처를 씻어주는 자기 치유이자 해방이다. 이제 상심이 세상을 향해 고함을 지른다. 분노가 폭발하며 복수를 다짐한다. 비난이 증오를 키우며, 위협은 무기가 된다.

상처를 입히고 파괴하고 없애버리자. 무엇보다도 그래야만 이 시기를 버틸 저항력이 생겨난다. 이따금 중간에 뭔가 밝은 빛이 비치기도 한다. 주로 한밤중에. 스마트폰의 푸른빛이 눈물로 퉁퉁 부은 얼굴을 비춘다. 쥐어짜듯 문자를 쓴다. 하트와 스마일 이모티콘이 네트워크로 날아다니며 애정과 은혜를 갈구한다. 제발 한 번만 기회를 줘. 네가 미워. 하지만 한마디만 해줄래. 그럼 내 영혼이 건강을 되찾을 텐데. 신경과학에서 우리 두뇌 안에 사랑과 미움이 서로 떼려야 뗄 수 없이 맞물려 있음을 발견한 것은 놀라운 일이 아니다. 인간은 같은 대상을 두고 몹시 분노하는 동시에 깊은 사랑에 빠진다. 어떤 대가를 치르더라도 상대방을 되찾았으면 하는 욕구와 그가 제발 악마에게 사로잡혔으면 하는 증오의 에너지원은 같다. "사랑하는 사람이 우리 곁을 떠나려 하면, 낭만적인 사랑의 감정을 키워주던 바로 그 호르몬이 더욱 강하게 작용하는 것은 참으로 역설적이다." 두뇌 연구가 헬렌 피셔*는 자신의 책 『왜 우리는 사랑하는가. 낭만적 사랑의 본성과 화학Why We Love, The Nature and Chemistry of Romantic Love』에서 놀라움을 금치 못하며 기원전 2세기에 살았던 로마의 극작가 테렌티우스**의 문장을 인용한다. "희망이 줄아들수록 나의 사랑은 더 불타오른다." 떠나간 사람에게 화를 내는 한, 그를 향한 사랑은 여전하다.

세 번째 단계에 이르면 희망은 더는 없다. 충돌의 충격으로 튕겨져 나갈 것만 같던 몸을 안전띠가 다시 좌석으로 잡아챈다. 이처럼 버림받는다는 것은 자동차가 충돌하는 사고와 같다. 암울한 슬픔과 절망의 땅에 온 것을 환영한다. 이곳에서는 조금만 몸을 움직여도 견딜 수 없이 아프다. 이곳에서는 시간이 환장할

- 헬렌 피셔(Helen Fisher: 1945년생)는 미국 인류학자다. '전 세계에서 가장 유명한 사랑 전문가'라는 평을 듣는 인물이다.
- 테렌티우스(Terentius: 기원전 185~159)는 북아프리카 출신의 노예였으나 주인이 그의 뛰어난 글재주를 보고 해방시켜주어 극작가로 활동했다. 특히 희극에 발군의 실력을 자랑한 극작가다.

정도로 가지 않는다. 모든 것이 끈적거리는 슬픔으로 뒤덮인다. 이 땅의 가르침은 엄격하다. 다시는 돌아오지 않으리라는 것을 배우라. 속내를 털어놓을 사람은 아무도 없음을 너는 깨달아야만 한다. 너의 그 소중하기만 했던 사람을 잊으라. 슬픔과 절망의 땅은 어디를 둘러보아도 아픔뿐이다. 그리고 이곳은 의미가 사라진 땅이다. 이곳에서 인간은 한밤중에 침대에 홀로 누워 매트리스에서 사라진 반쪽의 자리를 더듬는다. 어떤 이는 시간과 더불어 절망을 다스리는 데 성공하지만, 대개 사람들은 슬픔의 땅에 자신의 집을 짓고 울분이 충분히 배어들 두터운 벽지를 벽에 도배한다.

여자보다는 남자가 그 생생한 아픔을 더 잘 이겨낸다. 남자는 자신이 잃은 사랑을 슬퍼하기는 하지만, 이 슬픔으로 곤두박질치는 일은 별로 없다. 이별의 원인을 제공한 잘못이 자신에게 있다고 생각하는 일도 드물다. 남자는 헤어짐으로 옛 삶과 새 인생을 날카롭게 구분 지을 따름이다(그리고 대개 빠르게 다른 사람에게서 위로를 구하며 찾는다). 여자는 남자보다 훨씬 더 깊은 슬픔의 수렁에 빠진다. 여자는 함께 약속한 미래의 상실을 아파한다. 같이 겪었어야 마땅한 일이 물거품이 된 것에 안타까워한다. 여자가 품는 갈망은 아마도 절대 충족되지 않으리라. "남자는 자신의 상처를 확인하고 더 번지지 않게 틀어막는 반면, 여자는 애인을 잃고 사지가 절단된 것처럼 아파한다." 베티나 폰 클라이스트가 쓴 글이다. 슬픔과 절망의 단계는 지옥이다. 그러나 또한 매우 창의적인 시기이기도 하다. 최고의 팝송은 대개 이 단계에서 탄생했다. 「Ain't no sunshine」, 「I will survive」, 「Pictures of you」, 「Don't look back in anger」 같은 주옥같은 명곡들이 그 좋은 예다.[*] 언젠가 이 단계를 되돌아보며 의미 있는 시절로 여기겠지만 지금으로서는 불가능해 보인다. 지금은 모든 것이 드라마다. 지금은 아픔이 밖으로 자꾸 불거져 나온다. 지금은 행복했던 시절에 찍은 사진을 응시하면 눈물이 하염없이 흐른다. 마치 흐르는 눈물과 함께 그 시절을 몸 밖으로 밀어내려는 듯이. 모든 것이 공허해지고, 모든 것이 어두워지고, 모든 것이 갈수록 느려지다가 마침내 정지해버린다. 소파 위에는 휴지가 산더미처럼 쌓인다. 이 단계를 별 탈 없이 넘어갔는지는 지나봐야, 다시금 자신을 추스를 수 있어야 판명이 난다. 이 과정이 얼마나 어려운지, 넘어야 할 장벽이 얼마나 높은지 잘 보여주는 것은 우리가 흔히 쓰는 말투다. "간신히 넘었네." "드디어 이겨냈어." "이제는 지난 일이야."

드디어 마지막 단계, 이별을 주어진 그대로 받아들이고 새 출발

- 「Ain't no sunshine」(1971)은 미국 싱어송라이터 빌 위더스(Bill Withers)가 발표한 곡이다. 「I will survive」(1978)는 미국 여가수 글로리아 게이너(Gloria Gaynor)가 부른 곡이다. 「Pictures of you」(1989)며 영국 록밴드 '더 큐어(The Cure)'가 발표한 곡이다. 「Don't look back in anger」(1995)는 영국 밴드 '오아시스(Oasis)'가 부른 곡이다.

하는 정리의 단계가 시작된다. "물은 / 네가 와인에 섞어버린 물은 / 더는 분리해낼 수 없어. / 일어난 일은 일어난 거야." 베르톨트 브레히트●는 이렇게 노래한다. "하지만 / 모든 것은 변하지. 새로운 출발을 / 너는 마지막 호흡으로 할 수 있어." 이제 중요한 것은 거리를 두고 과거를 바라보는 관점이다. 과거를 깎아내리지는 말자. 이성적이되 감정을 무시하지는 말고 바라보자. 이제는 이전 파트너를 새로운 관점에서 바라볼 때가 되었다. 이제는 새로운 자화상을 그릴 때가 되었다. 오로지 자신의 팔레트에 있는 물감으로만 그리자. 이 단계는 또한 인생의 노선을 새롭게 정비하는 시기이기도 하다. 우리는 서로 계속 보게 될까(또는 보아야만 할까)? 어떤 식으로든 친구로 남을 수 있을까? 심지어 계속해서 친구들과 모이는 자리에 자연스레 섞일 수 있을까? 아이를 돌보는 문제는 어떻게 정해야 좋을까? 법정에서 끝없이 다퉈야만 할까? 이 단계는 미래의 방향을 정할 뿐만 아니라 과거를 정리하는 시기이기도 하다. 어쩌다 우리는 이렇게 밑바닥까지 오게 되었을까? 우리의 오늘을 만든 것은 무엇일까? 우리는 서로 이해하려 노력해야 할까? 우리에게서 무엇이 남을까? 또 무엇이 남아야 마땅한가? 함께 보낸 시간은 우리 안에 흔적을 남길 것이다. 어떤 흔적이 남아야 할까? 또 뭐가 남을지 우리가 결정할 여지가 있을까? 깨진 화

● 베르톨트 브레히트(Bertolt Brecht: 1898~1956)는 자신에게 주어진 시대를 온몸으로 부대끼며 헤쳐나간 독일의 작가다.

병 가운데 어떤 것은 다시 붙이고, 어떤 것은 우리 역사의 쓰레기 더미 위에 버려야 할까? 요컨대, 우리 관계를 소장한 '내면의 박물관'은 어떤 모습일까? 이 박물관은 관람 시간이 있을까, 아니면 영원히 닫혀 있을까?

특히 아이가 있는 경우 이 시기는 아주 중요하다. 엄마와 아빠에게만 중요하다는 말이 아니다. 무슨 인연이든 관련된 모든 사람은 새로운 위치를 잡고 저 하늘의 별자리처럼 아이를 지켜주어야 한다. 각자 어떤 자리에 위치할지 하는 문제는 반드시 풀어야만 한다. 가까운 자리와 거리를 두고 지켜봐야 할 자리는 협상을 통해 정해져야 한다. 시간이 가면서 우리는 누구나 서로에게 환한 빛을 밝혀주는 별이 되어야 한다. 이렇게 함께 이루는 별들의 그림을 두고 새로운 별자리 이름을 정하는 것도 좋다.

이별을 수용하는 것만이 중요하지는 않다. 정작 중요한 핵심은 서로 이해하며 함께 보냈던 과거에 알맞은 자리를 찾아주는 일이다. 인생은 층들이 켜켜이 쌓인 모습을 보여주게 마련이다. 우리가 서로 알기 이전의 층, 이를테면 너의 어린 시절, 나의 학창 시절, 너의 첫사랑, 나의 첫 남자 친구는 서로 알기 이전의 층이다. 그런가 하면 우리 이후의 층도 있다. 빠르든 늦든 생겨날 너의 새 아내, 나의 새 남편은 우리 이후에 쌓이게 될 층이다. '우리 이전'과 '우리 이후'의 층 사이에서 '우리'는 중간층이 되리라. 우리는 가장 높은 층이 아니며, 아마도 언젠가는 가장 중요한 층도 아니게 된다. 우리는 함께 역사를 썼다. 역사는 본래 '지나간

일'의 기록이다. 우리 사이에는 많은 일이 있었다. 그러나 그건 이제 지나간 일이다.

심리치료사 에스터 페렐*은 갈라서는 커플에게 서로 친근함을 잃지 말고 이별 편지를 써보라고 추천한다. 갈라서면서 어떤 기분인지, 앞으로 무엇이 아쉬울지, 희망 사항이 무엇인지 되도록 꾸밈없이 자신의 솔직한 감정을 편지에 담아보라는 충고다. 커플 관계를 공식적으로 끝내는 의식이 이 편지라고 해도 좋다. 결혼식도 공식적 선포의 의미를 가지는 의식이었지 않은가. 갈라서는 사람들 대다수에게 이런 공식 의례는 정말로 필요한 마침표를 찍는 데 결정적 도움을 준다. "이별 편지를 통해 커플은 서로 존중하는 가운데 관계를 반추해보며, 그 끝남을 함께 애도하는 기회를 가질 수 있다." 더 나아가 에스터 페렐은 이렇게 강조한다. "이것이야말로 카타르시스를 느낄 수 있는 끝맺음이다." 이것이 두 사람이 부부로서 서로를 대하는 마지막 순간이다.

이별이 되돌릴 수 없는 것으로 확정될 때 버림받은 사람과 떠난 사람은 자신의 정체성을 다시 세우기 위한 탐색을 시작한다. 이 탐색은 아주 고통스러우며, 오랜 시간이 걸리는 작업이다. 이 작업은 비유하자면 인생의 초기화 단추를 누르는 것과 같다. 부부

---

* 에스터 페렐(Esther Perel: 1958년생)은 벨기에 심리치료사다. 애정 관계 상담을 전문으로 한다.

관계를 유지할 때에는 흔히 성별에 따른 역할에만 충실하면 됐다. "이제 둘이서 함께 살 때 당연한 것으로 여겨온 생활 방식은 버려야만 한다." 베티나 폰 클라이스트의 진단이다. "예전에 익숙했던 역할을 벗어던지지 못하는 한, 여성과 남성은 홀로 서지 못한다."

남자는 자신의 새로운 독립성을 공개적으로 과시하는 것으로 자율성을 뽐낸다. 새 애인과 염문을 뿌리고 다닌다든가, 고급 승용차를 타고 다니는 것이 그런 과시다(혹은 둘 다). 여성은 대개 내면으로 침잠함으로써 자신의 상처를 치유하려 든다. 홀로 자기 자신을 상대로 벌이는 싸움은 처절하기까지 하다. 흔히 여성은 탯줄이 잘리듯 관계가 끝나버린 것이 자신의 잘못이라고 여긴다. 결국 자신이 충분히 잘해주지 못해 남자의 마음이 식었다. 결국 내가 사랑받을 만한 가치가 부족했나 봐. 자신의 새로운 정체성을 찾아 홀로 서려는 노력은 늘 옛 역할과 그에 따른 인정에 발목을 잡힌다. 그리고 이 갈등은 흔히 외부, 이를테면 부모나 친구의 성화 탓에 더 심해진다. 버림받은 게 아니라 남자를 버린 여성의 경우는 더욱 힘들다. 이들은 오랫동안 죄책감과 씨름한다. 내가 그의 심장에 깊은 상처를 주었구나, 그가 얼마나 힘들어할까, 나는 왜 이렇게 이기적일까! 또는 자신이 주도한 이별이 사회가 요구하는 여성의 역할과 조화를 이루지 못하는 탓에 여성은 더욱 힘겹기만 하다. 여성은 모성애로 보호하고 돌봐주며 균형을 잡아주어야 한다고 사회 통념은 강요하기 때문이다. 이런 통념 탓에 여성은 자신을 긍정적으로 바라보지 못하며, 새로운 정체성을 찾아 홀로 서기 위해 힘겨운 싸움을 벌여야만 한다. 주변의 기대를 상대로, 도대체 자신은 어떤 사람이 되어야 하는가 하는 번민으로 싸움은 고되기만 하다. 브리티시컬럼비아 대학교의 심리학자 메건 제인 브루노Megan Jane Bruneau는 파트너와 헤어진 여인들을 상대로 조사를 벌였다. 브루노는 조사를 마치고 이런 총평을 했다. "여자는 언제나 자신의 심장이 깨짐을 당했을 때 어떻게 처신해야 하는지 정확히 안다. 그러나 반대로 여자가 남자의 심장을 깨뜨렸을 때는 무엇을 해야 하는지 아무도 그녀들에게 이야기해주지 않았다."

사랑을 잃고 홀로 선다는 것은 '놓아버림' 그 이상의 것이다. 놓아버리다니, 아름답게 들리는 말이다. 정말이지 용감하게 놓아버리는 사람은 일단 낭떠러지에서 떨어지듯 깊이 추락한다. 그리고 그 철저한 나락 속에서 다음과 같은 물음의 답을 찾아야만 한다. 그(또는 그녀)가 없이 나는 무엇인가? 그(또는 그녀)가 없이 나는 무슨 가치를 갖는가? 마침내 내가 원하는 것을 할 수 있게 되었다. 그러나 도대체 뭘 원하는데? 대체 나는 어떤 인간이 되어버린 걸까? 그리고 그녀(또는 그)가 내 안에 그처럼 큰 부분을 차지하고 있다면, 그 가운데 무엇을 나는 간직하기 원하는가? 전처 덕분에 알게 되어 오늘날 아주 즐겨 듣는 음악을 이제 그녀와 헤어졌으니 더는 듣지 않고 싶은가? 헤어졌다고 음악까지 안 들을 것은 아니지 않을까. 우리가 즐겨 찾던 그 멋진 레스토랑에 다시는 가지 않을 건가? 거기는 '우리' 이전에도 내가 좋아하던 곳이었지

않은가? 뭐 혼자 가는 게 머쓱하면 안 갈 수도 있다. 그가 즐겨
하던 유머가 재미있어서 그대로 따라 했는데, 이제 헤어졌다고 그
런 식의 유머를 버려야만 할까? 재미있는 물음이기는 하다. 하지
만 굳이 버리지 않아도 된다. 이처럼 이별 뒤 독립한 개인으로 홀
로 서려는 싸움에는 고려해야 할 많은 문제가 있다. 사랑했던 사
람이 자신 안에 많은 것을 남겨놓았으며, 또 그동안 그의 능력과
자원에 의지하는 데 우리가 길들여졌기 때문이다. 심리학에서는
나와 파트너가 서로 얼마나 밀접한 통일체를 이루었는지 평가할
척도를 개발해냈다. '자아 속에 타자가 포함된 척도(Inclusion of
Other in the Self Scale)'는 일곱 개의 동그라미 쌍으로 구성된다.
하나의 동그라미는 자아를, 또 하나의 동그라미는 파트너를 가리
킨다. 1번 그래픽은 두 개의 동그라미가 완전히 떨어진 상태를 보
여준다. 이후 두 개의 동그라미는 점차 맞물림을 키워가다가 7번
에 이르면 완전히 합치된다. 연구는 나와 파트너의 결합이 밀접할
수록, 이별 이후 두 사람이 서로 명확한 경계를 설정하기 힘들어
한다는 점을 확인해준다. 다시 말해서 아주 친밀했던 커플일수록
이별 뒤에 홀로서기는 어려워진다. 심지어 자신을 독립된 개체로
보는 것을 거부하는 경우도 왕왕 나타난다. "우리는 항상 커플로
같이 다녔어." 예전의 밀접하고 친밀했던 시절을 묘사하는 이 말
은 결국 이별 뒤에 정체성 혼란을 겪는다는 진단의 근거가 된다.
그러나 이별 뒤의 지금은 마침표를 찍어야 할 때다. 예전 짝과 나
사이의 경계는 이제 명확해져야만 한다. 항상 상대방에게 의존만

하는 사람은 시간이 갈수록 상대방과 자신의 정체성을 뒤섞는다. 이런 사람이 자신이 누구인지 성찰하고 그 명확한 답을 얻는다는 것은 결코 쉬운 문제가 아니다. 홀로서기는 그만큼 험난한 길을 걸어야만 한다.

이것이 바로 낭만적 사랑의 숨은 뒷면이다. 낭만적 사랑에는 자아를 포기하게 만드는 위험이 숨어 있다. 이런 위험이 없는 낭만적 사랑은 존재하지 않는다. "너는 나의 것, 나는 너의 것, / 너는 이것만큼은 확실히 해둬. / 너는 내 심장 안에 살아, / 열쇠는 잃어버렸어. / 너는 항상 그 안에서 살아야만 해." 중세의 어떤 독일어 연가는 이렇게 노래한다. "네가 내 곁에 없다면, 나는 내가 아니야. / ── 그럼 나는 홀로 있는 거야. 그리고 홀로 남은 나를 나는 원치 않아." 중세 연가 이후 700년도 넘긴 시점에서 '토쿄 호텔'● 은 이렇게 노래한다. 그동안 지구는 태양 주위를 700번도 넘게 돌았다. 그리고 오늘날의 삶은 중세의 삶과 완전히 다르다. 그동안 사랑과 이별이라는 개념도 끊임없이 변화해왔다. 그러나 낭만적 사랑의 꿈과 헤어짐에 따른 형언하기 힘든 아픔은 중세든 지금이든 똑같다. 아니, 역사 전체를 놓고 봐도 똑같다.

함께 얼마나 오래 같이 살았든, 서로 얼마나 가까웠든 상관없이 헤어짐의 아픔은 이루 말할 수 없이 크다는 점에 변화는 전혀 없

● '토쿄 호텔(Tokio Hotel)'은 2001년에 결성된 독일의 록밴드다.

다. 관계의 끝이 슬그머니 찾아오든 갑자기 사랑이 사라지든, 예고된 것이든 마른하늘의 날벼락이든, 헤어짐은 너무나도 아프다. 함께했던 시간 이후 상대방의 안에 나의 무엇이 남는지, 또 내 안에 상대방의 무엇이 남는지 하는 물음의 답은 관계를 유지하는 동안에 정해질 뿐만 아니라, 이별을 하면서, 또 이별 이후에도 우리가 서로 어떻게 대했는가에 따라 달라진다. 서로를 대하는 방식은 그 순간을 넘어 오랜 여운을 남긴다. 바로 그래서 잘 작별하는 것이 중요하다. 작별은 두 사람이 마지막으로 함께 꾸미는 무대다. 우리는 작별을 받고, 작별을 준다. 인생이 주고받음이듯. 작별의 순간은 짧다. 또 작별의 모습은 다채롭다. 서로 다르게 헤어지니까. 그렇지만 작별이 남긴 여운은 평생 우리와 함께한다.

옛 물건으로 가득한 상자

재고 조사로 휴점함:
추억의 색깔과 과부하가 걸린 두뇌,
향기 나는 티셔츠와 총알 세례를 받은 비디오카세트

2018년 2월 5일은 역사적으로 주목할 만한 날이다. 이날 열린 기념식은 어떤 건축물의 부재를 기렸다. 이 쌀쌀한 월요일은 베를린 장벽이 존재했던 시간과 철거되고 흐른 시간이 똑같아진 날이다. 베를린 장벽은 28년 2개월 26일 동안 그 자리에 서 있었다. 이세월 동안 사람들은 장벽이 영원할 것으로 믿었다. 그러나 오늘날 20대 중반인 사람은 베를린 장벽을 역사책을 통해서만 안다(물론 아직 남은 몇 미터는 지금도 볼 수 있다). 이보다 더 나이를 먹은 사람에게 장벽은 여전히 서 있다. 물론 이들도 장벽이 철거된 지 오래됐다는 사실은 안다. 그렇지만 장벽은 여전히 이들 삶의 일부다. 누구나 장벽과 관련한, 최소한 하나쯤의 추억은 가지고 있으며, 장벽과 관련한 사안에 하나쯤 의견을 가지고 있다. 오랜 세월 동고동락한 커플도 사정은 비슷하다. 관계의 틀 안에서 살아가는 동안 이 틀은 무너질 일이 없을 것처럼 보인다. 관계는 당사자들의 일상을 만들어내며, 이 일상을 떠받드는 규범을 빚어낸다. 이로써 관계는 당사자들의 안과 밖을 만든다. 그리고 안과 밖을 가르는 벽이 왜 필요한지 우리는 평소에 의식하지 않는다. 두 사람의 관계가 끝나버린다면, 벽을 잃은 인생은 새로운 벽을 세우려 헤매야 한다. "지휘자가 오케스트라 단원들을 지휘하듯 현재는 과거를 지휘한다." 소설가 이탈로 스베보[•]가 쓴 글이다. 추억은 독자적인 생명력을 키운다. 결혼이 동독처럼 무너지고 만다면, 이후 몇 년의 세월 동안 좋은 일은 별로 일어나지 않는다. 관계가 무너진 이후의 세월은 암흑의 시기다.

모든 체험은 기억에 흔적을 남긴다. 우리가 오래 주목해 기억하는 것은 뇌의 물리적 구조를 바꾼다. 신경 세포가 새롭게 결합해 성장하기 때문이다. "정신은 물질이 된다"고 에릭 캔들[••]은 말한다. "우리는 같은 강물에 두 번 발을 담글 수 없는 것처럼 같은 두뇌를 결코 다시 쓸 수 없다." 제네바 대학교 정신분석학 교수 프랑수아 앙세르메François Ansermet는 인간의 두뇌 역시 시시각각으로 변하는 사정을 이렇게 설명한다. 인생은 이처럼 변화하고 성장하

● 이탈로 스베보(Italo Svevo: 1861~1928)는 오스트리아헝가리 제국에서 태어나 이탈리아어로 작품 활동을 한 소설가다. 본명은 에토레 슈미츠(Ettore Schmitz)로 제임스 조이스와 마르셀 프루스트에 앞서 독백을 주된 내용으로 하는 심리소설을 개척했다.
●● 에릭 캔들(Eric Kandel: 1929년생)은 미국의 신경생리학자다. 오스트리아 태생으로 열 살 때 미국으로 이주해 성장했다. 2000년 두뇌의 신경 전달 물질을 발견한 공로를 인정받아 노벨 생리학·의학상을 받았다.

는 두뇌 안에 족적을 남긴다. 인간이 다른 사람과 깊은 관계를 맺으면, 이 상대방은 인간의 두뇌에 깊은 흔적을 남긴다. 다시 말해서 상대방은 우리 안에 신경 흔적으로 남는다.

너와 나, 사랑을 나누는 우리는 서로의 심장만 뜨겁게 하는 것이 아니다. 우리 안에 그리고 우리의 피부 위에 둥지를 튼 박테리아들도 서로 친교를 나눈다. 더 나아가 서로 사랑하는 커플은 무엇보다도 두뇌끼리 활발한 교류를 나눈다. 물론 서로의 기억을 두뇌 안에 담는다고 해서 두뇌가 무슨 서랍처럼 기억을 차곡차곡 분류해 정리한다는 말은 아니다. 기억 그리고 더 나아가 추억은 신경으로 촘촘하게 이루어진 네트워크에 새겨진다. 그리고 이 네트워크는 두뇌 전체에 골고루 분포되어 있다. 기억이 생겨난다는 것은 두뇌 안에 수십억 개의 뉴런들이 새로운 결합을 이루었다는 뜻이다. 기억의 강도는 이 결합이 촘촘할수록 더욱 높아진다. 이것은 전국을 촘촘히 이어주는 아우토반과 비슷하다. 또는 옛날에 왕이 행차하는 길이랄까. 자주 이용하는 경로일수록 두뇌는 잘 닦아놓는다. 두뇌는 이 기억이 우리 자신에게 중요한 것이라고 여기기 때문이다. 다시 말해서 기억은 언제나 두뇌가 생각 여행을 다닌 결과물이다. 그리고 생각은 너와 나, 곧 우리가 만나는 운동을 통해 생겨난다. 우리가 경험을 저장해두는 방식은 연상이다. 연상은 정보들 사이를 이어주는 일종의 '링크'이다. 기억은 이 정보들을 조합한 링크인 연상으로 형성된다. 무엇이 연상을 촉발하는지는 이미 아리스토텔레스도 꿰뚫어보았다. 우리는 정보를 비슷한 것끼리, 또는 서로 반대되는 것끼리 묶는다. 또는 우리가 서로 동시에 주목하는 것을 연상은 차례로 연결시킨다. '연상(Assoziation, 영어 association)'이라는 단어 안에는 라틴어 '소키우스(socius)'가 숨어 희미하게 반짝인다. 이 라틴어의 의미는 '함께 겪은 것'이다. 우리는 관계를 맺으며 서로 비슷한 경험들, 서로 대립하는 경험들을 가지고 네트워크를 짠다. 바로 그래서 과거를 회상할 때 경험들은 긍정적인 것에서 부정적인 것으로 쉽사리 바뀌곤 한다. 그때 휴가 여행은 참 아름다웠지. 우리 두 사람은 맨발을 따뜻한 모래 안에 묻고 일광욕을 즐겼어. 아, 그때 마신 맛난 레드와인. 가만 있어봐, 그 와인 마시고 우리 심한 말다툼을 했잖아. 정말 끔찍한 열기였지. 나는 오늘날 레드와인만 보면 속이 메슥거려.

인간의 기억에는 뭐가 뭔지 불확실할 때마다 기대는 일종의 기본 구조, 기억의 근본을 이루는 뼈대가 있다. 관계가 무너져 개축 공사가 필요하게 되면 이 뼈대 역시 손질을 해줘야만 한다. 구체적인 기억, 이를테면 팩트, 개념, 의미 등을 정리하는 이 기억을 과학에서는 '의미론적 기억'이라고 한다. 이탈리아의 수도는. 제1차 세계대전이 끝난 해는. 우리의 결혼기념일은. 아내가 좋아하는 음식의 요리법은. 의미론적 기억을 다루며 우리는 언제 어디서 어떻게 이런 정보를 얻었는지 잘 알지 못한다. 누구에게서 얻었는지도 마찬가지다. 그러나 일화를 중심으로 하는 기억, 이른바 '자전적 기억'은 전혀 다르다. 인생의 이야기를 써나

가는 자전적 기억은 장기 기억, 곧 오랫동안 저장되는 기억이다. 처음으로 학교 간 날, 첫 번째 팝 콘서트, 처음으로 느낀 황홀감, 첫 키스, 처음으로 받은 꽃바구니를 기억하는 것만이 자전적 기억은 아니다. 자전적 기억이 중시하는 것은 무엇보다도 처음 느꼈던 감정이다. 인생을 살아가며 우리는 이 첫 감정을 언제라도 생생히 되살려낼 수 있다. 불안, 기쁨, 부끄러움, 행복 그리고 슬픔을. 우리는 이 첫 감정을 생생하게 듣고 보며 냄새 맡고 어루만진다. 인자했던 선생님의 목소리, 처음 들었던 아름다운 음악은 늘 우리 안에 감흥을 불러일으킨다. 뺨을 타고 흘러내리던 첫 눈물은 희한하게도 달콤쌉쌀했었지. 일화 기억은 우리 인생의 역사책이다. 이 책을 우리는 죽을 때까지 써내려간다. 그리고 일화 기억과 의미론적 기억은 한 가지 중요한 공통점이 있다. 일화 기억이든 의미론적 기억이든 우리는 내가 이러저러한 것을 안다는 점을 안다. 우리는 어떤 사실을 기억하며, 내가 이런 기억을 가졌다고 안다. 다시 말해서 의미든 일화든 인간은 어디까지나 자기중심적으로 기억한다. 헤어진 전남편의 눈동자가 무슨 색인지 기억나지 않을 때 여자는 내가 잊어버려서 기억하지 못한다고 말한다. 전처가 무슨 자동차를 좋아했는지 기억하지 못하는 것은 어디까지나 내가 잊어버려서 그렇다.

기억한다는 것은 어제하고만 관련된 것이 결코 아니다. 기억은 언제나 미래와도 맞물린다. 돌이켜보는 기억은 마치 내면을 보여주는 영화처럼 과거로 되돌아가보는 여행을 할 수 있게 해준다.

기억을 바탕으로 미래를 그려보며 우리는 경험에 비추어 미래를 계획할 수 있다.

"기억은 우리 인생과 정체성의 토대를 이룬다. 우리가 무엇을 체험했는지, 이 체험을 바탕으로 우리가 미래에 무엇을 할 수 있는지 정해주는 것은 기억이다." 심리학자 줄리아 쇼가 자신의 책 『기만적인 기억』에서 쓴 문장이다.● 진짜 심각한 문제는 이렇다. "일어나는 모든 사건은, 얼마나 중요한지, 감정적으로 어떤 폭발력이 있는지, 또는 심각한 트라우마를 불러일으키는지에 상관없이, 잊히거나 잘못 기억되거나 또는 심지어 완전한 허구로 조작될 수 있다."

인간은 잘못된 전제들로 이루어진 필터로 걸러낸 세상만 보는 것이 분명하다. 미래로 나아갈 길을 결정하면서 우리가 의지하는 정보는 그다지 믿을 만한 것이 아니다. 그럼에도 우리는 이 정보들을 믿어도 좋은 것으로 간주한다. 기억을 저장하는 과정 자체는 이미 선택과 해석이다. 인간이 어떻게 선택하고 해석하는지는 학문적으로 연구가 잘 이루어져 있다. 예를 들어 우리는 감정으로 충만한 순간을 가장 잘 기억한다. 첫 키스는 물론이고 처음으로 다투었던 순간이 바로 그런 순간이다. 신경의 차원에서 감정과

● 줄리아 쇼(Julia Shaw: 1987년생)는 심리학자로 독일에서 태어나 캐나다에서 심리학을 전공하고 현재 법심리학자로 활동하는 인물이다. 『기만적인 기억 Das trügerische Gedächtnis(영어 The Memory Illusion)』은 2016년에 출간되었다.

기억은 서로 잘 맞물리기 때문이다. 두뇌는 감정으로 흥분된 상황을 특히 중요한 것으로 간주해 장기 기억으로 저장한다. 또 우리는 다른 사람이 한 일 또는 어떤 일을 했다고 들은 이야기보다는 자신이 손수 한 일을 더 잘 기억한다. 그리고 이것이 특히 중요한 점인데, 스트레스는 두뇌에 과부하를 준다. 이런 상황을 가정해보자. 사랑하는 사람이 당신에게 이렇게 말한다. "나는 이제 더는 당신과 함께 살고 싶지 않아." 이 말을 듣는 순간 우리는 화들짝 놀라 이 위급한 정보에만 집중해 이게 정확히 무슨 의미인지 이해하려 하기 때문에 주변의 다른 모든 것을 거의 기억하지 못한다. 결국 지금 막 배우자가 끝장을 내기 원한다는 것만 알 뿐, 그런 발언이 나오게 된 상황을 우리는 잘 알지 못한다. 더 시간이 흐르고 난 뒤에는 배우자가 정확히 뭐라고 말했는지조차 우리는 기억하지 못한다. 나중에 우리는 그 발언을 되도록 자신에게 유리한 쪽으로 해석하고, 이 해석에 맞게 발언을 부풀리거나 조작한다. 심지어 친구들이 그 이별 현장을 지켜보았다면 우리는 친구들이 받은 인상과 자신의 생각을 뒤섞어가며 진짜 상황과는 거리가 먼 기억을 빚어낸다.

참으로 기괴한 노릇이다. 그러나 기괴함은 이것으로 그치지 않는다. 우리가 기억을 불러내는 방식은 시간의 흐름과 더불어 정확한 기억을 더욱 어렵게 만든다. 우리는 어떤 기억을 끄집어냈다가 다시 저장할 때마다 그 내용을 바꿔놓는다. 다시 말해서 우리는 기억을 진실에 가깝게 충실히 키우는 게 아니라, 기억하는 횟수가 잦을수록 외려 약하게 만든다. "카드들이 담긴 작은 함에서 카드를 한 장 꺼낸다고 가정해보자. 인간의 기억은 이 카드를 읽고 휙 던져버리고는 새 카드에 새로운 버전을 쓴다. 그런 다음 다시 배열한다." 줄리아 쇼의 진단이다. 이처럼 기억하는 횟수가 잦을수록 우리는 실제 일어난 일과는 거리가 멀어지는 내용을 기억으로 포장한다. 이처럼 우리는 감추고 단순화하고 왜곡하면서 기억을 자신의 입맛에 맞게 '변질'시킨다. 더욱이 친한 친구들과 기억 이야기를 하게 되면 이런 조작은 더 심해진다. 체험이나 감정을 이야기하면서 우리가 쓰는 문장은 언어로 표현할 수 없는 모든 다면적인 기억을 덮어버린다. 기억을 묘사하며 쓰는 단어는 깨어지기 쉬운 섬약한 기억 자체보다 훨씬 더 강력하다.

특히 트라우마를 불러일으키는 체험, 이를테면 이혼은 기억을 위조하고 날조한다. 인간이 2001년 9월 11일에 벌어진 테러를 어떻게 기억하는지 하는 문제를 다룬 연구는 다양하게 이루어졌다. 그 결과는 자못 흥미롭다. 인간은 그런 엽기적이고, 여러 매체가 충분히 조명한 사건을 기억하면서 방송에서 보거나 친구에게 들은 이야기를 자신의 체험이라고 혼동한다. 사실과 다른 이야기는 이야기하면 할수록 그럴싸하고 진실과 같은 울림을 준다. 이렇게 해서 기억은 갈수록 변질된다. 게다가 입에서 입으로 전해지며 남이 한 경험도 마치 자신이 직접 한 것처럼 꾸며진다. 본인이 의도해서 이렇게 꾸미는 것이 아니다. 우리는 무의식적으로 이런 과장과 왜곡을 일삼는다. 이런 식으로 새로운 기억이 자꾸 덧붙여지면서 우리의 기억에 차곡차곡 쌓인다. 이 지경에 이르면 우리는 그저 들은 이야기임에도 마치 자신이 직접 경험한 것처럼 천연덕스럽게 늘어놓는다. 깊은 트라우마를 안긴 이혼은 우리의 개인적인 911이나 베를린 장벽 붕괴로 변모해 전설로 회자된다. 그래도 우리는 여전히 비극이 시작되었을 때 자신이 정확히 어디 있었는지는 안다. 다만 이 비극에 첨가된 양념과 액세서리는 우리 두뇌가 지어낸 것이다.

"기억은 통조림 같은 저장 식품이다. 먹음직스럽게 보이도록 착색제를 넣기 때문에 완전히 무해하다고 할 수 없다." 배우 모리스 슈발리에Maurice Chevalier가 한 말이다. 꼭 맞는 말은 아니다. 기억은 언제나 밝은 색으로 색칠되지는 않기 때문이다. 오히려 반대로 기억은 많은 경우 칙칙하게 색칠된다. 우리 두뇌는 자신의 역사를 끊임없이 고쳐 쓴다. 이런 윤문은 언제나 오늘날의 관점에서, 지금 내가 아는 대로, 느끼는 대로, 어제를 지금 어떻게 판단하느냐에 따라 이루어진다. "기억은 예전 버전을 좋아하지 않는다." 네덜란드의 심리학자 다우에 드라이스마가 자신의 저서 『망각의 책』에 쓴 글이다.• "기억은 최신 버전을 아는 것만

• 다우에 드라이스마(Douwe Draaisma: 1953년생)는 네덜란드 심리학자로 흐로닝언(Groningen) 대학교 교수다. 기억과 관련한 두뇌 작용을 심리학의 관점에서 푼 책들로 국제적 명성을 누리는 인물이다. 『망각의 책Vergeetboek』은 2010년에 출간된 것이다.

으로 충분하다." 그리고 인간의 두뇌는 되도록 앞뒤가 맞아떨어지는 깔끔한 이야기를 하려고 노력한다. 두뇌는 약점 잡히는 것을 좋아하지 않기 때문이다. 그리고 두뇌는 자신이 지어낸 이야기가 뭐가 뭔지 잘 맞아떨어지지 않아 이해하기 어려운 경우는 더더욱 싫어한다. "그래서 두뇌는 기억에 생긴 틈에 자신이 그럴싸하게 여기는 이야기를 채워 넣는다. 또는 입맛에 맞는 기억을 위해 다른 기억들을 약화시킨다." 기억 연구를 전문으로 하는 심리학자 엘리자베스 로프터스Elizabeth Loftus는 이렇게 설명한다. 기억의 이런 왜곡과 조작은 당사자에게 과거가 다시 의미를 가질 때까지, 모든 것이 깔끔하게 정리될 때까지 지속된다. 이혼이라는 트라우마에 시달리던 그(또는 그녀)는 마침내 본격적으로 화를 낼 수 있는 구실을 찾아내기까지, 또는 자신을(그리고 아마도 심지어 옛 배우자를) 용서할 구실을 찾아내기까지 기억의 취사선택을 반복한다. 이처럼 관계가 깨어졌을 때 우리 안에는 현실, 곧 진짜 일어난 일과 거의 상관이 없는 것이 남는다. 이런저런 흔적은 상대방의 참모습과도 거리가 멀다. 그저 우리는 뭔가 붙들 것이 필요해서, 스스로 지어내면서까지 자신을 지키려 안간힘을 쓸 따름이다.

케이트 윈즐릿Kate Winslet과 짐 캐리Jim Carrey가 주연한 영화 「이터널 선샤인」에서 얼마 전에 헤어진 커플 조엘Joel과 클레먼타인Clementine은 서로 가진 기억을 새로운 종류의 신경외과 처방으로 지우려 시도한다.* 의사는 조엘에게 이렇게 말한다. "우선 집에 가서 클레먼타인과 어떤 식으로든 연결되는 모든 것을 모으세요. 사진, 옷가지, 선물, 그녀가 아마도 당신을 위해 사주었을 모든 책, 두 사람이 함께 구입한 모든 시디, 일기장 등 하나도 빠짐없이 모으세요. 집 안을 깨끗이 청소해야 합니다. 당신의 인생에서 클레먼타인과 관련한 모든 것을 깨끗이 쓸어 없애야 합니다." 그런 다음 관계를 정리할 지도, 마음속의 지도를 그리고 조엘로부터 클레먼타인을 지워버리고, 클레먼타인으로부터 조엘을 삭제할 프로그램을 만들어야 한다고 의사는 조언한다. "그럼 다음 날 아침에 잠에서 깨어 당신의 침대에 누워 있을 때 마치 아무 일도 일어나지 않은 것 같은 느낌이 들지만 새로운 인생이 당신을 기다리고 있게 되죠." 이 영화에서는 추억이 어린 물건들에 초점을 맞춰 옛 인생을 묘사한다. 의사는 집 안의 물건들에 달라붙은 이 기억들을 청소해야만 새 인생을 시작할 수 있다고 강조한다. 조엘과 클레먼타인은 여느 커플과 다르지 않다. 두 사람은 서로 물건을 공유하며 이 물건은 그들에게 중요한 의미가 있다. 다른 사람들은 당연히 이 깊은 의미를 알 수가 없다. 물건에 달라붙은 의미의 본질은 조엘과 클레먼타인에게만 보인

• 「이터널 선샤인Eternal Sunshine of the Spotless Mind」은 2005년에 개봉된 미국 영화다. 감독은 프랑스 출신의 미셸 공드리(Michel Gondry: 1963년생)가 맡았다.

다. 가을날의 멋진 산책을 떠올리게 만드는 추억의 상수리나무, 첫 데이트를 했던 바에서 슬쩍 훔쳐온 유리잔은 이 커플에게 일종의 상징이다. 다른 사람들이 그 의미를 어찌 알랴. 낭만적 사랑에서 "사물들은 (…) 감정적으로 중요한 의미를 지닌다"고 『사랑의 사회학』에서는 설명한다. "편지, 입장권, 연극 프로그램, 말린 꽃, 사진, 립스틱은 더없이 소중한 애장품이 된다. 본래 사랑하는 사람을 향한 애타는 애정은 이런 물건에 고스란히 투영된다. 이런 식으로 사랑에 빠진 사람 대다수는 과거 속에서, 상대방을 기리는 물건에 둘러싸여 살아간다."

이 사랑이 끝나버리면, 당사자는 물건들의 한복판에 앉아 무얼 어떻게 풀어나가면 좋을지 몰라 넋을 잃는다. 그럼 그 소중한 물건들은 사랑으로부터 각각 점지받은 자리, 이를테면 선반, 창틀 또는 벽에서 애처로운 눈빛으로 주인을 바라본다. 물건들은 마치 어떻게 해서 그 자리에 서거나 눕거나 걸렸는지 아는 것만 같다. 사실 이 물질 생존자들은 그동안 함께 웃고 울며 꾸려온 관계의 생생한 증거다. 한때 뜨거웠던 사랑은 이 아무것도 아닌 물건에 의미를 불어넣으며 관계를 지탱하도록 했지 않은가. 함께했던 체험, 둘이 손잡고 찾았던 명소, 한때의 뜨거웠던 욕정을 이 물건들은 고스란히 목격했다. 예전의 물건들, 옛날 물건들. 정해진 자리에 변함없이 있는 물건들은 소중하거나, 있으나 없으나 그만이거나, 보기만 해도 욕지기를 불러일으킨다. 절대 잃어버려서는 안 될 것이거나, 제발 없어져 주었으면 하는 것이기도 하다. 퇴로를

엇보다 기회를 놓쳐 지금은 운명의 처분만 하염없이 기다리는 물건도 있다. 어떤 것은 정성스레 포장되어 상자 안으로 들어간다. 아마도 이 상자는 몇 년 동안 열리지 않으리라. 다른 물건은 이베이나 벼룩시장으로 내몰린다. 벼룩시장 신세가 된 것은 바닥에 깐 모포 위에 겹겹으로 쌓여, 또는 나란히 놓여 누군가의 선택을 기다린다. 상징성을 탈취당한 물건은 그 가치를 빠르게 잃는다. 한때 돈으로 계산할 수 없는 가치를 자랑했던 물건은 1유로만 받아도 감지덕지다.

우리가 이처럼 물건을 중시하는 이유는 어린 시절에 뿌리를 두고 있다. 이미 두 살만 되어도 아기는 소유가 무엇을 의미하는지 터득한다. 이건 내 거지, 네 것이 아니야. 만약 이것을 네가 나한테 빼앗으면 나는 소리를 지르며 울기 시작할 거야. 여섯 살 때부터 우리는 다른 누구도 아닌 우리 자신이 가졌다는 이유로 물건을 더욱 소중히 여기기 시작한다. 이처럼 아주 어렸을 때 우리는 사물과 관계를 맺는다. 물건은 다른 사람과 이어주는 물질적인 다리가 된다. 심지어 물건은 가까운 사람의 특성을 고스란히 간직하기도 한다. 예를 들어 어렸을 때 우리를 안고 달래주면 스르르 잠들곤 했던 엄마의 스웨터를 우리는 간절히 그리워하며 사랑한다. 성인이 되어 어머니가 가까이 있지 않아도 그 스웨터에 코를 묻고 냄새만 맡아도 우리는 마음이 편안해진다. 또는 인디언 무늬가 들어간 담요는 보는 것만으로도 든든한 느낌이 든다. 이 담요에서는 아버지가 낮잠을 즐기던 소파와 같은 냄새가 난다. 담요는 세상의 그 어떤 사악함으로부터도 우리를 지켜줄 것만 같다. "어떤 몸에서 나는 향기는 그 몸 자체와 마찬가지다. 우리는 입과 코로 그 향기를 들이마시며 그 몸을 직접 가진 것처럼 느낀다. 체취는 몸이 가진 가장 은밀한 실체이자 바로 몸의 본성이다." 장폴 사르트르Jean-Paul Sartre가 쓴 문장이다. 그리고 몸의 특성은 물건에도 고스란히 전해진다. 바로 그래서 우리는 아주 어려서부터 자신이 좋아하는 사람의 향기를 풍기는 물건을 소중히 여긴다. 어머니의 스웨터와 아버지와 관련된 냄새를 지닌 담요가 있다면 우리는 두려울 것이 없다. 안전하게 느끼기 때문에 그 어떤 것도 걱정하지 않는다. 그리고 스웨터와 담요를 향한 우리의 사랑은 아마도 인생의 마지막 순간까지 약해지지 않으리라. "코는 자극을 직접, 필터를 거치지 않고 두뇌로 바로 전달해주는 유일한 감각 기관이다." 독일의 생물학자 한스 하트Hanns Hatt와 저널리스트 레기네 데Regine Dee는 함께 쓴 책 『누구에게도 당신처럼 좋은 향기는 나지 않아Niemand riecht so gut wie du』에서 이렇게 진단한다. 그리고 두뇌는 향기와 더불어 오래가며 거의 바래지 않는 강렬한, 감정으로 충만한 추억을 이끌어낸다. 향료 표본만으로도 이런 추억이 생생하게 되살아나는 것을 여러 연구에서 보여주었다.

인간은 세상에 태어나 살아 움직이지 않는 어떤 물건이 우리에게 생생한 생동감을 준다는 사실을 아주 빠르게 터득한다. 고작 몇 살만 먹은 어린아이에게 물건은 아주 중요한 것이 된다. 모두 나보다 훨씬 더 크고 힘이 세며, 항상 무어라 다그쳐대는 다른 사람들에게 위축되었던 아기는 물건으로 처음 자신도 무엇인가 다스릴 수 있다는 감정을 맛본다. 어린애는 항상 자신이 입혀주는 옷만 입는 인형을 하루 종일 달고 다니며 뿌듯해한다. 손에 쥔 곰인형을 보며 원할 때면 언제라도 끌어안고 뽀뽀해줄 수 있어 아이는 으쓱해진다. 아이는 자신의 명령을 절대 거부하지 않는 피규어를 가지고 논다. 칼과 창과 방패, 심지어 총으로 무장한 피규어는 아이의 강력한 명령에 충실히 복종하며 탕탕 쏘아댄다. 너는 죽었어.

아이는 일찍부터 물건을 상상력을 그려내는 도구, 판타지를 마음껏 펼치는 장난감으로 쓸 줄 안다. "나는 물건을 내가 마음먹은 대로 다룬다. 고로 나는 존재한다." 심리학을 대중에게 알기 쉽게 풀어주는 책을 주로 쓰는 아네테 셰퍼는 자신의 책 『우리는 우리가 가진 바로 그것이다』에서 아이의 경험을 이렇게 요약한다.˙ 물건은 인간이 자신의 자존감을 드러내는 상징이자 세상 안에서 살아 움직인다는 증표다. 물론 물건이 가지는 이런 상징적 효과를

˙ 아네테 셰퍼(Annette Schäfer: 1966년생)는 독일 태생의 프리랜서 저널리스트로 미국에서 독일 유수 언론의 통신원으로 활약하며 다수의 책을 써낸 인물이다. 『우리는 우리가 가진 바로 그것이다 Wir sind, was wir haben』는 2012년에 출간된 책이다.

우리는 평소 의식하지 못한다. 물건을 잃어버리면 우리 인간은 자신의 존재감을 이루는 중요한 부분이 위협받는 느낌이 든다. 인간은 물건으로 자신의 존재를 확장한다. "인간의 자아는 그가 내 것이라고 할 수 있는 모든 물건의 총합이다." 미국의 심리학자 윌리엄 제임스는 이미 1890년에 자신의 책 『심리학의 원리』에서 이렇게 정리했다.•

사물을 보는 우리의 관점은 나이를 먹어가면서 바뀐다는 것을 캘리포니아 주립대학교의 심리학자 로라 캠프너Laura Kamptner는 밝혀냈다. 10대 시절 인간은 그저 자기 자신과 직접 관계가 있는 물건만을 좋아한다. 그것을 가지고 있으면 재미있어서, 긴장이 풀리고 마음이 편안해져서, 어떤 가능성이 열려서 좋기만 하다. 내 옷, 내 스마트폰, 내 자전거. 청년이 되면 관점은 바뀐다. 어떤 특정 물건이 좋은 이유는 그 물건이 나에게 중요한 사람 또는 중요했던 사람을 떠올리게 만들어주기 때문이다. 나는 지금 손에 든 책을 읽으면 그녀의 얼굴이 선명하게 떠올라서 좋더라. 거실에 놓인 커다란 화분에서 높다랗게 자란 식물은 우리 두 사람이 싹을 틔웠을 때부터 보았던 것이지. 저 귀걸이는 어머니가 처녀 때 했던 거

• 윌리엄 제임스(William James, 1842~1910)는 미국의 심리학자이자 철학자로 이른바 '프래그머티즘'의 창시자로 알려진 인물이다. 『심리학의 원리 The Principles of Psychology』는 심리학 연구에 초석을 놓은 역저로 1890년에 출간되었다.

야. 사진에 귀걸이가 아주 잘 나왔네. 물건의 가치는 시장이 정해주는 게 아니다. 귀걸이는 그 시절 유행하던 것으로 그다지 비싼게 아니었지만, 이 귀걸이의 가치는 어머니를 그리워하는 자식에게 그 금 함량은 비교도 될 수 없을 정도로 높다. 성인에게도 물건은 그 주인이 어떤 사람인지, 또 더 나아가 다른 사람과의 관계는 어떤지 보여주기에 대단히 중요하다. 내가 느끼는 나 자신, 내가 정말 되고 싶은 모습으로 다른 사람들이 나를 보아주었으면 하는 간절한 소망은 내 주변의 물건을 다루는 정성에서 고스란히 드러난다. 외모란 결국 내면의 반영이다. 친구들과 서로 옷을 빌려주고 빌려 입는 처녀들은 우정과 신뢰를 키울 뿐만 아니라, 서로 같은 정체성도 가꾼다. 인생의 이런 이치는 오로지 물건의 주고받음으로 성립한다.

늙어갈수록 인간은 물건을 더욱 소중히 여긴다. 물건에는 추억이 어려 있기 때문이다. 추억을 다루는 자세로 인간은 '지킴이'와 '방관자'로 유형이 나뉜다. '지킴이'는 내밀한 추억이 어린 물건과 떨어지기 어렵거나, 전혀 떨어지지 못한다. 심지어 이들의 눈에 물건은 영혼까지 가진다. 물건은 과거의 증인(대개는 유일한 증인)이다. 그리고 물건과 함께한 세월이 길어질수록 물건의 존재감은 무거워진다. '방관자'는 과거의 짐이 없는 인생을 즐기고 싶어 한다. 이들은 사방이 온통 오늘이고, 다가오는 내일의 몇 가지 조짐을 보는 것만으로 말 그대로 흡족해한다. '방관자'는 몇 달 뒤에 열릴 콘서트 입장권을 냉장고 문에 걸어두는 반면, '지킴이'는 「니모를 찾아서」*의 관람권을 같은 곳에 걸어두고 추억에 빠진다. 이 두 유형의 사람이 서로 관계를 맺게 되면 하루가 멀다 하고 다툰다. 결국 어떤 관계든 흐르는 세월과 함께 물건은 쌓이게 마련이다. 함께 사는 집의 구석마다 피할 수 없이, 의식되지 않은 채 쌓이는 저 인비늘처럼. 어느 순간 문득 정신을 차려보면 사방이 물건으로 그득하다. 쓸모가 없어 먼지만 뒤집어쓰고 있는 것이 있는가 하면, 보물도 적지 않다. 귀중하기 짝이 없는 것과 잡동사니가 어깨를 나란히 한다.

물건이 우리의 인생과 사랑의 어떤 속내를 알려주는지를 다룬 예술 프로젝트는 세 가지다. "사랑이 떠나버리면 무엇이 남을까"에 대한 결산을 내리는 책은 삽화가이자 저자인 리앤 샤프턴이 출간한 『책과 스트리트패션과 보석을 포함한, 레노어 둘란과 해럴드 모리스의 소장품 가운데 중요한 유품과 개인적 자산』이다.** 샤프턴은 어떤 커플이 맺은 관계의 스토리를 시작부터 끝까지 이 커플이 함께 지내는 동안 모은 물건으로만 들려준

• 「니모를 찾아서Finding Nemo」는 2003년에 개봉된 월트디즈니의 애니메이션이다.

•• 리앤 샤프턴(Leanne Shapton: 1973년생)은 캐나다 삽화가이자 작가다. 『책과 스트리트패션과 보석을 포함한, 레노어 둘란과 해럴드 모리스의 소장품 가운데 중요한 유품과 개인적 자산Important Artifacts and Personal Property from the Collection of Lenore Doolan and Harold Morris, Including Books, Street Fashion and Jewelry』은 그녀의 두 번째 책으로 2009년에 출간되었다.

다. 경매 카탈로그처럼 꾸며진 이 책은 300장이 넘는 물건 사진과 간략한 설명을 담았다. 물건은 대개 사소한 것이다(손수건, 소금 통과 후추 통, 브래지어, 우산, 딸기잼 병 등). 그러나 시간 순으로 배열한 사진은 이 관계의 감정 연대기다. "커플이 처음으로 함께 찍은 사진. 사진작가 미상. 모서리에 압정 자국이 있음"(물건 #1005, 25~30$), "말린 노란 장미"(#1066, 12~15$), "열두 개 하트 모양의 실리콘 얼음 틀. 바닥에 몇 개의 흠집이 보이기는 하지만 전반적 상태는 양호함"(#1240, 5~10$), "둘란의 메모. '내가 당신을 행복하게 해주려고 노력한다는 걸 알아줘! 당신 집에 놓아둔 내 물건을 두고 놀리지 않았으면 좋겠어'"(#1248, 10~20$), "모리스가 인도에서 둘란에게 보낸 생일 축하 카드. '레노어, 당신 생일에 함께 있지 못해서 미안해.' 카드 가운데 접힌 자국이 있음"(#1313, 15~20$), "맨해튼 원룸 아파트 임대 광고, 관심이 가는 광고에 마커펜으로 동그라미를 쳐놓았음. 로스앤젤레스 원룸 아파트 임대 광고, 관심이 가는 광고에 연필로 표시를 해두었음. 크기는 서로 다름"(#1328, 5~10$) 따위의 사진들은 이 커플이 걸어온 길의 기록이다.

물론 이 물건이 실제로 경매에 나온다 한들 구입할 사람은 거의 없다. 그렇지만 그것은 귀중한 또는 귀중했던 것이다. 적어도 레노어와 해럴드에게는 말이다. 리앤 샤프턴은 자신의 책 첫 장에 독일 낭만주의 작가 노발리스Novalis의 문장을 인용해두었다. "우리는 두리번거리며 무조건적인 것을 찾지만, 늘 물건만 발견한다."• 정확히 이것이 핵심이다. 물건은 손으로 만지고 잡아볼 수 있는 확실한 것이다. 무조건적인 사랑을 갈구했던 커플에게 서 남는 것은 '오로지' 물건뿐이다. 이렇게 남은 물건은 옛사랑의 증거다. 물건이 지닌 상징성은 오로지 맥락 안에서만 드러난다. 두뇌가 기억과 기억 사이에 난 틈을 메우듯, 독자는 리앤 샤프 턴 책의 페이지들을 넘기며 이 가상의 카탈로그에서 물건 사이 에 있는 여백을 메워야 한다. 이 사진과 이 편지 사이에는 무슨 일이 일어난 게 틀림없어. 파티가 끝나고 대판 싸웠나 봐. 그렇지 않고서야 이런 메일을 보낼 리가 없지. 책의 끝부분에 이르러 우 리는 왜 이 관계가 좌초했는지 그 이유를 안다. 그리고 무조건적 으로 좌초할 수밖에 없었음을 짐작한다.

올린카 비슈티차 Olinka Vištica와 드라젠 그루비시츠 Dražen Grubišic는 관계를 정리한 뒤, 그들의 육성을 그대로 인용하자면 "사랑의 빛이 반짝했다가 다시금 사라진 뒤", 깨진 관계와 이 관 계로부터 남은 것을 대중에게 보여주고 싶다는 생각에 박물관 을 세웠다. 관계로부터 남은 물건들을 보여주는 '깨어진 관계 박 물관(Museum of Broken Relationships)'은 자그레브와 로스앤젤 레스 두 곳에 있으며, 전 세계를 순회하는 전시회와 함께 온라인

• 이 문장에는 독일어 특유의 언어유희가 사용되었다. 물건(Ding)은 '조건을 다 는 일(be'ding'en)'의 어근이며, '무조건적(unbe'ding't)'으로 확장되는 어휘 의 어근이기도 하다. 우리말로는 이런 맥락이 전혀 드러나지 않아, 사족을 붙 여둔다.

'brokenships.com'으로도 관람 기회를 제공한다. 두 사람은 이별이 이루어지던 숨 막히게 뜨거운 여름날 주방에 함께 앉아 대화를 나누며 박물관을 세울 발상을 가다듬었다. "뭔가 이야기하려고 입을 열 때면 최대한 부드러운 목소리로 말하려 노력했죠. 그러지 않았다가는 상처를 애써 감싸놓은 붕대가 터질 것 같았으니까요." 올린카 비슈티차는 당시를 이렇게 회고했다. "4년이 넘게 가꿔온 관계의 잔재가 집 안 구석구석에서 우리를 노려보고 있었죠. 먼지를 잔뜩 뒤집어쓴 컴퓨터 모니터에는 행복했던 시절의 사진들이 붙어 있었고, 서로 온갖 찬사를 늘어놓으며 지금껏 지켜지지 않은 약속을 써넣은 노트, 디지털 시대 이전에 서로 애무하며 영화를 즐기던 저녁 시간의 증거인 비디오리코더, 심지어 우리가 마주 앉은 주방 식탁도 의미와 추억으로 얼룩져 있었죠. 모두 우리의 깨진 관계와 함께 속절없이 퇴색할 운명이었어요." 두 사람이 모두 끔찍이 아끼던 반려인형 토끼가 고민거리였다. 토끼는 두 사람 관계의 파탄으로 아픔을 겪지 않고, 맞춤한 보금자리를 얻어야만 한다. 바로 그때 박물관이 좋겠다는 발상이 떠올랐다. "지나간 사랑의 아픈 기억을 모아놓은 장소"가 있어야만 한다. "이런 장소는 그동안 함께 쌓은 재산을 놓고 벌이는 다툼은 비교도 안 될 정도로 시적이며 우호적이에요. 최악은 함께 써온 역사의 값을 매기기 어려운 부분을 짓밟고 파괴하는 감정의 반달리즘이죠." 박물관이라는 구상에 호감을 보이는 사람들이 속속 나타나 세계 곳곳에서 저마다 물건을 기증했다. 물론 물건이 어떤 사연을 담은 것인지 설명한 글도 따라왔다. 이를테면 휴대폰("그가 저에게 자신의 휴대폰을 주더라고요! 제가 그에게 다시는 전화하지 못하게 말이에요"), 망가진 VHS-비디오("나는 그걸 자동차로 깔아뭉갰고, 드라이버로 구멍을 냈으며, 총으로 여러 차례 쏜 다음, 중간을 톱질해 잘라내고, 도끼로 내리쳤으며, 마그네틱테이프를 불태웠소, 그게 나를 위한 유일한 치료법이었으니까"), 오래된 고물 시계("그녀는 골동품이라면 사족을 못 써요. 오래되어 작동하지 않는 것이라면 무엇이든 가지지 못해 안달이었죠. 정확히 바로 그래서 우리는 더는 함께 살 수가 없었어요"), 초음파 사진("폭풍 같은 사랑으로 저지르기는 했는데 도저히 감당할 수 없어 사진만 남았죠"), 웨딩드레스("혹시 나중에 결혼하게 되면 돌려받을 수 있을까요?") 따위가 박물관에 기증되었다. "우리 사회는 결혼식, 장례식, 졸업식은 알면서도, 어떤 관계가 끝나는 것을 공식적으로 알리는 예식은 모르더군요." 올린카 비슈티차가 한 말이다. 그녀의 박물관은 물건을 자유롭게 놓아주면서, 물건이 그곳에서 안전하게 잘 있을 거라고 믿게 해주는 보증이다.

우리가 물건을 놓아 보낼 때의 마음가짐은 우리 자신의 일부와 작별하고 싶어 하는 것임을 연구는 밝혀냈다. 예를 들어 소비 심리를 연구하는 미국 유타 대학교의 멀리사 마틴 영Melissa Martin Young은 19~39세 사람들을 대상으로 어떤 이유에서 물건과 작별하게 되는지 물었다. 응답자는 두 명 가운데 한 명꼴로 역할 변화를 원인으로 꼽았다. 어떤 젊은 남자는 자신이 일곱 살 때 좋아했던 이불 이야기를 했다. 아주 어려서부터 쓴 이불이 너무 좋아밤마다 꼭 끌어안고 잠을 잤는데, 어느 날 갑자기 그러는 자신이 유치하다는 생각이 들더란다. "친구들 가운데 그런 이불은 아무도 쓰지 않았거든요. 그런 건 꼬마나 쓰는 거라 이제는 그 유치한 이불과 작별해야 하겠다고 결심했죠. 이제 나는 꼬마가 아니니까." 어떤 젊은 여성은 자신이 타던 승용차를 남동생에게 선물한 이야기를 했다. "저는 이제 더는 반항아가 아니라, 어엿한 어른이 되고 싶었어요." 그녀가 차를 동생에게 선물한 이유다. "과거와 작별하니 마음이 한결 가벼워지더군요. 이제 나이를 먹었으니 낡은 짐은 버리고 싶었어요." 그리고 다른 젊은 여성은 남자 친구와 헤어지면서 그동안 받았던 선물을 되돌려준 이야기를 했다. 딴 여자에게 정신이 팔려 자신을 떠난 남자가 괘씸했다고도 했다. "저는 당시 그에게 선물을 그냥 고스란히 돌려주는 건 아니라고 생각했어요. 그래서 그것을 망가뜨린 다음에 돌려주었죠."

멀리사 마틴 영은 인간이 소중히 여기며 의미를 부여하는 물건을 두고 '필수 소도구(Requisite)'라고 한다. 연극 무대에 꼭 필요한 소도구를 일컫는 이 단어의 뜻 그대로 우리 인생이라는 무대에서 중요한 역할을 했거나, 지금 하는 물건이 바로 '필수 소도구'다. "이런 물건은 기분 내키는 대로 던져버리는 게 아니다. 물건을 놓아버리는 것은 세심하게 계산된 전략, 곧 역할 변화를 손쉽게 만들고 입증하려는 전략이다. 이런 전략은 새것이 들어설 자리를 마련하기 위해 옛것을 버리는 행동을 의식적이든 무의식적이든 허락해준다." 멀리사 마틴 영의 진단이다. 아네테 셰퍼는 이렇게 썼다. "자신의 정체성을 바꾸고 싶은 사람은 그동안 쓰던 물건과 작별하거나 심지어 파괴함으로써 이런 변화를 기록하고 싶어 한다."

행운이 따라준다면 물건도 작별의 운명에 시달리지 않을 수 있다. 올린카 비슈티차와 드라젠 그루비시츠의 토끼 인형처럼 예전에 우리가 어떤 인생을 살았는지 상기시켜주는 것, 그 시절로 다시는 돌아갈 수 없다는 것을 상기시켜주는 것이 그런 행운을 누린다. 미국 로스앤젤레스에서 활동하는 예술가이자 저술가인 한 스틴Hanne Steen은 이런 행운을 누릴 특별한 재료를 찾아냈다. 관계가 파국에 이르렀을 때 그녀는 남자 친구의 셔츠가 이루 말할 수 없이 좋았다고 털어놓았다. 커플이 행복했던 시절 남자의 셔츠는 편안함과 온기를 베풀어주었다. 셔츠는 촉감이 아주 좋았으며, 맡기만 해도 마음이 편안해지는 냄새, 곧 그 남자의 체취를 풍겼다. 남자와 갈등을 겪으면서부터 셔츠는 한 스틴에게 일종의 보증이었다. 그의 셔츠를 간직하고 있는 한, 그는 돌아와주리라. 그러나 마침내 관계가 파탄이 나자, 남자는 셔츠를 가지고 떠나버렸다. 사랑의 문은 굳게 잠겨버리고 말았다. 그는 자신의 물건을 모두 가져갔다. 온기와 체취도 함께. 한 스틴은 자신의 여자 친구인 사진작가 카를라 리치먼드 코핑Carla Richmond Coffing에게 전화를 걸었다. 그때부터 두 사람은 이별을 겪고 난 뒤 예전 파트너의 셔츠나 티셔츠를 입은 여성과 남성의 사진을 찍는 작업을 한다.

사진은 남겨진 사람이 떠나버린 사람의 옷을 입고 거울을 보는 순간을 포착한다. 이 사진들은 인터넷 주소 'loversshirts.com'에 들어가면 누구나 볼 수 있다. 심지어 동영상도 있는데, 그걸 보는 사람은 심장이 무너질 수도 있으니 조심해야 한다. 다양한 모습을 담은 사진들이지만 뭔가 공통점이 있다. "속절없이 사라져버린 행복의 어두운 그늘이 그들에게 드리워졌다. 옛사랑의 그림자는 이 사랑이 충분히 무르익지 못했음을 알려준다." 뮌헨에서 발간되는 일간지 《쥐트도이체차이퉁(Süddeutsche Zeitung, 남독 신문)》의 기자 플로리안 치네커Florian Zinnecker의 촌평이다. 남겨진 남자와 여자의 눈길은 공허하거나 무언가 속으로 곱씹는 듯하다. 셔츠의 어디를 잡아야 좋을지 몰라 헤매는 두 손은 온기를 갈구하는 이 사람들의 심장을 고스란히 보여준다.

왜 사진 속의 사람들은 셔츠나 티셔츠의 어딘가를 두 손으로 꼭 붙들까? "외롭다는 느낌이 들 때마다 이걸 입어요." "이것은 그 누구도 가지지 못한, 나만이 가진 그의 한 조각이에요." "이걸 입고 있으면 내가 실제보다 약간은 더 강해 보여요." "여전히, 그동안 헤아릴 수도 없이 세탁했음에도 그의 냄새가 나요." "이걸 입고 있으면 그와의 관계에 정말 몰두했던 저 자신이 생각나요." "저에게 이 옷은 일종의 기념품, 트로피죠." 이 모든 표현은 저마다 자신의 진실을 담았다. 한 스틴과 카를라 리치먼드 코핑은 이 사진 프로젝트로 이 진실을 추적한다. "이 프로젝트로 우리는 어떤 의문을 조심스럽게 제시하고자 합니다. 사랑과 상실의 문제에서 누구나 겪는 보편적인 것은 무엇인가?" 두 사람이 쓴 글이다. "이 물음의 답을 모아 우리는 사랑하고 잃어버리며 그래도 계속 살아가려 애쓰는 인간 능력의 보편 역사를 써보고 싶습니다."

사진 가운데 한 장에서 어떤 남자는 이렇게 말한다. "단추가 계속 떨어지지만, 그때마다 손수 달아줍니다." 그는 푸른색과 갈색의 줄무늬가 들어간 셔츠를 입었다. 아마도 그는 옛사랑을 가능한 한 오래 몸에 걸치고 계속해서 단추를 달아주기로 결심한 모양이다. 셔츠가 버텨주는 한, 관계의 흔적이 더는 남지 않을 때까지. 아니면 상실의 아픔을 놓지 않고 싶은 것일까. "아픔을 주기를 멈추지 않는 것만이 기억에 남는다." 프리드리히 니체가 쓴 문장이다.

유물론자만이, 우리가 애착을 가졌던 그리고 가지는 물건으로 우리의 역사 전체를 쓸 수 있다고 말할 수 있는 것은 아니다. 우리가 버리거나 파괴한 것은 없어서 아쉬울 게 전혀 없다 하더라도 우리 인생의 일부분이다. 레드와인을 흘리는 바람에 얼룩진 티셔츠는 벼룩시장에 내놓아도 누구도 사려 하지 않겠지만 그 주인의 인생 이야기를 담고 있게 마련이다. 남는 것과 마찬가지로 없어져야만 하는 물건 역시 한때는 우리 인생의 동반자였으니까. 사람들은 대개 물건과 자신의 인생이 무관한 것처럼 여긴다. 그러나 헤어진 파트너를 언급함이 없이 인생 역사를 온전히 이야기할 수 없는 것처럼 물건과의 인연도 무시해서는 안 된다.

미국 뉴멕시코 대학교의 마케팅 교수로 소비 문제를 연구하는 캐서린 로스터Catherine Roster는 물건과의 이별에도 애도의 단계가 있음을 밝혀냈다. 물건과 작별하며 거리를 두는 단계(이를테면 물건을 다락방이나 지하실로 가져다놓는 단계)는 물건과 물리적으로 떨어지면서 반성을 하며 감정과 작별하는 단계이다. 이런 애도의 단계는 파트너와 작별하고 홀로서기와 새 출발을 구하는 것에 비교될 수 있다. 파트너와 헤어지면서 가능한 한 아픔이 없이 그동안의 살림살이를 '네 것'과 '내 것'으로 나눌 수 있는 요령은 인터넷에 넘쳐난다. 대부분 헛소리에 지나지 않지만 그래도 몇몇 유용한 도움을 뽑아낼 수 있다. 다음은 이런 검색의 결실 가운데 그 요점만 압축해본 것으로 실제로 큰 도움을 준다(아이나 반려동물과는 전혀 상관이 없으며, 오로지 물건과 관련한 정보다).

1. 함께 소유했던 물건의 목록을 만든다. 무엇이 내 것이며, 무엇이 네 것인가? 함께 구입한 것은 무엇이며, 어떤 것을 우리 두 사람은 기꺼이 그리고 자주 썼는가?

2. 두 사람 모두 가지고 싶은 물건은 가장 많이 쓰는 쪽 또는 가장 잘 돌보아줄 사람의 몫으로 정한다. 요리를 더 많이 한 쪽이 요리 도구 일체를 가져간다. 텔레비전은 시청을 가장 많이 한 쪽이 갖는다. 양쪽이 똑같이 요리하는 것을 즐겼다거나 방송 시청을 했다면, 최선을 다해 되도록 공정하게 나누자. 상대방이 텔레비전을 가져간다면 어쨌거나 당신은 최신의 새 텔레비전을

구입할 수 있으니 얼마나 좋은가. 이런 방법이 별 도움을 주지 않는다면, 당신이 정말 원하는 것을 상대방에게서 구입하자. 가지고 싶은 쪽이 신품 가격의 절반을 지불한다(또는 서로 납득할 수 있는 가격을 협상하자). 그래도 도움이 되지 않는다면, 동전을 던지자.

3. **합의할 수 없는 것(또는 양쪽 모두 가지고 싶지 않은 것)은 모두 팔아버리거나 기부한다.** 이렇게 해서 생긴 돈은 50 대 50으로 나누거나 기부한다. 그럼 처리 시간을 대폭 줄일 수 있을 뿐만 아니라, 갈등도 생겨나지 않는다.

4. **추억의 물건을 정리한다.** 아날로그 방식으로 촬영한 모든 중요한 사진은 스캔해두자. 그래야 양쪽 모두 디지털 복사본을 간직할 수 있다. 옷가지는 원래 그것을 입었던 사람이 가져간다. 보석 역시 본래 착용했던 사람이 가져간다. 그런 다음 나머지 물건들을 세 덩어리로 나눈다. 내 것, 네 것, 우리 것. 그 물건들을 하나하나 서로 머리를 맞대고 살피자. 당신이 가지고 싶고, 이에 반론이 없다면 이런 것이 '내 것'에 넣는다. 그렇지 않은 것은 '우리 것'에 넣는다. 이렇게 분류하는 작업은 공정해야 한다. 합의할 수 없거나 양쪽 모두 가지고 싶지 않은 것은 3번 지침에 따른다.

5. **함께 썼던 온라인 계정을 분리한다.** 지금껏 어떤 계정을 공유해왔는가? 예를 들어 온라인 영화 혹은 음악 서비스는 계속 공동으로 이용하고 싶은가? 최선은 온라인상의 모든 것을 새

롭게 정비하는 것이다. 함께 이용했던 패스워드는 꼭 바꾸자. 계정 문제만큼은 되도록 일관성을 가지고 철저히 대처해야 한다.

서로 얼굴을 붉히는 일은 온라인에서 막을 올릴 수 있다.

인생은 어디에서 계속되나

"계속하려면 스톱을 누르세요": 사진의 힘과 </3, #love, #me, #cute

그리고 상시 만능 기계와 잊을 수 없는 엘비스

새로운 가상 세계가 안고 있는 문제점 중 하나는 최신 컴퓨터 게임을 하려고 'VR 안경'을 쓰면 어지럼증을 호소하는 사람들이 많다는 점이다. 어지럼증이 생기는 이유는 간단하다. 게임 속의 캐릭터가 그 디지털 풍경을 달리는 움직임을 두 눈으로 지각함에도 몸은 두뇌에 너는 지금 움직이지 않고 있다고 신호를 보내기 때문에 일어나는 감각의 충돌이 어지럼증의 원인이다. 사람은 제자리에서 가만히 있는데, 세상은 계속 빙빙 돈다. 이런 사정은 갓 헤어진 커플에게서도 고스란히 관찰할 수 있다. 이른바 소셜 네트워크에서는 모든 것이 끊임없이 움직이는 반면, 헤어진 당사자들은 완전히 굳어 있기 때문이다. 하기는 관계의 현재 상태가 '너무 복잡해'에서 '싱글'로 바뀌었다고 해서 페이스북에 '잠깐 쉽니다'를 누르는 사람은 없다. 아무튼 그런 곳에서 인생은 계속되며, 예전 파트너는 어떻게든 새로운 인생을 개척하려 전전긍긍한다. 고약하게도 당사자는 자신의 자유를 사진과 텍스트로 계속 세상에 외처야만 한다. 규칙적으로 업데이트해주는 수고는 당연한 덤이다.

옛날에는 헤어지면, 시골 마을에서 살던 사람이라면 거리에서 마주치는 일이 거의 없었다. 도시에서는 마주치는 일이 전혀 없었다. 대개 친구를 통해 상대가 요즘 어떻게 지내는지 풍문으로 듣는 정도로만 서로 생사 확인이 가능했다. 만나야만 할 이유가 없었기에 아예 세상에 없는 사람처럼 자연스레 피해 다녀도 전혀 이상하지 않았다. 오늘날은 달라졌다.

인터넷은 지난 몇십 년 동안 지구촌 수백만 명의 인구가 자연스럽게 만나는 장소이자 일기장으로 발돋움했다. 어떤 최신 연구는 친구와 가족에게 중요한 인생 사건을 어떤 방법으로 알려주느냐는 물음으로 설문 조사를 했다. 문항의 복수 선택을 허용한 조사에서 "소셜 미디어"라고 답한 사람은 79%이며, "몸소 직접" 전달해준다는 사람은 75%다. 그럼 왜? 50%를 조금 넘기는 응답자들은 소셜 미디어가 긍정적인 위로를 준다고 답했다. 29%는 축하의 말을 듣고 싶어서, 17%는 사회적 신분 상승을 기대하기 때문에 그런 플랫폼을 이용한다고 응답했다. 페이스북이나 그와 비슷한 플랫폼을 이용해 알리는 소식이 축하할 일에만 국한되는 것은 아니다. 물론 58%에 해당하는 사람들은 새로 맺게 된 관계를 그런 플랫폼을 이용해 알리며, 50%는 자녀나 손주의 삶에서 일어난 중요 사건을 공지한다고 했다. 하지만 가까운 사람의 죽음을 이런 방법으로 알린다는 사람도 47%나 되었다. 이별이나 이혼을 페이스북과 같은 미디어로 알린다는 사람은 고작 11%였다. 이런 저조한 반응은 아무래도 오늘날 파트너 역시 네트워크의 일부라는 점과 관련이 있으리라.

관계의 고리가 끊어진 뒤에는 모든 것이 정말 까다롭고 복잡해진다. 하나하나 풀어나가고 정리해나가는 일을 인터넷에 사진과 글로 올려두는 것은 결국 인생사를 담은 커다랗고 풍부한 기록이 된다. 특히나 요즘은 많은 젊은이들이 이런 식으로 관계를 정리한다. 젊음을 지나 중년 단계에 접어든 사람들도 마찬가지다. 그동안 10년이 넘게 이런 기록이 이루어졌다는 점을 감안하면 인터넷은 정말이지 대단한 인생 기록 보관소다. 흔히 이런 기록은 시간 순으로 정리되어 앨범처럼, 비록 사진 보호용 박엽지도 없고 사진 모서리를 끼우는 부분도 없지만, 자태를 뽐낸다는 점에서 옛날의 인조 가죽으로 정장이 된 앨범과 공통점이 많다(본래 페이스북facebook은 디지털 시대 이전에 미국의 칼리지와 대학교에서 배포한 진짜 '북book', 신입생들의 증명사진이 들어간 책자였다.). 독일 베를린 자유대학교의 역사학자 코르트 파겐슈테허Cord Pagenstecher는 사적인 앨범을 두고 "일기장과 비망록과 인생사 인터뷰" 사이의 어딘가 중간 지점에 위치하는 기록이라는 표현을 썼다. 앨범을 만들며 사진을 고르고 배치하는 일은 당사자의 인생 역정을 "그림처럼 보여주면서 사진의 흐름이 자연스러운 이야기를 이루게 해주는 것, 인생이 어떤 방향으로 걸어왔는지 알게 해주는 것"이라고 오스트리아 출신의 역사학자 팀 슈타를Timm Starl은 말한다. 말하자면 앨범은 인생의 큐레이터이며, 인간이 자아를 확인하려는 노력의 산물이다. 앨범의 목적은 프레젠테이션이다. 그 방법은 선택과 요약과 조각 모으기다. '우리의 휴가 1977'이라는 제목의 앨범은 두 주 동안 휴가 여행을 다녀오며 겪은 모든 사건을 담았다. '내 인생의 첫해'라는 제목의 앨범은 정확히 아날로그 앨범 한 권을 꽉 채울 분량의 사진들, 태어나서 12달 동안 찍은 스냅 사진들을 담았다. 앨범이 소셜 네트워크와 다른 점은 이렇다. 앨범은 흔히 몇 주 혹은 몇 달 뒤에 꾸며지는 것인 반면, 페이스북이나 인스타그램은 거의 생중계를 하듯 사진들을 업로드한다. 또 다른 차이는 아날로그 앨범의 경우 인생 이야기를 들려주는 사진소설은 오로지 본인이 직접 쓴 글로만 이루어지는 반면, 네트워크의 그것에는 다른 사람들도 촌평을 단다. 대개는 응원이나 칭찬하는 글이다("참 아름다운 한 쌍이네요"). 인스타그램에서 가장 큰 인기를 누리는 해시태그는 '#love', '#me', '#cute'이며, 대중이 가장 좋아하는 포스팅은 유명 여성의 임신 소식과 축구 스타 크리스티아누 호날두Cristiano Ronaldo가 아버지가 된다는 소식이다.

옛 아날로그 시대와 가장 크게 다른 점은 두 가지다. 우선 사진, 동영상, 뉴스의 양이 정말 엄청나다. 여성은 요즘 페이스북에 평균적으로 347개, 남성은 179개의 사진을 올린다. 여기에 온갖 댓글, '좋아요', '공유하기'가 따라붙는다. 이로써 사람들 사이의 친밀감이 높아지고 결속도 커진다. 이처럼 네트워크에는 정말이지 많은 사람들이 그 모든 시시콜콜한 일상사를, 놀라울 정도의 디테일을 뽐내가며 기록한다. 모두 자신의 인생을 주목할 만한 것으로 가꾸려는 안간힘이다. 심지어 가족, 친구, 친구의 친구, 아예 온 세상이 합창을 한다. 온라인은 이처럼 인생이라는 거대한 퍼즐 게임을 즐기는 장이다. 인간은 저마다 이 퍼즐을 이루는 조각이다. 이렇게 이루어진 모자이크는 인생의 가장 보여주고 싶은 순간들로 이루어진 일종의 만화경 같다. 그러나 개별 포스팅은 대개 그 의미를 해석해 곱씹어볼 필요가 있을 때 굳어 있다. 온라인에서 '역사적 사건'을 다시 한 번 끄집어내는 일은 무척 드물다. 리뷰는 이루어지지 않는다. 10년 전 페이스북에 올려놓은 사진과 글을 다시 찾아보는 사람은 거의 없다. 별다른 계기가 없어도 자주 꺼내보는 10년 묵은 앨범과 온라인의 이런 특성은 기묘한 대비를 이룬다(바로 그래서 그동안 온라인 업체들은 '추억'을 중심으로 한 검색어의 순위를 자동으로 올린다). 아날로그 앨범 또는 일기장과 디지털 문화가 다른 두 번째 중요한 점은 사진을 올리고 글을 쓰며 이를 퍼 나르는 모든 작업이 컴퓨터로 이루어진다는 것이다. 은행 일을 처리하고, 적당한 렌터카를 찾아보고, 온라인 장터에서 생일 선물을 구입하고, 뉴스를 보는 모든 행동이 컴퓨터라는 도구만으로 이루어진다. 물론 이때 컴퓨터는 스마트폰까지 포함하는 넓은 개념이다. 컴퓨터는 이처럼 오늘날 언제나 모든 일을 할 수 있게 해주는 '상시 만능 도구'다. 이제 휴대폰은 사람들의 일상에서 빼놓고 생각할 수 없는 게 되었다. 휴대폰은 인생의 당연한 한 부분이자, 인생을 바라보는 창이다. 사람들은 휴대폰에 자신의 인생이 자랑하는 '최고의 스토리'를 담아 늘 지니고 다닌다. 언제라도 꺼내 과시할 수 있도록. 이로써 체험과 발견과 발상은 휴대폰에 안착해 사진, 더 나아가 동영상 그리고 그에 붙은 텍스트로 변신한다. 이 모든 것은 거대한 흐름이 된다. 한 번의 터치로 모든 것은 세상에 공개된다. 우리의 일부는 이제 세계 도처로 뻗어나간다. 와, 이거 봤어? 놀랍네! 대단한데! '좋아요'를 누르며 퍼 나르느라 손가락들은 바삐 움직인다. 당신 오늘 저녁 언제 집에 와? 나도 사랑해.

그러다 갑자기 이 흐름의 일부가 막혀버린다.

돌연 네트워크를 통해 과시되던 관계가 파국을 맞는다. 네트워크에 숱하게 올려두었던 '관계의 기록'은 일순 거짓말이 된다. 우리가 온라인에 올려두는 것에서 무엇이 남을까 하는 물음에 네트워크 철학자 헨리 젱킨스*는 이렇게 답했다. "남는 것은 아이패드와 아이폰의 디스플레이에 찍힌 우리 지문이다." 네트워크에서 우리의 스토리는 끊임없이 새로 쓰여지고 있기 때문이다. 젱킨스의 말은 전적으로 옳다. 그러나 지금, 이별의 순간에서만큼은 그의 말이 맞지 않는다. 지금은 모든 것이 여전히 그대로다. 사라진 것은 없다. 그리고 우리는 앞으로 더 따라붙을 게 없다는 것을 안다. 우리 관계의 디지털 스토리는 호박(琥珀) 속에 갇힌 파리처

---

* 헨리 젱킨스(Henry Jenkins: 1958년생)는 미국 미디어학자다. 현재 서던캘리포니아 대학교의 커뮤니케이션과 저널리즘 교수로 대중문화의 다양한 측면을 연구하는 인물이다.

럼 화석이 된다. 온라인에서는 매 순간 모든 뉴스에 댓글이 달리거나, 심지어 뉴스가 지워지기도 한다. 하지만 우리 이야기는 누구도 들으려 하지 않는다. 물론 '가상 공간의 공동체'는 끝나버린 관계에 동정심을 보인다. 다시금 홀로 남았다는 게 어떤 기분인지는 누구나 아니까. 심지어 깨진 하트를 나타내는 이모티콘(</3)도 있다. 그러나 소셜 네트워크에서 다른 사람의 관심이 식어버리기까지는 오랜 시간이 걸리지 않는다. 남는 것은 한때 커플이었으나 지금은 깨진 커플일 뿐이다. 깨진 커플은 두 개의 디지털 반쪽으로 남았다.

버림을 받는 사람은 "연인이자 동반자인 짝을 잃을 뿐만 아니라, 사회적 네트워크와 익숙해져 편안해진 생활의 틀과 리듬도 상실한다"고 미국의 심리학자 가이 윈치Guy Winch는 썼다. 상처를 회복하기 위해서는 무엇보다도 인생에 생겨난 빈틈부터 확인해야만 한다고 그는 충고한다. 정체성의 균열, 일상의 붕괴, 잃어버린 활동, 심지어 예전에는 그림이나 사진이 걸려 있었지만 지금은 텅 비어버린 벽면까지 정확히 무엇을 상실했는지 확인하는 자세는 반드시 필요하다. 그래야 이를 채울 길을 찾을 수 있다.

페이스북을 비롯한 네트워크의 문제는 벽마다 온통 사진과 텍스트가 가득하다는 점이다. 그리고 이 사진과 텍스트는 헤어졌음에도 일단 남는다. 물론 그곳에 업로드한 사진과 텍스트를 지울수는 있다. 헤어진 짝이 올린 것은 어쩔 도리가 없다(그 밖에 자신이 올린 것도 일일이 확인해가며 지워야만 해서 보통 성가신 일이 아니다). 커플로 지냈던 과거는 네트워크에서 간단하게 빨리 지울 수 있는 게 아니다. 자녀가 없어서 쉽고 간단할 줄 알았다면 그런 오산이 따로 없다. 물론 아주 강력한 방법이 없는 것은 아니다. 완전히 깨끗한 식탁을 얻으려면 아예 계정 자체를 폭파하는 것이 방법이기는 하다. 휴대폰의 통화 기록, 사진, 동영상, 메시지를 모두 지울 수 있는 것처럼(또는 만전을 기하기 위해 모든 데이터를 백업 받아놓고 지울 수도 있다). 이런 방법의 강점은 이렇다. 과거를 완결된 부분으로 정리해 문을 닫아걸면, 과거에 기대 치유를 바라는 유혹은 줄어든다. 약점도 분명 만만치 않다. 과거를 완전히 삭제해 차단하게 되면, 사랑했던 사람과 함께 꾸렸던 어제라는 중요한 부분은 사라진다. 경우에 따라서는 멀리 떨어진 가족과 유일하게 닿았던 연이나, 동창생들과의 인연이 끊어지고 만다. 과거의 중요한 부분이, 심지어 가장 중요한 부분이 사라질 수 있다.

종합하면 페이스북에 올려둔 대부분은 남는다. 지난 시절 사랑했던 사람과 겪은 아주 많은 일들은 거기에 그대로 남는다. 바뀌는 것은 없다. 법적인 절차를 밟았다면 법적 혼인 여부야 바뀌겠지만, 페이스북은 헤어진 커플일지라도 여전히 친구로 남겨놓는다. 아무튼 전남편이나 남자 친구(혹은 전처나 여자 친구)는 주방 창문 뒤에 숨어 우리가 뭘 하는지 지켜보는 이웃과 같은 존재가 된다. 옆에는 없지만 어떤 식으로든 나를 지켜보고 있는 것만 같다. 쓰레기를 버리러 나갈 때마다 어쩐지 뒤통수가 따갑기만 하다.

"소셜 네트워크는 일종의 기록 보관소처럼 공공장소 또는 반(半) 공공장소와 같다"고 캐나다 웨스턴온타리오 대학교의 미디어 연구가 베로니카 루카치Veronika Lukacs는 말한다. "이런 공공의 성격 탓에 사람들은 그곳에서 감시하고 싶은 유혹에 사로잡힌다." 이 미디어 연구가는 사람들이 이별을 한 뒤에 페이스북에서 어떤 일을 벌이는지 조사했다. 결과는 충격적이다. 응답자의 88%는 이별 뒤에도 페이스북에서 전 애인과 여전히 '친구' 상태를 유지하면서 기회가 있을 때마다 상대방의 프로필을 훔쳐본다고 밝혔다. 헤어졌으며, 온라인상으로도 친구 관계를 '해지'한 사람들 가운데 약 70%는 다른 경로를 통해 옛 짝의 페이스북 계정을 들여다본다고 했다. 그 가운데 가장 자주 이용하는 경로는 서로의 공통 친구다. 설문 참가자의 74%는 옛 짝의 (짐작건대) 새로운 파트너 페이스북 프로필을 보았다고 인정했다. 옛 짝이 자신의 계정을 본다고 생각하느냐는 질문에는 약 47%가 "아마도 볼 것이다", 대략 46%는 "본다", 오로지 6%만 "안 볼 것이다"라고 대답했다. 거의 93%가 자신의 계정을 옛 파트너가 본다고 평가한 셈이다. 매우 현실적인 평가가 아닐 수 없다.

흥미롭게도 응답자의 31%만이 옛 파트너의 질투심을 유발하기 위해 자신의 프로필 사진을 바꾸었다고 답한 반면, 52%가 옛 파트너의 새로운 프로필 사진에 질투를 느꼈다고 답했다. 이런 경향은 얼핏 사소해 보일지라도 이별로 비롯된 충격을 해소할 '출구'를 오프라인에서 찾지 않고 온라인에서 옛 상대에게 집착할수록 서로에게 심각한 피해가 일어날 수 있음을 잘 보여준다. "페이스북의 내용은 최근 낭만적 관계의 이별을 경험한 사람에게 고통과 곤궁을 안기는 화근이 될 수 있다." 베로니카 루카치의 진단이다. 런던의 브루넬 대학교 심리학자 타라 마셜Tara Marshall은 이별을 경험한 지 얼마 안 된 약 500여 명의 페이스북 이용자들을 상대로 그들의 감정 상태가 어떤지 물었다. 조사에 참여한 사람들은 옛 파트너의 페이스북 계정을 찾는 빈도가 높을수록 그만큼 더 큰 아픔을 겪는 것으로 나타났다. "그럴수록 당사자는 부정적 감정, 예를 들어 분노, 적대감, 증오, 질투 따위의 감정에 시달린다." 마셜은 또 감시를 하면서 예전 파트너를 향한 갈망과 성적인 욕구도 늘어난다고 썼다.

직접적 소통의 기회가 사라진 탓에, 헤어진 커플은 상대방의 행동을 해석할 수밖에 없다. 해석 탓에 많은 사람들은 함정에 빠진다. 갓 사랑에 빠졌을 때야 모든 것이 환상적이기만 했다. 상대방에게서 나던 냄새는 얼마나 향기로웠나. 함께 갔던 여행은 참으로 아름다웠지. 둘이 함께했던 잠자리는 정말 좋았어. 그녀는 좋은 엄마가 될 거야. 그는 틀림없이 좋은 아빠가 될 거야. 헤어진 지금 이 모든 좋았던 상상은 네트워크를 보며 받은 자극 탓에 부정적인 것으로 변한다. 아니, 저게 무슨 사진이야? 벌써 새 애인이 생겼어! 맙소사, 이제는 그가 직장의 젊은 여자 동료와 친구를 맺었네. 사진 속의 그 새 애인이 정확히 누구인지, 젊은 여직원과는 실제로 무슨 관계인지 하는 물음은 정보 부족으로 엉뚱한 해석

의 제물이 된다. 이런 해석으로 부풀려진 정보 탓에 질투는 그야
말로 불타오른다. 페이스북은 잘못된 해석을 부르는 기폭제다. 페
이스북에서는 모든 것이 진실인 동시에 거짓이다.

"그녀가 가버리던 날, 나는 다짐했네." 어떤 옛 노래에 나오는 구절
이다. "나는 곧 잊기로 했어, 우리가 서로 만났던 것을. 그러나 뭔
가 잘못되고 말았네. 나는 너무 슬프고도 외로워. 나는 그녀를 잊
자고 기억하기로 한 것을 잊어버렸네." 우리는 엘비스 프레슬리의
노래 「I forgot to remember to forget」처럼 상대방을 잊을 수 없
다면, 오랫동안 옛 관계의 기억에 시달려야만 한다. 구원을 약속
해주는 것은 하필이면 컴퓨터 프로그램이다. 인터넷 브라우저의
확장 프로그램 또는 디지털 치료 앱, 사랑의 지우개, 센서 등 프
로그램은 다양하다. 이를테면 'Rx Breakup'이라는 앱은 실제 치
료사를 대신해 도움을 주겠다고 자청한다. "부정적인 고정 관념을
떨치고 당신 자신의 2.0 버전이 될 수 있게 집중하세요." 이 앱은
우리 자신의 보스가 되어 옛 파트너에게 문자 메시지를 쓰게 한
다. 물론 이 메시지가 실제로 전송되지는 않는다(그렇지만 이 메시
지를 쓰며 마음은 정말 가벼워진다). 심지어 브라우저 소프트웨어는
페이스북에서 한때 세상에서 가장 중요했던 사람과 관련한 모든
것을 자동으로 차단해주겠다고 약속한다. 이 프로그램의 이름은
'이터널 선샤인(Eternal Sunshine, 영원한 햇빛)'이다. 정말이지 여러
모로 아주 잘 맞는 이름이다.

이런 프로그램들을 두고 어처구니가 없어 실소가 터질 수는 있다. 그러나 도움만 준다면 나쁠 것은 없다. 온라인상에 남는 것이 많으면 많을수록 그만큼 더 새로운 것은 생겨나기 어렵기 때문이다. 버림받은 사람은 분노와 억울함의 단계에서 좀처럼 빠져나오지 못한다. 컴퓨터 모니터에서조차 몰아내지 못하는 사람을 우리는 대체 어떻게 잊을 수 있을까? 떠난 사람도 온전히 자취를 감출 수 없다. 떠난 사람은 흔히 옛 파트너의 프로필을 뒤져가며 자신의 '희생자'가 잘 지내는지, 아무튼 상황을 잘 감당하고 있는지 가늠할 조짐을 찾는다. 그래야 죄책감이 덜어진다. 또는 옛 파트너가 본격적인 아픔에 시달리기를 은근히 기대하는 모습도 보인다. 계속해서 소통의 채널을 열어두는 경우도 없지는 않다. 옛 파트너가 용기를 내어 대화를 나누어보자고 청할 수 있도록.

아무튼 온라인에서 뭔가 역설적인 일은 피할 수 없이 일어난다. 함께했던 과거가 분명하고도 섬세하게 사진과 동영상과 서로 주고받은 글로 기록되었음에도, 오히려 이런 자료는 과거를 입맛대로 주무를 도구가 된다. 온라인에 옛사랑의 흔적으로 남은 것이 실제 옛사랑을 왜곡하고 과장한다. 왜? "소셜 미디어는 관계 당사자들이 각자 자신의 기억이 맞는다고 내세울 꼬투리를 찾아낼 가능성을 높여주기 때문이다." 심리학자 줄리아 쇼는 그 이유를 이렇게 진단한다. "인터넷에는 과거의 기록을 변조하고 왜곡할 충분한 잠재력이 있다." 그래서 과거의 기록은 추후에 변한다. 이런 사정을 반영한 인터넷 은어는 '포이드(POIDH)'로 '사진을 보여줘, 아니면 없었던 일이야(Pictures or it didn't happen)'의 약어다. 인터넷에 달리는 댓글은 열을 내며 뭔가 떠벌리거나 주장하지만, 근거를 제시하는 것은 거의 없다. 바로 그래서 사진은 증거로 요구된다. 사진 없는 주장은 진실 없는 헛소리다. 온라인의 인생과 실패한 관계 기록에 이런 논리는 기묘한 역설을 결론으로 낳는다. 사진으로 찍힌 일만 언급할 가치가 있다. 더 나아가 다른 사람들과 공유될 수 있는 것만이 가치가 있다. 온라인 증명이 있는 사건(그래서 언제라도 다시 다운로드할 수 있는 자료)을 우리는 더욱 잘 기억하며, 훨씬 더 중요한 것으로 여긴다. 하지만 사진이 반드시 우리가 더 잘 기억한다는 증거는 아니다. 앞서도 언급했듯, 온라인상의 사진은 당시 상황을 보는 우리의 기억을 변조한다. 이 변조는 훨씬 더 심각한 착각을 빚어낸다. 우리는 사진의 어느 단면에만 빠진 나머지 사진이라는 틀 바깥에서 정작 무슨 일이 벌어졌던 것인지 잊어버린다. 이렇게 해서 우리는 사진에 붙은 댓글이 정해준 테두리대로 과거의 사건을 해석한다. 언제부터인가 우리는 "사진을 보며 떠올리는 기억과 실제 경험한 일을 구분하기 힘들어진다"고 줄리아 쇼는 진단한다. 우리는 사진이라는 모사를 실제 있었던 과거와 혼동한다.

쉼 없이 계속되는 인생에 과거는 끊임없는 위협이다. 그럼 커플은 온라인에 더는 사진을 올리지 말아야 할까? 물론 사진은 올려도 좋다. 다만 부모의 앨범 속에서 아들이나 딸은 언제나 카메라를 보고 웃고 있다는 점을 유념하자. 부모의 앨범에 무릎이 까지거나 껌이 머리카락에 달라붙은 아이의 사진은 없다. 그리고 나쁜 수학 성적이나 소파의 얼룩 탓에 부모의 꾸지람을 듣는 아이의 사진도 없다. 오늘날 부모는 그런 일이 있었는지조차 알지 못한다. 하지만 그런 것이야말로 어린 시절의 추억이다. 앨범의 박엽지에 감싸여 성장하는 아이는 어디에도 없다. 그리고 페이스북에서 보여주는 것은 아니라 하더라도 아름다운 추억은 많기만 하다. 그저 평범한 것, 또는 서로 비위를 상하게 하는 일일지라도 어디까지나 관계의 일부다. 사진으로 보는 것만이 전부는 아니라는 사실을 유념하는 자세는 많은 문제를 치유하는 힘을 발휘한다. 과거는 온라인상에 계속 살아 있으며, 이 과거를 지워야만 하는 사람은 아무도 없다. 그저 과거는 과거대로 평안히 흐르게 하자. 이런 평안함을 이루기 위해서는 두 파트너가 일단 자신의 마음을 추슬러야 한다. 친구 맺은 것은 '풀되' 되도록 상대방을 존중하는 마음을 잊지 말자. 그럼 관계 정리는 '복잡하지 않으며', 서로 각자의 미래를 열어갈 여지는 넓어진다.

여담:
잊힐 권리

17세기에 그려진 어떤 그림을 보면 구름 위에 책 한 권이 떠 있다. 이 구름에서 지식이라는 비가 내린다. 저 아래 땅 위에는 병 하나가 서 있다. 병 아래의 바닥에는 커다란 대문자로 '메모리아(MEMORIA)'라고 쓴 글씨가 보인다. 병 안이 비좁은 데다가 병목도 가늘어 지식의 빗물은 아주 조금씩만 병 안에 들어간다. 이 병은 곧 우리의 기억이다. 화가는 그림 위에 커다란 리본을 걸어두고 그 위에 아주 큰 글씨로 "페리트 파르스 막시마(PERIIT PARS MAXIMA, 대부분은 소실된다)"라고 써놓았다. 이 바로크풍의 그림은 "얼마 전까지만 해도 개인과 사회와 문화에 다음과 같은 메시지를 보냈다. 망각은 저절로, 그것도 알지 못하는 사이에 이루어진다. 기억을 위해서는 특별한 노력이 꼭 필요하다." 독일의 문화학자이자 문학자인 알라이다 아스만^Aleida Assmann이 자신의 책 『망각의 형태Formen des Vergessens』에 쓴 글이다. 무엇인가 안다는 것은 습득의 결과물이다. 이를테면 책을 읽고 우리는 지식을 터득한다. 어떤 것을 안다는 것은 내면에 새겼다는, 곧 자아에 저장해두었다는 것을 뜻한다.

지식 습득은 최근 몇십 년 동안 몰라볼 정도로 변했다. "인류 역사가 쓰이기 시작한 이래 우리 인간에게는 망각이 정상이며, 기억이 예외였다." 개인 정보 관련법을 전문으로 다루는 오스트리아의 법학자 빅토어 마이어쉔베르거Viktor Mayer-Schönberger는 설명한다. "오늘날은 디지털 기술이 널리 퍼지면서 망각이 예외이며, 기억이 정상으로 변했다." 아무튼 거의 모든 것이 저장된다. 인터넷 업계의 굳은 신념은 이렇다. 그 어떤 것도 소실되지 않으며, 필요할 때마다 별 수고 없이 검색될 수 있다. 이런 굳은 신념과 맞물린 개념은 '빅 데이터(big data)'와 '정보 폭발(information explosion)'이다. 이미 1990년대 중반에, 인류의 지식은 1750년에서 1900년에 이르기까지 150년 동안 이전의 두 배로, 다시 1900년에서 1950년까지 50년 동안 그 두 배로 늘어났다는 학계의 진단이 나왔다. 인터넷이 발명된 이래, 전 세계의 정보는 짧으면 5년에서 최대한 늦춰 잡아도 10년 사이에 두 배로 늘어난다고 한다. 순전한 전문 지식의 경우에 데이터와 정보의 양은 더욱 빠르게 늘어난다. 예를 들어 어떤 연구는 의학 분야의 지식은 이미 2010년 이후부터 3.5년마다 두 배로 늘어나며, 이 증가 속도는 갈수록 더 빨라진다는 진단을 내놓았다. 아이오와 대학교의 연구 팀은 의학 지식이 2020년부터 매 73일마다 두 배로 늘어난다는 결론을 내렸다. 지식은 우리가 정리하거나 심지어 가르칠 수 있는 것보다 훨씬 더 빠르게 늘어난다. 오늘날 의학 공부를 시작하는 사람은 학업을 마칠 때까지 몇 차례나 다시 최신 정보로 업데이트하고 기존 정보를 수정해야만 한다.

고대에서부터 당연하게 여겨온 다음 문장은 오늘날 더는 맞지 않는 것으로 보인다. "탄툼 시키무스, 콴툼 메모리아 테네무스(Tantum scimus, quantum memoria tenemus, 우리는 기억하는 그만큼만 안다)." 오늘날 지식이란 어떻게 어디서 검색하면 되는지, 어떤 검색 엔진을 써야 하는지 아는 것을 뜻한다. 앞서 언급한 바로크풍의 그림에 빗대자면 우리는 저 구름, 영어로 '클라우드(Cloud)'에 떠 있는 책을 펼쳐보며 필요한 정보를 찾는다. "우리는 컴퓨터 도구들과 일종의 공생 관계를 맺으면서 어디서 정보를 찾으면 되는지 하는 정보만 기억하는 컴퓨터와의 혼연일체로 발전했다." 미국 콜롬비아 대학교의 행동과학 교수 베치 스패로Betsy Sparrow는 이렇게 썼다. 그녀는 하버드 대학교의 심리학자 대니얼 웨그너Daniel Wegner와 함께 검색 엔진으로 온라인에서 쉽게 찾아낸 정보를 잊어버리는 경향에 '구글 효과(google-effect)'라는 이름을 붙였다. 우리는 오랫동안 같이 산 사람에게 기억을 떠넘기는 관계를 컴퓨터와도 그대로 형성한다.

기억과 망각의 문제를 다루는 논의에서는 소통 기억과 문화 기억을 구분한다. '소통 기억'이란 어떤 사회 또는 그룹의 구성원이 모두 숙지하는 기억이라 누구에게도 설명해줄 필요가 없는 것이다. 소통 기억은 3대에 걸쳐 입에서 입으로 전해져온 것에 국한되며, 이 기억을 가진 사람의 죽음과 함께 소멸한다. '문화 기억'은 주로 책에 기록된 지식이다. 이런 지식은 누천년 동안 돌에 새겨졌으며, 각종 제례와 전통을 빚어냈다. 이런 형태의 기억을 떠받든 것은 기념비다. 각종 기념일과 축일 역시 망각을 막아주는 역할을 한다. 문화 기억을 걸러낸 것은 앞서 살펴본 병목이다. 지식이라는 이름의 병으로 들어오는 것은 어제를 이해하기에 충분히 중요한 정보에만 한정되었다.

자연스레 다음과 같은 의문이 고개를 든다. 오늘날 우리는 현재를 어떻게 저장할까? 세계를 이루어가고 이 세계를 설명하는 모든 대화, 이를테면 각종 텍스트, 트위터의 문자, 페이스북의 이른바 '짤방(짤림 방지용 사진이나 동영상)', 유튜브의 그 많은 동영상, 모든 블로그와 웹사이트를 우리는 어떻게 저장할까? 전래적인 기억 보존 제도, 예를 들어 기록 보관소, 박물관, 도서관은 그 엄청난 데이터를 다스리기 위해 진땀을 흘린다. 인터넷 기록 보관소는 샌프란시스코의 어떤 오래된 교회에 둥지를 틀었다. 이곳에는 3,200억 개 이상의 웹사이트가 저장되었다. 그 가운데에는 옛 버전도 수두룩하다. 관심이 있는 사람이라면 누구나 'archive.org' 주소로 방문해볼 수 있다. 세계 최대 도서관인 미국의 의회도서관(Library of Congress)은 12년 동안 트위터에 올라온 모든 단신을 기록했다. 그러나 2018년 1월 이 작업을 마침내 포기했으며, 중요하다고 판단하는 단신만 저장한다. 대부분의 단신은 그냥 사라진다.

그러나 사라져야 마땅한 것이 사라지지 않는 경우도 물론 생겨난다. 지나칠 정도로 사적인 기록 또는 낯 뜨거운 부분이나 심지어 악의적인 험담이나 거짓말이 그런 예다. 다른 사람들이 인터넷에서 자신과 관련한 험담을 읽지 않도록 스스로 결정하고 싶지 않은 인간이 누가 있을까. 자신의 과거가 영원히 인터넷에 남는 게 아닐까, 또는 불쾌한 정보가 독자적 생명력을 가지고 설치는 게 아닐까 하는 걱정은 손사래를 친다고 사라지는 게 아니다. 예를 들어 예전에는 어떤 불미스러운 일로 딸의 사진이 지역 신문에 실리면 하루 동안만 참고 견디면 되었다. 하지만 오늘날 딸의 사진은 인터넷에서 검색만 하면 나온다. 요즘 독일 국민의 83%는 온라인에 온갖 개인 정보를 올린다. 76%는 사진을, 대략 50% 좀 넘는 사람들은 개인적 취향을 올린다. 이쯤 되면 개인 정보 보호 권리를 심각하게 고민해야 할 때가 아닐까. 독일 국민의 78%는 인터넷에 남은 자신의 정보가 "비교적 또는 너무나 불안하다"고 밝혔다. 정말이지 변화를 고민해야 할 시점이다.

프랑스어로 '드루와 알루블리(Droit à l'oubli)'라는 표현이 있다. 함의를 잘 살려 영어로 번역하면 'Right to be forgotten', 독일어로는 '레히트 아우프 페르게센(Recht auf Vergessen)', 곧 '잊힐 권리'다. 이 권리는 네트워크에서 달갑지 않은 정보를 삭제할 권리를 말한다. 2014년부터 유럽연합의 시민은 자신의 평판이나 명예를 훼손할 수 있으며, 공익과 아무 상관이 없는 정보를 검색 엔진이 찾을 수 없도록 신청할 수 있다. 2018년 3월까지 240만 건이 신청되었으며, 구글은 웹사이트에서 대략 90만 건의 정보를 삭제했다. 유럽연합의 모든 회원국에 '일반 데이터 보호 규정(General Data Protection Regulation)'이 발효된 것은 2018년 5월이다. 데이터를 지우고자 하는 동기는 다양하다. 사람들은 주로 직업적으로 불이익을 당하지 않거나, 심지어 법률 위반과 관련해 정보를 삭제하려고 한다. 범법 행위를 하고 그에 상응하는 처벌을 받은 사람은 당연히 남은 인생 동안 낙인찍히고 싶어 하지 않는다. 희생자 역시 구글에서 자신의 이름이 검색되어 올라오는 것을 달가워하지 않는다. 유명 인사 또는 아주 저명한 인물의 경우에는 이른바 '스트라이샌드 효과(Streisand Effect)'라는 현상이 관찰되곤 한다. 이 현상은 정보를 지우려는 시도가 오히려 정보를 더, 또는 본격적으로 퍼뜨리는 결과를 낳는 현상이다. 미국의 가수이자 배우인 바브라 스트라이샌드Barbra Streisand는 2003년 어떤 사진작가를 상대로 5,000만 달러의 손해 배상 소송을 제기했다. 자신의 동의 없이 해변의 저택 사진을 찍어 사생활을 침해했다는 것이 소송의 동기다. 사진을 지워달라는 요구에도 오히려 오늘날 이 저택 사진은 '스트라이샌드 효과'라는 이름으로 심지어 위키피디아에 등재되었다. 스페인 시민 마리오 코스테하 곤살레스Mario Costeja González는 법원 경매와 관련해 자신에게 불편한 정보를 삭제해달라며 유럽재판소에 소송을 제기했다는 이유로 각종 추측과 비방의 표적이 되어 인터넷을 뜨겁게 달구었다. 법정은 개인 정보 보호를 요구한 곤살레스의 손을 들어주는 판결을 내렸다. 이 사건이 계기가 되어 '잊힐 권리'가 유럽 차원에서 본격적으로 논의되기에 이르렀다.

삭제 외에도 네트워크에서 정보를 끌어내리는 방법은 얼마든지 생각할 수 있다. 이를테면 데이터의 유효 기간이나 디지털 지우개 또는 '구글 스트리트 뷰(Google Street View)'처럼 장소를 잘 알아볼 수 없게 흐리게 처리하는 것이 그런 방법이다. 그러나 우리는 갈수록 더 많은 개인 정보를 네트워크에 노출하는 탓에 기술이나 법률만으로는 문제가 해결되지 않는다. 네트워크라는 새로운 가능성과 이로 말미암아 빚어지는 위험에 어떻게 대처해야 좋을지 우리는 문화적인 방법을 찾아내야만 한다. 온라인상에 공표하는 모든 것은 그 자체로 공공의 성격을 띤다는 점을 우리는 배워야만 한다. 그리고 타인의 생각과 견해를 좀 더 너그럽게 다룰 줄 아는 관용의 정신도 우리는 배워야만 한다. 생각과 의견을 바꾸는 것도 얼마든지 개인의 권리다. 위키피디아의 경우에도 이전 버전이라는 것이 있다. 우리 자신도 이런 여지를 가져야 하지 않을까. 우리는 베르톨트 브레히트가 쓴 것처럼 서로 너그럽게 대하는 법을 배워야 한다. "'a'라고 말한 사람이라고 해서 'b'라고 말하지 말라는 법은 없다. 그는 'a'가 잘못된 것이라는 점을 얼마든지 깨달을 수 있으니까." 우리가 'a'를 아무 염려 없이 인터넷에 그대로 둘 수 있다면 좀 더 나은 세상이 아닐까. 우리에게서 남겨진 흔적으로서, 지금과는 다른 이전 자아의 일부로서 말이다.

덧붙이는 말

언제 그런 것을 시작했는지는 모르겠지만, 그동안 나 자신이 무얼 좋아하는지 확실하게 깨달은 게 하나 있다. 나는 물건을 보관하는 것을 정말 좋아한다. 그것과 함께 보냈던 시절을 떠올리게 해주는 물건을 어루만지는 것이 진짜 좋다. 예전에 나는 서로 만나 친해진 사람들마다 나의 '옛 물건 상자'를 보여주었다. 그 안에 담긴 모든 물건은 인생이라는 이름의 강물이 강변으로 밀어낸 것이다. 그것을 볼 때마다 그 시절의 나를 떠올리게 되며, 자의든 타의든 그동안 멀리 떨어져 살게 된 사람을 추억하게 된다. 어렸을 때 어머니가 내 옷에 바느질로 달아주던 조그만 이름표. 집배원 보조 요원으로 우체국에서 아르바이트하던 시절의 내 식별 번호. 드럼스틱. '무너지는 신축 건물' 콘서트를 다녀와 모은 많은 티켓. 지금은 없어진 '레이더(Raider)' 초코바의 포장지. 그 가운데 많은 것을 나는 오늘날 디지털로 바꾸어놓았다. 예를 들어 그것을 볼 때마다 열광했던 아버지의 사인, 내 옛 여자 친구 트라우데Traude가 보내준 많은 편지들, 할아버지와 할머니의 부고, 일기장, 자전거 사고가 난 뒤에 찍은 엑스레이 사진 그리고 나의 메모들("나는 그 아래 숨을 수 있는 침대를 지금껏 가져본 적이 없다, 2003년 8월").

이 모든 것은 내 인생을 이루는 조각들이다. 나는 지금껏 여느 사람들과 다를 바 없는 인생을 살았다. 사랑에 빠져보았고, 행복한 순간도 적잖이 누렸으며, 힘들고 고통스러웠던 때도 많았다. 나는 누군가의 팔에 안겨보았고, 버림받기도 했다. 나에게 소중했던 사람이 아무 조짐도 없이 덜컥 죽는 일도 겪었다. 또는 갑자기 등을 돌리고는 다시는 돌아보지 않은 사람도 있었다. 나 역시 누군가를 버려보았으며 상처를 주기도 했다. 워낙 매몰차게 굴었던 탓에 상대는 어떤 경우에도 나의 사과를 받아들이지 않으리라. 사람들은 대개 앞만 보고 살아간다. 그런 점에서 나는 좀 다르다. 나는 오늘을 살며 5년 혹은 10년 전에 뭘 더 잘했으면 좋았을까, 최소한 다르게 할 수 있던 것은 없었을까 하는 생각을 자주 하곤 한다. 그때 그(또는 그녀)에게 더 솔직할 수는 없었어? 너 자신에게는 어째서 더 솔직하지 못했어? 정말 그렇게까지 할 필요가 있었어? 왜 그렇게까지 했는지 이유를 알기는 해? 왜 그때는 아무 말도 하지 못했어? 대체 그때는 무슨 말을 그렇게 많이 한 거야? 왜 우리는 흔히 특별한 호감을 품었던 사람에게 상처를 입힐까? 그리고 나는 이런 물음들에 거의 모든 다른 사람과 마찬가지로 항상 답을 찾아내지는 못했다. 그 이유는 무엇보다도 이런 생각을 하는 게 너무 아팠기 때문이다.

대개의 경우 나는 다른 사람들에게 내가 무엇을 남겨놓을지, 혹은 이미 남겨놓았는지 알지 못한다. '옛 물건' 덕분에 나는 다른 사람들이 나에게 무엇을 남겨놓았는지는 조금 더 잘 안다. 잠을 자러 침실로 가려면 나는 아주 작은 서랍장 하나를 지나가야 한다. 이 물건은 내가 할머니에게서 물려받은 것이다. 당시 나는 할머니에게 이거 내가 가져도 좋으냐고 물었다. "그러렴." 할머니가 대답했다. "내가 죽으면." 할머니가 돌아가신 지도 어느덧 10년이 넘었다. 내가 가지고 있는 동영상 한 편에서 할머니는 할아버지의 묘, 장차 당신께서 묻힐 묘를 찾아가 그 앞에서 옅은 미소를 지었다.

이런 상념이 일종의 향수이기는 하다. 그러나 단순한 향수 이상이다. 나에게 중요한 사람 그리고 중요했던 사람을 잊지 않게 지켜준다는 점에서 나는 이런 물건이 소중하기만 하다. 이런 물건을 소중히 여기는 또 다른 이유는 내가 연도를 잘 기억하지 못한다는 점이다. 나는 정확히 언제 무슨 일이 일어났는지 말하는 게 늘 힘들기만 하다. 바로 그래서 물건은 내 인생에서 언제 무슨 일이 있었는지 가려보고 정리하는 데 큰 도움을 준다. 나는 나 자신에게 내 인생 이야기를 들려주고 싶다. 언제 무슨 일을 겪었고, 그때마다 왜 그렇게 행동했는지 돌이켜보면서 인생을 살며 품는 많은 의문의 답을 찾아보고 싶다. 아마도 이 책은 또 한 번의 그런 시도 가운데 하나이리라. 좀 더 영리해지면 지난 일을 돌아보며 왜 그때 달리 행동하지 않았는지 하는 자책을 덜어버리고 지난 나 자신을 편안한 마음으로 받아들일 수 있으리라. 이러한 희망이 이 책을 쓴 동기다. 나는 나 자신에게 인생을 예술과 물건으로 이야기해주고 싶다. 옛 물건 상자, 아날로그와 디지털이 뒤섞인 상자 안에서 사람들과 상념들, 좋았던 시간과 괴로웠던 시간이 뒤섞여 어지러이 날아다닌다. 그리고 상자를 열 때마다 내 인생의 무수한 단편들이 만화경으로 보는 무늬를 이룬다. 늘 같지만, 매번 다른 무늬다.

장소,

사람 또는

세상을 떠날 때

우리가

남기는 것은

내가 어려서 저지른 잘못 가운데 오늘날까지 아무도 알지 못하는 것은 무엇인가? • 모든 것이 흘러간다는 생각은 대체 왜 위로를 줄까? • 전혀 생각지도 못한 일 가운데 내가 이룩한 것은 무엇인가? • 누구의 묘를 나는 기꺼이 (다시금) 찾아가고 싶은가? • 내가 가진 물건 가운데 가장 중요한 것은 무엇인가? • 그것을 내가 죽고 난 뒤 누가 가질까? • 어떤 노래를 들으며 친구들은 나를 떠올릴까? • 나의 가장 중요한 데이터는 백업해두었나? • 다른 사람들은 어떤 물건을 보면 곧장 나를 떠올릴까? • 내가 죽고 난 뒤에 내가 품었던 물음들은 어떻게 될까? • 내가 찾아가 사과해야만 하는 사람은 누구인가? • 정말이지 내 인생에서 잊었으면 하고 간절히 바라는 것은 무엇인가? • 두뇌를 디지털화할 수 있다면, 내 두뇌를 그렇게 하겠는가? • 내 몸을 연구 목적으로 기증할 수 있는가? • 오늘날 살아 있는 사람 가운데 누구의 기념비가 세워질까? • 죽음을 담담히 받아들일 각오를 하려면 무슨 일을 해야 할까? • 내 묘비는 무슨 재질이어야 할까? • 내가 인생을 살며 누린 이득은 무엇인가? • 길거리에서 나 자신을 만나면 나는 알아볼까? • 인생을 여러 번 살 수 있다면, 다음 생은 언제 어디서 누구로 살고 싶은가? • 거짓이라는 것을 알면서도 늘 같은 주장을 되풀이하고 있지는 않은가? • 죽기 전에 반드시 만나보고 싶은 사람은 누구인가? • 내 아이들이 반드시 기억해주었으면 하고 바라는 내 말은 무엇인가? • 내 심장이 다른 사람의 가슴 안에서 뛴다면 어떤 기분일까? • 미래에 착각으로 밝혀질 것임에도 내가 고집하는 믿음은 무엇인가? • 나는 우리 두 사람 가운데 내가 먼저 자리를 뜨고 일어나 가버리기를 바라는가? • 다른 누구도 보지 못하게 지우거나 없앴으면 하고 바라는 것은 무엇인가? • 했거나 하지 않아서 후회할 것 같은 일은 무엇인가? • 가장 최근에 이것이 영원한 이별인 줄 모르고 누군가와 작별한 것은 언제인가?

제 3 부

우리가 세상을 떠날 때
무엇이 남을까

들어가는 말

　　　　　　　　　　　　영혼은 무게가 얼마나 나갈까?
의사 던컨 맥두걸*은 영혼이 얼마나 무거운지 그 무게를 알아내
고 싶은 마음이 간절했다. 1902년을 전후로 그는 여섯 명의 환자
들을 상대로, 죽기 전과 후에 각각 몸무게를 측정했다. 여섯 명
은 평균적으로 체중이 21g 줄어들었다. 이 무게가 영혼의 무게임
에 틀림없다고 맥두걸은 믿었다. 곧이어 그는 15마리의 개를 죽
였다. 그러나 개는 죽은 뒤에도 몸무게가 줄지 않았다. 이에 비추
어 그는 동물에게는 영혼이 없다는 결론을 내렸다. 그는 다음 시
도로 숨을 거둔 사람의 몸에서 빠져나가는 영혼을 뢴트겐 사진
으로 포착하려 했으나 실패했다. 그러다 갑자기 그는 죽음을 맞
았다. 고작 54세라는 나이에 맞이한 안타까운 죽음이다. 《뉴욕 타

---

* 던컨 맥두걸(Duncan MacDougall.: 1866~1920)은 매사추세츠 출신의 미국
의사다. 영혼의 무게를 측정하려는 시도로 이름이 알려진 인물이다.

임스》지는 단 몇 줄로 그의 죽음을 알렸다. 던컨 맥두걸에게서는 무엇이 남았을까? 후대에 사람들이 파티를 즐기며 화젯거리로 영혼의 무게를 들먹이는 것 이상의 무엇이? 영화 「21그램」을 제작하는 데 영감을 준 것 이상의 무엇이?* 그럼 많이 남은 걸까, 아니면 조금 남은 걸까?

죽음은 무게가 얼마나 나갈까? 이 물음에 답할 수 있는 의사는 없다. 만약 답할 수 있다면, 어디까지나 우리 자신만이 스스로 답할 수 있을 뿐이다. 많은 이들은 자신의 죽음이 인생보다 더 무겁지는 않다고 답하리라. 반면, 사람이 죽으면 그의 가능한 미래는 함께 죽는다. 그리고 살아남은 사람은 홀로 남는다. 어린아이의 죽음은 얼마나 무거울까?

죽음이 본격적으로 막을 올리면 많은 사람들은 자신의 인생을 저울질하기 시작한다. 사람들은 운명을 원망하며 속을 끓이다가도 내면의 균형을 찾으려 안간힘을 쓴다. 자신이 살아온 인생이 더 묵직하기만을 사람들은 희망한다. 무게가 나가는 인생을 살았어야 모든 근심은 덜 수 있을 터. 사람들의 생각은 무게 나갈 일을 찾느라 앞뒤를 더듬는다. 나는 누구였는가? 지금 나는 누구인가? 내가 남길 유산은 무엇인가? 이 책의 제3부는 우리가 세상

● 「21그램 21Grams」은 2003년 미국에서 개봉된 영화로 멕시코 감독 알레한드로 곤살레스 이냐리투(Alejandro González Iñárritu)의 작품이다.

에 남겨놓는 흔적을 찾는다. 집 안을 구석구석 살피고, 죽은 뒤에 혹시라도 이름이 더럽혀지는 일이 없도록 정갈하게 정리하고자 노력하는 사람들의 이야기에 귀를 기울여볼 생각이다. 사신(死神)이 어떻게 생겼는지 알아보고, 오늘날 죽음이 어디 잠복해 있는지 그 은신처를 찾아보도록 하자. 유서들을 읽어보고, 옛 묘지와 새 묘지를 차례로 찾아가보자. 무덤은 누천년 동안 기억이 사실과 만나는 현장이다. 성. 이름. 언제부터. 언제까지. 1911~1990. 1955~2008. 일견 우리에게서 남는 것은 이처럼 조촐하다. 정말 이 정도밖에 남지 않을까? 아무것도 사라지지 않는다면 어떻게 될까? 마지막, 끝냄을 위해 살필 물음이다.

마지막 순간

끝나갈 때:

죽은 자와의 소송과 교회 마당 장미의 시절,

데스마스크, 주인 없는 물건 그리고 죽어감의 기술

우리가 세상을 떠나는 방식은 지극히 다양하다. 한결 가벼운 마음으로 또는 참담한 심정으로, 충격에 휩싸여 또는 얼굴에 고운 미소를 지으며 사람들은 세상과 작별한다. 우리는 침착하게 인생의 마지막을 장식하는 막을 내리거나, 모든 것이 무너지는 가운데 망연자실한 표정으로 마지막을 감당한다. 외로운 죽음이 있는가 하면, 주변의 배웅을 받는 죽음도 있고, 오랜 병을 앓은 끝에 혹은 남의 손에 맞이하는 죽음도 있다. 죽어감은 지금 존재하며, 예전에 존재했던 사람들만큼이나 다양하다. 방식의 다양함에도 변치 않는 사실은 언젠가는 죽음이 우리를 사로잡는다는 점이다. 언제가 되었든 죽는다는 것은 누구나 아는 사실이다. 또 죽음으로 먹고사는 산업도 다양하기만 하다. 그럼에도 우리는 죽음을 일상에서 거의 몰아내다시피 하고 살아간다. 자신이 죽어간다고 여기는 사람은 거의 없다. 인간은 모두 언젠가 불현듯 죽을 따름이다. 잘 알던 사람 또는 기꺼이 알고 싶던 사람의 부고도 불시에 날아온다. 이 누군가가 뒷덜미를 잡히듯 '인생의 한복판에서 끌려 나갈 때' 슬픔은 감당할 수 없을 정도로 크기만 하다. 우리는 죽음이 교차로마다 잠복해 있는 걸 알지 못한 것처럼 슬퍼한다. 대다수의 사람들은 아마도 그런 사실을 정말이지 알고 싶지 않은 모양이다. 하긴 스티브 잡스Steve Jobs처럼 인생을 사는 사람이 또 있을까? 그는 30년 이상을 매일 아침 자신에게 이렇게 물었다고 한다. "이날이 나의 마지막 날이라면, 나는 오늘 계획한 일을 정말 하고 싶을까?"

예전에는, 특히 농촌에서는 많은 사람들이 자신의 마지막 옷을 옷장 안에 걸어두었다. 무슨 그림 같은 상징적인 의미가 아니라, 실제 옷이다. 거기 걸린 옷은 언젠가 관에 들어갈 때 입을 수의다. 호주머니가 없는 셔츠. 아침마다 사람들은 옷장 안의 셔츠를 바라보며 자신이 언젠가 죽는 존재임을 되새겼다. 오늘날 젊은이들은 데스마스크가 그려진 티셔츠를 입고 다니면서도 죽음은 전혀 생각하지 않는다. 무디어진 걸까? 아니면 그냥 그런대로 만족해서? "세속의 모든 물건이 헛되다는 생각은 끝없는 고통의 원천이다." 오스트리아의 작가 마리 폰 에브너에셴바흐Marie von Ebner-Eschenbach는 이렇게 쓰고 다음과 같이 덧붙였다. "그리고 무한한 위로의 원천이다." 아픔이 없이 위로가 있을 수 있을까?

죽음을 어떻게 다루어야 하는지 하는 물음을 두고 사람들은 늘 새로운 대답으로 역사를 써왔다. 죽은 이가 남긴 유물은 어떻게 해야 좋을까? 죽은 이는 새롭고 낯선 죽음의 땅에서 무엇을 필요로 할까? 그리고 우리 살아 있는 사람은 죽은 이를 무엇으로 어떻게 섬겨야 할까? 고대의 많은 민족은 이 물음을 중요하게 여겼다. 고대 사회에서 죽은 이는 공동체의 일부로 남았다. 죽은 이를 돌보는 것은 살아남은 사람의 의무였다. 망자도 계속 욕구, 이를테면 배고픔과 목마름을 가지기 때문이다. 고대 그리스에서는 무덤 앞에 이른바 '암포라(amphora)'를 두었다. 암포라 아래 나 있는 구멍을 통해 지하의 망자는 살아 있는 사람이 바치는 음식을 먹고 마실 수 있었다. 이집트의 피라미드에서 죽은 사람은 누구도 접근할 수 없는 묘실에서 영면을 누리기는 했지만, 자신을 대신해 서 있는 조각상에 살아 있는 사람이 바치는 제물을 맛보았다. 고대 이집트는 이미 '두 번째 죽음'이라는 것을 알았다. 죽은 사람은 아무도 그를 기억하지 못해 더는 제물을 받지 못할 때 두 번째로 맞는 죽음, 곧 더는 돌이킬 수 없는 궁극적인 죽음을 맞이한다. 절로 옷깃을 여미게 만드는 숙연하고도 아름다운 발상이다. 사람이 두 번 죽는 것은 오늘날에도 마찬가지가 아닐까. 고대 이집트의 속담 "이름이 불리는 한, 그 사람은 살아 있다"는 수많은 형태로 변형되면서 오늘날까지도 꾸준한 생명력을 자랑한다. 이를테면 헤르만 헤세Hermann Hesse는 "우리가 생각하는 모든 사람은 살아 있다"고 했으며, 미국의 사이언스픽션 드라마 「스타 트렉Star Trek」에서 의사 레너드 매코이Leonard McCoy는 스폭Spock의 죽음을 이런 말로 기린다. "우리가 그를 기억하는 한, 그는 실제로 죽은 게 아니다." 스폭을 연기한 배우 레너드 니모이Leonard Nimoy가 사망했을 때 수많은 추도사에는 바로 이 문장이 인용되었다.

죽은 사람은 우리의 생각 속에서 우리 곁에 머무른다. 우리는 죽은 이가 계속해서 존재하는 통이다. 우리가 그를 우리 안에 담고 다니는 한, 죽은 이는 삶 속에 현존한다. 오늘을 살아가는 우리는, 원한다면, 고대인의 이런 생각에서 위로를 찾을 수 있다.

몇백 년에 걸친 유구한 세월 동안 죽은 자의 세상과 산 자의 세계는 엄격하게 구분되지 않았다. 고대에도 이미 죽음의 왕국을 상상했으며, 이 왕국은 우리 세계를 뒤집어놓은 요술 거울과 마찬가지였다. 그곳에서는 모든 것이 거꾸로다. 이승에서 단맛이 나는 것은 저승에서는 쓰기만 하다. 죽은 자는 얼굴을 뒤로 달고 다닌다. 우리의 세상은 밝고 따뜻한 반면, 죽음 왕국의 모든 것은 어둡고 차갑다. 각 시대마다 고도로 발달한 문화는 피안을 언제나 지하 세계나 평행 세계˙로 묘사하며, 그때그때 장식을 다르게 했을 뿐이다(심지어 저 먼 옛날에는 '뒤집어진 세상'에서 쓸 수 있도록 죽은 자의 재산을 파괴하기도 했다). 저승이 이승과 닮았으며, 다만

• '평행 세계(parallel world)' 이론은 인류가 기존에 알던 우주 너머에 여러 우주가 동시에 존재한다는 천체우주론의 이론이다. 평행 세계 이론은 이를테면 죽은 엘비스 프레슬리가 다른 별에서 계속 살아간다고 상정한다. 본문은 이 이론보다 더 넓은 맥락에서 인류가 피안이나 저승을 상상해온 것, 예를 들어 불교의 윤회와 같은 생각을 지칭하는 뜻에서 '평행 세계'라는 말을 썼다.

뒤집어졌을 뿐이라는 상상은 오늘날까지도 그 매력을 잃지 않았다. 예를 들어 넷플릭스(Netflix)에서 2016년에 방영한 사이언스 픽션 드라마 「기묘한 이야기Stranger Things」는 저 피안을 '업사이드 다운(Upside Down, 거꾸로 뒤집힘)'으로, 곧 살아 있는 세계를 거울처럼 비추지만 전후좌우가 뒤집어진 그림자 왕국으로 묘사한다.

중세까지만 해도 죽음은 완결이 아니라 일종의 넘어감, 곧 변화였다. 산 자와 죽은 자 사이의 연결은 끊어지지 않았으며, 오히려 그 반대였다. 죽은 자는 듣고 느끼며 복수를 계획했다. 죽은 자를 존중하지 않으면 질병과 조산아와 흉년이 인간을 위협했다. 심지어 죽은 자는 세속의 법정에 피고나 원고로 등장하기도 했다. 14세기에는 죽은 사람을 두고도 재판은 이루어져야 한다는 것이 원칙이었다. "죽은 자라 할지라도 모두 살아 있는 것처럼 다룰지니." 만약 죽은 사람이 살아 있는 사람을 상대로 소송을 제기한다면, 대개는 살인자를 고소한다면, 희생자는 친히, 곧 몸소 재판정에 나타나야만 했다. 다시 말해서 살해당한 사람의 장례는 판결이 나올 때까지 치러질 수 없었다. 죽은 사람은 가족이나 친척의 부축을 받아 재판관 앞에 섰다. 그런 다음 살아 있는 사람들이 죽은 사람을 위해 증언했다. 이 원칙을 '죽은 자와의 소송'이라 했으며, 나중에는 '죽은 손과의 소송'으로 대체되었다. 법관이 지켜보는 가운데 죽은 자의 손을 잘라 재판에 참관하는 것이 '죽은 손과의 소송'이다. 나중에 이 진짜 손은 왁스로 뜬 모형으로 대신했다.

당시에 죽음은 오늘날보다도 훨씬 더 살아 있는 사람들에게 가까이 있었다. 죽음을 몰아내는 것은 불가능에 가까웠다. 무엇보다도 페스트가 지독했다. 1347년 이후 죽은 사람만 2,500만 명이 넘는다. "낮이든 밤이든 길거리에 시체들이 널렸으며, 정말 많은 시신이, 집에서 숨을 거둔 시신이 즐비했다." 조반니 보카치오Giovanni Boccaccio는 『데카메론Decameron』에서 이렇게 썼다. 시민들은 "시체들을 집에서 끌어내 문 앞에 쌓아놓았다. 그래서 시내를 걷는 사람, 특히 아침에 걷는 사람은 무수히 쌓인 시체들을 보았다." '검은 죽음'은 당시 세계와 교회의 근본을 속절없이 뒤흔들었다. 검은 죽음은 죄인과 사제를 가리지 않았다. 검은 죽음은 도시를 활보하며 그 해골의 손으로 내일을 맞이하지 못할 비참한 이들을 점지했다.

죽음의 역병은 사람들에게 이렇게 말해주는 것만 같았다. 너희 인생이 아무리 훌륭하고 아름다울지라도 헛되이 사라지며, 너희에게서 남는 것은 아무것도 없으리라.

"어제 내린 눈은 어디로 갔지?" 프랑수아 비용François Villon은 자신의 「지난 시절의 아름다운 여인을 기리는 발라드Ballade des Dames du temps jadis」에서 이렇게 묻는다. "우비 순트?(Ubi sunt?, 어디 있지?)" 설교자는 강단에서 굽어보며 묻는다. 우리보다 앞서 세상을 살았으며, 자신이 그토록 중요한 인물이라 자처하던 사람들은 모두 어디로 갔을까? 인간에게 남은 유일한 희망은 구원임을, 예수 그리스도의 아픔으로 죽음의 두려움에서 풀려나는 구원임을 굳게 믿으라고 설교자는 강변한다. 이들의 가르침 '메멘토 모리(Memento mori, 너의 죽음을 기억하라)'는 네가 죽는 존재라는 것, 너는 먼지이며 다시 먼지로 돌아갈 것임을 생각하라고 강조한다. 신을 두려워하며 살고 영원한 이후를 준비하라. "삶의 한복판에서 우리는 죽음과 더불어 있다." 이 말은 너의 영혼이 구원을 받을지 여부는 네가 인생을 어떻게 사느냐에 따라 결정된다는 뜻이다. 죄인, 단테 알리기에리Dante Alighieri가 『신곡La Divina Commedia』에서 꼽는 죄인은 거만한 자, 질투하는 자, 걸핏하면 화부터 내는 자, 게으른 자, 탐욕스러운 자, 무절제한 자, 음탕한 자로 연옥의 불길을 통과해야만 한다. 연옥의 불길 속에서 죄를 정화한 뒤에야, 고통스럽기 짝이 없는 정련을 받고 나서야 비로소 이들은 신 앞에 설 수 있다.

천사와 악마의 그림으로 가득한 '죽음의 소책자'는 평민들이 서로 돌려가며 즐겨 읽던 것이다. 그 라틴어 제목 『아르스 모리엔디 Ars moriendi』는 '죽어감의 기술'이라는 뜻으로 좋은 죽음을 맞이하기 위해 신앙을 키워야 한다고 강조한다. 중세에서 이런 준비 없이 급작스럽게 떠나는 것은 나쁜 죽음이다. 좋은 죽음은 깨인 의식을 가지고 교회의 조력을 받아야 이룰 수 있다. 고해 성사와 함께 종부 성사를 하고 성찬식을 올려야 죄 사함이 이루어진다. 중세에서 예배에 참석하는 것은 죽음을 준비하는 자세다. "미사를 올리며 주님을 영접하는 사람은 이 예배를 드리는 날 음식이 부족하지 않을 뿐만 아니라, 눈이 멀거나 심지어 죽는 일도 없으리라. 그럼에도 갑자기 죽음을 맞이하는 사람에게는 주님이 거룩한 은혜를 내려주시리라." 당시 흔히 듣던 설교 말씀이다. 두려운 나머지 가난한 사람과 부자는 면죄부를 구입해 '천국에서 누릴 보물'을 쌓았다. 헌금과 기부는 연옥의 불에서 당하는 아픔을 줄일 수 있으며, 심지어 이미 죽은 사람의 고통까지도 덜어준다고 설교는 강조한다. 사업은 잘 굴러갔다. "대다수 교회는 성찬식 잔에서 제단에 이르기까지 기부받은 물건으로 장식했다. 물론 이 물건에는 누가 헌금을 했는지 그 이름이 꼭 들어갔다." 에를 랑겐 대학교의 예술사와 기독교 고고학 교수 라이너 죄리스Reiner Sörries는 이렇게 썼다. 우리가 오늘날 헌금한 사람이 누구인지 아는 것은 그 새겨진 이름만이 유일하다. 헌금한 사람은 조촐한 이름만으로 불멸의 영생을 확보했다.

중세 말에 이르자 세속이 강조되기 시작했다. 종교 개혁과 더불어 이 땅에서 이룩할 수 있는 것이 갈수록 중시되었다. 인간은 자신이 이 땅에서 유일무이한 존재라는 깨달음을 키웠다. 당시 사람들의 뇌리에서 무르익어가던 의문은 이런 것이다. 이 세상을 떠날 때 우리에게서 무엇이 남는가? 사람들의 새로운 걱정거리는 죽음과 더불어 흔적도 없이 사라지는 게 아닌가 하는 물음이었다. 마르틴 루터는 1519년 『죽음의 준비를 다룬 설교Sermon von der Bereitung zum Sterben』에서 다음과 같이 썼다. "죽음은 이 세상과 모든 할 일과의 작별이기 때문에 인간은 세속의 재화가 어떤 게 누구의 것인지 잘 정리하거나, 소유 문제를 깔끔히 해둘 필요가 있다." 더 나아가 죽음을 준비하는 사람은 모든 인간을 용서하고, 또 용서를 구해야만 한다고 루터는 말한다. "그래야 영혼은 세속의 그 어떤 문제에도 매달리지 않는다." 그리고 "이 땅의 모든 사람과 작별했다면, 이제 할 일은 오로지 신을 향해 나아가는 것이다." 더 손을 쓸 수 없기 전에 인간은 세상과의 작별을 준비해야만 한다는 이런 생각은 오늘날에도 매우 참신해 보인다.

오늘날 '에드 하디 티셔츠'● 또는 'FC 상파울리'의 패션 컬렉션에서 자주 보는 해골 그림은 상징으로서는 아주 오래된 것이다. 그러나 해골 그림이 본격적인 유행을 탄 때는 바로크 시대다. 당시 사람들의 삶은 30년 전쟁이 안긴 충격과 귀족의 흥청망청하는 낭비벽으로 고단하기만 했다. 바로크 시대는 "믿음이 사라지고 충격만 안기는" 거대한 변혁과 대립의 시기를 열었다고 라이너 죄리스는 자신의 책 『좋은 죽음에 대하여Vom guten Tod』에서 썼다. 사람들은 인생과의 사랑에 푹 빠졌으며 죽음을 두려워했다. 사람들은 지금 이 순간을 즐기며 영원을 갈망했다. 해묵은 '메멘토 모리'와 더불어 더 오래된, 로마의 시인 호라티우스Horatius가 기원전 23년에 빚어낸 "오늘을 누리고 앞으로 올 것

● 미국의 타투 예술가 에드 하디(Ed Hardy: 1945년생)가 만들어낸 패션 브랜드. 화려하고 강렬한 문양으로 유명하다.

은 되도록 신경 쓰지 말자"는 뜻의 '카르페 디엠(Carpe diem)'이 사람들을 사로잡았다.

바로크 시대의 사람들이 인생을 바라보는 감정은 죽음이 모든 것을 압도한다는 생각의 지배를 받았다. 우리가 살아서 경험하는 모든 공과는 허망하고 덧없다. 옛말 그대로 "아무것도 아니다." 바로크 시인 안드레아스 그리피우스Andreas Gryphius는 이렇게 노래한다. "너의 눈길이 어디를 향하든 오로지 이 땅의 허망함만 보는구나. / 지금 도시들이 서 있는 곳은 머지않아 허허벌판이 되리라. / 벌판에는 목동이 양떼와 노닐겠지. 지금 꽃들이 화려하게 핀 곳은 머지않아 짓밟히리라. / 지금은 시끌벅적 활기를 뽐낼지라도 내일이면 모든 것이 잿더미로 내려앉으리니, / 광석도, 대리석도 영원한 것은 없어라. / 지금은 행복이 우리를 보며 미소 지을지라도, 머지않아 고통의 눈물이 폭우가 되어 내리리라." 바로크 시대의 예술은 어딘지 모르게 과장된 분위기를 보여주면서 소멸하고 쇠락하는 만물을 묘사하는 것에서 아름다움을 찾고 보여주었다. 미술은 권력과 부와 세속의 쾌락을 해골에 빗댐으로써 그 허망함을 경고했다. 당대의 유화를 보면 모든 화려한 보석과 술잔과 주사위와 카드가 해골이나 불 꺼진 양초, 모래시계 또는 시들어버린 꽃 옆에 어지럽게 널려 있다. 한때 활짝 피었던 것은 이제 사라지리니.

그러다가 오늘날까지 여운을 남기는 일이 벌어졌다. 『죽음의 역사』에서 필리프 아리에스는 거의 2,000년에 가깝게 서양 문화는 죽음을 인생의 친숙하고도 당연한 동반자로 받아들여왔다고 설명한다.• 이런 죽음관은 19세기 초에 들어서면서 갈수록 낭만화하고 기술적인 면모를 자랑하게 된다. 과학이 이룩한 성과는 죽음이 가지던 신비한 성격을 앗아가버렸다. 이로써 '산뜻하게 맞이하는 죽음'이라는 희망이 생겨났다. 사람들은 이제 거리를 두고 자신의 죽음을 바라보기 시작했다. '메멘토 모리'의 자리에는 다른 사람, 곧 주변의 중요한 사람을 상실하는 두려움이 대신 들어섰다. 피안은 인생을 살며 품었던 갈망이 충족되는 천국이라는 성격을 잃어버리고, "죽음으로 서로 떨어져 이 이별을 전혀 극복할 수 없었던 사람들이 다시 만나 재결합하는 장소"가 되었다고 역사학자 아리에스는 썼다. 신문지상에 첫 부고가 실린 것도 19세기 초다. 일단 부고는 오로지 거래 조건의 변화, 이를테면 회사의 소유주가 사망했다는 것을 공지했지만, 이내 일반적인 형태로 발돋움했다. "모범적이면서도 활달한 참으로 아름다운 인생을 살아온 끝에 11월 4일 새벽 3시 반 나의 막내딸 요하나 빌헬르미네Johanna Wilhelmine가 방년 20세로 영면했다." 1805년 《베를

• 필리프 아리에스(Philippe Ariès: 1914~1984)는 프랑스 역사가로 학계의 도식적 연구에서 벗어나 독창적인 관점, 곧 출생, 유년기, 가족, 성, 죽음과 같은 근본 문제를 중심으로 역사를 연구한 인물이다. 본문에서 언급한 책의 원제는 『중세에서 현재까지 서구 문화가 바라본 죽음 역사의 에세이Essais sur l'histoire de la mort en Occident du Moyen Âge à nos jours』(1975)이며 국내에 『죽음의 역사』(1998)로 출간되었다.

린 정치와 교양 뉴스Berlinische Nachrichten von Staats- und gelehrten Sachen》에 실린 부고다. "고인의 고결한 심장을 아는 사람은 우리가 받아 마땅한 아픔에 동참해 눈물을 흘릴지라. 이로써 친구들과 친족들에게 공지하노니 심심한 조의를 표해주기를 간청하노라. 사도 바울의 가르침에 따라, 황실 시종." 아픔에는 동참해도 좋으나 충분한 거리를 두고 존중해달라는 간곡한 부고다. 일반 대중에게 특히 인기를 끈 것은 머리카락으로 만든 기념품이다. 당시 인간들은 가족을 사랑의 공동체로 새삼스레 발견했으며, 사랑하는 가족 가운데 죽은 사람의 유품을 가슴 가까이 지니고 싶어 했다. 그래서 화환을 엮으면서, 고인의 머리카락을 꼬아 브로치로 고정해 가슴에 달았다.

19세기 초만 하더라도 누군가 죽어간다는 것은 사회 구성원들이 참여하는 공공의 사건이었다. 결국 개인은 죽어야만 공개된 일상에서 풀려나 오롯이 사적인 죽음을 누릴 수 있었다. 마침내 조용히 커튼이 닫히면, 시신은 수의에 감싸여 그때부터 사적인 평안을 누렸다.

같은 시기에 일반에 공개되는 죽음, 예를 들어 사형은 로마 시대 이후 늘 그래왔듯, 마녀 화형식과 마찬가지로 시끌벅적한 구경거리였다. 당시 병원의 해부학 진열장에 전시된 시체를 구경 하는 것은 일종의 유행이었다. 독일은 19세기 중반까지만 하더라도 범죄자들을 공개 처형했다. 이런 처형식에는 수천 명의 구경꾼이 몰려들었다. 이를테면 1824년 8월 27일 라이프치히 시내 중심부의 장터는 몰려든 군중으로 발 디딜 틈조차 없었다. 이날은 사형집행인이 살인자 요한 크리스티안 보이체크의 목을 치던 날이다(비록 이름의 주인은 죽었지만, '보이체크'라는 이름은 독일 극작가 게오르크 뷔히너의 필치로 영원한 생명을 얻었다).[*] 이런 처형식이 열리는 날이면 온 가족이 마치 오늘날 놀이공원이라도 찾듯, 구경을 갔다. 단두대의 칼날이 떨어져 내리면 대중은 떠들썩한 축제를 즐겼다. 소년 합창단이 노래를 부르는 일도 잦았다. 이런 날이면 학교는 휴교였다. 사람들은 누구나 그곳에 가서, 금기를 범하고, 넘지 말아야 할 경계를 넘었으며, 공공의 질서를 위협한 범죄로 처벌을 받는 모습을 지켜보았다. 사형수가 당하는 고통은 살아 있는 사람들에게 일종의 경고였다.

대중은 칼로 목을 치는 참수를 특히 좋아했다. 죽은 자의 피로 물든 모래는 기적의 치료 효과를 발휘한다고 믿었기 때문이다. 망나니는 '사형수 피'가 묻은 손수건을 1장당 몇 탈러(Taler: 독일의 옛 은화)라는 비싼 값에 병자에게 팔았다. 죽은 살인자, 사기꾼 혹은 독살자는, 자살한 사람의 시신과 마찬가지로 병원의 해부학 진열장에 전시되었다. 사람들은 따로 정해진 공개 시간에 이곳을

---

[*] 요한 크리스티안 보이체크(Johann Christian Woyzeck: 1780~1824)는 독일의 군인으로 어떤 의사의 아내와 불륜의 사랑을 나누다 여인이 자신을 비웃는 말에 격분해 살인을 저지른 인물이다. 독일의 혁명가이자 작가인 게오르크 뷔히너(Georg Büchner: 1813~1837)는 이 사건을 소재로 한 편의 드라마를 썼으나 완성하지 못하고 23세라는 젊은 나이에 요절했다. 유고로 남은 작품을 손보아 나온 『보이체크』는 전 세계적으로 높은 인기를 누리는 희곡이다.

찾아 시체들을 관람했다.

두 번의 세계대전을 치르고 꽤 오랜 세월이 지난 오늘날 독일에서
는 누구도 공개적인 처형을 찾아가 구경하지 않는다. 그렇지만 참
수형과 교수형은 세계 곳곳에서 여전히 자행된다. 그리고 사람들
은 이 장면을 유튜브로 지켜본다. 독일에서 마지막 사형 집행은
1981년에 이루어졌다. 동독 정보부 슈타지 소속의 대위 베르너
테스케Werner Teske가 서독에 유리하도록 간첩 행위를 했다는 누
명을 쓰고 '전혀 예상치 못한 근접 사격'으로 처형당했다(동독, 그
리고 더 나아가 독일 전체의 마지막 사형 집행인은 당시 이미 은퇴했던
헤르만 로렌츠Hermann Lorenz다). 아무튼 이를 마지막으로 독일에
서 죽음은 공개된 일상에서 사라졌다. 죽음은 공동묘지에 둥지를
틀거나, 수도원이나 병원 혹은 양로원의 벽 뒤에 은밀하게 숨었다.
20세기에 전쟁으로 수백만 명의 사망자가 발생하고, 범죄로 처형
당하는 일이 거의 사라지다시피 하면서 서유럽에서 죽음의 현장
에 관심을 가지는 사람은 아무도 없다. 워낙 요란한 죽음이거나,
바로 이웃에서 벌어지는 게 아닌 한, 진짜 죽음에 가지는 사람의
관심은 식었다. 매년 수천 명의 난민이 지중해를 건너다 죽는 일
은 그저 그러려니 하고 받아들이는 일상의 일부가 되고 말았다.
독일에서 매년 거의 4,000명에 가까운 노인이 스스로 목숨을 끊
는 안타까운 현실을 주목하는 사람도 거의 없다. 죽은 채 집 안
에 몇 달째 방치되었다가 발견되는 노인은 대중지에서 짤막한 단

신으로 애도할 따름이다.

고대부터 인류가 자신의 죽음을 잘 받아들이기 위해 얼마나 많은 노력을 기울여왔는지 오늘날 실감할 수 있는 사람은 거의 없다. 대다수 현대인은, 인생을 살며 죽음을 성실히 준비하는 옛사람들의 태도에 별 감흥을 느끼지 못한다. 옛사람들에게 "우리에게 무엇이 남을까" 하는 의문은 죽음을 목전에 두었을 때에야 중요해지는 문제가 아니라, 평소 늘 신경 쓰던 문제였다는 점도 마찬가지다. 오늘날 사람들은 죽어감을 두고 한사코 침묵하기만 한다. 설혹 죽음이 거론되었다 할지라도 대개 다른 사람의 죽음만이 화제일 뿐이다. 현대인에게 자신의 죽음은 그저 본인 그리고 아주 가까운 주변 사람만 연관되는 사생활일 따름이다. 사람들은 여전히 오랜 격언 '카르페 디엠'과 '메멘토 모리'에 귀가 솔깃해하기는 한다. 그러나 주어진 현재에 충실하자는 본뜻과 다르게 '카르페 디엠'을 요즘 젊은 세대는 되도록 악착같이 인생을 즐겨야 한다는 '욜로(YOLO)'로 받아들인다. '욜로'는 'You Only Live Once(인생은 단 한 번 사는 것이다)'의 머리글자를 따서 만든, 21세기를 대표하는 약어다. 죽음이 두려운 나머지 지금 이 순간을 즐기자는 태도는 다른 사람은 마음껏 누리는데 자신만 기회를 놓치는 게 아닐까 하는 걱정과 초조함과 떼려야 뗄 수 없이 맞물린다. '포모(FOMO, Fear Of Missing Out, 기회를 놓치는 게 아닐까 하는 걱정)' 없는 '욜로'는 없다.

나도 어제 내린 눈처럼 흔적도 없이 녹아 사라지는 게 아닐까? 그러나 오늘날을 살아가는 사람은 이런 의문과 걱정을 거의 품지 않는다. 자신의 죽음은 언제나, 특히 갈수록 좋아지는 의학과 약학 덕에, 어디 저 멀리 있는 것일 따름이다. 오늘날의 '메멘토' 곧 경구는 몸과 정신의 최적화, 가능한 한 마지막 숨을 쉬는 그 순간까지 최적의 상태로 몸과 마음을 끌어올릴 것을 기억하라고만 요구한다. 면전에서 죽음을 거론하는 것을 많은 현대인은 모욕으로 받아들인다. "심지어 대단히 연로한 고령자도 노환을 당당하게 견디다가 운명하셨다는 말을 우리는 흔히 듣는다." 오스트리아 철학자 토마스 마초Thomas Macho가 한 말이다. "80대의 노인도 그동안 고생할 만큼 했으니 하늘의 부름을 받은 것을 우리는 감사해야 한다는 말에 그게 무슨 소리냐며 해명을 요구할 정도다." 하고 마초는 덧붙였다.

고대 그리스인들은 연설을 할 때 자신을 '타나토이(Thanatoi)'라고 지칭했다. 불멸의 영생을 자랑하는 신들과는 달리 죽을 수밖에 없는 자신의 처지를 겸허히 새기는 뜻으로 죽음의 신 '타나토스(Thanatos)'의 어말에 변화를 주어 만든 단어가 '죽을 수밖에 없는 자'라는 의미의 타나토이다. 그럼 오늘날 사람들은 어떨까? 우리는 "허망함과 죽음을 없애버리려 혼신의 힘을 쥐어짜가며" 일한다. 『죽음은 우리 편이다 Der Tod steht uns gut』라는 책을 쓴 독일의 저자 토비아스 크바스트Tobias Quast가 한 말이다. "20세기와 21세기 경제 지향적 사회 체계는 피안과 죽음에 아무런 의미를 두지 않는다."

죽음(타인의 죽음)은 오늘날 주로 화면에서 일어난다. 영화, 텔레비
전, 디스플레이에서. 우리는 친구가 페이스북에서 애도하는 걸 보
거나, 트위터에 올라온 부고를 읽는다. 더 많은 죽음은 물론 허구
의 세계에서 흔히 일어난다. 범죄 영화와 드라마는 뉴스와 스포
츠 다음으로 사람들이 즐겨 시청하는 프로그램이다. 2017년 독일
에서 가장 높은 시청률을 자랑한 20편의 드라마는 모두 「타트오
르트」• 시리즈였다. 그해에 가장 시청률이 높았던 프로그램 '톱
10' 가운데 여섯 편이 「타트오르트」였다. 나머지 네 프로그램은
국회의원 선거에 앞서 열린 후보 토론회와 두 번의 국가대표 대항
전과 'DFB 포칼'•• 준결승전이었다. 드라마만 놓고 보면 가장 높
은 인기를 누린 「타트오르트」를 필두로, 「산골 의사Bergdoktor」
가 5위이며, 그 뒤를 「범죄 신고 전화 110 Polizeiruf 110」, 「보덴
호수의 시체들Die Toten vom Bodensee」, 「북쪽 북쪽 살인 사

• '타트오르트(Tatort)'는 '범죄 현장'이라는 뜻으로 독일 제1공영방송에서 제작
하고 방영하는 드라마다. 1970년에 처음 전파를 탔으며, 지금까지 꾸준히 인기
를 누리는 프로그램으로 실제 벌어졌던 사건을 소재로 삼아 범죄 현장을 재구
성해 보여주는 방식을 택한 드라마다. 이 드라마 덕분에 미제로 남은 많은 사건
이 해결의 실마리를 찾기도 했다. 우리나라의 방송《그것이 알고 싶다》의 드라
마 버전이라고 할 수 있다.
•• 'Deutscher Fußball-Bund-Pokal(독일 축구협회 우승컵)'은 분데스리가와
별도로 독일 축구협회가 주관하는 대회로 1부와 2부 그리고 지역 팀 모두 출
전한다.

건 Nord Nord Mord」, 「슈트랄준트Stralsund」, 「하나의 강력한
팀Ein starkes Team」, 「빌스베르크Wilsberg」, 「뮌헨 살인 사건
München Mord」 그리고 「헬렌 도른Helen Dorn」이다.• 「타트오
르트」를 제외하면 모두 제2공영방송(ZDF)에서 방영한 범죄 수사
드라마다. 방송이 허구의 재료에 할애한 모든 방송 시간 가운데
절반 이상이 범죄 수사 드라마의 몫이다.

　방송이라는 미디어는 중세에 장터에서 벌어지던 처형식에 군중
이 모이도록 꾀던 형태를 현대판으로 지속하는 셈이다. 범죄자가
그에 마땅한 처벌을 받는 현장을 지켜보고 싶어 하는 사람들의
심리를 방송 드라마는 파고들었다. 중세와 오늘의 차이는 중세의
구경거리가 연중 행사였다면, 방송 드라마는 매일 저녁 8시 15분
에 방영된다는 정도다.

　독일의 예술 역사가이자 미디어 문화 비평가인 한스 벨팅Hans
Belting은 이처럼 죽은 자를 새롭게 보는 방식을 죽음을 보는 새
로운 관점으로 혼동해서는 안 된다고 지적한다. 오늘날 우리는 정
말이지 넘쳐날 정도로 "수많은 연출된 죽음 장면을 보지만, 이런
장면은 본래 죽음이 무엇인지 보지 못하게 거의 완전히 가려버린
다." 사실 현대인은 죽음을 보고 싶어 하지 않는다. 그래서 그나

• '슈트랄준트(Stralsund)'는 독일 북쪽 해변 도시 이름, '빌스베르크(Wilsberg)'
　는 뮌스터 시에서 활약하는 사설탐정 이름, '헬렌 도른(Helen Dorn)'은 주인공
　인 여자 형사 이름이다.

마 볼 만한 장면, 곧 연출된 죽음 그림들로 죽음 자체를 대체시켰다. 독일의 사회학자인 티나 베버Tina Weber는 범죄 드라마가 다루는 죽음이 무엇을 보여주지 않는지 연구했다. 드라마가 보여주지 않는 것은 "늙음 또는 아주 불결한 위생 상태, 조화를 잃은 외모(못생김), 결함을 가진 신체, 단정치 못함이나 더러움"이다. 티나 베버는 "외모를 중시하는 사회의 경향이 죽음의 모습마저 바꿔 놓았다"고 지적한다. 죽은 몸이라 할지라도 젊고 건강해 보여야만 한다. 살아서 잘난 사람의 신체 기준에도 죽음은 맞추어야만 한다. 키가 크고 근육질 몸매에 혈색 좋은 시체라는 화면 속의 연출은 "죽음을 보여주려고 하기는 하지만, 실제 죽음은 내쫓았다." 오히려 이런 연출은 "죽은 뒤에 어떤 모습으로 보이고 싶은지 하는 사람들의 갈망에 맞추려 한다." 우리가 세상을 떠난 뒤에 남는 것 역시 그 나름대로 아름다워야 한다. 물론 범죄자의 경우는 예외다. 범죄자의 죽음은 잔혹해도 된다. 그래야 처형당한 범죄자의 죽음 뒤에 모든 것이 다시 질서를 회복할 테니까. 사형수의 피는 치유 효과를 발휘한다.

자신의 죽음을 한사코 관심 밖으로 밀어내며 이야기하지 않았던 것을 두고 나중에 많은 사람들은 후회한다. "나는 왜 살면서 죽음을 준비하지 않았을까." "죽음이 무서운 건 아니야, 죽어감이 두려울 뿐이지." 예를 들어 자신이 죽을 날을 받아놓은 사람이 방송 다큐멘터리에서 흔히 하는 말이다. 또는 가족 얼굴을 보면서는 전혀 하지 못할 말을 리포터에게 털어놓기도 한다. "올여름을 넘기지 못할 거예요. 그렇지만 아이들 여름 방학을 망쳐놓고 싶지는 않아요." 또는 이런 말도 한다. "올해가 제 마지막 생일이겠네요. 아무렇지도 않은 척하려면 신경깨나 써야겠어요." 드러내놓고 작별을 준비하는 사람은 자신감이 넘치며 요구하는 것도 많다. "이건 내 인생이야. 결국 다른 누구도 아닌 내 죽음이지." 죽음조차 다른 사람에게 빼앗기는 것은 아닐까 하는 두려움은 당사자가 어떤 과거를 살았느냐에 따라 키워진다. 이러다가 의료기계의 케이블들을 단 채 발견되는 건 아닐까. 내가 세상을 떠나는 방식을 다른 사람이 결정하면 어떡하지. 철학자 마르틴 부버Martin Buber 는 유대인 랍비 부남Bunam의 이야기를 들려준다. 몸져누워 죽어가던 랍비 부남을 보며 그의 아내는 슬피 울었다. 그러자 랍비가 아내에게 물었다. "무엇 때문에 우는 거요. 내 인생의 모든 순간은 오로지 죽어감을 배우기 위해 있었다오." 죽어감, 오늘날 우리는 죽어야만 하기 전에 죽어감을 배우고 있는가?

오늘날 '적극적 존엄사(Active Death with Dignity)'는 이미 그 관리에 필요한 제도를 갖추고 고령에 숙환을 앓는 사람이 어느 정도 돌봄의 손길을 필요로 하는지 그 등급을 정한다. "계단을 올라갈 수 있는가? 혼자 샤워할 수 있는가? 머리를 빗고 옷을 입으며 걷고 식사를 하는 데 아무 문제가 없는가? 침대와 의자에서 일어날 수 있는가? 화장실에 갈 수 있는가? 소변을 참을 수 있는가? '일상생활 활동(Activities of Daily Living, ADL)' 가능 여부는 당신이 얼마나 독립적으로 생활할 수 있는지 측정하는 지표들이다. 이런 활동을 스스로 할 수 없다면, 당신은 더는 살아 있는 게 아니다." 뮌헨에서 발간되는 일간지 《쥐트도이체차이퉁》의 기자 롤란트 슐츠Roland Schulz가 「완전히 끝에 이르러Ganz am Ende」라는 제목의 기사에서 쓴 글이다. 예를 들어 해당 환자를 예전에 만나본 적이 전혀 없는 간병인이 객관적으로 판단하는 상태로 ADL 등급이 결정된다. ADL은 숨쉬기, 먹고 마시기, 몸을 움직이기, 씻기, 옷 입기, 쉬고 잠자기, 배설하기, 체온 관리, 안전한 환경 만들기, 소일거리 찾기, 소통하기, 자신을 여성/남성으로 느껴보고 행동하기, 인생의 의미 찾기 등을 종합적으로 체크한다. ADL은 스위스의 수녀이며 간병 모델을 만들어낸 것으로 유명한 릴리안 주클리Liliane Juchli가 개발해냈다. ADL은 고령의 노인이나 숙환을 앓는 환자가 재활, 치료, 요양 등으로 충족시켜야 하는 근본 욕구에 어떤 것이 있는지 자세히 묘사한다. 일상의 활동을 스스로 해결할 능력이 떨어질수록, 타인에게 손을 벌려야 하는 의존성은 그만큼 더 커진다. 그럼 언제부터인가 당사자는 사회로부터 밀려나 벽과 하얀 가운이 싸늘하기만 하며 소독약 냄새가 코를 찌르는 골방으로 유폐된다. 롤란트 슐츠는 병실의 하얀 침대에서 죽어가는 환자의 삶을 이렇게 묘사한다. "사회학의 관점에서 볼 때 당신은 이미 죽은 사람이다." 가족이 이 모든 것에 준비되어 있지 않아서, 또 실질적으로 도움을 줄 수 있는 간병인이 턱없이 부족해서, "사람들은 고통으로 신음하는 당신을 살아 있는 사람으로 취급하지 않는다. 몸도 가눌 수 없을 정도로 쇠약하다고 이미 죽은 사람 취급한다. 당신이 과거에 무엇이었든, 이제 당신은 더는 살아 있는 존재가 아니다." 이렇게 해서 병실은 죽음을 기다리는 대기실이 된다. 마지막 면회가 이어진다.

2016년 독일의 사망자는 91만 902명이다. 이 규모는 프랑크푸르트암마인과 쾰른 사이 중간 정도 되는 크기의 대도시 인구와 맞먹는다. 베를린의 올림픽 경기장을 열두 번 채우고도 남는 인원이다. 그 가운데 남성은 44만 8,304명이며, 여성은 46만 2,595명이다. 그리고 성별을 특정할 수 없는 사망자가 세 명인 것으로 공식 기록되었다(이 범주는 2016년부터 도입되었다). 독일에서 새롭게 태어난 아기보다 사망자가 더 많아진 것은 1972년부터다. 평균 사망 연령은 78.4세다. 여성은 평균적으로 81.6세를, 남성은 75.2세를 산다. 남성이 6년 덜 산다. 사망자가 가장 많은 달은 2월이지 11월이 아니다. 11월에는 관련 공휴일이 많아 죽음과 연관이 많은 게 아닐까 하는 느낌이 들 뿐이다. 이를테면 '만인 위령의 날'(Allerseelen: 11월 2일은 연옥의 불 속에서 고통당하는 가엾은 영혼을 위로하는 날이다)이나 '국민 애도일'(Volkstrauertag: 양차 세계대전 전몰자와 나치스 희생자를 추모하는 날, 11월 셋째와 넷째 일요일) 그리고 모든 사망자를 추모하는 '고인 추도일' (Totensonntag: 11월 마지막 일요일)이 그런 공휴일이다. 2016년

100세 이상의 고령자는 6,605명이 사망했다. 그 가운데 여성은 5,698명이다. 100세 이상 고령 사망자는 1996년에는 오로지 2,276명, 1976년에는 482명, 1956년에는 고작 69명이다. 가장 잦게 나타나는 사망 원인으로는 만성 심장 질환, 심장마비, 암(남성의 경우는 폐, 여성의 경우는 유방) 그리고 치매 질환이 꼽혔다. 독일의 매년 교통사고 사망자는 3,000명이며, 자살하는 사람은 10,000명이다. 매일 27명이 스스로 목숨을 끊는다. 그 가운데 70%는 남성이다.

허락된 끝까지 인생을 누리고 싶어 하는 사람들에게 어떻게 죽고 싶으냐고 묻자 그 답은 이랬다. 될 수만 있다면 전혀 예상하지 못한 가운데 순식간에 죽는 것이 가장 좋다. 옛날에 그렇게 죽음을 맞던 때가 없었던 것은 아니다. 그때 사람들이 품었던 소망은 달랐다. 그러나 수백만의 인명을 가차 없이 꺾어버린 페스트는 이미 오래전에 사라졌다. 오늘날에는 죄 지은 것을 오래 참회할 시간을 달라거나, 최후의 심판에 대비하면서 되도록 죽음을 늦추려 하는 사람은 거의 없다. 사람들이 바라는 것은 되도록 아픔 없이 죽는 것이다. "평안하게 잠들다"라고 말할 수 있다면 좋은 죽음이다. 또는 이웃 사람들이 나중에 "그냥 픽 쓰러지더니 죽었지 뭐야"라거나 "오래도록 아픔에 시달리지 않았어"라고 말할 수 있다면 좋은 죽음이다. 아무튼 한순간에 가야 한다. 독일 호스피스 재단에서 설문 조사를 한 결과, 독일 국민의 60%는 "갑자기 그리고 빠르게" 맞는 죽음을 원했으며, 12%는 "의식이 살아 있는 가운데 가족의 배웅을 받는" 죽음을 바람직하게 여겼다. 나머지는 이런 문제를 생각해본 적이 없다고 답했다. 어디서 죽는 게 가장 좋으냐는 물음에는 될 수만 있다면 집에서 죽고 싶다는 답이 우세했다. '데아카'•의 설문 조사에 응답자의 60%는 자신이 그때까지 살았던 집에서 최후를 맞고 싶다고 답했다. 단지 4%만 병원에서, 2%는 요양원에서 인생을 끝내고 싶다고 했다. 이런 선택의 근거로 대다수 사람이 꼽은 것은 익숙한 환경이 죽음을 한결 더 수월하게 받아들이게 해줄 거라는 점이다(73%). 그리고 익숙한 환경이 더 품위 있는 죽음을 맞게 해준다는 답도 있다(58%). 그럼에도 독일 국민의 족히 75%는 병원이나 요양원에서 죽음을 맞이한다. "이런 통계치를 희망 사항과 비교한다면 69%가 자신이 원하는 곳에서 죽음을 맞지 못하는 게 된다"고 DAK에서는 썼다.

우리 인간은 죽는 일에도 시간이 걸리는 것을 감수해야만 한다. 며칠 걸리는 사람은 그나마 다행이다. 몇 주 혹은 몇 달 심지어는 몇 년씩 기다려야만 하는 경우도 있다. 너무 오래 걸리는 죽음은 본인은 물론이고 가족도 녹초로 만든다. 관청에 제출할 중요한 서류를 만들 수 없어 하염없이 기다려야만 하는 죽음도 있다. 또는

• '데아카(DAK, Deutsche Angestellten-Krankenkasse, 독일 직장인 의료보험)'는 1893년에 설립된 독일 의료보험사다. 독일에서 세 번째로 큰 규모의 의료보험사이며, 2016년에 'DAK-Gesundheit(DAK-건강)'로 개명했다.

가족이 의견의 일치를 보지 못해 차일피일 방치되는 환자도 있다. 환자 본인이 '연명치료'를 원했는지 아닌지 가족이 다툼을 벌이는 동안 환자의 고통은 길게 이어진다. 어머니 또는 사랑하는 사람이 그만하면 충분히 살았다고 결정하고 싶어 하는 사람은 아무도 없기 때문이다. 그리고 의사 역시 똑 부러지는 판단을 내리기 꺼린다. 환자의 상태가 다시 더 좋아질 가능성은 의사도 배제할 수 없기 때문이다. 또 인공호흡기와 같은 하이테크 의료를 이용해 환자를 되도록 오래 '살려두는 것'이 병원의 재정에 보탬, 약간이라도 보탬을 준다는 이유로 의사는 결정을 내리기를 꺼리기도 한다. 어쨌거나 인간 생명을 지켜주는 의료 보험 비용은 생애의 마지막 1~2년 사이에만 1/3이 들어간다는 평균 계산이 나왔다. 그리고 빠르게 숨을 거둔다 할지라도 아픔은 여전히 지울 수 없이 남는다. 무엇보다도 뒤에 남은 사람들이 감당해야만 하는 아픔이 너무 크다. "당사자 입장에서야 갑작스러운 돌연사가 오래 고통에 시달린 죽음보다 더 자비로울 수 있지만, 가족이나 가까운 사람은 쉽게 씻기 힘든 충격을 받는다." 신학자 라이너 죄리스가 쓴 글이다. 전혀 준비되지 않은 상태라서, 이렇게 황망하게 보낼 수 없어서, 서로의 사랑을 다시금 확인할 기회가 주어지지 않아서, 사랑한다고 말해주지 못해서, 심통이 나서 한 악담을 거두어들일 수 없어서, 남은 사람은 충격에서 헤어나지 못한다. 또 본래 자신이 돌보고 병이 낫도록 해주어 인생을 구출해주었어야 함에도 망자를 자신의 인생에서 밀어내 병원에 떠넘겼다는 자책감은 깊은 상처를 안긴다. 그리고 임박한 죽음의 조짐을 어쩌면 그리도 몰라보고 이처럼 홀연히 떠나보내야 했을까 하는 안타까움도 괴롭기만 하다. 그러나 더욱 안타까운 사실은 죽음이 항상 가시적인 조짐을 보이지는 않는다는 점이다. 인간은 어느 날 갑자기 사라지지 않는다, 인간은 서서히 무너지다가 언젠가 작별할 따름이다. 인간의 모든 뼈는 나이를 먹어가며 쇠약해져 잘 부러지며, 치아는 흔들리다가 빠지고, 두뇌는 갈수록 크기가 줄어든다. 갈수록 더 많은 세포가 더는 분열하지 못하고 죽는다. 몸이라는 생명체는 쓰러지기 전에 안에서부터 무너진다. 카드로 쌓은 집처럼 한순간에 와르르 무너지는 게 아니라, 아픔을 안기며 천천히 무너진다.

"사람은 인생으로 떨어져 들어오듯이 다시 인생에서 빠져나간다." 로베르트 제탈러가 자신의 소설 『들판』에서 쓴 문장이다. • "틈새가 있는데 그걸 찾아야만 한다. 오래도록 어둠 속을 더듬거리다가 인간은 드디어 틈새를 찾아 그리로 떨어져 들어온다. 이럭저럭 우여곡절은 있지만, 언제나 찾아내기는 한다."

우리는 본래 어떻게 죽을까? 자연과학을 제외한 다른 모든 관점에서는 이 물음에 답하기 어렵거나 심지어 전혀 답하지 못한다.

• 로베르트 제탈러(Robert Seethaler: 1966년생)는 오스트리아 작가이자 배우다. 태어날 때부터 시각 장애를 앓았음에도 배우로, 시나리오 작가로, 소설가로 활발하게 활동하면서 상도 여러 차례 받은 인물이다. 『들판Das Feld』은 2018년에 발표된 소설로 국내에도 번역되어 있다.

그리고 냉철한 이성을 강조하는 자연과학의 영역에서조차 모든 의혹을 풀어줄 확실하고 분명한 답은 없다. 죽음이 정확히 언제 시작되는지, 그 시점은 어떻게 확인할 수 있는지 하는 물음을 놓고도 논란은 끊이지 않고 이어진다. 중증 환자의 고통을 덜어주는 완화의학의 전문가인 이탈리아 출신의 지안 도메니코 보라시오 Gian Domenico Borasio는 자신의 책 『죽어감에 대하여Über das Sterben』에서 이렇게 썼다. "우리가 확실하게 아는 것은 인간이 어느 날 갑자기 죽는 게 아니라는 점이다. 인간의 몸을 이루는 개개의 장기는 저마다 다른 속도로 기능이 쇠퇴하며, 각기 다른 시점에서 기능이 멈추어버린다." 완화의학이라는 전문 분야는 인생의 마지막 단계가 죽음 이전에 이미 몇 주 또는 심지어 몇 달 전에 시작된다고 본다.

언제 죽음이 시작되는지 또는 인간이 어떻게 죽는 것이 '정상'인지 가늠하게 해주는 표준이란 없다. 죽음은 인생만큼이나 개인에 따라 천태만상을 보여준다. 아마도 죽음은 인생보다도 더 독특한 모양이다. 의학이 죽어감의 단계를 추상적으로 정리하기는 했지만, 이 단계에 맞춰 죽는 사람은 아무도 없다. 빠르게 이루어지는 죽음이 있는가 하면, 매우 천천히 진행되는 죽음도 있다. 갖은 고통으로 얼룩지는가 하면 잠자듯 평안한 끝도 있다. 인생이라는 무대의 입구는 오로지 하나이지만, 출구는 무척 많다.

우리가 확실하게 아는 것은 이렇다. 자연적인 '침상의 죽음' 첫 단계가 보여주는 전형적 징후는 몸의 신진대사 기능이 떨어지면서 스트레스 호르몬이 활발히 분비되는 것이다. 배고픔과 갈증은 확연히 줄어든다. 인생의 첫 감각, 출생 당시의 첫 감각인 후각, 이를테면 엄마의 향기, 세상의 냄새를 맡는 후각은 사라진다. 뭘 먹어도 아무 맛이 없다. 바로 그래서 죽어가는 사람은 더는 먹거나 마시려 하지 않는다. 이런 것이 죽음의 초기 징후다. 이런 징후는 가족도 빠르게 이해한다. 몸은 수분을 잃으면서 메마르기 시작한다. 죽어가는 사람은 대개 벌린 입으로 숨을 쉬는 통에 입과 입술과 목구멍은 더욱 더 메마른다. 몸은 통증을 완화하고 진정하기 위한 물질을 쏟아내듯 분비한다.

다음 단계는 죽음을 며칠 앞두고 시작된다. 호흡이 얕아지고 손과 발은 차가워진다. 심장이 피를 손가락과 발가락 끝까지 보내주지 못하는 것이 그 원인이다. 피가 잘 돌지 못하면서 혈액 순환은 중요한 역할을 하는 장기, 곧 폐와 심장과 두뇌에만 집중된다. 발의 피부와 발톱에 얼룩이 생기거나 검푸르게 변한다. 혈압이 떨어지는 통에 귓바퀴는 밝은 빨간색이 된다. 의학자들은 이렇게 생겨나는 얼룩을 아주 오래전부터 '교회 마당 장미'•라고 했다. 의학 전문 용어로는 '시반(屍斑)'이라고 하는 이 반점은 장미가 만개한 몸이 이제 곧 흙으로 돌아간다는 확실한 징후다.

죽어감의 다음 단계는 위장과 대장과 신장이 천천히 활동을 멈

• '교회 마당 장미(Kirchhofrose)'는 독일에서 교회 앞마당이 공동묘지로 쓰이기 때문에 생겨난 표현이다.

추며 시작된다. 신장은 더는 피가 돌지 않는 탓에 소변을 만들어 내지 못한다. 수분이 배출되지 않는 통에 피는 더는 깨끗하게 걸러지지 않는다. 그래서 혈액 안에는 갈수록 많은 독성 물질이 쌓인다. 이 독성 물질은 두뇌를 천천히 마비시켜 죽어가는 사람은 의식을 잃는다. 숨은 아직 규칙적으로 쉬지만, 숨을 쉴 때마다 당사자는 헐떡거린다. 몸을 빠져나가지 못하는 수분은 폐 안에 고이기 시작한다. 죽어가는 사람은 더는 기침을 하지 못하며, 침도 삼키지 못하는 탓에 구강과 기관지는 점액질로 뒤덮인다. 벌린 입으로 숨을 쉬기 때문에 점막이 말라버린다. 병상을 지키는 사람은 이제 죽어가는 사람의 입을 물에 적신 수건이나 천으로 두드려주는 도움밖에 달리 할 일이 없다.

병상에 누운 사람은 이제 본격적으로 불안해진다. 손가락으로 주위를 더듬는 것이 이런 불안함의 표현이다. 죽어가는 사람은 가족과 간병인에게 방 안을 청소해달라고 부탁한다. 아직 말을 할 수 있는 사람은 이제 자신이 인생을 살며 소중하게 생각했던 사람과 물건, 배우자와 친구를 이야기한다. 죽어가는 사람은 흔히 오래전에 돌아가신 어머니가 검은 옷을 입고 방 안을 돌아다닌다거나, 전쟁에 나가 죽은 아들이 침대 맡에 앉아 있는 모습을 본다. 당사자는 주로 작별하는 장면이나 어딘가에 도착하는 장면을 떠올린다. 완화의학은 이런 장면을 죽어가는 사람의 '상징언어'라 한다. 침상에 누운 상태에서 정신만 반짝이면서 당사자는 어린 시절 가슴 설레며 기다렸던 소풍을 떠올리거나 새로운 여행을 계획하는 꿈을 꾼다. 열쇠를 잊어버려서는 안 된다고 다짐하거나, 마침내 고향에 돌아갈 수 있게 되었다며 힘겨운 미소를 짓는다. "가방 싸야만 하는데" 하고 말하거나 "서둘러야 해, 기차 놓치겠다"는 재촉에 가족은 가슴이 무너진다. 절대 놓칠 수 없다던 여행 날짜가 사망 일자와 딱 맞아떨어지는 일은 심심찮게 볼 수 있다. 정신과 전문의 엘리자베스 퀴블러 로스는 언젠가 자신에게 지팡이를 선물한 노인의 이야기를 들려준다. 노인이 지팡이 없이는 걸을 수조차 없음을 알면서도 퀴블러 로스는 노인의 간곡한 청에 선물을 받을 수밖에 없었고 잠깐 병실을 나갔다가 다시 돌아와 보니 노인은 죽어 있었다고 한다.

가장 참혹한 단계는 죽어가는 사람이 현실을 부정하는 것이다. 아냐, 어머니는 돌아가시지 않았어. 아냐, 어렸을 때 살던 집은 그대로 있어. 무슨 소리야, 꽃이 이렇게 피었는데. 이런 그림은 침상에 누운 사람이 떠올리는 유일한 현실이다. 다만 우리가 두 눈으로 볼 수 없을 뿐이다. 부모, 집, 꽃을. 죽어가는 사람은 다시 정신이 혼미해지는 일도 자주 겪는다. 대낮에 잠을 자고, 밤에는 깨어 있는 통에 시간 감각이 사라진다. 입은 벌어지고, 뺨이 푹 꺼지고, 코는 뾰족하게 솟은 것처럼 보인다. 두 눈은 쑥 들어가 퀭하다. 이런 식으로 얼굴 모양이 변한다. 어떤 이들은 이를 두고 '죽음 삼각형'이 형성되었다고 말한다. 다른 이들은 '히포크라테스 얼굴'을 본다고 말한다. "옛날에 이런 얼굴 변화는 의사로 하여금 손을 놓게 만드는 징후였다." 롤란트 슐츠가 쓴 글이다. "이 순간부터 일을 떠맡는 사람은 신부다."

이제 끝이다. 안타깝지만 달리 어쩔 도리가 없다. 호흡이 불규칙해지면서 환자는 계속 숨을 헐떡거린다. 심장이 더는 제대로 뛰지 않아 생겨나는 현상이다. 그런 다음 호흡이 멈춘다. 심장이 정지한다. 끝났다. 이제 누워 있는 사람은 임상적으로 사망이다. 그러나 경우에 따라서는 흉부 압박과 인공호흡으로 다시 소생할 수 있다. 이런 조치가 이루어지지 않으면 두뇌에 더는 피가 돌지 않는다. 이런 상태로 몇 분 흐르면 생명은 누구도 되돌릴 수 없는 게 된다. "기본적인 생체 기능을 조정하는 중추 신경이 돌이킬 수 없이 멈춘다." 의학과 심리학과 사회학 등 여러 분과의 학문을 포괄한 핸드북 『죽어감과 죽음Sterben und Tod』에 나오는 문장이다. 마지막 순간에 생명이 조용히 꺼져버리는 것이 아니라 정반대로 우리 인간의 의식은 마지막으로 밝게 타오른다. 마치 필터가 검게 타버리기 전에 전구가 가장 밝게 빛나듯. 신경 세포는 엄청난 양의 호르몬을 분비한다. 모두 우리를 깨어 있게 하며 행복감을 느끼게 하는 동시에 신비한 현상을 보게 만드는 호르몬이다. 그런 다음 의식은 완전히 꺼진다. 그럼 누운 사람은 뇌사 상태에 빠진다. 이로써 인간은 공식적으로 사망이다. 누군가 죽은 사람의 눈을 감겨준다. 나중에는 벌어진 입도 다물게 하고 아래턱을 위로 붙들어 맨다. 숨을 거둔 사람은 마치 잠을 자는 것처럼 보인다. 오래 걸리지 않아 몸은 머리에서 발끝까지 천천히 굳어진다. 2~4시간 정도 지나면 사후 경직이 시작된다. 이제 의사는 사망 진단서를 쓴다. 이름. 생년월일. 사망 시간. 몇 년, 몇 월, 며칠. 몇 시. 몇 분. 언제부터. 언제까지. 사망 원인은 전 세계 공통의 분류 기호에 따른다. 'I21', 심장마비. 'C34', 폐암, 'F03', 치매. 끝.

사망 시간을 확정한 뒤 늦어도 사흘 안에 관할 관청에 사망 사실을 알려야만 한다. 그래야 관청에서 사망 증명서를 발급할 수 있다. 일단 사망 사실의 확인이 이루어져야만 증명서가 존재한다. 이제 관청은 인생을 완결된 것으로 간주한다. 민법상으로 사망자는 '주인 없는 물건'이며, 형법에서는 고인의 평안을 방해하는 것을 금지하도록 규정한다. 고대와는 달리, 고인은 몸과 마음의 욕구를 가지지 않는다. 그리고 고인은 자기 자신 외에 다른 누구에게도 속하지 않는다. 다시 말해서 영면한 사람에게 주인은 없다. 죽은 인간은 자유다. 혹시 죽은 사람이 살아 있을 때 하고 싶은 모든 말을 한 게 아니며, 원하는 모든 것을 하지 않았다 할지라도, 무슨 말과 행동을 하고 싶었는지 명확히 하거나 시시비비를 가려줄 것이라고 누구도 기대하지 않는다. 끝났음을, 끝난 대로 남으리라는 것을 우리는 모두 안다. 누구도 법정에 고인을 끌고 가 시시비비를 가리지 않으리라. 아니 외려 고인의 평안을 방해하는 사람은 경찰과 시시비비를 가려야만 한다.

세상을 떠난 우리에게서 무엇이 남을까? 정신적으로 본다면 우리는 다른 사람 안에서 계속 살아갈 수 있다. 누군가 이름을 알고 불러주는 한, 우리는 세상에서 완전히 사라진 게 아니다. 그렇지만 몸은 해체된다. 방부 처리를 하여 미라로 만들어지지 않는 이상, 몸은 썩는다. 모든 해체 과정은 처음에는 정말 빠르게, 그런 다음 아주 느리게 이루어진다. 심장이 정지한 이후 세포는 외부로부터 산소를 공급받지 못해 제 살을 파먹는 것으로 연명한다. 피부 조직은 이렇게 해서 무너진다. 면역 체계가 사라진 탓에 몸의 안팎에서 박테리아가 그야말로 창궐해 한바탕 축제를 벌인다. 몸이 썩기 시작한다. 가스가 차오르며, 머리카락과 손톱과 발톱이 빠진다. 나쁜 소식은 우리 몸이 그야말로 악취를 풍긴다는 것이다. 좋은 소식도 없는 건 아니다. 이제 탐색견은 우리 몸을 훨씬 더 잘 찾아낸다. 적어도 부패가 진행되는 동안만큼은. 그런 다음 시간이 흐르면서 우리 몸에서 남은 것마저 허물어진다. 시체 냄새는 갈수록 줄어들다 사라진다. 우리 몸이 묻힌 흙의 성분이 무엇인가에 따라 조금씩 차이는 있지만, 12년이 지나면 오로지 뼈만 남는다. 다시 몇십 년이라는 세월이 흐르고 나면 우리는 완전히 사라진다. 이런 식으로 우리는 거대한 생명의 순환 속으로 돌아간다.

"누군가 벌레를 낚시 떡밥으로 썼는데, 그 벌레는 왕을 파먹은 놈이다. 왕은 벌레를 잡아먹은 물고기 요리를 즐긴 적이 있다." 윌리엄 셰익스피어의 작품에서 덴마크 왕자 햄릿이 한 말이다.

이제 남은 것은 침묵이다.

나 때는 말이야

뒤를 보여주는 거울과 앞을 보여주는 거울:

가정법의 사라짐,

페르시아의 제사장과 후디니가 없는 회합,

절망과의 싸움

"마지막에 모든 것이 좋기만 바랍니다." 독일 장의사 연맹이 내건 광고문이다. 하지만 모든 것이 좋았던 때가 있기는 한가? 자신의 죽음이 먼 훗날의 언젠가가 더는 아니며, 실감하는 가까운 내일로 육박해오면, 거창한 물음이 우리를 사로잡는다. 나는 누구였나? 나는 누구인가? 나에게서 무엇이 남을까? 홀홀 털어버리고 갈 수 있으려면 해야 할 일로 남은 것은 무엇일까? 나는 누구와 기쁘게 작별 인사를 나누고 싶은가? 그냥 더는 얼굴을 보지 않았으면 하는 사람은 누구인가? 인간은 누구나 자신이 언젠가는 죽으리라고 어렴풋하게나마 짐작은 한다. 그리고 누구나 인생을 살며 자신의 죽음이 아주 가까이 와 있음을 불현듯 강렬하고도 날카롭게 깨닫는 순간을 맞는다. 나는, 이제, 죽는구나. 이 세 어절은 마지막 문으로 인도하는 이정표다. 모든 것이 좋기만 바란다던 마지막은 내 마지막이었구나. 나한테도 마지막 날이 오는구나. 오랜 시간 동안 그 마지막은 오로지 다른 사람의 마지막인 줄로만 알고 살았거늘……

"죽어가며 / 자신이 개처럼 죽는다고 / 아는 개는 / 인간이다." 에리히 프리트가 쓴 짤막한 시다.

오랫동안 한사코 아니라고, 그럴 리 없다고, 내가 죽는다니 말도 안 된다며 밀어내기만 했던 것이 이제 빛 속에서 긴 그림자를 남긴다. 이 그림자가 주는 서늘하고 섬뜩한 느낌을 무시할 수 있는 사람은 아무도 없다. 조만간 죽는다는 진단이 나왔거나 돌이킬 수 없는 사고로 죽음을 피할 수 없다면, 이제 '죽음'이라는 단어는 큰 글씨로 쓴 무슨 책 제목이거나 영화 제목이 결코 아니다. 이제 곧 죽는다. 저 주방 벽에 걸린 달력에 빨간 동그라미를 쳐놓은 날 나는 죽는다. "우리는 인생에 더 많은 날들을 줄수는 없지만, 매일 맞이하는 날들에 더 많은 인생을 줄 수는 있다." 함부르크 상파울리의 호스피스 '등불(Leuchtfeuer)'의 입구에 걸린 이 문구는 우리 자신에게 이렇게 묻게 만든다. '내 인생'은 어땠었지? 뭘 다르게 했으면 좋았을까? 다시 같은 기회가 온다면 여전히 같은 결정을 내릴까? 도대체 '성공한 인생'이라는 것이 있기는 한 건가? 그리고 나는 나의 마지막 나날을 어떻게, 누구와 보내고 싶은가?

죽음이 마지막으로 잠드는 것인지, 아니면 스코틀랜드의 시인 월터 스콧Walter Scott이 썼듯, 마지막 깨어남, 곧 마지막 각성인지, 답을 아는 사람은 아무도 없다. "자신의 죽음은 그저 상상해보는 것조차 불가능하다. 자신의 죽음은 비현실적이다. 심지어 가장 비현실적이다." 노벨 문학상 수상자 엘리아스 카네티Elias Canetti가 쓴 글이다. 그는 이유도 알았다. "경험해본 적이 없으니까." 그러나 코앞에 닥쳐온 죽음은 많은 이들에게 각성의 외침이다. 어쨌거나 죽어가는 많은 사람들은 자신의 인생을 되돌아보며 의미를 부여해보려 시도한다. 이런 시도가 처음은 아닐 수 있지만 마지막 시도인 것은 확실하다. 그들은 이것을 안다.

인생의 말년에 이른 사람은 그동안의 경험을 간추려보며 어떤 것이 소중한지 가늠해본다. 정신분석학자 에릭 에릭슨●은 우리의 이런 성향이 선천적으로 타고나는 것이라고 본다. 에릭슨이 만든 '심리사회적 발달의 단계 모델'은 우리의 인생을 단계별로 정리한다. 매 단계마다 우리는 위기를 겪고 갈등에 휘말린다. 이 위기와 갈등을 어떻게 해결하느냐에 따라 인생의 행보는 달라진다. 예를 들어 출생하고 맞이하는 첫 단계에서 아기는 주변 세상과 사람들에게 근본적인 신뢰를 형성하는 법을 배워야만 한다. 이 단계에서 친밀함이라는 감정이 어떻게 키워지는지 경험하지 못한다면, 이 아기는 커서 불신에 가득 찬 어른이 된다. 차례로 이어지는 단계를 거치며 인간은 자율성과 전문성을, 정체성과 애정을 배워나간

● 에릭 에릭슨(Erik Erikson: 1902~1994)은 독일 프랑크푸르트암마인에서 덴마크 부모의 아들로 태어나 미국에서 활동한 정신분석학자다. 자아의 정체성 이론을 확립하고 발전시킨 인물이다.

다. 그때마다 인간은 상대방과 갈등을 겪으며 부끄러움, 의심, 열등감, 역할의 혼란 또는 고립을 경험한다. "나는 누구인가?" 하는 물음에 인간은 각 단계마다 새로운 답을 찾기 때문에 인간의 자아 이해는 늘 새롭게 정리되어야만 한다. 우리는 인생을 살며 여러 차례 탈바꿈을 한다. "나는 사람들이 나에게 베풀어주는 관심과 애정 그 자체다."(아기) "나는 내가 배우는 바로 그것이다."(학생) "나는 나를 사랑스럽게 꾸밀 때 비로소 나다."(사랑에 푹 빠진 청년) "나는 돌보고 베풀 줄 아는 자세를 가질 때 나다."(장년층) 에릭슨은 성숙한 어른으로서 정체성을 가꾸는 단계는 다른 사람을 돌보고 베풀되 그렇다고 자기 자신은 소홀히 하지 않는 것이라고 강조한다.

발달의 마지막 단계는 노년이다. 노년에 접어든 사람은 원숙함(Integrität, 영어 integrity)을 추구한다. 라틴어 '인테그리타스(integritas)'는 어느 한쪽으로도 치우치지 않는 온전함, 세월의 힘으로 단련되고 정련된 너그러움을 뜻한다. 인생의 종착점이 가까워지면서 대다수의 사람들은 자기 자신과의 화해를 꿈꾼다. 그동안 살아온 인생을 반추해보면서 자신이 어떤 사람으로 성장했는지, 왜 그렇게 살 수밖에 없었는지 하는 중대한 물음 앞에서 노년의 사람들은 되도록 명확한, 한 점의 의심도 없이 온전한 답을 찾기 원한다. 이 답을 찾으며 인간은 자기 자신과 많은 대화를 나누면서 화해를 모색한다. "나는 그동안 내가 터득해온 바로 그것이다." 에릭 에릭슨은 이런 깨달음이야말로 인생을 살며 얻는 궁극적인 깨달음이어야 한다고 말한다. 과거의 나는 내가 과거에 보여준 모습 그 전체였다. 지금의 나는 내가 과거에 보여준 모습 그 전체이다. 내가 기꺼이 되고 싶었던 사람, 그렇게만은 되지 말자고 다짐했던 사람, 이 모든 모습들이 조화로운 균형을 이루는 지점을 나는 찾아내야 한다. 나는 옛날에 노동자이거나 직원이었지, 미혼의 독신으로 살았거나 결혼했었지, 참 뜨겁게도 사랑했으며 지독하게도 미워했지, 누군가를 유혹했으며 유혹을 받기도 했지. 나는 남부에서 성장했어. 해변에 살았지. 지금 외롭기는 하지만 행복한 은퇴자야. 나는 어려서 홀로 눈물짓는 일이 많았어, 그래도 활달했지. 정말 공부가 하고 싶었지만 돈이 없었어. 아이를 낳아 좋은 엄마가 되고 싶었지만, 어쩌겠어, 하늘이 허락하지 않은걸. 지금껏 단 한 번도 배움을 포기해본 적이 없는 나 자신이 자랑스러워. 정상을 맛본 적도, 바닥에서 헤맨 일도 많기만 해. 내 인생은 좋기도 했고 나쁘기도 했어. 나는 착하기도 했고, 못되게 굴기도 했어.

이런 원숙함은 게을렀던 태도, 실수, 간절히 원했지만 깨져버린 꿈을 부정하거나 외면하지 않고 내 인생의 일부로 받아들일 때 생겨난다. 자신이 "지금껏 살아온 인생을 있는 그대로 바라보며 달리 살았으면 어땠을까 하는 아쉬움을 털어내는 자세"가 반드시 필요하다고 에릭 에릭슨은 썼다. 나의 인생은 지금껏 경험한 상처와 흉터를 부정하지 않고 보듬는 것이어야 한다. 자신이 얼마 있지 않아 죽는다는 사실을 알고 이미 파놓은 무덤 앞에 선 심정으로 프랭크 시나트라Frank Sinatra는 「마이 웨이My Way」를, 에디트 피아프Edith Piaf는 「아니, 나는 후회하지 않아Non, je ne regrette rien」를 노래했다. 아냐, 가슴 아플 것 없어. 나는 사랑했으며, 웃고 울었어. 잃은 것도 적지는 않아. 나의 근심, 나의 기쁨, 그러나 나는 더는 그것들이 필요하지 않아.

이런 원숙함을 이룰 수 있으려면 시간이 필요하다. 인생은 빨리 감아보기라는 걸 모르기 때문이다. 물론 쉽지 않은 일이다. 누구나 할 수 있는 게 아니며, 모두 원하는 일도 아니다. 이런 원숙함은 다른 사람은 물론이고 무엇보다도 자기 자신을 용서할 수 있을 때에만 이룰 수 있다. 모든 것이 원만하게 이루어지는 인생은 없다. 우리는 이런 사실을 받아들일 줄 알아야만 한다. "아무런 실수를 저지르지 않았음에도 패배하는 일은 얼마든지 가능하다. 실수하는 것이 약점은 아니다. 실수하고 넘어지는 것이야말로 인생이다." 「스타 트렉」의 선장 장뤼크 피카르Jean-Luc Picard의 이 말은 옳다. '인생'은 많은 경우 우리의 계획을 무색하게 만들면서도 꾸준히 이어진다. 크고 작은 불확실함으로 얼룩진 인생에는 에릭슨의 단계 모델이 말하는 원숙함을 가로막는 적수가 숨어 있게 마련이다. 이 적수의 이름은 불안과 의심이다. 이 적수가 구사하는 가장 강력한 무기는 '만약'이라는 가정법이다. 만약 내가 달리 했더라면 지금보다 훨씬 더 멋진 인생을 살지 않았을까? 만약 내가 지금은 세상에 없는 사람과 더 많은 시간을 보냈더라면? 많은 것에 좀 더 감사하는 자세를 가졌어야 하지 않을까? 만약 내가 부모님에게 조금이라도 더 잘했더라면? 그때 그 친구와 다투지 않았다면 모든 일이 더 잘 풀렸을까? 아니 내가 더욱 이기적으로 생각하고 행동했다면 지금 나는 완전히 다른 인생을 살지 않을까? 만약 인생을 되감아볼 수 있다면 어떨까? 내일을 덜 생각하고 오늘을 더 소중히 여기며 마음껏 여행을 다니고 즐겼다면 그래도 덜 아쉽지 않을까? 아냐, 오늘을 즐기기보다 내일을 위해 더 노력했더라면? 만약 그때 내가 더 아는 게 많았더라면 지금 나는 훨씬 더 나은 인생을 살지 않을까? 이런 모든 물음 뒤에는 성공한 인생을 살지 못했다고 자신에게 고백해야만 하는 게 아닐까 하는 두려움이 숨어 있다. 성공했다고 하기에는 어두운 구석이 너무 많기 때문에. 다른 사람이나 자기 자신을 용서할 수가 없거나 용서하고 싶지 않기 때문에. 다른 사람이나 나 자신의 요구를 감당하지 못했기 때문에.

완화의학 전문 간호사 브로니 웨어는 몇 년 전 죽음을 목전에 둔 사람이 인생을 돌이키며 가장 후회하는 게 무엇인지 정리한 책을 썼다.[•] 그녀가 환자를 관찰해 얻어낸 깨달음은 이렇다. 최악의 경우는 죽어가는 사람이 평생 자기 자신에게 충실하지 못했다

• 브로니 웨어(Bronnie Ware: 1967년생)는 호주 간호사이자 저자다. 중증 환자를 돌본 경험을 토대로 블로그에 글을 올렸고 그 글을 모아 펴낸 책 『죽을 때 가장 후회하는 다섯 가지 The Top Five Regrets of the Dying』(2011)가 세계적 베스트셀러가 되면서 이름을 알린 인물이다. 이 책은 국내에 『내가 원하는 삶을 살았더라면』이라는 제목으로 2013년에 번역되었다.

고 후회하는 것이다. 이들은 남들이 바라는 기대에만 맞추어 인생을 살았다고 자책했다. "저를 보세요. 이제 저는 죽습니다! 왜 저는 평생 자유롭게 독립하는 순간을 기다리기만 했을까요……. 그리고 이제 너무 늦었습니다." 반평생을 폭군처럼 구는 남편에게 시달려온 그레이스Grace가 브로니 웨어에게 털어놓은 말이다. "저 자신을 위해 살 수 있게 몇 가지 희망을 품기는 했었죠. 하지만 저는 실행에 옮길 용기가 없었어요."

인생의 막바지에 이르러 사람들은 대개 자신의 감정에 충실하지 못했음을 후회한다. 또는 너무 일에만 매달렸다고 자책하곤 한다. '사는 일에 너무 바쁜 나머지' 우정을 돌보지 않았다는 한탄도 심심찮게 들려온다. "더 큰 행복을 나 자신에게 허락해줄 수 있기만 간절히 바랐는데." 이런 후회들은 죽음을 코앞에 둔 사람들이 착잡함에 사로잡힌 나머지 무슨 생각을 하는지 잘 보여준다. 시간이 얼마 남지 않게 되면, 혹은 시간이 너무 빠르게 흐르는 바람에 삶의 무게로 지칠 대로 지친 육신이 따라가기조차 버거워지면, 결국 모든 것이 좋은 쪽으로 마무리되도록 살지 못했다는 후회는 커지기만 한다. 모든 것은 아니더라도, 대부분 좋게. 그도 아니면 최소한 가장 중요한 것만이라도.

몇 세기 전만 하더라도 독일에서는 교회가 인생의 의미를 잡아주었다. 오늘날 인생의 의미는 각자 재량에 맡겨진 문제다. 고결하며 남을 잘 돕고 선한 인생을 살든, 아니면 오로지 자기 자신만 생각하며 살든 선택은 각자의 몫이다. 오늘날 성공적인 인생 궤도를 벗어나지 못하게 잡아주는 외적인 가드레일은 거의 존재하지 않는다. 사람들은 인생의 의미를 자기 계발서나 영화, 가족이나 친구에게서 찾을 따름이다. 어떻게 살아야 좋은가? 이 헛헛하고 막막한 세상에서 의미는 어떻게 채워질 수 있을까? 인간으로서 살아간다는 것은 무얼 뜻할까? 이런 물음에 주어질 수 있는 답은 많기만 하다. 올바른 인생이 어떤 것인지, 특히 자기 자신에게 무엇인지 그 답을 찾은 사람은 대개 외적으로든 내적으로든 먼 여행을 다닌 사람이다. 1801년 하인리히 폰 클라이스트는 1801년 파리에서 자신의 약혼녀 빌헬르미네 폰 쳉게에게 편지를 보냈다.• "내 영혼이 지금 미래를 위해 다듬고 있는 많은 생각을 알려주고 싶소." 그 가운데에는 우리가 알아둠직한 깨달음이 있다. "페르시아의 제사장들이 지키는 종교 율법이 하나 있소. 인간은 밭을 일구고 나무를 심으며 아이를 낳아 기르는 것 이상으로 신을 기쁘게 할 수 없다는 것이 그 율법이오. 이 율법이야말로 지혜라 부르고 싶구려. 이보다 더 깊게 내 영혼을 사로잡은 진실은 없다오."

오늘날에는 밭을 일구는 대신 집을 짓겠지만, 어쨌거나 나무

• 하인리히 폰 클라이스트(Heinrich von Kleist: 1777~1811)는 독일의 극작가이자 시인으로 세기적 천재로 추앙받는 인물이다. 빈곤한 가운데서도 왕성한 창작 활동을 했으나 시대를 너무 앞서간 탓에 생시에 별 인정을 받지 못했다. 결국 삶의 어려움을 이기지 못하고 자살했다. 빌헬르미네 폰 쳉게(Wilhelmine von Zenge: 1780~1852)는 그와 비공식적으로 약혼을 했다가 전원생활을 꿈꾸는 폰 클라이스트와의 의견 충돌로 그와 헤어졌다.

를 심으며 아이를 키우는 클라이스트의 삼박자 인생은 21세기를 살아가는 우리에게도 좋은 인생을 위한 정신적 청사진이다. 다만 당시 하인리히 폰 클라이스트는 말 그대로 소박한 농부가 되기를 간절하게 원한 반면, 오늘날의 우리는 페르시아 제사장의 율법을 대개 일종의 비유로 받아들일 뿐이다. 이 비유를 우리는 저마다 개인적으로 다른 의미로 채운다. 예를 들어 가정을 일구고 오순도순 살아가는 '집'은 우리가 인생을 살며 이룩한 것을 압축해 보여주는 상징이다. 집은 아마도 우리보다 더 오래 그 자리를 지키고 있으리라. '나무'는 우리가 심어주지 않았다면 그 자리에 있을 수 없지만, 우리가 없어도 그 자리에서 계속 성장하며 흐르는 세월을 지켜보리라. 그리고 '아이'는 우리 인간에게 더없이 소중한 존재로, 우리의 생각, 세상에 대한 지식, 경험, 그리고 우리에게 매우 의미심장한 어떤 것의 책임을 계속 이어나가리라.

인생이 무엇인지 파악하려 시도할 때마다 우리가 붙드는 것은 기억이다. 우리는 과거를 돌아보며 아름다웠던 모든 것과 끔찍했던 모든 순간을 살피면서 최고의 순간들을 골라내 거기에 쌓인 먼지를 감상 어린 눈물로 닦아낸 다음, 이 순간들을 진열장에 가지런히 정리한다. 그리고 이때 우리는 너무나도 인간적인 일을 한다. 그동안 부딪치고 긁힌 바람에 생겨난 인생의 상처에 반창고를 붙인다. 날카롭게 튀어나온 부분을 갈아내고 다듬고는 그 가루를

테이블 아래 양탄자 밑으로 슬쩍 감춰놓는다. 누구도 그런 상처와 흠집을 모르기를 바라는 마음으로.

결국 인생에서 되돌릴 수 없는 유일한 것은 우리가 태어난 시점이다. 독일은 1876년 1월 1일 0시를 기해 출생 신고를 의무로 확정 지었다. 독일에서 태어난 사람은 국가의 공식 출생부에 이름을 올린다. "독일의 황제이자 프로이센의 왕 빌헬름Wilhelm은 참의원과 제국의회의 동의를 받아 다음과 같이 명한다. 출생·결혼·사망 증명서는 오로지 국가가 임명한 호적 관리 공무원이 이를 위해 마련한 명부의 기록에 따라 발급한다." 당시 《제국 입법 관보 Reichs-Gesetzblatt》에 발표된 내용이다. 이 법은 개인의 신상과 관련한 데이터를 오로지 교회만이 수집할 수 있다는 독점권을 깬 것이다. 입법 이전에는 오로지 세례를 받은 사람만 교회의 명부에 이름을 올렸다. 이 법의 제정으로 누가 언제 어디서 태어났는지 인생의 출발점은 정확히 기록되었다. 게다가 인생을 살며 세무서, 의료 보험, 연봉 명세서나 플렌스부르크(Flensburg)의 법원 서류 보관소 등에 개인의 자료는 계속 저장되었으며, 오늘날에는 '슈파 (Schufa, Schutzgemeinschaft für allgemeine Kreditsicherung, 일반 신용정보 보호 공동체)' 또는 기업과 친구의 하드 디스크에도 저장된다. 학교 성적과 각종 구매 영수증, 활동 프로필, 채팅 등도 기록되고 저장된다. 아무튼 우리는 인생을 살며 그 존재를 우리가 전혀 모르는 수많은 데이터를 만들어낸다. 이런 데이터 가운데에는 우리가 원한다 할지라도 접근할 수 없는 것까지 있다.

어제는 우리 자신과 다른 사람 그리고 사물 안에 저장된다. 일기장, 사진 혹은 동영상, 심지어 비망록과 자서전 또는 소셜 네트워크에 우리가 매일 올리는 짤막한 글도 어제를 저장하는 수단이다. 인생을 사는 동안 우리를 동행해주는 모든 물건도 마찬가지다. 기억이 서려 있어 보기만 해도 애틋한 감정을 불러일으키는 물건은 특히 소중하다. 다른 사람들은 뭐 별것도 아닌 나뭇조각을 가지고 왜 그러냐며 두 눈을 동그랗게 뜬다. 조그만 피규어일지라도 아주 공들여 깎은 것이며, 말린 꽃이나 화병에 숨은 눈물겨운 사연을 다른 사람이 어찌 알랴. 그저 "그거 어디에서 났어요?" 하고 물어보기만 하면 긴장이 넘치며 감동적이고 흥미진진한 이야기가 줄줄이 쏟아져 나온다. 또는 할 말은 많지만 하지 않겠다는 침묵이거나.

우리는 나이를 먹을수록 우리 곁을 지켜주는 물건들에 더 많은 의미를 부여한다. "이 집에 있는 물건 하나하나를 볼 때마다 그와 관련된 특별한 추억이 떠올라요." 애리조나 대학교의 연구에서 남편과 사별한 지 얼마 안 된 70세의 다이앤Diane이 한 말이다. "물건들이 우리 인생의 역사를 이야기해주는 것만 같아요." 89세의 제인Jane도 틈이 날 때마다 보석을 꺼내 어루만진다. 만질 때마다 사별한 남편과 오랜 세월 동안 나눈 애정을 느낄 수 있다고 그녀는 말한다. "만지면 당장 내가 언제 어디서 이 반지나 목걸이를 받았는지 기억이 나요. 분명 지금도 값어치를 가지는 보석이겠지만, 나한테는 이런 추억이 이것들을 진짜 가치 있게 만들어주죠."

물건은 신선하게 꽃피운 사랑의 목격자일 수도 있다. 또는 오래 전에 곁을 떠나버린 사람과의 결속을 보증해주는 증표일 수도 있다. 오래전에 감당했던 역할을 물건은 기록처럼 담기도 한다. 그래 그때 참 나는 어리숙한 아빠였지. 한때는 나도 직원들의 존경을 받는 좋은 사장이었어. 이룩한 성과나 수포로 돌아간 목표가 무엇인지 상기시키거나 심지어 인생의 의미를 증명해주는 물건도 있다. 이런 물건은 증명서로 액자에 장식되어 벽에 걸리거나 우승컵으로 진열장에 놓인다. 오래전에 빛이 바랜 전문 능력을 일깨워주는 물건도 있다. 저기 있구나, 내 스탬프 잉크 패드, 그때는 정말 바쁘게 일했지. 옻칠을 한 나무로 된 재봉틀로 나는 참 많은 옷을 지었는데. 내 권투 장갑 저기 있구나. 저건 내가 정원에 작은 온실을 만들었던 도구잖아.

중요해서 늘 가까이 둔 물건에는 우리의 숨결이 보존되게 마련이다. 물건은 우리가 어떻게 살아왔으며, 무슨 생각을 했는지 고스란히 보여준다. 물건은 지난날 만났던 사람들, 그때 가졌던 감정과 이어주는 다리 역할을 한다. 다시는 돌아오지 않을 시간으로 우리는 이 다리를 통해 오가곤 한다. 물건은 이처럼 우리가 과거에 누구였는지 알려주는 가교다. "어떤 물건이 다양한 경험, 그 주인이 지금껏 살아오며 겪은 다채로운 특성을 담을수록, 이 물건은 인생을 대표하는 상징이 되며, 그만큼 주인에게 소중한 것이 된다"며 정신분석학자 틸만 하버마스는 이런 물건을 '자전적 기념

품'이라고 한다. 과거를 보여주는 흔적으로 남은 것은 마음을 진
정시켜주는 효과를 발휘한다. 세상이 더는 예전과 같지 않다면,
이 모든 변화를 무릅쓰고 곁에서 나를 지켜준 물건은 소중하기
만 하다. 아마도 망각을 막아주거나, 인생을 더욱 잘 이해할 수 있
게 도와주기 때문에 소중한 것이리라. 미국의 정신과 전문의 로버
트 닐 버틀러Robert Neil Butler는 이미 1960년대에 물건의 이런 특
성에 주목한 치료 방법을 개발해냈다. 그는 노인이 물건을 일종의
매체로 이용해 자신의 지난 인생을 반추하고 정리함으로써 마음
의 평안을 얻을 수 있다고 보았다. 이렇게 만들어진 치료법은 앨
범이나 옛 편지가 우울증이나 치매 환자를 도울 수 있음을 보여
주었다. 사진이나 편지는 과거로 향한 문을 열어주는 열쇠 역할
을 하기 때문이다. 물건은 변심하지 않는다. 더욱 중요한 사실은
물건이 잘못된 기억을 바로잡아주는 교정의 역할을 한다는 점이
다. 첫 번째 정장을 반듯하게 갖춰 입고 찍은 사진 아래 찍힌 '바
이센부르크, 1966'이라는 작은 글씨를 보며 나는 앞으로도 오랫
동안 내가 견진 성사를 받은 해는 1966년이라고 새기며 착각하
는 일이 없으리라.* 듀엣 '소프트 셀'의 음반이 1981년에 나온 것
을 확인하며 남자는 수잔에게 첫 키스를 한 게 평소 생각하던 것
처럼 1980년이 아니구나 하고 깨닫는다. 「테인티드 러브」는 그해

• 바이센부르크(Weißenburg)는 독일 바이에른 중부에 위치한 역사적 소도시로
  로마 시대의 성 유적이 남아 있는 곳이다.

여름 수잔이 좋아한 노래이기 때문이다.*

우리 존재가 남기는 대부분 잔재는 바로 우리 안에 저장된다. 두 뇌라는 이름의 약 1,300g 정도 나가는 신경 조직 덩어리가 그 저 장고다. 이 장기는 우리 인생 전체를 연주한다. 오케스트라의 지 휘자처럼 두뇌는 인생이 조화를 이룰 수 있도록 이끈다. 기억과 망각을 주관하는 것이 두뇌의 역할이다. 20대를 넘기고 한 살 더 먹을수록 두뇌 무게는 남성의 경우 평균적으로 2.7g, 여성의 경 우는 2.2g이 줄어든다. 더 오래 살수록 인간이 자신과 타인을 저 장해두는 이 저장고는 그만큼 더 작아진다. 갈수록 자신의 존재 를 잃어가다가 언제부터인가 우리는 뭘 잊어버렸다는 것조차 인 지하지 못한다. 치매를 앓거나 알츠하이머에 걸려 자기 자신을 잃어버리는 것이야말로 노화가 주는 가장 큰 두려움이다. "개인 의 기억은 우리 인간이 지니는 가장 귀중한 보물이다. 바로 그래 서 언젠가 이 기억을 완전히 잃을 수 있다는 것은 생각만으로도 참혹하기 짝이 없는 일이다." 독일의 배우 위르겐 프로흐노^{Jürgen} Prochnow는 이런 말로 많은 사람들이 두려워하는 것의 핵심을 짚 어낸다. "천천히 세계를 잃어가는 것보다 더 끔찍한 일을 나는 상 상조차 할 수 없다."

---

* '소프트 셀(Soft Cell)'은 영국의 팝 듀엣으로 1979년에 결성되어 1981년 「테인 티드 러브 Tainted Love(썩어버린 사랑)」로 세계적인 명성을 얻었다.

2010년 독일 방송의 사회자로 명성이 드높았던 알프레트 비올레크Alfred Biolek는 계단에서 넘어져 뇌를 다쳤고 대수술을 받은 뒤 의식과 기억을 잃었다가 다시 자리를 털고 일어나기까지 1년 걸렸다. "어느 날인가 아버지에게 자서전을 가져다주면 좋겠다는 생각을 했죠. 실제로 도움이 되더군요." 비올레크의 양아들 스콧 리치Scott Ritchie가 한 말이다. "모든 것이 아버지에게는 새로웠죠. 자신이 요리를 할 줄 안다는 것, 유명 인사라는 것, 자신이 아주 유명한 스타라는 것 모두요." 리치는 이렇게 회상했다. 1934년생인 알프레트 비올레크 자신은 시간이 흐르면서 자신의 노화를 받아들이기로, 최소한 노화와 너그럽게 화해하기로 했다. "지금껏 내 인생을 이루어주었던 거의 모든 것을 더는 할 수 없을지라도, 나는 여전히 살아 있는 게 좋습니다." 최근 알프레트 비올레크가 《쥐트도이체차이퉁》의 매거진과 인터뷰한 말이다. "나는 여전히 현재 속에 존재하기는 하지만, 기억을 먹고 삽니다."

누구나 알프레트 비올레크처럼 위키피디아에 자신의 이름을 올리는 것은 아니다(비올레크의 '위키 페이지'는 심지어 독일어, 영어, 프랑스어, 네덜란드어로 등재되었다). 내용도 충실해서 인생의 기본 윤곽과 함께 그의 인생 역정은 몇 개의 장들로 나뉘어 소개된다. 1.1 어린 시절과 청소년기, 1.2 법학 공부, 1.3 방송 제작, 1.4 사업, 1.5 그 밖의 활동, 1.6 개인사. 우리 대다수는 노년에 인생을 시간별로 정리하기 어려우며, 자서전을 쓰지도 않는다.

방송이나 잡지와 인터뷰를 하거나 '인간 극장' 출연과 같은 호사를 누리는 일도 거의 없다. 물론 우리는 어딘가에 존재의 뼈대만 간추린 인생 내역을 워드 문서로 저장해놓거나, 프린트해서 서랍에 넣어두기는 했다. '이력서'에 해당하는 독일어 '레벤스라우프(Lebenslauf＝Leben+Laufen)'는 '인생 달리기'라는 뜻의 활력 넘치는 멋진 단어다. 하지만, 이력서의 행을 채울 정말 중요한 순간이 어떤 것인지 본인 외에는 아무도 알 수 없다. 어렸을 때 생일 선물로 받은 새 자전거를 처음 탔던 그 순간의 감격은 본인만 안다. 목요일 저녁마다 텔레비전 앞에서 방송 퀴즈쇼《막대한 상금Der große Preis》을 기다리던 어린 시절의 설렘을 당사자가 아니면 누가 알까. 초등학교 시절 정말 웃기는 농담을 아주 잘하던 그 친구의 이름은 기억도 나지 않는구나. 처음 비행기를 탔을 때 창밖의 세상은 일단 비스듬하게 기울어지다가 아주 조그맣게 멀어졌었지, 대체 그때 나는 몇 살이었더라? 그리고 용기를 쥐어짜 첫 키스를 했을 때 심장은 어쩜 그리도 쿵쾅거리고 뛰었던가. 우리는 키스를 절대 멈추고 싶지 않았지. 또 막내딸이 독립해 집을 나가던 그 순간을 나는 정말 잊을 수 없다. 우리는 서로 포옹을 나누고 작별 인사를 했어. 그때 딸은 이삿짐 트럭에 타고 모퉁이를 돌아가며 나에게 손을 흔들었지. 참 시간 가는 줄 모를 정도로 아이들은 빨리 자란다.

　모든 것을 남김없이 간직한다는 것은 쉬운 일이 아니다. 세월은 도처에서 틈새로 새어버린다. 더 어려운 일은 시간을 추억에 따라 정리하는 것이다. 그리고 가장 어려운 일은 인생의 막바지에 이르러 무엇이 지금의 나를 만들었는지 확인하는 것이다. 인생은 영화처럼 뭔가 중요한 일이 벌어질 때마다 배경에 그럴싸한 음악이 깔리는 게 아니다. 사운드트랙은 영화가 거의 완성되고 나서야 비로소 입혀질 따름이다. 그리고 노년에 접어들어 지금의 나를 만든 그 모든 결정, 아주 소소한 것까지 모든 결정을 추적한다는 것은 정말 지난한 작업이다. 왜 하필이면 그 직업을, 다른 어떤 것도 아닌 그 직업을 택했을까? 어째서 나는 단 한 번도 이사를 하지 않았지? 아니면, 왜 그리도 멀리 이사를 해야만 했을까? 도대체 왜 그때 그 사람이 그처럼 매력적으로 느껴졌을까? 지금 생각하면 다른 사람이 훨씬 더 매력적인데? 인생을 산다는 것은 매 순간마다 결정해야만 함을 뜻한다. 그러나 대부분의 결정은 무의식의 차원에서 내려진다. 또는 즉흥적이거나. 아무튼 결정을 내릴 당시 분위기가 어떠했는지가 중요한 역할을 한다. 그냥 다른 사람들이 다 그렇게 하니까 하는 식으로 간단하게 내려지는 결정도 흔하다. 많은 경우 우리는 'a'를 결정하지만, 그 결과는 기대했던 'b'가 아니라 'x'가 나오곤 한다. 시장의 카페에서 아이스크림을 먹기로 결심했는데, 거기서 인생의 사랑을 만나는 행운이 일어난다. 어떤 결과가 나올지는 의식적 결정이라는 굵은 동아줄의 영향을 받기는 하지만, 우연과 숙명과 마침 맞닥뜨린 상황 또는 분위기가 종합적으로 얽혀 미치는 영향도 무시할 수 없다.

우리 두뇌는 명확한 결정을 내리도록 도우려 안간힘을 쓴다. 하지만 그렇다고 결정이 쉬워지는 않는다. 두뇌는 모든 요소를 종합해 맥락을 만들려 하기 때문이다. 본래 그런 맥락이 없는데, 자꾸 앞과 뒤를 연결시키려다 보니 무리가 빚어진다. 두뇌는 최선을 다해 우리 인생을 기억하지만, 때로는 좋은 것을 더 많이, 때로는 나쁜 것을 더 많이 떠올린다. 두뇌는 우리 자신을 잘 아는 것 같다가도 어리둥절함에 빠져 우리를 당혹케 한다. 암스테르담 대학교의 스테베 얀센Steve Janssen이 이끄는 연구 팀은 인생의 모든 단계에서 같은 정도의 기억이 남는 것은 아님을 밝혀냈다. 인간은 10~30세 사이에 일어난 일을 가장 잘 기억한다. 다섯 살 이하의 기억은 빠르게 사라지고, 20대 중반까지 가장 많은 기억이 쌓이며, 이후 기억은 차츰 줄어든다. 얀센은 우리의 기억이 가장 왕성한 시기를 '회고 절정(Reminiscence Bump)'이라 한다. 나이 먹은 사람들이 '좋았던 옛 시절'이라고 하는 것이 '회고 절정'이다. 젊었을 때는 마치 세상이 우리를 중심으로 돌아가는 것 같은데도, 우리는 이 시기에 세상에서 자신의 자리를 찾고 자아의 정체성을 세우려 진땀을 흘린다. 대부분의 기억은 자아의 정체성을 찾으려 고민하고 방황하는 시기(여자의 경우 대략 13~14세 사이, 남자의 경우 15~18세 사이)에 형성된다. 이 시기에 즐겨 들은 음악은 평생 귓가를 떠나지 않으며, 영화는 잊지 못할 추억이 된다. 이 시기에 읽은 책은 항상 즐겨 읽는 애독서가 된다. "특히 귀중하며 가장 생생한 기억이 이 시기에 만들어진다"고 심리학자 줄리아 쇼는 썼다. "이 기억은 현재의 나를 만든 바로 그것이다."

계속된 연구들은 많은 사람들이 노년에 자신의 기억을, 대개 무의식적이기는 하지만, 약간 멋들어지게 꾸미는 경향을 보여준다고 확인했다. 보통 깨지거나 이혼한 관계를 검게 덧칠하고 애써 없었던 일로 부정하는 태도와 다르게, 부풀려진 기억은 주로 장밋빛이거나 다채롭다. 이 새로운 버전의 기억은 반에서 최고의 인기를 누린 여학생이 저 멍청한 라라Lara가 아니라 나였다고 고집한다. 수학에서 최고 성적을 올린 사람은 옆자리의 요아힘Joachim이 아니라 바로 나야. 그때 회의에서 사장의 극찬을 받았던 아이디어를 낸 건 여직원이 아니야, 그건 바로 나야. 당시 그 소동은 조무래기들 때문에 빚어진 거야, 우리는 거기 있지도 않았어. 이런 식으로 기억을 자신에게 유리한 쪽으로 꾸밀 때에도 두뇌는 우리 편을 든다. 사실 관계를 자신에게 유리하도록 살짝 비틀어 놓으면, 인생은 그만큼 더 편안해진다. 사실을 받아들이지 않으려 안간힘을 쓰느니 가짜로 꾸며낸 정체성을 그대로 인정하면서 사실을 왜곡하면 두뇌도 한결 부담을 덜기 때문이다. 두뇌가 이처럼 유리한 쪽으로 생각하는 이유는 분명하다. 이로써 인간은 자신의 자화상을 보호하고 싶어 한다. 학교 다닐 때 우리는 그 아이를 따돌린 적 없어, 다만 그 아이가 좀 이상해서 그랬어. 커닝? 절대 커닝한 적 없어. 그 돈은 거리에서 주웠어. "그건 내가 한 일이 맞아 하고 기억은 말한다. 내가 그런 걸 했을 리가 없어 하고 내 자부심은 고집을 피운다. 그럼 기억이 항복한다." 프리드리히 니체는 인간이 어제를 사실과는 다르게 꾸미기 전에 인간 안에서 이런 자기 대화가 이루어진다고 보았다. "체면을 살리는 것이 중요할 때는 자부심이 망각을 종용한다." 문화학자 알라이다 아스만이 자신의 책 『망각의 형태』에 쓴 글이다. 우리 인생을 되돌아보는 눈길에는 우리 인생이 언제나 새롭다. 우리는 오늘날 자신이 기꺼이 보여주고 싶은 인물처럼 보이려 안간힘을 쓴다. 이 세상에서 겪은 모든 경험에 비추어 자신은 이런 사람이어야 해 하는 희망 사항을 우리는 좀체 포기하지 못한다.

이처럼 많은 사람들은 과거를 터무니없이 부풀려 찬미하는 함정에 빠진다. 그러면 현재는 이른바 아름다운 과거 때문에 고통스러워진다. 어린 시절, 청소년기, 참 좋은 시절이었지, 야생마처럼 뛰놀았어. 짧은 바지와 다채로운 치마로 뜨거웠던 여름, 발이 푹푹 빠질 만큼 눈이 내린 겨울. 성탄절을 기다리는 설렘과 기쁨, 크리스마스 쿠키는 9월에는 없으니까. 그때는 사람들이 대화를 즐겼지, 휴대폰만 들여다보지 않았어. 그때는 '요즘' 같은 것은 없었지. '요즘 것'이란 범죄, 버릇없음, 환경 오염, 성형 열풍, 채식주의 또는 새로이 유행하는 알레르기 등이다. 할아버지에게 손도 안 주는 손주. 멀리 떨어진 곳에 살며 연락 한 번 하지 않는 딸. 음악을 너무 크게 트는 이웃. 사실 범죄는 몇 년째 꾸준히 줄어들었고, '그때'에도 사람들은 이기적으로 굴었고, 40년 전에 사람들은 환경 보호에 관심조차 가지지 않았다. 당시에도 무례한 이웃과 변덕스러운 딸은 존재했다. 하지만 '그때는'을 되뇌는 사람은 그런 사실을 잊어버린다.

어제를 영광의 시절로 치장하며 오늘을 향해 악마의 자식이라고 욕설을 퍼붓는 태도는 인간의 기억과 자부심이 손에 손을 맞잡고 빚어놓은 작품이다. 그런데 세상과 장소와 인간은 하루가 다르게, 매년 변한다. 날 때부터 천국이며, 인생을 살아갈수록 이 천국으로부터 멀어지기만 하는 그런 세상은 없다. 프로이센 왕국을 그리는 향수가 아무리 간절한들, 동프로이센은 1년 내내 햇살이 반짝였다는 말은 한마디로 거짓말이다. 물론 모든 사람이 옛것의 향수라는 이런 함정에 빠지는 것은 아니다. 그러나 지난 과거를 아름답게 꾸미는 이런 향수는 분명 유혹적이다. 결국 그래서 사람들은 나이를 먹어가며 새것에 적응하려 노력하기보다는 옛것을 떠받드는 게 훨씬 더 쉬울 뿐만 아니라, 이로써 자신을 보호하는 데 보탬이 된다고 생각한다. 인간은 늙어갈수록 과거의 불편한 사건을 덜 부정적으로 평가한다고 연구들은 밝힌다. "아름다운 기억은 훨씬 더 잘 살게 해주거든요." 빌레펠트 대학교 심리학 교수이며 기억 문제 전문가인 한스 마르코비치Hans Markowitsch는 말한다.

과연 과거가 그토록 아름다웠는지에 관한 정확한 결산은 저마다 직접 내려야만 한다. 알프레트 비올레크의 '위키 페이지'에는 다음과 같은 인용문이 나온다. "나는 목사나 서커스단 단장 또는 지휘자가 되고 싶었다. 그런데 지금 보니 나는 그 모든 것이 약간씩은 다 되었다." 방송의 쇼 명사회자로 일하며 목사도 단장도 지휘자도 약간씩은 다 되었다는 그의 말은 자기 자신과 자신의 인생에 만족한 사람이 할 수 있는 말이라는 울림을 준다. 자신이 어떤 사람이 되었는지 말할 수 있으며, 심지어 자신의 현재 모습에 전반적으로 만족하며 기뻐할 수 있다는 것만으로도 대단한 행복이다. 사람들은 대개 자신이 어떤 사람이 되었는지 따져볼 엄두조차 내지 못한다. 무어라 말해야 좋을지 몰라서, 자신이 누구인지 생각하면 답답하기만 해서, 그런 걸 따져볼 시간이 없거나, 아예 관심이 없어서. 그렇다고 반드시 나쁜 것만은 아니다. 또 그게 정말 옳은 태도일 수도 있다. 사람들은 대개 인생의 마지막 순간까지 누군가가 되어보려고 안간힘을 쓰는 나머지, 자신이 누구인지 생각해볼 겨를이 전혀 없으니까. 심장이 마지막으로 뛰는 순간까지 결코 도달할 수 없는 목표를 향해 뛰는 사람도 분명 있으니까. 잠깐만, 혹시 목표에 쫓기며 사는 것은 아닐까?

중요한 문제는 이것이다. 죽음이 우리를 찾아와 데려간다면, 우리의 무엇이 남아야 마땅할까? 전체적으로 볼 때 임종을 앞둔 사람이 가지는 '희망의 유형'은 지난 몇십 년에 걸쳐 거의 변하지 않았다. 자녀에게 물려주고 싶은 게 무엇이냐는 물음에 독일 국민이 가장 자주 한 답은 '건강'이다. 자녀가 건강하게 미래를 개척해갈 전제 조건을 만들어주는 것이 부모의 가장 큰 소망이다. 그다음으로 중요하다고 답한 것은 '경제적 안정'이다. 큰 걱정 없이 살 수 있도록 돈과 재산을 물려주고 싶은 것이 두 번째 소망이다. 그 뒤를 차례로 평화, 좋은 교육, 깨끗한 환경 그리고 높은 생활 수준이 따른다. 질 높은 인생을 보는 대중의 관점이 친구를 사귀거나 자기 자신을 위한 시간을 충분히 누리는 정신적인 품격보다는 물질적 재화, 이를테면 집이나 자동차를 우선시하는 점은 좀 씁쓸하게 다가오는 대목이다. 아무튼 자신의 인생에서 남는 것은 후손의 좋은 미래에 이바지하는 것이라야 한다. 20세기의 자손들에게 '좋음'이란 건강하고 높은 수준의 교육을 받았으며 두려움 없이 살기에 충분한 돈과 깨끗한 공기 속에서 생활하는 것을 뜻한다.

개인적으로 무엇을 남겨주고 싶은가 하는 물음의 답은 찾기가 훨씬 더 어렵다. 기억에 어떤 모습으로 남는 것이 좋을까. 오늘날 점점 더 많은 사람들이 임종을 앞두고 친구와 친지에게 작별 편지를 쓴다. 스스로 끝맺음을 하기 위해, 자신에게 중요한 사람들과 평화롭게 작별하기 위해, 그들에게 뭔가 전해주기 위해 등이 이런 편지를 쓰는 동기다.

세실리아 아헌의 소설 『PS, 아이 러브 유』에서 홀리Holly는 이미 오래전에 죽은 애인 게리Gerry의 편지를 받는다.* "언젠가 당신은 더는 홀로 살 수 없다고 나에게 말했었지. 살 수 있어, 홀리.

---

* 세실리아 아헌(Cecelia Ahern, 1981년생)은 아일랜드 작가다. 『PS, 아이 러브 유I Love You』는 2004년에 발표된 그녀의 데뷔 소설이다. 국내에도 번역되어 있다.

당신은 강하고 용감해서 얼마든지 이겨낼 거야. 우리는 기적처럼 아름다운 시간을 함께 보냈지. 당신은……, 당신은 내 인생이었어. 나는 단 하루도 후회하지 않아. 하지만 나는 당신 인생이라는 책을 이루는 하나의 장일 따름이야. 앞으로 당신은 틀림없이 더 많은 장들을 쓸 거야. 우리가 함께했던 추억을 잊지 말아줘. 그러나 새로운 추억을 덧붙이는 걸 두려워하지 마."

하인리히 폰 클라이스트가 1811년 11월 21일 베를린의 반제(Wannsee) 호수에서 권총으로 자살하고 난 뒤에 그의 여동생 울리케Ullike는 오빠의 마지막 편지를 받았다. "나는 나 자신이 만족함이 없이는, 지금처럼 밝은 기분이 아니고서는, 그리고 온 세상과, 특히 나의 지극히 소중한 울리케, 너와 화해하지 않고는 죽을 수가 없어." 그는 마지막 가는 길에서 여동생에게 이렇게 썼다. "잘 살아야 한다. 하늘이 너에게, 내 죽음과 비교해 반쯤밖에 되지 않는 벅찬 만족감과, 내가 지금 맛보는 밝은 기분의 반밖에 되지 않는, 무어라 형언하기 힘든 기쁨뿐인 죽음을 선물한다 할지라도, 그때까지 너의 삶은 평온하기 바란다. 이것은 내가 너를 위해 바라는 가장 간절하고 진심 어린 소망이란다." 그런 다음 하인리히는 편지에 서명을 했다. "내 죽음의 아침에, 너의 하인리히."

생애를 마감하기 직전에 모든 일을 바로잡고 체면을 잃지 않으면서도 사과하려는 시도는 얼마든지 할 수 있다. 다시금 또는 처음으로 솔직하게 진실의 상자를 연다면, 그동안 사실을 호도해왔다는 마음의 부담만큼은 털어낼 수 있다. 심지어 자신의 부고를 직접 쓰는 사람이 갈수록 늘어난다.

인터넷에는 생애의 마감을 준비하는 데 도움을 주는 사이트도 있다. 자기 자신을 추스르고 마음의 정리에 필요한 올바른 단어를 고를 수 있게 도와주는 서비스는 예를 들어 에센 대학병원의 호스피스 부서가 운영하는 'www.den-loeffel-abgeben.de(숟가락 내려놓기)'이다. 이 웹 사이트는 "자신의 지난 인생을 사랑의 눈길로 바라보며", "다른 사람과 인생 경험을 나누고" 더 나아가 "정말 중요한 것이 무엇인지 올바로 가려보도록" 사람들을 지원한다. 이 사이트는 방문객의 인생 지혜를 모아놓았을 뿐만 아니라, 설문도 제공한다. 이 설문은 한번 채워보면 좋을 정도로 내용이 알차다. "지금껏 살아오며 겪은 경험 가운데 특히 자부심을 가지는 아주 중요한 사건, 성과 또는 행위는 무엇인가?" 또 이런 문항도 있다. "가족이나 친구 또는 모든 사람들에게 미래를 감당하는 데 도움을 줄 메시지나 좋은 충고를 해준다면 어떤 것인가?" 이와 같은 호스피스의 설문은 다음과 같은 핵심 물음에 직면할 용기를 낼 수 있게 그 토대를 다져주는 버팀목이다. 나는 지금껏 인생을 살며 무엇을 배웠는가? 이 배움은 다른 사람들의 가슴에 울림을 줄 수 있을까?

그것 못지않게 어려운 일은 소유, 곧 재산과 보석과 가구 등 살아서 아끼던 것들을 후손에게 물려주는 분배다. 옛날에 숟가락의 주인이 그것을 내려놓으면, 누가 그것을 물려받을지 명확히 정해져 있었다. 중세 사람들은 저마다 자신의 숟가락을 썼다. 연로한 나머지 쇠약해져 영토를 이끌 수 없는 영주는 자신의 숟가락을 자손에게 물려주었다. 한 집안의 가장이 죽으면 그가 쓰던 숟가락은 흔히 집의 외벽에 걸렸다. 그를 추모하는 뜻에서. 이미 당시만 하더라도 물질은 단순한 물건이나 부동산 그 이상의 것이었다. 물질은 기억을 담은 중요한 자산이자, 추억을 길어낼 원천이다. 오늘날에도 여전히 물건은 그것을 물려받아 마땅한 사람이 물려받아야 한다. 그 물건이 '오로지' 돈에 지나지 않는다 할지라도, 어쨌거나 모든 물건은 그것을 가져야 마땅한 사람, 그 전 주인과 어떤 식으로든 인연의 끈이 닿아 있는 사람이 정해져 있기 때문이다.

사람들은 대개 생시에 되도록 많은 것을 버린다. 이는 후손에게 너무 많은 짐을 지우고 싶지 않은 배려에서 하는 행동이다. 죽기에 앞서 주변을 정리하는 이른바 '데스 클리닝(Death Cleaning)'은 스웨덴에서 처음 생겨난 운동이다. 여성 잡지 《브리기테Brigitte》에서는 이런 경향을 '죽어감과 청결함의 결합'이라고 했다. 애착이 가는 모든 물건을 스스로 정리하기에 힘이 부친다면, 그냥 그 물건들을 단 하나의 상자에 넣어도 좋다고 '데스 클리닝'에서는 추천한다. 그리고 이 상자는 주인이 사망한 뒤 누구도 열어서는 안 된다. 상자에 "사망했을 시 열지 말고 버릴 것"이라고 쓴 쪽지를 붙이고 이 지시 사항을 누구든 철석같이 지키리라고 우리는 희망해야 한다. 그래도 누군가 이 비밀이 가득한 상자를 연다면 연 사람은 아주 고약한 기분을 느낄 수밖에 없다. 누구나 언젠가는 죽기 때문에 인류는 아주 일찍부터 죽은 사람의 희망 사항은 산 사람이 반드시 지켜주어야 한다는 것을 암묵적 합의로 간주해왔다. 이런 마당에 합의를 깨고 상자를 열어젖힌 사람은 나중에 자신이 죽은 뒤에 후손이 똑같이 자신의 희망을 짓밟는 게 아닐까 싶어 밤잠을 설치게 마련이다. 왜 자신의 희망을 존중해주지 않느냐며 불평하려 해도 이미 이 세상 사람이 아닌 걸 어쩌랴.

　죽음을 앞둔 사람이 '마지막 뜻'을 남겨놓고 후손들이 이를 따라주었으면 하는 바람은 고대 그리스와 로마로 거슬러 올라갈 정도로 유구한 역사를 자랑한다. '유언장(Testament)'의 어원은 '증명하다'라는 뜻의 라틴어 '테스타리(testari)'다. "재산과 물건을 어떻게 관리해야 할지 고인이 정한 것이 정당성을 가진다." 이미 기원전 450년에 로마의 12표법 4번 석판에 새겨진 문구다. 당시 공과 사를 아울러 모든 법적 판단의 근거가 된 것이 이 12표법이다. 이후 몇백 년에 걸쳐 이 법을 바탕으로 고인이 문자로 남긴 희망 사항이 무엇보다도 우선시되어야 한다는 근본 원칙이 다져졌다. 이미 고대에도 고인이 원했다면 가족이 아닌 다른 사람이 유산을 물려받을 수 있었다. 그리고 부부도 서로 뭔가 남겨줄 수 있었다. 중세까지 독일에서는 "재화는 피처럼 흐른다"는 원칙이 지켜졌다. 이는 고인에게서 남겨진 재산은 후손이 관리한다는 말이다. 후손이 관리하는 재산이라는 표현은 교회가 고인의 영혼을 달래주느라 발생하는 비용까지 후손이 감당해야 함을 뜻한다. 1519년 루터는 설교 원고에서, "인간이 세속의 재물을 그래야만 하는 당위

성, 또는 자신이 필요하다고 보는 질서에 맞게 분배해야만 사후에 남겨진 친구들 사이에 불화와 반목과 다툼이 빚어질 원인이 생겨나지 않는다"고 썼다. 일반 국민이 쓰는 말투로 풀어보면 이 글은 이런 뜻이다. "평안하고 은혜로운 죽음을 맞이하고 싶은 사람은 유산 문제를 깔끔히 정리해야 한다." 오늘날 독일의 민법은 '고인의 유지'라는 개념을 쓴다. 관련 법 조항은 고인에게서 남겨진 것을 정당한 유산 상속자를 찾아 물려주어야 한다고 규정한다.

유산 문제와 관련해 한 가지 특이한 사실은 영국에서 볼 수 있다. 버밍엄과 가까운 산업 지역의 어떤 곳에는 4,000만 건이 넘는 유서가 보관되었다. 매달 2만 건이 새롭게 추가되며, 기록 보관소는 특정 유서의 열람 신청을 1만 3,000건 가까이 받는다. 이 보관소는 이미 1858년부터 사망한 잉글랜드와 웨일스 사람들의 유지를 수집하고 보관해오고 있다. 오늘날 누구나 소정의 수수료만 지불하면 원하는 문건을 디지털로 다운로드받는다. 이 보관소가 정확히 어디에 있는지는 비밀이다. 보관소 규모가 공항 터미널 정도 크기로 엄청남에도 비밀은 한사코 지켜진다. 예를 들어 이곳에는 찰스 다윈, 조지 오웰George Orwell(유서는 그의 진짜 이름 에릭 아서 블레어Eric Arthur Blair로 서명되었다), 물리학자 앨런 튜링Alan Turing, 윈스턴 처칠, 다이애나 왕세자비, 마거릿 대처, 영화배우 앨런 리크먼Alan Rickman과 같은 인물의 유서가 보관되었다. 고인의 유지는 저마다 크고 작은 인생 스토리를 들려준다. 영국 패션디자이너 알렉산더 매퀸Alexander McQueen은 자신의 반려견이 여생 동안 먹고살 수 있도록 5만 파운드를 물려주었다. 필립 울랏 Philip Woollatt의 스토리는 우리의 가슴을 저민다. 육군 소위 울랏은 1916년 솜(Somme)강 전투가 치열했던 가운데 독일군의 십자포화 속에서 숨졌다. 그가 남긴 유서는 노트 안에 접힌 채 발견되었다. 유서에 담긴 유지는 이랬다. "그동안 모아놓은 시인 월터 스콧의 시집은 나의 가장 친한 친구에게 주시기 바랍니다. 제 나머지 소유는 어머니에게 전해주세요." 유서 옆에는 편지가 한 통 있었다. 울랏의 여인은 편지에서 다른 남자와 결혼할 거라고 썼다. 편지에는 총알 구멍이 나 있었다. 이것 외에 필립 울랏의 흔적은 더는 발견되지 않았다.

자신이 죽을 거라고 생각하는 후손은 거의 없다. 독일 국민의 거의 3/4는 유서를 만들어놓지 않는다. 하지만 후손은 사망한 유명 인사의 유지에 뜨거운 관심을 가진다. 흔히 보기 어려운, 심지어 괴팍하기까지 한 유지는 대중에게 초미의 관심사다. 이를테면 다이너마이트를 발명한 알프레드 노벨은 자신의 이름을 딴 상을 주라는 유서를 남겼다. "지난해에 인류에게 가장 큰 공헌을 한 사람"을 선정해 상을 주라는 것이 노벨이 남긴 유지다. 「스타 트렉」의 제작자인 진 로든베리Gene Roddenberry는 자신의 무덤을 우주 공간에 만들어달라는 유지를 남겼다. 1997년, 그가 사망한 지 6년째 되던 해에 로든베리의 유해는 우주선을 타고 지구를 순환하는 궤도에 올랐다. 그리고 2004년 그의 유골이 담긴 캡슐은 대기권으로 낙하하면서 흔적도 없이 불살라졌다. 그리고 결박당한 상태에서 탈출을 전문으로 하는 마술사 해리 후디니Harry Houdini는 1926년의 핼러윈에 죽으며 어떤 유서를 남겼을까? 그는 매년 기일을 맞을 때마다 나타날 테니 영매를 대동한 회합을 열라는 유서를 아내에게 썼다. 오늘날에도 여전히 10월 31일에는 그의 유지를 받들어 회합이 열린다. 하지만 지금까지 후디니와의 재회는 이루어지지 않았다.

유서를 쓰는 방식은 다양하다. 서둘러 쓴 것이 있는가 하면, 신중하게 다듬은 것도 있다. 단번에 쓴 것이 있는가 하면, 여러 차례에 걸쳐 작성된 것도 있다. 한 가지 공통점은 죽은 뒤에야 비로소 읽힐 글을 쓰려고 테이블에 앉아 펜을 들고 보니 여러모로 심란한 나머지 되도록 차분한 분위기가 필요해진다는 점이다. 괴테가 썼듯, 오로지 인간만이 순간에 영원을 불어넣을 줄 안다면, 유서야말로 영원을 갈망하는 본보기가 아닐 수 없다. 먼저 공들여 "유서"라고 종이에 쓴다. 그 아래 성과 이름을 쓰고, "생년월일"을 밝힌 뒤 드디어 첫 문장이 시작된다. "나는 온전한 정신력을 가지고 유언을 남긴다." 마침내 나도 뭔가 베푸는구나 하는 자부심은 이내 뭉게뭉게 피어오르는 의혹에 짓눌린다. 혹시 조카딸이 저 귀중한, 골동품 도자기의 가치를 몰라보고 깨뜨리면 어떡하지? 또는 아들 형제가 저 골동품 은화 때문에 다투는 거 아냐? 어려서 방학 때마다 내 집에 놀러 와 재롱을 피웠던 손주가 이 아름다운 집을 팔아버리면 어쩌지? 자식들은 유산의 일부를 동물 보호 단체에 기부하기로 한 것을 용납할까? "노인들은 평생 모은 보석과 책과 다른 귀중품을 누구에게 어떻게 남겨주는 게 좋을까 하는 문제를 놓고 많은 고민을 한다." 아네테 셰퍼가 『우리는 우리가 가진 바로 그것이다』에서 쓴 문장이다. 결국 유서의 핵심은 "자신의 일부를 남겨줌으로써 죽음을 넘어서까지 자신의 존재를 연장하는 것"이기 때문이다. 유서에는 흔히 조작도 끼어든다. "본인이 중요하다고 여기는 생각과 가치를 다른 세대의 인생으로 밀반입하는 것"이 노인이 물려주는 유산이라고 캐나다의 인류학자 그랜트 매크래컨Grant McCracken은 간파한다.

나폴레옹 보나파르트는 유서를 몇 차례나 고쳐 썼다. 몇 쪽에 걸쳐 아주 꼼꼼하게 그는 누가 무엇을 물려받을지 고치고 또 고쳤다. 최종적인 효력을 가지는 유서를 그는 1821년 세인트헬레나에서 사망하기 며칠 전에 완성했다. 그는 무엇보다도 아우스터리츠(Austerlitz) 전투에서 차고 다녔던 칼을 아들인 로마 왕 나폴레옹 프랑수아 보나파르트Napoléon François Bonaparte에게 주겠다고 천명했다. 아울러 머리카락은 잘라서 엮어 팔찌를 만들고 금으로 만든 작은 걸개를 단 다음에, 각각 하나씩 "황후 마리 루이즈Marie Louise, 나의 어머니 그리고 내 형제, 자매, 조카, 조카딸, 추기경에게, 그 가운데 큰 사이즈는 내 아들에게 보내라"고 나폴레옹은 썼다. "나를 화장하고 남은 재는 센강의 강변에서 내가 무척 사랑한 프랑스 백성의 한복판에서 평안을 찾았으면 한다"는 그의 마지막 희망은 거절당하는 쓴맛을 보았다. 1840년에야 비로소 그의 유해는 파리로 돌아와 앵발리드 궁륭(Dôme des Invalides)에 안치되었다. 100년 뒤인 1940년 아들 나폴레옹 2세의 시신, 아니 정확히는 시신의 대부분도 파리로 운구되었다. 그의 내장은 빈(Wien)의 슈테판 대성당(Stephansdom) 대공 납골당에 여전히 남았으며, 그의 심장은 역시 빈의 아우구스틴 성당(Augustinerkirche)에 마련된 합스부르크 왕조의 심장 안치실에 있다.

시신을 부위별로 나누어 장례를 치르는 것은 우리 현대인이 보기에는 기묘한 일이지만, 합스부르크 왕조 시절에는 통상적인 풍습이었다. 물론 신체의 각 부분을 유산으로 물려주려고 이런 풍습이 생긴 것은 아니다. 당시에는 그런 발상조차 말이 안 되는 망상으로 취급되었으리라. 그리고 오늘날에도 몸의 일부를 물려준다는 이야기는 드문 것일 뿐이다. 다만 장기 이식의 역사는 우리가 상상하는 것 이상으로 오래되었다. 아주 옛날부터 의사들은 몸의 장기를 바꿔주면 좋지 않을까 하는 꿈을 꾸었다. 그런 첫 번째 사례는 신화이기는 하지만 오늘날까지 전해져 내려온다. 힌두교 전설에 따르면 시바 신은 어린 아들 가네샤에게 코끼리 머리를 붙여주었다고 한다. 아내가 목욕을 하고 있는 곳을 아들인 가네샤가 들어가지 못하게 막자 시바는 불같이 화를 내며 아들의 목을 베었다. 어떻게 그럴 수 있냐고 아내가 울부짖자 시바는 지나가던 코끼리의 머리를 베어 아들에게 붙여주었다. 서기 3세기에 쌍둥이 형제 의사 코스마스Cosmas와 다미안

Damian은 어떤 백인에게 방금 전에 죽은 흑인의 다리를 이식해 주었다고 한다. 고대 도시 아이가이(Aegeae), 오늘날 터키의 남부 해안 지역에서 태어나 활동한 이 쌍둥이 형제는 어머니의 영향을 받아 독실한 기독교인이 되었기에 기독교에서 외과의사의 수호성인으로 추앙받는다. 외과의사들은 누백 년에 걸쳐 피부와 뼈를 이식하는 경험을 쌓았다. 이미 17세기 중반에 어떤 군인의 두개골에 구멍이 나자 개의 머리에서 잘라낸 뼈로 그 구멍을 때우는 수술이 성공했다는 이야기가 전해진다. 최초의 신장 이식은 20세기 초에 개와 염소를 대상으로 성공했다. 제2차 세계대전 이후 장기 이식 의학은 발달을 계속했다. 1954년에는 미국의 외과의 조지프 머리Joseph Murray가 최초로 인간의 신장 이식에 성공했다. 이때는 살아 있는 사람의 신장을 떼어내 이식한 것이고, 사망자의 신장으로 이식에 성공한 것은 1962년의 일이다. 조지프 머리는 1990년에 장기 이식에 기여한 공로를 인정받아 노벨상을 수상했다. 1967년에는 첫 번째 간 이식이 이루어졌으며, 같은 해에 남아프리카에서는 최초로 심장이 다른 사람의 몸에서 계속 뛰었다. 심장의 원래 주인은 당시 25세의 여성 데니스 다르발Denise Darvall로 교통사고를 당해 목숨을 잃었다. 그녀의 심장은 54세의 루이스 워시칸스키Louis Washkansky라는 남자의 목숨을 구했다. 하지만 이 남자는 고작 18일을 더 살았다. 오늘날 이 심장은 당시 수술실로 썼던 곳에 전시되어 있다. 1년 뒤 의학 발전의 수레바퀴는 계속 나아갔다. 첫 번째 폐 이식이 이루어졌다. 1969년에는 심장과 폐를 이식하는 수술이 성공했다.

오늘날 신장 이식에 걸리는 시간은 대략 90분이며, 심장 이식의 경우 4시간이고, 간 이식의 경우 8시간까지 걸린다. 그렇지만 사망자의 장기는 턱없이 부족하기만 하다. 장기 기증은 갈수록 줄어든다. 독일에서 2017년 장기를 기증한 사망자는 799명이다. 10년 전에 독일의 기증자는 1,300명이었다. 기증자 비율이 높은 곳은 메클렌부르크포어포메른과 함부르크와 자를란트이며, 낮은 곳은 니더작센과 슐레스비히홀슈타인 그리고 브란덴부르크다. 2017년 독일에서는 사망자의 심장 257개, 폐 257개, 신장 1,364개, 간 760개가 이식되었다. 2017년 말 '유로트랜스플랜트'●의 대기자 명단에 새로운 신장이 필요하다고 이름을 올린 독일 사람은 7,620명이다. 1,044명은 간을, 703명은 심장을, 377명은 폐를 각각 기다린다.

사후에 자신의 몸 가운데 어떤 부위를 다른 사람의 생명을 구하기 위해 기증하는 것을 꺼리는 두려움의 이유는 다양하다. 내가 아직 죽지 않았으면 어쩌지? 의사가 장기가 필요한 나머지 나를 너무 일찍 포기하는 거 아닐까? 심장을 도려내는 데 그걸 느끼면 어쩌지? 종교나 윤리 혹은 정서적 이유로 거부하는 사람도 많다. 또는 장기 기증을 둘러싸고 일어나는 모든 스캔들 탓을 하

● '유로트랜스플랜트(Eurotransplant)'는 1967년에 세워진 재단으로 베네룩스 3국과 독일, 오스트리아, 슬로베니아, 크로아티아 그리고 헝가리가 참여해 장기를 중개해주는 역할을 한다.

는 사람도 있다. 대다수는 장기를 기증하기에 너무 젊다, 너무 늙었다, 너무 아프다고 말한다. 죽은 뒤에 생물적 유용성을 테스트받고 마치 부품 창고에서 필요한 것을 들어내듯 자신의 몸을 쓰는 것이 못마땅하다는 사람도 많다. 아예 시신에 손을 대는 게 싫다는 사람도 적지 않다. 자신의 몸은 되도록 흠집 하나 없이 완전 무결해야 한다고 이들은 입술을 비죽 내민다. 막바지에 이른 인생은 갓 꿰맨 흉터 하나 없이 깔끔하게 정리된 스토리를 가져야 한다면서.

자기 몸의 일부가 다른 사람 속에서 계속 사는 게 좋을지 하는 문제야 본인이 알아서 결정할 일이다. 그걸 두고 다른 사람들이 왈가왈부할 수는 없다. 다만 다른 사람이 우리를 어떻게 기억해줄지 그 결정은 다른 사람의 몫일 뿐, 우리는 아무 영향을 미칠수 없다. 연극 무대를 먼저 걸어 나가는 사람은 작품의 남은 부분에서 더 할 대사가 없다. 무대를 나갔는데 더 무슨 말을 하랴. 아이들은 자신이 기억하고 싶은 것만 기억하게 마련이다. 방학 때 바깥에서 한바탕 노는 바람에 엉망으로 더러워진 옷을 빨아 빨랫줄에 걸던 할머니를 떠올리며 아이들이 기억하는 것은 고마움이 아니다. 아이들은 세탁물에서 나던 신선한 향기를 기억한다. 아이들이 기억하는 아빠는 뭔가 예쁜 선물을 가져다주어 감동을 주던 아빠일 따름이다. 손주는 집을 팔아버릴 게 분명하다. 자식들은 저 골동품 은화 때문에 서로 말도 하지 않으리라.

아이들이 골동품 도자기를 좋아하는 이유는 그 도자기를 보면 자신들에게 잘해주던 숙모가 떠오르기 때문이다. "정원의 저 온실은 할아버지가 만드셨어." 아이들은 정원에 서서 이렇게 말하며 미소를 지으리라. 할아버지에게서 남은 것은 그 온실뿐이다. 할아버지가 유명 기업의 대표이사였으며, 도시에서 할아버지를 모르는 사람이 없을 정도로 유명 인사였다는 점은 아이들에게 뭐 그래서 어쩌라고 하는 것일 따름이다. 기억은 어디까지나 남은 사람의 몫이다.

역사에 영원히 이름을 남긴 사람의 경우도 사정은 크게 다르지 않다. 아이들이 그 이름을 기억하는 것은 어디까지나 우연의 결과일 따름이다. 그리고 많은 경우 고인이 자신의 명예를 과연 기쁘게 받아들일지조차 확실치 않다. 알로이스 알츠하이머Alois Alzheimer 또는 섭씨온도의 이름을 제공한 안데르스 셀시우스 Anders Celsius는 과학 연구의 공로로, 미하일 칼라시니코프Michail Kalaschnikow와 우지 갈Uzi Gal은 저마다 기관총을 발명한 것으로 이름을 널리 알렸다. 목사 요아힘 네안데르는 처음에는 계곡에, 다음에는 인류의 원인(原人)에 자신의 이름이 붙게 된 걸 알면 무어라 말할까?* 이름이 도용되었다며 화를 낼까, 아니면 예상치

• 요아힘 네안데르(Joachim Neander: 1650~1680)는 독일의 목사이자 교회음악 작곡가다. 그가 즐겨 찾아 예배를 드리고 찬송을 했던 계곡에서 원시 시대의 유골이 발견(1856)되자, 이 계곡에 그의 이름이 붙었다.

못한 명예에 감격해할까? 샌드위치 백작*에게서는 무엇이 남았을까? 페터 하르츠**에게서는? 서기 987년에 사망한 바이킹 왕하랄트 블루투스는 오늘날 무선 기술의 표준인 '블루투스'가 자신의 이름을 딴 거라는 사실을 알면 기뻐할까?*** 5,000년 묵은석판, 아마도 보리를 배달하고 받은 영수증인 것으로 보이는 석판덕분에 우리가 아는 이름 '쿠심Kushim'은 인류 역사상 가장 오래된 이름이다. "역사에 등장하는 최초의 기록된 이름은 예언자나시인 또는 위대한 정복자가 아니라, 경리 노릇을 하던 사람의 것일 가능성이 농후하다." 역사학자 유발 노아 하라리****는 이렇게 진단한다.

죽음으로 영원히 이름을 남기는 사람도 심심찮게 볼 수 있다. 발레리 일리치 초뎀추크Walerij Illitsch Chodemtschuk는 체르노빌의

- 샌드위치 백작(Earl of Sandwich) 가문은 잉글랜드의 귀족 가문이다. 에드워드 몬터규(Edward Montagu)가 1660년 백작 작위를 받으면서 성립한 가문이다. 4대손 존 몬터규(John Montagu)가 도박을 하면서 멈추지 않고 먹을 수 있는 것을 만들어 샌드위치가 생겨났다.
- •• 페터 하르츠(Peter Hartz: 1941년생)는 독일 경영인으로 폴크스바겐 주식회사의 이사를 지낸 인물이다. 독일 노동 시장의 개혁을 위한 위원회를 이끌어 이른바 '하르츠 개혁안'을 선보였다.
- ••• 하랄트 블루투스 고름손(Harald 'Bluetooth' Gormsson: 910~987, 고대 스칸디나비아 언어 Haraldr Gormsson)은 고대에 덴마크와 노르웨이를 통합한 바이킹 왕이다. 이런 통합 능력에 빗대 무선 기술의 표준에 '블루투스'라는 이름이 붙었다.
- •••• 유발 노아 하라리(Yuval Noah Harari: 1976년생)는 이스라엘 역사학자로 역사의 독창적 해석으로 유명한 인물이다.

첫 번째 희생자다. 그는 끝끝내 구조되지 못했다. 오늘날 그곳에 있는 기념비 하나가 그의 이름을 상기시킨다. "그들은 자신의 자리를 버리지 않고 / 지옥의 불 속에서 용감하게 맞섰네. / 이들을 기리는 기념비는 모든 사람의 심장에 세워져야만 하리." 기념비에 쓰인 문구다. 뉴욕 출신의 레이먼드 보면Raymond Bowman은 스물한 번째 생일을 맞이한 지 며칠 만인 1945년 4월 18일에 라이프치히에서 독일군 저격수가 쏜 탄환에 미간을 맞고 즉사했다. 30대 중반의 응우옌 반 렘Nguyen Van Lem은 1968년에 사이공의 경찰 책임자가 권총을 머리에 대고 쏘는 바람에 즉사했다. 보면은 군인이었고, 반 렘은 저항 운동을 벌였다. 두 남자는 세계적으로 유명한 두 장의 사진, 죽음의 순간을 포착한 사진을 남겼다. 역사는 공정하지 않다. 어떤 이는 우연히 여론의 조명을 받고 영원히 기억되는 반면, 쉽게 보기 힘든 비상한 업적을 남겼음에도 세상이 그 이름조차 알지 못하는 사람도 적지 않다. 예를 들어 해리슨 슈미트Harrison Schmitt는 누구인가? 그는 달 표면을 밟으며 산책한 사람 가운데 유일하게 지금까지 살아 있는 인물이다.

오늘날 기억은 상품인 동시에 돈이다. 요즘 사람들은 유명 인사와의 '잊지 못할 저녁 식사'를 예약하거나, '두고두고 이야기할 거리'를 얻으려 이벤트를 찾아다닌다. 만사가 돈이다. 풍성한 이야깃거리를 제공하거나, 비록 이름의 주인이 오래전에 죽었음에도 다른 사람들이 그 이름을 들먹여주는 인생은 성공한 것처럼 보인다.

오늘날 방송이나 인터넷을 보면 유명해지는 것 자체가 대단한 업적이라는 강한 인상은 지울 수가 없다. 사람들은 영원의 반열에 오르려 안달이다. 최후의 심판은 오늘날 성공한 인생의 가치를 결산하는 회계사가 등장하는 것으로 대체되었다. 회계사는 묻는다. 도대체 얼마나 많은 사람들이 당신을 기억해줄까요? 유명해지기 위해 충분한 인상을 사람들에게 심어주었나요? 당신이 잊히는 일이 없도록 충분히 '독특한 인생'을 살았나요? 구글에서 이름을 검색해도 결과가 없는 사람은 대체 이 세상에 존재하기는 한 건가요? 우리 사회는 그야말로 기억 광풍에 사로잡혔다. '메이크 메모리스(Make Memories)', 곧 '추억거리'를 만들 수만 있다면 하는 불굴의 각오로 워낙 좌충우돌이 심하다 보니 사람들 몸에는 온통 반창고가 붙는다.

아무래도 우리는 고대 사람들로부터 조금이나마 배우는 자세를 갖는 게 좋지 않을까. 고대인에게 죽음이란 그저 새로운 형태의 공동체로 넘어가는 일종의 과도기일 뿐이다. 이승과 저승을 갈라놓은 문이 열린다, 문이 닫힌다, 환영한다. "죽음은 모든 사람을 다른 모든 사람과 묶어주는 보편적 공통점일 뿐만 아니라, 모든 개인을 역사적 공동체인 인류, 그 개인보다 앞서 살았던 모든 사람들과 함께 엮어주기도 하는 공통점이다."『죽음은 우리 편이다』에서 토비아스 크바스트가 쓴 글이다. 우리는 죽음을 맞이하면 인간으로서 겪는 세 단계를 모두 거치게 된다. 어린 생명으로 우리는 내일의 세대로 살았다. 어른으로 우리는 오늘을 살았다.

이제 우리는 어제의 사람이다. 죽어서 우리 모두는 하나다. 홀로 외톨이가 되는 사람은 아무도 없다. 우리가 남겨놓은 것은 우리가 없어도 자신의 길을 찾아가리라. 아이들, 친구들, 유품들, 모두 저마다 길을 찾으며 세상을 노닐다가 언젠가 우리와 다시 만나 하나가 되리라. 이런 생각은 죽음을 바라보는 우리의 경직된 자세를 약간이라도 풀어주며, 약간의 위로를 준다, 아니 심지어 천국을 그려볼 수 있게 해준다.

"기적처럼 놀라운 분들이 참으로 많이도 죽었죠." 영국의 코미디언 존 클리즈John Cleese가 한 말이다. "누가 아직 살아 있는지 주변을 한번 돌아보세요. 당신은 어떤 그룹과 더 가깝다고 느끼나요?"

모든 것이 다시금 함께 모인다면

그 수많았던 마지막: 잡동사니와 장신구,

잉게 마이젤과 작은 왕 마우솔로스,

실러의 장례식과 가슴에 묻어두고 잊지 않는 사람들

영화는 대개 끝을 보여주는 것으로 전체 스토리를 시작하곤 한다. 카메라는 하늘을 나는 새가 땅을 굽어보는 것처럼 호기심을 누르지 못하면서도 겁을 내는 아이의 눈길처럼 조심스럽게 장면을 비춘다. 나뭇가지 사이를 통과하며 지면에 초점을 맞추자 검정색 정장 또는 흰색 셔츠나 제복이 보인다. 비가 내릴 때는 펼쳐진 우산이 보이기도 한다. 마침내 직사각형 모양의 구덩이, 그 옆에는 한 무더기의 흙이 쌓여 있으며 그 앞에는 신부와 함께 삽을 들었거나 장미꽃을 손에 쥔 사람이 서 있는 구덩이가 모습을 드러낸다. 그리고 구덩이 안에는 관이 놓여 있다. 관객은 관 안에 사람이 누워 있음을 안다. 그는 죽었다. 그렇지만 지금 벌어지는 모든 일은 그를 위한 것, 죽은 사람을 편안하게 보내려는 것이다. 그런 다음 카메라는 초점을 하늘로 옮긴다. 구름이 낀 하늘이다. 천천히 영상이 확장되면서 세상은 갈수록 희미해진다. 이제부터 오랜 '플래시백(flashback)'의 시작이다. 과거의 어느 시점으로 거슬러 올라간 영화는 어떻게 해서 장례식이 치러지게 되었는지 그 과정을 관객에게 보여준다. 영화는 대개 그 출발을 위해 마지막 작별을 필요로 한다. 아니 더 중요한 것은 작별 이전의 인생이다.

1993년에 개봉된 미국 영화 「시애틀의 잠 못 이루는 밤 Sleepless in Seattle」은 그 대표적인 사례다. 무덤으로 판 구덩이 앞에 두 사람이 서 있다. "엄마는 병들었어." 톰 행크스Tom Hanks 가 이 영화에서 구사하는 첫 번째 대사다. "그냥 그렇게 되고 말았어. 누구도 막을 수가 없었지. 이건 공정하지 않아. 너무 무의미해. 하지만 왜냐고 묻기 시작하면 우리는 미쳐버릴 거야." 미치지 않았다면 오로지 우리가 붙잡을 수 있는 어떤 것 또는 누군가를 찾아냈기 때문이다. 마지막 작별은 세상을 사정없이 뒤흔든다. "나는 아버지의 무덤 앞에서 그대로 무너졌다." 독일의 배우 보탄 빌케 뫼링Wotan Wilke Möhring은 이렇게 회상한다. "갑자기 아버지가 사라졌다. 한 줌의 유골로. 그때 나는 생각했다. 어떻게 이럴 수가 있지."

이럴. 수는. 없다. 죽음은 뒤에 남겨진 우리의 가장 예민한 곳을 건드린다. 우리의 자화상, 우리의 세계관, 우리의 오만함을 여지없이 무너뜨린다. 우리는 죽은 사람을 애도하는 것만이 아니다. 죽음은 우리로 하여금 자신의 존재가 얼마나 허망한 것인지 아프게 상기하게 만든다. 상실이라는 처절한 경험은 다른 사람이 없으면 우리가 얼마나 외로운 존재인지 곱씹게 만든다. 누군가 되돌릴 수 없이 가버린 뒤에 남는 공허함은 우리가 그 빈자리를 더듬을 때마다 더욱 더 커진다. 떠난 사람 때문에 생긴 가슴 한구석의 커다란 구멍으로 스산한 바람이 분다. 이제부터 그 사람은 영원히 볼 수 없다. 죽음이 우리 한복판에 살며, 공정함이라고는 모르고 의미를 아는 일도 거의 없다는 점은 이론적으로야 누구나 안다. 그러나 바로 자신의 인생으로 육박해 들어온 죽음은 우리를 깊은 충격에 빠뜨린다. "우리는 도저히 참을 수 없는 것을 참아내야만 한다. 잘 알지 못하는 타인이든 익히 아는 지인이든, 미워하는 사람이든 사랑하는 사람이든, 아주 먼 사람이든 가장 가까운 사람이든 우리는 그의 죽음을 견뎌내야만 한다. 우리는 굳은 얼굴로 무력하게 죽은 이의 곁에 서 있을 따름이다." 철학자 토마스 마초가 쓴 글이다. "그가 우리를 어떻게 보았는지 우리는 아는데, 그가 세상을 어떻게 보았는지 우리는 알았는데." —— 끝났다.

사랑하는 사람이 죽었다는 소식에 보이는 우리 몸의 반응은 타고난 것이다. 대개 우리는 먹고 마실 수가 없으며, 잠들기가 어렵다. 심지어 숨을 쉬는 것조차 힘들다. 늘 알고 있던 것을 우리는 잊어버린다. 극심한 혼란에 빠져 우리는 도와주려는 친구를 향해 고함을 지른다. 망자에게 화를 내는가 싶더니 이내 그를 하늘 높이 추켜세운다. 갑자기 웃음을 터뜨리거나 눈물을 흘리며 좀체 멎을 줄 몰라 우리는 넋이 나간다. 온몸이 아프다. 그러나 또한 우리는 죽은 사람이 가까이 있음을 느끼기도 한다. 돌아가신 어머니나 아버지 또는 사고로 죽은 딸과 이야기를 나눈다. 친구의 시신 앞에서 당장에라도 일어나 어깨를 툭 치며 미소 지을 것 같아 목이 멘다. 소중한 것을 빼앗겼다는 느낌으로 우리는 인생을 저주하거나 신에게 불만을 터뜨린다. 힘없이 쓰러져 잠들었다가 다음 날 아침 푹 자고 일어난 자신이 얄밉기만 하다. 엘리자베스 퀴블러 로스의 애도 단계에 빗대자면, 우리는 자신과 씨름을 벌이며, 가까스로 일어섰나 싶더니 다시 공허함에 빠진다. 그러다가 어찌어찌 시간을 보낸 끝에 우리는 다시 일상으로 돌아온다.

인간은 저마다 다르게 슬퍼한다. 그리고 모든 슬픔은 언제나 두 가지 차원을 가진다. 개인의 차원과 공적인 차원이 그것이다. 개인 차원은 '애도 작업(Trauerarbeit)'의 겉으로 드러나지 않는 은밀한 부분이다. 지그문트 프로이트Sigmund Freud는 이것이 고인과의 인연을 정리하는 데 꼭 필요한 과정이라고 보았다. 이는 강제된 이별을 삶의 한 부분으로 받아들이고 용인하는 태도다. 바깥에서 볼 때 이 시기의 당사자는 흔히 경직된 것처럼 보인다. 남은 사람은 황망한 눈길로 전후 사정을 살피며 비극이 빚어진 잘못을 다른 사람에게 돌리거나 자신의 책임으로 끌어안는다. 최선은 용서하는 법을 배우는 일이다. 야속하게도 죽어서 나를 홀로 남겨둔 고인을. 여전히 살아 있는 다른 사람들을. 희망하건대 나 자신을 용서할 수 있으면 좋겠다. 아직 시간이 있을 때 속에 있는 모든 말을 한 사람은 아무도 없으니까. 그래서 나도 못했으니까. 아무튼 줄곧 "왜?" 하고 묻는데 아무리 따져보아도 속 시원한 "아, 그래서 그랬구나!" 하는 답은 나오지 않는다. 어쨌거나 무거운 마음을 조금이라도 덜어줄 답은 나오지 않는다. 부모 자식도, 직장 동료나 친구도, 심지어 배우자마저도 이 '애도 작업'을 대신해줄 수 없다. 얼어붙은 시간의 끝에서 얻는 깨달음은 아마도 이런 것이지 않을까. 사랑하고 소중히 여겼던 사람이나 물건은 절대 완전히 사라지지 않는다. 이 시기에 가장 큰 도움을 주는 사람들은 섣부른 위로를 베풀려 하지 않는 마음가짐의 소유자다. 이들은 "모든 게 잘될 거야" 하는 말을 입에 올리지 않는다. 이들은 그저 곁에서 묵묵히 지켜봐주며 우리의 슬픔에, 모든 미움과 서운함에, 사랑과 두려움에 귀를 기울여준다.

가족 가운데 한 사람이나 가까운 사람의 죽음 이후의 시기는 자기 자신에게 많은 의문을 품는 시기이기도 하다. 그(또는 그녀)가 나와 함께해주었을 때 나는 누구였나? 이제 나는 어떻게 살아가기 원하는가? 할머니는 돌아가시면서 어떤 흔적을 남겼을까? 안타깝게 교통사고로 죽은 형은 나에게 누구였을까? 형은 그의 친구들에게 누구였을까? 부모님은 우리의 삶에 어떤 흔적을 남겼을까? 죽음은 인생의 행로를 정해주는 물음을 품게 만든다. 독일의 코미디언이며 방송진행자인 하페 케르켈링Hape Kerkeling은 이렇게 회상한다. "어머니가 돌아가시고 나서 나를 정말 힘들게 만들었던 물음은 과연 어머니가 이 세상에 무엇을 남겨놓았을까 하는 것이다. 고스란히 느낄 수 있거나 납득할 수 있는 흔적은 어디에 있을까? 당시 나는 어려서 아무것도 몰랐다. 바로 그래서 나는 내 인생에서 명확하고 분명한 흔적을 남겨놓기로 계획을 세웠다."

"고인이 남긴 것을 어떻게 처리해야 할까?" 하는 물음은 얼마 가지 않아 아주 구체적인 문제로 우리를 엄습한다. 부모님이 두 분 다 돌아가셨는데, 그 집 정리를 어떻게 해야 하는지 문제는 결코 간단치 않다. 어렸을 때부터 지켜봐온 물건은 어떻게 처리해야 좋을까? 내가 가져갈까, 아니면 쓰레기로 버릴까? 친구에게 줄까? 이베이에 내놓을까? 자선 단체에 기부할까? 부모님의 물건은 이제 내게 유산으로 남았다. 이 예전 물건들을 처리해야만 하는 사람은 부모님이 세상에 남겨놓은 나다.

몇 가지는 빠르게 처리할 수 있다. 그러나 까다로운 것도 적지 않다. 이런 것은 하나하나 이것이 내일의 세상에 차지할 자리가 있을지, 아니면 그냥 어제의 것으로 버려야 할지 판단해야만 한다. 이 모든 접시들은 어떻게 할까? 내가 전혀 알지 못하는 사람들을 찍은 저 수많은 사진들은 어찌해야 좋을까? 할아버지가 떨리는 손으로 여백마다 무어라 적어놓은 저 책들에 누가 관심을 가지기는 할까? 온통 긁힌 자국을 가진 저 음반들은? 저 낡은 가구는 아무도 필요로 하지 않겠지? 아냐, 혹시 몰라. 아버지의 양복들은 그냥 헌 옷 버리는 곳에 내다 버릴까? 자물쇠가 잠긴 저 보석함은 내가 열어봐도 되나? 할아버지가 할머니에게, 또는 어머니가 아버지에게 쓴 편지를 내가 읽어도 좋을까? 아니면, 읽지 말고 그냥 태워버려야 할까? 죽은 사람도 사생활은 있잖아?

대다수의 사람들에게 부모와의 사별 이후 몇 주는 부모를 향한 애정이 가장 농밀한 시간이다.

　이 시기는 부모가 남긴 유품을 두고 "내가 처리해도 좋을까?"와 "내가 손대서는 안 되는 게 아닐까?" 하는 물음을 놓고 저울질해야 하는 때다. 다른 한편으로 이 시기는 '물건 정리의 의무감', 곧 이런저런 물건을 처리해야만 하는 때이기도 하다. 어머니가 전쟁이 끝나고 난 뒤 장만했던 재봉틀에 관심을 가질 만한 사람을 찾아 나는 이 재봉틀을 정리해야만 하지만, 나에게는 그럴 힘이 없다. 고인이 애지중지했던 물건을 보며 후손은 어떤 의무감을 느끼게 마련이다. 대개 낡고 손때가 묻은 물건이지만 귀히 여기고 계속 아껴줄 사람을 찾아 전달해주어야만 하지 않을까 하는 압박이 무어라 형언하기 힘든 의무감을 불러일으킨다. 부모가 아끼며 소중하게 썼던 물건을 그냥 쓰레기로 버리는 것은 마치 배신처럼 느껴진다. 특히 그 물건을 귀중하게 여겨줄 사람을 아무도 찾지 못할 때 상황은 난처하기만 하다. 그리고 누군가 찾아와 물건의 가치를 오로지 돈으로만 환산하려고 드는 태도를 보면 마음은 더욱 불편해진다. 심지어 그런 상황을 견디지 못하고 폭발하는 사람도 심심찮게 볼 수 있다. "고물 장수는 주방의 낡은 의자가 닳을 대로 닳은 푸른 천을 씌운 덜거덕거리는 가구로만 본다. 그러나 나에게 그 의자는 거기 앉아 어머니와 재잘거리며 이야기를 나누던 정겨운 것이다." 독일의 저널리스트인 크리스티나 에르트쾨니히Christina Erdkönig가 자신의 책 『버리고 인생을 정리하기 Loslassen und Leben aufräumen』에서 쓴 글이다. "고물상은 물건이 가진 마법의 힘을 지워버린다." 그러나 이 마법은 우리의 평생을 좌우할 정도로 강력한 힘을 발휘한다. 고인의 물건은 기억에 생기를 불어넣어주는 매체다. 물건은 이 집에서 보낸 우리의 어린 시절을 생생히 목도한 증인이다. 이 물건과 함께 우리는 세상이 어떤 곳인지 상상의 나래를 펼쳤으며, 주방 식탁보다 작았던 키가 커져 식탁 건너편이 보일 때 얼마나 감격했던가. 텔레비전 앞의 소파에 앉아서도 주방의 벽시계가 보일 때의 감격이 새삼스럽기만 하다. 분명 이런 물건들은 무슨 대단한 가치를 가지는 게 아니다. 그렇지만 물건들은 우리에게 소중하기만 하다. 이 물건들마저 속절없이 사라진다면 얼마나 허망한가. 그리고 이 귀중한 것을 지킬 수만 있다면 얼마나 가슴이 뿌듯할까. 예전처럼 벽시계가 걸린 주방의 낡은 탁자에 앉아 모닝커피를 마시는 것은 생각만으로도 아름답다.

떠나간 사람만이 우리의 문제는 아니다. 우리는 자기 자신도 돌보아야만 한다. 무엇보다도 우리는 작별을 받아들이는 법을 배워야만 한다. 죽은 이는 이미 작별을 고했다. 대다수 사람들은 작별을 받아들이고 싶지 않거나, 받아들일 수가 없다. 과거가 자리 잡을 공간을 마련해주되, 이 공간은 과거의 방으로 이름 붙여 매듭지어주어야 한다. 그리고 이런 정리 작업은 힘겹거나 고통스럽지 않아야만 한다. 어렵지 않게 볼 수 있는 좋은 예는 사랑했던 고인의 생일이나 서명을 팔뚝에 문신으로 새기는 행위다. 그럼 고인과 항상 함께 있는 것 같은 느낌이 들기 때문이다. 사별한 사람과 동반하면 자신이 더 강해진 것 같고, 그가 자신을 든든하게 지켜줄 것 같은 느낌이 든다. 어떤 이는 아버지의 유전자를 작은 앰풀에 담아 목에 걸고 다니기도 한다. 어머니가 남긴 옷가지로 봉제 인형을 만들게 하는 사람도 있다. 아무튼 추모 산업의 상품은 다채롭기만 하다. 집의 한구석에 작은 함을 마련해놓고 그리운 고인의 사진이나 개인적인 유품을 거기에 모셔 매년 기일마다 촛불을 켜놓고 추모하는 사람도 있다. 이런 추모를 보며 괜한 짓 하지 말라고 누가 감히 말할 수 있을까? 교통사고로 잃은 아이의 방을 절대 치우지 않고 그대로 놓아두는 부모도 심심찮게 볼 수 있다. 아이가 언제라도 문을 열고 들어설 것만 같은 느낌에 눈물짓는 부모에게 누가 감히 "그래서는 안 돼!" 하고 말할 수 있을까?

프랑스 농촌 마을 벨라브르(Bélâbre)에는 1918년 4월 26일에 사망한 위베르 로셰로Hubert Rochereau가 쓰던 방이 고스란히 보존되어 있다. 그는 제1차 세계대전에 참전한 군인이었다. 사망하던 해 그는 22세였다. 그리고 그보다 22년 전에 그는 바로 그 방에서 태어났다. 부모는 그 방을 아들이 전쟁터로 나갈 때 모습 그대로 간직해두었다. 그리고 나중에 부모는 그 집을 팔면서 그 방은 계속해서 그대로 두라는 조건을 붙였다. 그동안 100년이 넘는 세월이 흘렀음에도 방은 변함없는 모습을 자랑한다. 플랑드르에서 스러진 젊은 생명은 오늘날까지 의젓한 군인으로 기억 속에 남아 있다.

슬픔은 복잡할 수 있다. 또 때로는 극단으로 치닫기도 한다. 사람들은 흔히 고인의 사진이나 책 또는 옷을 마치 고인 자신인 양

다룬다. 살아 있는 사람처럼 대화를 나누거나, 품에 안고 잠자리에 들거나, 여행에 지니고 가기도 한다. 빅토리아 여왕은 죽은 남편을 두고 30년을 슬퍼했다. '미친 여왕'이라는 별명으로 불린 카스티야의 여왕 후아나 1세Juana I 는 배우자가 죽자 그의 관을 끌고 몇 달 동안 들판을 헤매고 다녔다. 반대로 독일의 여배우 잉게 마이젤Inge Meysel 은 유품을 그대로 간직함으로써 남편의 추억에 생기를 불어넣었다. 그녀는 집 안을 남편이 살아 있을 때 그대로 두었다. "옷걸이에는 여전히 그의 모자가 걸려 있죠. 가구는 남편이 배치한 그대로예요. 그리고 아침 식사를 하는 식탁에는 두 벌의 식기가 놓여 있어요." 그녀는 아련한 미소를 지으며 이렇게 말했다. 2004년 그녀가 타계하자 친구들은 그녀가 즐겨 찾던 레스토랑에 모였다. 친구들은 그들이 늘 식사를 하던 테이블을 예약했고, 화사한 꽃으로 장식했다. 마이젤의 자리에는 그녀의 사진이 자리했다.

작별한다는 것이 잊는다는, 고인을 기억에서 지워버린다는 뜻은 아니다. 그러나 작별은 언제나 자리를 털고 일어나 걸어 나오는 것이자 가도록 놓아주는 것이다. 물론 자기 자신의 일부도 보내주어야 한다. 작고한 부모의 집을 마지막으로 나서본 사람은 안다. 이 작별은 영원한 마침표다. 어려서 부모 몰래 다락방으로 숨어들려 올라갈 때마다 계단은 삐거덕거렸지. 이제 그 삐거덕 소리는 다시는 울리지 않으리라. 예전에 내 방에서 나던 냄새를 어디 가서 다시 맡을 수 있으랴. 열쇠를 구멍에 끼워 찰칵 돌리는 순간, 익숙했던 냄새와 소음은 죽는다. 이것은 맺음이다. 뭔가 끝날 때마다 이런 기분이었지. 내 남편은 죽었다. 집은 텅 비었다. 나의 부모님은 작고했다. 부모님이 늘 앉았던 소파는 이제 사라지고 없으리. 이제 남은 사람은 형제자매뿐. 근처에 살면 몇 년 뒤에도 늘 '옛집'을 지나다니리라. 그럼 그때마다 나는 묻겠지. 집 안은 어떤 모습일까? 그래도 그 안에서 살았던 인생이 뭔가 남겨놓지 않았을까?

거리에서 드러내놓고 보란 듯 슬퍼하는 일은 독일에서 좀체 없다. 그저 몇몇 사람만, 대개 고령의 노인들만 검은 상복을 입는다. "옛날에는 제례가 있었다." 신학자 라이너 죄리스는 이렇게 말한다. "제례는 일종의 난간 같아서 그걸 따라가며 슬픔을 통과했다. 그래서 제례가 끝나면 슬픔도 끝을 맺었다." 아무튼 늦어도 1년 뒤에 슬픔을 겉으로 드러내지 않는다. 물론 오늘날 '고인 추도일'이나 '사망 아동 추모의 날'(Tag der Erinnerung an Verstorbene Kinder: 12월 두 번째 일요일)과 같은 공식적으로 애도를 표하는 날이 있기는 하다. 그러나 드러내놓고 공개적으로 슬픔을 내비칠 때는 오로지 조기를 달았거나, 까마득한 스타가 사망했을 때뿐이다. 사람들은 좀체 개인적으로 슬퍼하는 모습을 보여주려 하지 않는다. 개인적 슬픔은 허약함의 표시라고 여겨지기 때문이다. 그리고 허약함은 되도록 보여주고 싶지 않은 것일 따름이다. "겉으로 드러내는 슬픔은 죽음을 연상시킨다. 남들이 보는 앞에서 엉엉 우는 것은 부자연스러울 뿐만 아니라, 상황을 다스리지 못하는 무능함이다." 미국의 저널리스트 조앤 디디온Joan Didion이 쓴 글이다. 이 진단이 개인적으로도 맞는지 여부야 각자 스스로 알아내야 할 문제다. 죽음과 관련한 많은 일이 그렇듯.

어떻게 슬퍼하는 게 마땅한가 하는 물음을 놓고 인류는 문명의 초기부터 계속 새롭게 협상해왔다. 고인을 어디로 모시는 게 마땅한가 하는 물음의 답도 마찬가지다. 예를 들어 독일의 공동묘지가 지금과 같은 형태를 이루기까지 누천년이라는 시간이 걸렸다. 모든 것은 오랜 여행의 끝과 더불어 시작한다. 인간은 처음으로 정착 생활을 하면서 죽은 이가 머물 장소도 찾아 마련했다. 오늘날 그 생생한 증거는 석기 시대의 어마어마한 크기의 언덕 잔재이거나, 이집트 피라미드 또는 고대 그리스의 신전이다. 예로부터 죽은 이는 순례자나 상인 또는 군대가 오가는 중요한 길목이나 교차로에 매장되어 섬김을 받았다. 무덤의 위치는 "산 자와 죽은 자" 모두에게 보탬이 되도록 잡았다고 스위스 출신의 신학자이자 독일 보훔 대학교 교수인 한스페터 하젠프라츠Hans-Peter Hasenfratz는 썼다. "죽은 이는 충돌과 싸움이 그치지 않는 거리에서 안전을 지켜주는 수호자의 역할을 맡아 살아 있는 사람들의 생활에 자연스레 어울렸으며, 거리를 오가는 행인의 경건한 추모를 그 대가로 얻었다."

기원전 350년 작은 체구의 왕 마우솔로스Maussolos는 자신의 죽음에 대비해 엄청나게 거대한 묘를 짓게 했다. 오늘날 '영묘(靈

廟'라는 뜻으로 쓰는 단어 '마우졸레움(Mausoleum)'의 어원이 되기도 한 이 묘는 고대가 빚어낸 세계 7대 기적 가운데 하나다. 그리고 이내 부유한 로마 사람들은 끝을 모르고 무덤을 부풀렸다. 이들은 고대 로마의 상징과도 같은 도로 '비아 아피아(Via Appia)'를 따라 앞다투어 커다란 묘를 지었다. 이를테면 카이킬리아 메텔라라는 여인의 묘는 높이만 11미터에 달한다(이 묘는 티슈바인의 그림 「캄파냐의 괴테」 배경에 묘사되어 있다).• 심지어 '카살 로톤도(Casal Rotondo)'는 35미터라는 지름을 자랑하는 묘로 비아 아피아에 세워진 것 가운데 가장 크다. 오늘날 그곳에 누가 묻혔는지 아는 사람은 없다. 이렇게 해서 무덤들로 이어진 긴 도로가 생겨났으며, 이 거리에서 죽은 이들은 산 사람들의 주목을 놓고 경쟁했다. "멈춰 서라, 순례자여. 그리고 읽으라!" 묘비에는 이런 문구가 새겨졌다. "묘비명을 읽는 너는 넘쳐흐르는 눈물을 쏟으리라!" 죽은 이는 산 사람들에게 자신의 기구한 사연에 귀를 기울여달라고 간청한다. 이들은 묘비에 초상화를 새김으로써 자신의 얼굴을 만천하에 과시한다. 순례자여, 나를 보라. "죽은 이들은 세간의 심판으로 먹고 산다." 아포리즘의 대가 엘리아스 카네티가 쓴 글이다.

• 카이킬리아 메텔라(Caecilia Metella)는 로마 집정관 카이킬리우스 메텔루스(Caecilius Metellus)의 딸이다. 젊은 나이에 요절한 딸을 위해 메텔루스는 성채만 한 크기의 묘를 만들었다. 요한 하인리히 빌헬름 티슈바인(Johann Heinrich Wilhelm Tischbein: 1751~1829)은 독일의 화가다. 「캄파냐의 괴테 Goethe in der Campagna」(1787)는 괴테가 이탈리아를 여행할때 티슈바인이 동행해 그린 그림이다.

살아서 부와 권력을 누리지 못한 사람들은 땅 아래 카타콤에 뼈를 묻었다. 초기의 '콜룸바리움(columbarium)', 곧 납골당도 이때 생겨났다. 점토를 빚어 만들고 유골을 빻은 가루를 담은 단지들은 벽감에 촘촘하게 놓였다. 생긴 것이 비둘기장 같다고 해서 '콜룸바리움'이라는 이름이 붙었다. 라틴어 '콜룸바(columba)'는 비둘기라는 뜻이다. 우리가 오늘날 최초의 것으로 아는 기독교 무덤은 서기 3세기경에 생겨났다. 대개 여러 구의 시신을 모신 기독교 묘는 몇 개의 격실로 이루어졌다. 석관 뚜껑에는 고인의 희망이 새겨졌다. '인 파케(in pace)', 곧 '평화 안에서' 쉬기 원한다는 것이 그 소망이다. 오늘날까지도 그곳에 새겨진 고인의 이름을 읽을 수 있다. 덕분에 우리는 아풀레이아 크리소폴리스Apuleia Crysopolis가 당시 일곱 살의 소녀로 죽었다는 사실을 안다. 구글에서 이 이름을 검색하면 약 200건의 결과가 올라온다.

기독교 이전 시대에 무덤은 대개 마을 바깥에 만들어졌다. 무덤이 들어서는 곳과 마을 사이에는 되도록 흐르는 물이 있어야 했다. 그래야 '망자'가 되돌아오기 어려울 테니까. 이 시기의 사람들은 죽은 이를 두려워했기 때문이다. 심지어 많은 경우 무덤은 1년 뒤에 다시 파헤쳐졌고, 유골은 바수어졌다. 묘비 역시 고인을 섬기는 경외심의 표시에 그치지 않았다. 묘비는 죽은 이의 영혼이 깃들어 산 자와 대화를 나눌 '영혼 보금자리'일 뿐만 아니라, 죽은 이를 땅 속에 잡아두는 상징이기도 했다. 때때로 무덤 주위에는 날카로운 가시가 달린 울타리가 들어서거나, 아예 높은 담장이 쌓이기도 했다.

도시와 마을 안에서 치르는 장례는 중세에 들어와서야 비로소 생겨났다. 교회의 권력이 강해지면서 이루어진 변화다. 당시 신부는 이런 강론을 했다. 신앙의 힘은 고인을 묶어둘 수 있으며, 우리는 고인에게 땅속으로 들어가 주님의 집에 머물러달라고 청할 수 있다. 이렇게 해서 처음으로 교회 안뜰이 생겨났다. 묘지로 쓴 안뜰은 또한 살아 있는 사람들의 장소이기도 했다. 그곳에서는 장이 열렸고, 성대한 축제가 흥을 돋우기도 했다. 죽은 이들은 이곳에서 벌어지는 일은 무엇이든 함께 했다. 오로지 그럴 실력을 갖춘 사람만이 이 모든 소동에서 벗어나 신과 아주 가까운 곳에서 평안히 쉬었다. 교회의 제단 아래, 곧 지하에 마련된 묘실이 그곳이다.

이런 풍습을 바꿔놓은 것은 종교 개혁이다. 죽은 이와 산 사람 사이의 골이 깊어졌다. 이제 망자는 더는 도시 안에 매장될 수 없었다. 이때부터 관심의 초점은 더는 죽은 이에게 맞춰지지 않았으며, 살아남은 자들의 인생이 더욱 중시되었다. 묘지는 평안과 위로를 선사하는 곳이어야 하며, 조문객으로 하여금 자신의 인생을 성찰하도록 초대하는 곳이어야 한다. "묘지는 모든 번다한 일로부터 떨어져 차분한 평온을 누릴 수 있는 곳이라야 한다. 묘지에서 사람들은 경건한 마음으로 죽음과 최후의 심판과 부활을 바라보며 기도하는 자세를 가져야 한다." 루터가 1527년에 쓴 글이다. 더욱이 도시 시민들은 냄새를 싫어했다. 그래서 지자체들은 앞다투어 담장으로 둘러싸인 공동묘지를 마련하기 시작했다. 족히 200년 뒤 프로이센은 주거 지역 안에 시신을 매장하는 것을 완전히 금지했다. 죽음은 살아 있는 사람들로부터 갈수록 멀어졌으며 이 간격을 지키도록 규제받았다. 1789년 데사우(Dessau)에서 새로운 묘역이 조성되었다. 그곳의 무덤들은 깔끔하고 실용적으로 정사각형의 격자로 정리되었다. "죽음은 죽음이 아니며, 사멸할 수밖에 없는 본성을 오로지 고결하게 만드는 것일 뿐이다." 사멸할 수밖에 없는 인간이 '평화의 정원'*으로 들어서는 대문 위에 쓰여 있는 글이다. 묘역을 나서려는 사람이 안쪽에서 보면 대문의 돌기둥에 다음과 같은 언질이 새겨져 있다. "위압적인 묘비는 세우지 않을 것이며, 이 새로운 땅에서 죽음은 더는 없으리라." "신이 주재하는 이 묘지를 바라보는 순간 이곳에 눕고 싶다는 욕구가 솟구치네, 이대로 죽자!" 당시 철학자이자 풍자 작가 카를 율리우스 베버Karl Julius Weber가 쓴 글이다(베버는 자신의 묘지에 세울 묘비에 "여기 내 유골이 놓여 있네, 나는 이게 네 것이길 바랐는데" 하는 문구를 새겨달라는 유지를 남겼으나 가족이 거부했다).

새롭게 생겨난 공동묘지로 이제 죽은 이는 누구나 자신의 이름을 보란 듯이 내건 개인 무덤을 가지게 되었다. 묘지에 1805년의 프리드리히 실러Friedrich Schiller처럼 아무 소리 없이 조용히 장례

---

* 공동묘지를 뜻하는 독일어 단어 '프리트호프(Friedhof)'는 글자 그대로 풀면 '평화의 정원'이다.

를 치르는 사람은 아무도 없을 것이다. "그는 한밤중에 매장되었다. 그보다 더할 수는 없는 지극한 침묵 속에서……. 아무런 소음 없이, 단 한 명의 지켜보는 이 없이, 관을 따르는 행렬도 없이" 하고 당시 관을 들었던 사람 가운데 한 명이 《우아한 세상을 위한 신문Zeitung für die elegante Welt》에 기고한 글에 썼다. "나는 저 유명한 실러처럼 정적 가운데 매장된 사람이 또 있으리라고 믿지 않는다." 심지어 성직자 한 명 참석하지 않은 장례식이었다. 당대에 묵직한 울림을 줄 정도로 치열한 인생을 살았음에도 이처럼 쓸쓸한 죽음을 맞을 수밖에 없었던 가난한 문인 실러의 처지에 느끼는 분노는 시민 계급의 갈수록 커지는 자부심의 발로이기도 했다. 재력과 권력이 뒷받침되는 사람은 묘비에 공장주나 의사 또는 교수 등 자신이 살면서 이룩한 업적을 과시했다. 또 묘비에 새기는 초상화 역시 다시금 유행을 탔다. 그리고 작별은 더욱 개인적 유대를 과시했다. "우리의 사랑하는 어머니" 또는 "우리의 선한 할아버지"나 "나의 소중한 아내"와 같은 문구가 묘비를 장식했다.

19세기 말쯤에 접어들며 죽음을 처리하는 기술이 발전을 거듭했다. 독일 최초의 화장터는 1878년 고타(Gotha)에 세워졌다. "차갑고 축축한 흙 그리고 오랜 시간이 걸리는 부패가 생각만 해도 거북하고 끔찍한 사람"은 이제 화장을 고를 수 있게 되었다고 당시 신문 《불꽃Flamme》에는 쓰여 있다. 태우고 남은 것은 이때부터 유골함에 담겨 나란히 줄을 맞춰 놓았다. 그런데 독일에는 일종의 불문율로 공동묘지에 묘를 써야만 한다는 관념이 강하기 때문에 오늘날까지도 거의 모든 사람은 매장을 택한다(얼마 전부터 브레멘은 당국에 신청을 하면 골분을 사유지에 뿌려도 좋다고 허가해준다). 화장이 특히 인기를 끈 곳은 동독이다. 구동독 시절 화장은 "드높은 품격을 자랑하는 장례 문화"로 선전되었다. 동독 정부가 이상으로 여긴 것은 "과도한 개인주의"가 없는 공동 납골당이다. 동독의 말기쯤에 이르러 거의 모든 사람은 화장을 택했다. 오늘날 독일 전국에는 약 3만 2,000개의 공동묘지가 있으며, 그 가운데 대략 1만 2,400개는 교회에서 운영한다. 대략 3억 7,700만km² 면적에 약 3,200만 개의 무덤이 있다. 무덤 하나의 평균 매장 기간은 20~30년이다. 대다수 도시는 원래 교외에 있던 공동묘지를 품을 정도로 규모가 커진 탓에 죽음을 다시 시의 일부로 받아들였다.

"나는 그곳에 자주 갔어, / 애도하려는 목적으로, / 너도 왔었지, 나도 갔어, / 서로 스쳐 지나기도 했지." 쿠르트 투콜스키는 베를린 바이센제에 있는 유대인 공동묘지를 두고 이렇게 노래했다.* 그리고 공동묘지라는 이 별세계는 도시 시민들에게 싱그러운 녹지에서 나무들 사이로 산책을 즐길 수 있는 아름다운 곳이다. 공동

---

* 쿠르트 투콜스키(Kurt Tucholsky: 1890~1935)는 바이마르공화국이 낳은 가장 걸출한 작가로 독일이 자랑하는 인물이다. 기자이자 작가로 활동하면서 나치즘과 군국주의에 맞서 치열하게 싸우며 극우주의를 경고했다. 베를린 바이센제(Berlin Weißensee)는 베를린의 구역 이름이다.

묘지는 대개 공원과 다를 바 없다. 공동묘지에는 자연 학습 탐방로와 나비 정원, 미술관과 박물관이 방문객을 맞이한다. 함부르크 올스도르프(Ohlsdorf)의 공동묘지에는 심지어 버스들이 다닌다. 예전의 교회 마당과 마찬가지로 이렇게 해서 고인은 다시 생명의 현장으로 소환된다. 새들이 지저귀는 소리를 들으며 사람들이 묘비에 적힌 이름을 읽는다. 사람들이 관심을 갖는 이름은 저마다 다르다. 사람들은 자신의 이름과 같은 이름이나, 아는 사람을 연상하게 하는 이름이나, 익살맞은 또는 유명한 이름에 관심을 갖는다. 언제 태어나서 어느 때 죽었는지 생몰 연대를 읽으며 사람들은 자신의 인생과 비교하기도 한다. 이 무덤의 주인은 할머니와 같은 해에 태어났구나. 묘비와 십자가와 물망초를, 담쟁이넝쿨과 떨기나무를 사람들은 구경한다. "이곳에서는 누구나 자신의 세상을 가지는구나, 하나의 터전을." 투콜스키가 쓴 표현이다. 심지어 어떤 사람들은, 비록 의식하지는 못하더라도, 평상시보다 공동묘지에 왔을 때 자신이 살아 있음을 더 느낀다. 그들은 여전히 살아서 무엇인가를 하고 있지만, 다른 사람들은 그렇지 않으니까. 그들은 공동묘지를 둘러보고 있다. 다른 사람들, 곧 이곳의 주민인 죽은 사람들은 그저 누워 있을 뿐이다.

그리고 오늘날 어떤 사람들은 지극히 개인적 취향에 맞는 자신의 묘를 가지기 원한다. 그래야 죽어서 자신이 살았을 때 중요하게 여겼던 것을 더 잘 표현할 수 있다고 여기기 때문이다. 그 밖에도 이들은 이웃 무덤의 주인을 직접 고르고 싶어 한다. 살아서 가깝게 지냈던 사람과 바로 옆에 눕고 싶은 것이 그 동기다. 생각이든 느낌이든 서로 가깝다고 여기는 친밀감이야말로 삶이든 죽음이든 우리 인간을 떠받들어주는 버팀목이다. 함부르크에는 에이즈로 사망한 사람들의 묘지가 1995년부터 따로 있다. 동호회 그리고 심지어 주거 공동체*의 사람들은 살아 있는 동안 죽어서도 같이 있자고 공동 무덤을 택한다. 유명 축구 클럽들은 팬들에게 그들이 팬들의 한복판에 뼈를 묻을 기회를 제공한다. 베를린에는 레즈비언을 위한 공동묘지가 2014년에 조성되었다. 자신의 뼛가루를 나무 아래 둘 수 있게 되었다며 기뻐하는 사람들도 있다. 자신이 다시 자연의 순환으로 돌아갈 수 있게 되었다는 안도감에 피어오르는 기쁨이다. 독일의 첫 번째 수목장림은 2001년 카셀에서 생겨났다. 골분을 뿌리는 초원도 요즘 대단한 인기를 누린다. 그리고 죽어서 옛 고향과 가까이 있고 싶은 사람도 많기만 하다. 선박 회사는 유골함을 러시아 해변이나 그단스크만으로 가지고 가서 동프로이센의 국가가 울려 퍼지는 가운데 바다에 뼛가루를 뿌리는 서비스 상품을 제공한다. 고향 이야기가 나왔으니 말인데, 현재 독일에는 무슬림의 첫 공동묘지가 생겨났다. 이 묘지의 특징은 무엇보다도 이슬람의 율법에 맞는 영원한 안식을 제

---

* '주거 공동체(Wohngemeinschaft, 영어 coliving)'는 가족이 아닌 사람들이 집 한 채를 같이 쓰는 주거 형태를 말한다. 몇 명이 모여서 주택을 임차해 각기 방을 따로 쓰고 거실과 주방 그리고 화장실은 공유하는 방식으로 월세를 낮출 수 있기에 인기가 높다.

공해준다는 점이다. 다시 말해서 독일 풍습처럼 몇십 년이 지났다고 무덤이 해체되지 않는다. 후손에게 무덤의 영구 존치는 큰 짐을 덜어주는 것이다. 후손이 나중에 고향으로 돌아갔을 때 무덤을 이장해야 한다는 연락을 받고 수천 킬로미터 떨어진 곳을 다시 찾아오지 않아도 되기 때문이다. 익명으로 무덤을 만드는 것도 갈수록 인기를 얻는다. 그 동기는 여러 가지다. 무엇보다도 가장 큰 호소력을 가지는 동기는 그래야 장례 비용이 줄며, 후손에게도 큰 부담을 지우지 않기 때문이다. 아마도 수백 킬로미터는 떨어진 곳에 사는 후손이 묘를 관리하려고 일일이 찾아다닐 수는 없지 않은가. 또 살아서 알던 사람들이 거의 이미 땅속에 묻혀 혈혈단신인 노인이 죽음을 맞을 때 익명을 택한다. 익명으로 치르는 장례는 75~85세 노인들에게 가장 널리 퍼진 방식이다.

누구나 자신에게 맞는 무덤, 이름 없는 무덤이든, 번쩍이는 화려한 무덤이든 또는 바다와 같이 축축한 곳이든 선택할 수 있어야만 한다. "오늘날 무덤은 그저 쉬는 곳이 더는 아니며, 자신의 취향과 개성을 마음껏 드러내는 장소다." 신학자 라이너 죄리스는 자신의 책 『마지막 인사Der letzte Gruß』에서 이렇게 썼다. 오늘날 갈수록 더 많은 사람들이 자신의 장례를 계획하는 것은 이렇게 볼 때 놀라운 일이 아니다. 사람들은 장의사를 취향에 맞게 선택한다. 요즘 부쩍 장의사가 늘어난 이유가 달리 있는 게 아니다. 아마도 바로 그래서 사람들은 심지어 '나의 마지막 길'이나 '해피엔드'라는 상표를 내건 장의업체 견본 시장을 찾아다니는 모양이다. 사람들은 무덤에서 연주되어야 할 음악을 고르기도 한다. 「아베마리아」와 「타임 투 세이 굿바이Time to say goodbye」 외에 요즘에는 오스트리아 가수 안드레아스 가발리어Andreas Gabalier의 「언젠가 우리 다시 만나겠지Amoi seg' ma uns wieder」와 독일 밴드 '운하일리히(Unheilig, 신성하지 않음)'가 부른 「당신의 예전 모습 그대로So wie du warst」가 특히 인기를 끄는 곡이다. 유골함도 "취미, 스포츠, 직업이나 고향과 관련한 모티브로 꾸민 것"을 생시에 택하는 사람이 늘어나는 추세다. 이 인용 문구는 독일 장의사 연맹이 내건 광고 문안이다. 최근 장의업계는 묘비에 바코드나 QR 코드를 새긴다. 이 코드는 인터넷의 추모 페이지와 이어주는 링크다. 이 페이지는 고인이 생전에 마지막 인사로 자신의 이야기를 들려주는 내용을 담았다. 이런 동영상은 'abschiedskamera.de(작별 카메라)'의 도움을 받아 제작할 수 있다. 해당 업체는 동영상이 "작별의 폭과 깊이를 더해준다"고 광고한다.

물론 모든 사람이 이런 선택을 하는 것은 아니다. 독일 의료보험이 2004년 장례비 지급을 중단한 뒤부터 이른바 '사회 지원 장례'의 횟수는 급감했다. '사회 지원 장례'란 복지를 담당하는 관청에서 장례비를 전액 지원하거나 일부 보조해주는 것을 말한다. 고객이 비용에 부담을 느끼자 장례업체들은 여러 서비스를 줄이고 비용을 할인하는 장례를 제공한다. 이렇게 해서 '일반적 장례' 역시 할인된 가격에 거래된다. 이제 관은 주로 동유럽 제품을 쓴다. 묘비 세 개 가운데 하나는 인도의 채석장에서 생산된 것이다. 그

동안 독일 몇몇 주는 아동 노동으로 채취되는 석재의 사용을 금지하는 법안을 준비하고 있다. "사회의 빈부 격차는 공동묘지에서도 확연하게 드러난다. 새로운 엘리트 계층의 가족묘는 19세기의 영묘 못지않은 웅장함을 과시한다. 부유층이 무덤을 만드는 데 쓰는 비용은 이미 수백만 유로를 훌쩍 넘어섰다." 라이너 죄리스가 쓴 글이다.

장례식으로 시작하는 영화의 마지막 장면은 언제나 장례식이 벌어질 때까지 무슨 일이 벌어졌던 것인지 명확히 밝힌다. 영화 스토리에 중요한 게 무엇이고, 그렇지 않은 것은 무엇인지 분명해지는 대목이 영화의 끝이다. 살해당한 사람은 누구이며, 왜 살해당해야만 했는지, 누가 무슨 병을 앓았는지 하는 많은 의문이 답을 얻는다. 이런 답들이 영화를 이루는 핵심 요소다. 비가 퍼붓는 가운데 우산을 쓰고 무덤을 바라보는 사람은 죽은 자가 다른 사람들을 선량하게 다루었는지 아닌지 답을 안다. 너무 일찍 간 것은 아닌지, 또는 너무 늦게 가서 사람들의 애를 태운 것은 아닌지 하는 답도. 고인이 자신의 시간을 만끽했는지, 아니면 지루한 시간의 늪에 빠졌는지 하는 물음의 답도 마찬가지다. "묘비는 저마다 그 아래 세계사를 묻었다." 하인리히 하이네Heinrich Heine가 쓴 글이다. 우리 모두가 무덤 앞에 모여 고인의 명복을 빌어준다 할지라도, 세계사는 끝나지 않는다. 끝나는 것은 역사의 한 부분, 곧 고인과 관련한 역사의 한 부분일 따름이다.

살아남은 자들이 슬픔을 달래가며 명복을 빌어준다고 해서 세계사는 끝나지 않기 때문이다. 엔딩 크레디트가 올라가고 모두 이미 영화관을 나가 눈물을 닦은 얼굴로 자동차에 올라타 아무도 더는 화면을 보지 않아야 비로소 세계사는 본격적인 막을 올린다. 한 인간이 세상을 등졌을 때 무엇이 그에게서 남는지 하는 물음의 답은 무덤에서 찾아지는 게 아니다. 그 답은 오로지 우리 살아남은 자들의 손에 달렸다. 지금부터 앞으로도 영원히 역사는 먼저 간 사람의 뒤를 이어 살아남은 자들의 손으로 쓰이리라.

　인간은 대개 죽은 뒤에 피곤한 다리를 뻗을 자리만 바랄 뿐 그 이상을 원하지는 않는다. 그리고 누군가 친절한 사람이 이따금 찾아와 무덤 앞의 꽃에 물을 준다면 더 바랄 나위가 없다. "가슴에 묻어두고 잊지 않을 거예요." 묘비에 흔히 새겨진 글이다. 정말 누군가 찾아와 목말라하는 꽃에게 물을 줄까? 살아 기울였던 모든 노력은 바로 이 물음의 답을 얻기 위한 것이었거늘.

[유저 네임] 너를 생각하다

메모리로 만들다: '마인크래프트'의 거대한 아바타와

금고 속의 패스워드와 전 세계적인 침묵 폭풍,

디지털 이후와 페이스북의 카드 시신

저기 우두커니 서 있다, 모니터가. 그 앞에 놓인 자판도 어째 쓸쓸하게만 보인다. 그는 이 컴퓨터 앞에 앉아 사진 작업을 자주 했다. 저 컴퓨터 앞에는 그녀가 앉아 친구들과 채팅하는 걸 좋아했다. 지금 자리는 주인을 잃었다. 그와 그녀는 죽었기 때문이다. 모니터는 오랫동안 검은색인 채로 있었다. 그렇지만 지금 모니터에서는 텍스트 상자가 입력을 기다린다. '패스워드.' 문제는 오로지 '패스워드'가 뭐냐는 것이다. 123456? 처녀 때 성씨? 생년월일? 잘못 입력했음, 3회 오류 시 차단, 2회, 드디어 단 한 번의 기회. 차라리 모든 걸 다시금 차분하게 살피자. 서류철, 스피커 상자에 붙은 쪽지. 책장 벽에 붙은 포스트잇. 아무것도 없다. 컴퓨터는 관처럼 닫혀 있다. 고인은 자신의 디지털 유산을 잔뜩 쟁여놓고, 비상 열쇠마저 남기지 않았다.

사람들은 갈수록 더 난처한 지경에 빠진다. 지인이나 친척 또는 심지어 배우자가 사망했는데 고인의 굳게 닫힌 컴퓨터, 하드 디스크, 휴대폰은 한사코 접근을 거부한다. 패스워드가 두 눈 부릅뜨고 가로막기 때문이다. 코드와 핀(PIN)은 절대 속내를 드러내지 않는다. 메일과 메신저 채팅 그리고 페이스북 단신은 이제 손에 잡히는 거리에 있으면서도 절대 잡히지 않을 정도로 멀다. 이것들은 디스플레이 뒤에 저장되어 있다. 함께 갔던 여행의 사진들, 아기 시절 자녀를 찍은 동영상, 아마도 심지어 유서의 초안까지. "우리에게 중요한 것은 더는 구두 상자나 서랍 안에 보관되지 않는다. 그것은 클라우드나 패스워드로 보호되는 장비 안에 저장된다. 소중히 여겨 고이고이 간직해둔 것은 역설적이게도 오로지 죽은 사람만이 접근할 수 있다." 코펜하겐 정보통신 대학교의 아스트리드 보그스테인Astrid Waagstein은 이렇게 말한다. 그리고 소중한 기억만이 우리에게 차단되는 것은 아니다. 혹시 고인이 생시에 중요한 계약을 체결해두었는데, 해지 통보를 하지 않는 한, 이 계약이 영원한 효력을 가지는 건 아닌지 누가 알랴? 또는 막대한 인세가 발생해 지불 요청만 기다리는 것은 아닐까? 중요한 사업 제안이 답변을 기다리면 어쩌지?

컴퓨터를 쓰고 인터넷을 누비며 사람들과 소통하면서 우리는 매일 데이터를 차곡차곡 쌓는다. 그럼에도 우리가 더는 이 세상 사람이 아니라면, 이 데이터로 무슨 일이 일어나는지 의문을 품는 사람은 거의 없다. 비밀번호와 같은 접근 코드를 안전한 장소, 이를테면 금고나 공증인에게 보관해두는 사람도 거의 없다. 최근에는 이런 디지털 흔적을 관리해주는 서비스가 생겨났다. 이 서비스는 구독과 회원 가입을 해지하며, 메일함을 열어 중요한 정보를 관리해주며 백업을 해주기도 한다. 그렇지만 생시에 미리 대비해두는 자세가 훨씬 더 현명하리라. 'machts-gut.de(잘하자)'나 'digital-danach.de(저승 디지털)' 같은 사이트는 이런 대비의 요령과 체크리스트와 셀프 테스트를 제공해 디지털 과거의 관리를 돕는다. 이를테면 모든 계정의 유저 네임과 비밀번호를 정리해둔 목록을 남겨놓는다면 본인이 세상을 떠났다 할지라도 가족은 큰 짐을 덜 수 있다. 그 한 가지 방법은 패스워드로 잠근 USB에 필요한 정보를 저장해두고 이것을 안전한 장소에 보관하는 것이다. 그 패스워드는 유서에 기록해둔다. 가장 좋은 방법은 신뢰하는 인물을 선정해 그에게 '디지털 전권'을 위임해서 사후를 대비하는 것이다. 그리고 우리가 죽은 뒤에 아무도 보아서는 안 될 데이터를 어찌하면 좋을지 미리 생각해두는 것도 필요하다. 창피해서 감추고 싶거나, 무덤 속까지 가져가고 싶은 비밀은 누구나 있지 않은가. 그런 데이터는 예를 들어 하드 디스크의 디지털 금고 속에 두는 것이 안전하다.

가까우면서도 한없이 멀기만 한 데이터가 있다. 우리가 접근할 수 없는 서버에 있는 데이터가 그렇다. 우리가 인터넷에 남겨놓는 모든 조각들은 대체 어떻게 될까? 그 모든 짤막한 글과 사진과 댓글과 메시지, 링크와 '좋아요'는 내가 죽은 뒤 어디로 갈까? 세상을 떠나는 순간 디지털 세상의 '나'는 얼어붙는다. 네트워크에 우리의 흔적은 더는 기록되지 않는다. 네트워크를 생활의 주 무대로 삼은 사람일수록 그만큼 그의 흔적은 더 많이 남는다. 우리가 첫 키스를 하기 전에 서로 주고받았던 메시지, 크레타섬에서 휴대폰 카메라로 찍어 어지럽게 흔들리는 동영상, 75회 생신을 맞은 아버지 사진, 부부 문제로 친구들에게 조언을 구하느라 나누었던 채팅 기록 등, 아무튼 참으로 많은 흔적이 남는다. 와츠앱에서 오간 문자를 보니 우리가 서로 싸워 말도 하지 않으면서 딸을 통해 서로 마음을 떠보곤 했구나. 직장 동료들과 찍은 셀피를 보니 내가 그렇게 촌스러웠구나. 아무튼 이런 식으로 남은 우리 일상의 수많은 파편은 네트워크의 어딘가에 있는 서버에 고스란히 보존된다. 특히 페이스북 같은 이른바 소셜 네트워크는 우리의 생각과 느낌과 생활을 섬세하게 묘사한 그림을 그야말로 집어삼키듯 저장해둔다. 선택되고 중요도에 따라 배치되고 아마도 약간 멋들어지게 꾸며지겠지만, 그 속에서 우리의 모습이 드러난다.

약 10년 전 페이스북은 네트워크에서 가상의 추모가 어떤 형태로 이루어져야 하는지 정한 규칙을 다듬어냈다. 많은 다른 기업, 이를테면 트위터, 구글, 드롭박스는 서둘러 이런 추세를 따른다. 이 규정이 마련된 뒤부터 친구 혹은 가족은 고인의 프로필을 이른바 '추모 상태'로 전환해달라고 신청할 수 있다. 물론 이에 필요한 것은 고인이 죽었다는 증명, 이를테면 사망 증명서다. 이 신청이 접수되면 고인의 프로필 이름 옆에 '추모 중'이라는 문구가 첨가된다. 자신의 페이스북 페이지가 사후에 어떻게 처리될지 이제 우리는 생시에 결정한다. 우리는 프로필을 지워달라거나, 특정인을 지목해 계정을 관리하게 할 수도 있다. "추모 상태의 계정은 친구들과 가족에게 함께 고인의 명복을 빌며 서로 추억을 나눌 기회를 제공한다"고 페이스북 측은 설명한다. 프로필을 지우지 말라고 하면, 계정은 우리가 살아서 꾸민 그대로 계속 유지된다. 마치 부모가 아무것도 바꾸지 않고 고스란히 간직해두었던 아들 방처럼. 계정 관리자조차 친구를 '삭제'할 수 없으며, 고인이 생시에 받았던 문자를 읽을 수도 없다. 우리가 몇 가지 비밀을 끝내 무덤 속으로 가져갈 수 있는지 하는 물음은 독일 연방대법원이 내린 판결, 곧 유산 상속자는 고인의 문자 메시지를 읽어도 좋다는 판결이 현실에서 얼마나 적용될까 하는 물음을 지켜보아야만 답을 얻는다.

죽음 이후 네트워크에서 정말 모든 흔적이 사라졌는지 우리는 확인할 수 없다. 엄청난 수고와 비용을 들여도 확인은 불가능에 가깝다. 온라인에는 항상 우리의 무엇인가가 남게 마련이다. 댓글, 다른 서버에 방문한 흔적, 채팅 프로토콜, 구글 메일 아카이브를 일일이 지운다는 것도 말이 안 되지만, 특히 다른 사람들이 우리와 관련해 올린 글이나 사진 따위의 데이터는 전혀 지울 수가 없다. 오늘날 죽었다고 해도 완전히 사라지는 일은 절대 있을 수 없다. 오히려 정반대로 갈수록 더 많은 데이터가 쌓이기만 한다. 페이스북을 보라. 가까운 미래, 어떤 이는 2065년을, 또 다른 이는 2098년을 이야기하는데, 아무튼 미래의 어떤 시점에 이르면 페이스북에는 산 사람보다 죽은 사람의 프로필이 더 많아진다. 그때 가서도 여전히 존재한다면 페이스북은 원하지 않았음에도 인류 역사상 최대의 가상 공동묘지가 된다.

사상 최대 규모의 조문객은 이미 오늘날 온라인상에서 모임을 가진다. 어떤 친구가 이 세상과 작별을 고했다는 사실이 널리 알려지면, 깨진 심장과 가상의 눈물을 나타내는 이모지와 시들어가는 디지털 장미로 무장한 조문객 행렬은 첫 순간부터 몇 날 며칠을 두고 끊일 줄 모르고 이어진다. 이른바 '립스톰(RIPstorm)', 영어의 '평화롭게 잠들다(RIP, Rest in Peace)'와 '대중의 폭풍과도 같은 저항(shitstorm)'을 조합한 신조어 '립스톰'이 고인의 계정을 그야말로 휩쓸고 지나간다. 이 폭풍 조문은 몇몇 유명 인사의 사망 때부터 나타나기 시작했다(#RIPNelsonMandela, #RIPRobinWilliams). 이 폭풍이 남긴 먼지구름이 가라앉으면 그 어느 때보다도 선명한 윤곽이 드러난다. 인터넷은 사람들이 서로 발견하며 만나는 장소일 뿐만 아니라, 서로 작별을 나누는 장소이기도 하다. 예전에 흔히 쓰던 표현 그대로 '전 세계적인 애도'를 표하고자, 또는 가슴속 깊숙이 담아둔 슬픔을 보여주고자 사람들이 모여드는 공간이 인터넷이다. 하지만 이때부터 네트워크는 상대가 죽었음에도 말을 거는 장소가 되기도 했다. "정말 네가 그리울 거야"라거나 "당신이 어디에 있든 간에 좋은 일만 있기 바라요, 형제의 심장으로" 하고 기일에 고인의 홈페이지를 찾아와 남기는 글은 고인과의 대화가 얼마나 애틋할 수 있는지 잘 보여준다.

"우리가 사랑하는 사람들은 사라지지 않는다. 이들은 눈으로 볼 수 없고 귀로 듣지 못하지만 매일 우리 곁에서 사랑을 받으며 그리움의 대상이 된다." 페이스북의 창업자 마크 저커버그Mark Zuckerberg는 2015년 당시 가장 연로한 페이스북 회원이었던 엘레오노레 카스트너Eleonore Kastner라는 이름의 독일 할머니가 향년 105세로 사망했을 때 부고에서 이렇게 썼다(그리고 카스트너 할머니의 프로필은 오늘날 추모 상태로 전환되어 누구나 볼 수 있다). 그의 말이 옳았다. 고인은 타계한 뒤에도 소셜 네트워크에서 우리를 향해 미소를 짓는다. 고인은 이승도 저승도 아닌 중간 세계에 산다. 현실 세계에서 그는 죽었지만, 가상 세계에서는 불멸의 영생을 누린다. 우리 살아 있는 사람들은 이 '중간 세계'를 거의 의식하지 못한다. 의식한다면 우리는 온라인이 죽은 자와 산 자 사이의 경계를 얼마나 흐리게 만드는지 많은 이야기를 나누리라. 우리에게 본래 중요한 것은 이 경계이기 때문이다. 인간은 결국 두 가지 중 하나여야만 한다. 살아 있거나 죽었거나. 그리고 죽은 자는 침묵해야만 마땅하지 않은가. 스타트업체인 '라이브스온(LivesOn)'에서는 우리가 죽은 뒤에 우리의 트위터를 대신 관리해주겠다고 고객을 유혹한다(그 광고문은 "당신의 심장이 뛰기를 멈추었을 때도 계속 트위터를 할 수 있습니다"이다). 그러나 이런 창업 시도는 수포로 돌아가고 말았다. 아직은 이승과 피안의 경계가 분명하기 때문이다. 아직은 고인이 유령 작가를 필요로 하지 않는다. 온라인이 죽음과 삶의 경계를 뒤흔들려 해도 아직 그 경계는 굳건하다. 고인이 페이스북에서 맡는 일은 "소셜 네트워크의 진열장에 '메멘토 모리'로 서 있는 것"일 따름이다. 미국의 미디어학자 제드 브루베이커Jed Brubaker의 진단이다. '추모 페이지'에 올리는 모든 댓글은 우리 살아 있는 사람들로 하여금, 물론 아마도 분명하게 의식하지는 못한다 할지라도, 나 자신도 허망하게 사라질 존재라는 점을 새기게 만들 뿐이다.

온라인에는 무수한 형태의 추모와 슬픔이 있다. 이를테면 위키피디아(Wikipedia)와 윅셔너리(Wiktionary)는 저마다 추모 페이지를 개설해두었다. 두 사이트의 이런 노력은 충분히 수긍이 가는 것이다. 이 디지털 백과사전과 온라인 단어 사전은 이용자들이 올리는 글로 그 생명력을 유지한다. 그러므로 기여도가 큰 이용자가 세상을 떠났을 때 추모하는 것이야 당연한 일이다. 예를 들어 독일의 마티아스 베겔Matthias Wegel은 2015년 4월 당시 21세라는 젊은 나이로 안타깝게도 사망했다. 105세 생일을 이틀 앞두고 2018년 4월에 세상을 떠난 카를 라베르Karl Rawer를 추모하는 페이지에도 많은 댓글이 달렸다. 많은 사람들은 베겔과 라베르를 오로지 그 유저 네임인 '크론프Kronf'와 '크마라베르Kmarawer'로만 알았음에도 그 온라인 추모 페이지를 애도의 댓글로 채웠으며,

촛불 사진을 차례로 업로드했다. "당신의 업적은 남을 겁니다! 당신은 우리의 심장에 남았습니다." "당신은 이곳에서 그 왕성한 활동으로 진정 기념비를 세웠습니다." "친애하는 카를, 우리 곁에 당신처럼 위대한 인물이 있었다는 게 너무나 자랑스러워요. 평안히 쉬소서." "저세상에서는 좋은 일만 있으시길. 존경합니다." 살아 있는 사람들은 이렇게 마지막 예를 갖추었다. 그들은 슬픔에 젖었다. 그들은 사무치게 그리워한다. 인터넷은 추모하기에 아주 좋은 장소다. 지극히 개인적인 슬픔을 표현하기에도 알맞은 곳이 인터넷이다. 심지어 가상 세계, 이를테면 '세컨드 라이프(Second Life)'와 '파이널 판타지(Final Fantasy)', '월드 오브 워크래프트(World of Warcraft)' 또는 '마인크래프트(Minecraft)'와 같은 가상 세계에는 개인의 사적인 추모 장소도 있다. 그곳에서 어떤 게이머는 암으로 사망한 여자 친구 파울리네Pauline를 위한 감동적인 기념비를 세웠다. 그것은 그녀가 쓰던 아바타를 그대로 본뜬 거대한 건물이다. 고인과 오래도록 관계를 유지했으면 하는 해묵은 갈망은 오늘날에도 여전히 뜨거워서 항상 새로운 궤도를 열어나간다. 예를 들어 어떤 인터넷 유저는 안타깝게 사고로 세상을 떠난 그의 형제 테일러Taylor가 이른바 롤플레잉 게임 '엘더 스크롤: 스카이림(The Elder Scrolls: Skyrim)'에서 마지막으로 즐긴 게임 장면을 시간이 날 때마다 살핀다는 이야기를 들려주었다. 그는 형이 세상을 떠나기 전 마지막으로 무엇을 보았는지 간절히 알고 싶어서 그런다고 말했다. 그는 게임을 하지는 않는다. 그저 지켜보기만 한다. 그것만으로도 그는 형과 가깝게 있다는 것을 느끼기에 충분하단다.

전 세계를 망라하는 네트워크에서 앞으로 고인을 어떻게 추모하게 될까 하는 물음의 답은 아직도 완전히 찾아지지 않았다. 독일에서 조문객 정보를 다루는 최대의 데이터 뱅크는 분명 'trauer. de(슬픔)'이다. 이 사이트는 수많은 신문에 실린 부고를 수집한다. 지금껏 저장된 부고는 대략 150만 건이다. 이 사이트는 독일에서 고인의 이름을 검색해볼 수 있는 유일한 곳이다. 네트워크상에 만들어진 공동묘지 사이트도 'infrieden.de(평화 안에서)', 'gedenkseiten.de(추모 페이지)' 또는 'strassederbesten.de(최고의 거리)' 등으로 다양하게 개설되었다. 이런 사이트에서 사람들은 텍스트와 사진과 음악으로 고인을 추모한다. 친구, 친척은 물론이고 서로 알지 못하는 사람들까지 모여 함께 슬퍼한다. 이런 슬픔에서 디지털 소멸은 없다. 그 어떤 데이터도 사라지지 않는다. 디지털 세상은 그야말로 약속의 땅이다. 전류가 흐르는 한 너는 영생을 누린다. 누군가 이름을 불러주는 한 죽은 사람은 잊히지 않는 고대 이집트처럼 말이다. 그렇지만 온라인 공동묘지는 고객의 호응 부족으로 이미 문을 닫았다. 온라인 공동묘지는 네트워크에서 차례로 사라진다. 약속은 지켜질 수 없다.

분명한 점은 우리가 21세기에 맞는 방식으로 고인을 추모할 방법을 어떻게든 찾아내리라는 것이다. 아마도 그리 머지않은 미래에 우리는 죽고 난 뒤 생시와 똑같은 모습의 아바타를 만들어낼 정도로 충분한 데이터를 저장하려 노력하리라. 그렇다면 인생은 중세와 마찬가지로 저승을 준비하는 자세, 물론 중세보다 한층 더 진일보한 자세에 충실하게 된다.

아직 기술은 사랑했던 사람을 아바타로 만들 수 있을 정도로 무르익지 못했다. 하지만 이미 이런 기술적 시도는 꾸준히 이어지고 있다. 우리는 이런 시도를 하는 사람들로부터 적지 않은 배움을 얻는다. 그 좋은 예를 보여준 사람은 미국 저널리스트 제임스 블라호스James Vlahos다. 그는 아버지 존John이 불과 몇 달만 살수 있다는 의사의 말을 듣고는 아버지의 아바타를 만들기로 결심했다. 아버지를 조금이라도 더 남기고 싶다는 심정으로. 부자는 서로 마주 앉아 오랜 시간 동안 이야기를 나누었다. 아버지는 아들에게 자신이 어떤 인생을 살아왔는지 남김없이 이야기해주었다. 아들은 아버지가 하는 말을 녹음했다. 그런 다음 블라호스는 아버지의 음성을 인공 지능으로 변환해 자신의 스마트폰에 앱으로 심었다. 말 그대로 '대드봇(Dadbot)'이 출현했다. 오늘날 블라호스는 작고한 아버지와 항상 함께 다닌다. 그는 아버지의 목소리를 듣고, 채팅도 한다. 물론 블라호스는 아버지가 말하는 문장이 아버지 자신이 직접 고른 것이 아니라, 소프트웨어가 합성한 것이라는 점을 잘 안다. 블라호스는 인공 지능에게 9만 1,970개의 단어들을 가르쳤다. 대드봇은 이 단어들을 조합해 문장을 만든다.

"대드봇을 살짝 터치만 해도 아버지와 대화할 수 있어 위로가 됩니다." 그 밖에도 아들은 대드봇과 이야기하면서부터 무언가 중요한 것을 배웠다. 시간이 흐르며 아버지의 기억들을 잃지 않게 지키는 것은 중요한 게 아니라는 생각이 들었다고 그는 말한다. 진짜 중요한 것은 아버지와 대화를 나누며 누리는 따뜻한 시간이다. 이 따뜻한 시간은 남으리라. "아버지를 잃었음에도 오히려 나는 아버지와 정말 가까워졌다는 생각이 듭니다." 제임스 블라호스는 말한다.

여담:
아무것도 사라지지 않는다면 무엇이 남을까?

"다음 날부터 아무도 죽지 않았다." 이 문장으로 조제 사라마구의 소설『죽음의 중지』는 시작한다.• 나라 전체에서 죽음이 사라졌다. 갑자기 모두 살아남았다. '괴팍한 노인'과 죽을병을 앓던 환자와 범죄에 희생되어 사라졌을 사람까지 아무튼 모두 살아남았다. 불멸의 영생은 죄인과 성직자, 빈자와 부자 사이에 아무런 차이를 만들지 않았다. 이제 무슨 일이 벌어질까? 이런 상황이 모두에게 다 좋은 것은 아니라는 점은 쉽게 짐작이 가고도 남는다.

흥미로운 물음은 이렇다. 누구도 더는 죽지 않는다면 이 세상은 어떻게 될까? 그리고 더 나아가 매 순간 수십억 명의 사람이 태어

• 조제 사라마구(José Saramago: 1922~2010)는 포르투갈의 작가로 1998년에 노벨 문학상을 수상한 인물이다.『죽음의 중지As intermitências da morte』는 2005년에 발표한 작품으로 국내에 번역되어 있다.

남에도 아무도 죽지 않는 세계는 어떤 모습일까? 심지어 아무것도 사라지지 않는 지구는 어떻게 될까? 아무튼 상당히 비좁아질 것은 분명하다. 그리고 아무래도 사람들은 쓰레기 산 위를 헤매고 다니리라. 또는 아예 '쓰레기'라는 단어를 우리는 전혀 모를 수 있다. 누구도 뭔가 내다 버리지 않을 테니까. 사람들은 일회용을 써서 쓰레기를 만들지 않고 중세처럼 저마다 자신이 쓰던 숟가락을 자녀에게 물려주는 통에 숟가락은 우리 인간보다 훨씬 더 많은 나이를 자랑하리라.

이런 흥미로운 물음의 배후에는 실존적 물음이 숨어 있다. 우리의 죽음에는 대체 어떤 의미가 있을까? 아니 더 정확히 묻자면, 21세기 초인 오늘날 우리는 죽음에 어떤 의미를 부여해야 할까? 그리고 이 물음에 미국인 또는 이집트인 또는 아르메니아인 또는 아프가니스탄인은 어떤 답을 내놓을까? 달리 접근해볼 수도 있다. 아무런 의미가 없는 죽음은 무엇일까? 아무것도 썩지 않고, 닳거나 낡지도 않는다면 생겨나는 모든 것은 대체 어떻게 될까? 그 결과는 아마도 정체이리라. 새로운 것을 만들어내거나 기존의 것을 개선하려는 열망이 사라지기 때문이다. 또 젊은이가 새로운 아이디어로 부모와 조부모 세대의 고정 관념에 맞설 기회도 사라진다. 오늘날 늙은 세대의 세계관은 계속 검증되며 경우에 따라서는 새로운 관점으로 대체된다. 죽음은 삶을 움직이는 원동력이기 때문이다. 아무래도 우리의 정신적 발달은 끔찍할 정도로 정체되지 않을까? 그럼에도 여름을 맞을 때마다 바지 길이가 달라지는 등 변화가 있을까?

인간으로 살아가는 일은 어느 날 죽을 수밖에 없다는 앎이 없이는 생각될 수 없다. 예술과 문화의 최고 걸작은 죽음에 대한 공포로부터 생겨났다. 또는 이 공포를 이기고야 말겠다는 과대망상으로. 우리가 오늘날 관람하는 돌로 된 고대 유적은 인류가 영원을 얼마나 갈망했는지 보여주는 표시다. 이미 기원전 3세기경 중국의 초대 황제인 진시황은 불로장생의 비결을 찾으라며 수천 명의 탐사대를 파견했다. 이들 중 단 한 명도 다시 돌아오지 못했다. 영원한 생명을 얻고자 진시황은 막대한 돈을 썼다. 그 결과는 심각한 중독에 걸려 비참한 죽음을 맞이했다. 죽음을 이겨내려면 수은을 마셔야 한다는 꾐에 빠졌기 때문이다. 죽지 않은 것은 오로지 그의 이름일 뿐이다. 오늘날까지도 진시황의 이름은 책과 영화를 통해 회자된다. 아무튼 무엇인가는 남았다. 진시황이 이 사실을 알았다면 그는 행복해할까?

조제 사라마구의 소설에서 죽음이 사라진 탓에 큰 시련을 겪는 쪽은 교회다. 그리스도의 죽음 자체가 없어진 탓에 부활도 있을 수 없어 결국 교회는 존립의 이유를 잃는다. 그런 다음 "잔혹한 방식으로 원자재를 탈취당한" 장례업체에서는 정부에 "자연적인 또는 원인 미상의 죽음을 맞은 반려동물의 의무적인 장례나 화장"을 도입해 손실을 보상해달라고 요구한다. 그리고 결국 보험사도 갑자기 생명 보험의 계약 해지를 요구하는 모든 고객 때문에 골치를 앓는다. 보험사는 교묘하게도 80세를 "의무적인 사망 연령"이라는 규정을 정해 "물론 광의적 해석"이라는 단서를 붙여 이 연령까지는 보험료를 계속 징수할 방법을 찾아낸다.

마치 영원의 알약을 먹은 것처럼 내일부터 아무도 죽지 않는다면 어떻게 될까? 영원한 노인과 매우 잠깐 젊은이 사이의 관계는 어떻게 될까? 또는 수명 연장의 수단이 매우 비싸거나 희귀하다면 어떤 일이 벌어질까? "재는 모두를 평등하게 만든다." 철학자 세네카가 한 말이다. 그럼 재라는 이 위대한 평등주의자가 사라진다면 무슨 일이 벌어질까? "영원한 생명이 사회의 일부에게만 허용된다면, 사회적·정치적·경제적으로 심각한 결과가 초래될 수밖에 없다." 기술과 미디어 문제를 다루는 오스트리아 철학자 야니나 로Janina Loh의 진단이다. "누구에게, 그리고 어떤 조건에서 영원한 생명을 줄 것인가 하는 물음이 자연스레 고개를 드는 것을 피할 수 없기 때문이다." 누가 영생의 알약을 얻을까? 값을 지불할 능력을 가진 슈퍼 부자? 충분한 시간이 있다면 세상의 모든 병을 치유할 수 있는 탁월한 의학자? 젊은이? 노인? 도대체 누가 궁극적으로 영생을 누려야 마땅할까?

인간의 생명이 언제 시작되는 것으로 보아야 하는지 치열한 논란이 빚어졌던 것을 떠올리는 사람은 누가 영생을 얻어야 할지 하는 논의가 몰고 올 충격의 정도를 충분히 가늠하고도 남으리라. 물음은 꼬리에 꼬리를 문다. 세상에 불사의 생명을 더해주려 계속

번식해야 할까? 자식을 낳을지 말지 누가 정하며, 통제는 누가 할까? 또 이내 다음과 같은 물음이 따라붙는다. 누구도 자연적 죽음을 맞지 않는다면, 남의 손에 죽는 게 아닐까 하는 우리의 두려움은 광적일 정도로 증폭되지 않을까? 남의 손에 죽는 게 두려운 나머지 우리는 차례로 지붕 위로 올라가 몸을 던져야 할까?

또 새롭게 얻은 시간으로 무엇을 할까 하는 측면도 흥미롭다. 물론 우리는 계속 배우며 일하러 가며 돈을 벌고 일 년에 한 번 휴가 여행을 갈 수 있다. 하지만 혹시 우리는 500살 먹도록 여전히 부모와 함께 살아야 하는 것은 아닐까? 어떤 이들은 무한한 창의력을 뿜내는 반면, 다른 사람들은 시간을 그냥저냥 흘려보내는 것은 아닐까?

야니나 로는 또 하나의 추상적인 측면을 안다. "끝을 더는 알지 못한다면 우리는 아마 처음도 잃어버리리라." 서로 대립을 이루는 것은 필연적으로 맞물린다. 한쪽이 사라지면 우리는 다른 쪽도 잃는다. "밤이 사라진다면 우리는 낮이라는 개념도 필요 없게 된다." 로의 말이다. 여름이 사라진다면, 겨울도 사라지게 된다. 죽음이 사라진다면, 지구상의 우리 시간이 제한되어 있다는 우리 안의 앎도 사라지고 만다. 그럼 우리 인생은 이미 아는 것의 끝없는 되풀이가 되어버릴 뿐이다. 어차피 반복될 거 뭘 굳이 새롭게 시작할까? 언젠가는 와르르 무너질 텐데 왜 힘들여 무엇을 지어야 하나? 사랑은 영원하지 않으며 결국 아픔만이 나를 기다리고 있다는 사실을 벌써 몇 번이나 경험한 마당에 왜 또 나는 사랑에 빠져야 하나? 지루함으로부터 도망가려고 인간은 참으로 엉뚱한 일을 꾸미기를 서슴지 않았다. 영원히 산다면 또 무슨 짓을 꾸며 댈지 짐작조차 쉽지 않다. '불멸의 미래'를 살며 우리는 죽음이 아쉬워 눈물을 흘리지 않을까? 사라마구가 썼듯 저 좋은 옛 사신, "언제나 눈물 자국을 뒤에 남겨놓지만 자신은 결코 눈물을 흘리는 일이 없는" 사신이 그리워서?

불멸의 영생이 찾아올 경우 그 발걸음은 사뿐사뿐해서 눈치채기도 힘들 모양이다. 거대 기술 기업은 은밀히 영원의 연구에 매진하기 때문이다. 최초로 성공하는 쪽은 어마어마한 부자가 될 게 틀림없다. 이를테면 러시아의 억만장자 드미트리 이츠코프 Dmitry Itskov의 프로젝트 '2045 계획(2045 Initiative)'은 우리 인간의 의식을 로봇에 심어주려 한다. 다른 기업은 우리의 두뇌를 복사해 클라우드에 띄워둘 야심을 품었다. 구글에서 영원을 책임지는 자회사 이름은 '칼리코(Calico, California Life Company)'로 그 책임자는 회사의 목표가 무엇인지 암시만 흘린다. "2029년이면 의학 기술이 기대 수명을 매년 한 해씩 더 늘려줄 수준에 이를 것으로 보입니다." 구글의 미래 책임자 레이 커즈와일 Ray Kurzweil 이 한 말이다. 그때 가면 제임스 베드퍼드 James Bedford 가 해동될 수도 있다. 이 영국인은 1967년 자신을 냉동시킨 최초의 인간이다. 그는 자신이 걸린 암이 치유될 수준으로 의학 기술이 발달할 때까지 냉동된 채 기다리기로 했다. 현재 냉동 보존된 사람은 수백 명에 달한다. 수천 명은 자신의 유서에 냉동시켜달라는 유지를 담았다.

우리가 언젠가 저 아이슬란드 조개, 일명 비너스 백합조개처럼 500년이라는 생명을 누릴 수 있게 된다면, 이 500년 동안 늘 같은 물음 앞에서 곤혹스럽지 않을까. '더 많은 시간'이 정말 항상 더 좋을까? '더 많은 시간'이 항상 더 아름다운 시간일까? 아마도 우리는 차디찬 깨달음에 사로잡히리라. 무한함에서 위로 따위란 없다. 그저 세상에서 사라지는 것은 아무것도 없다는 생각, 모든 것이 영원히 순환한다는 생각이 냉기를 버티게 해줄 뿐이다. 모든 것에서는 언제나 새로운 것이 태어난다. 영원히 순환하면서 새로운 것이 태어난다는 진리는 우리가 죽어 땅속에 묻혀 올려다보는 무의 뿌리가 일깨워주는 깨달음이다.* 무는 똑같은 것 같지만 저마다 다르기 때문이다. 모든 것은 모든 것과 맞물려 있다. 그것도 시간을 뛰어넘어. 우리는 고대의 인간이 마셨던 것과 똑같은 공기를 마신다. 수학의 확률 놀이에 따르면 심지어 우리는 오늘날 4시간마다 율리우스 카이사르가 마셨던 분자 2개를 호흡한다. 세계, 고대로부터 현대까지 이어지는 세계는 우리 모두를 포용한다. 다시 말해서 세계는 우리가 잊히도록 내버려두지 않는다.

• 'Radieschen von unten sehen'이라는 독일어 숙어는 직역하면 '무의 뿌리를 아래에서 본다'는 뜻이지만, 이것이 전의되어 '무덤에 묻히다'를 의미한다.

덧붙이는 말

그때는 11월 16일 화요일이었다. 그날은 앞선 날들보다 더 추웠다. 나는 학교가 끝나 집으로 돌아왔다. 자작나무 숲을 지나, 길게 늘어선 나무 울타리를 따라서. 이웃집 마당에 자동차 한 대가 시동이 걸린 채 서 있었고, 운전석 쪽 문은 열린 채였다. 나는 가까이 다가가 차 안을 살폈다. 운전석에는 L 할아버지, 이웃집 할아버지가 손으로 가슴팍을 쥐어잡고 앞쪽만 뚫어져라 노려보았다. 나는 지금도 내가 계단을 뛰어 올라가 어머니를 소리쳐 부른 것을 생생히 기억한다. 구급차가 달려왔다. 얼마 뒤 구급차는 그대로 가버렸다. 그리고 시신을 처리할 차가 올 때까지 L 할아버지는 하얀 천으로 씌워진 채 쓰레기통 옆 마당에 그대로 누워 있었다. 나는 창문으로 그 광경을 지켜보며 그룹 퀸(Queen)의 「보헤미안 랩소디Bohemian Rhapsody」를 크게 틀어놓고 들었다. 왜? 무어라 말해야 좋을지 모르겠다. 나는 L 할아버지를 무척 좋아했다. 오늘날 그 노래를 들으면 나는

L 할아버지 생각이 난다.

그때는 1982년이다. 당시 나는 열세 살이었다. 그것이 내가 처음으로 본 죽음은 아니었으며, 물론 마지막으로 본 죽음도 아니었다. 다만 내가 명확하게 기억하는 가장 오래된 죽음이다. 그보다 앞서 보았던 죽음은 그저 내 안에 묻혔다.

당시 나는 이미 인생이 허망하다고 느꼈던 모양이다(누가 열네 살에 그린 그림에 「덧없이 흐르는 시간」이라는 제목을 붙일까?). 당시 '코모도어 64(Commodore 64)'가 내 인생 안으로 걸어 들어왔다. 이것은 가정용 컴퓨터의 이름이다. 이 컴퓨터에서 나는 '알터 에고(Alter Ego, 또 하나의 나)'라는 이름의 게임을 즐겨 했다. 탄생에서 사망까지 가상의 인생을 살아보는 이 게임은 매 순간마다 앞으로 어떻게 할지 결정해야만 한다. 무수한 가능성이 주어졌으며, 그만큼 버린 길은 많았다. 단 한 번의 시도만 허용되었으며, 중간에서 새롭게 시작할 수는 없었다. 그래서 결국 자신이 고른 인생만이 마지막에 남았다.

얼마 전 나는 다시 내가 자란 고향 마을을 찾았다. 늘 그랬듯 부모님 댁으로 가는 지름길, 공동묘지를 통과하는 지름길을 골랐다. 그곳에는 내가 어려서 보았던 노인들이 잠들어 있었다. 나는 이처럼 살아 있는데 모두 돌아가시리라는 생각은 어렸을 때는 하지 못하던 것이다. 그럼 저분들은 어땠을까? 모든 것이 순리대로 이루어진다면 당연히 할아버지가 손주보다 먼저 죽을 거라고 생각했을까? 나는 잘 모르겠다. 나는 할아버지가 아니다. 나는 인생에서 알 수 없는 일이 참 많다는 것, 대략 어떤지 생각조차 할 수 없는 일이 참 많다는 것이 환상적으로 여겨진다. 늙어서 어떤 모습으로 살아갈지 늙기 전부터 말할 수 있는 사람은 없다. 그저 늙을 때까지 기다려볼 수밖에. 그리고 늙어가는 동안 우리는 '나는 늙어서 이런 모습이 되고 싶어' 하고 품었던 희망 사항을 자연스레 잊어버린다.

부모님 댁의 내가 썼던 옛 방에서 나는 김나지움 졸업반 시절의 학급 신문을 발견했다. 덕분에 생각난 여학생, 당시 내가 몰래 짝사랑했던 여학생 이름을 인터넷에서 검색해보았다. 아무것도 없다. 나에게 여학생은 1989년의 사진으로만 남아 있다. 같은 해에 할머니가 돌아가셨다, 2월에. 나는 할머니와 할아버지를 무척 좋아했는데도 두 분에 대한 기억이 별로 없다. 하지만 할머니가 만들어주었던 절임 콩 병은 아직도 가지고 있다. 주방에 두었는데, 결코 열어보지는 않을 것이다. 병을 보면 슬며시 미소가 지어지면서 할머니에게 참 많이 감사한 마음이 든다. 여학생과 할머니 엘프리데Elfriede에게서 남은 것은 거의 없지만, 한편으로는 참 많다.

나는 이 책을 쓰고 나서 인생과 죽음을 더 많이 알게 되었을까? 그렇기도 하고 아니기도 하다. 나에게서 이 세상에 무엇이 남을지 내가 알지 못한다는 점은 예전에는 잘 몰랐던 사실이다. 이 책을 쓰며 나는 인생에 좀 더 가까이 다가갔으며, 죽음에도 마찬가지다. 우리 인생이 얼마나 아름답고도 놀라운 것인지, 죽음이 거칠고도 묵직한 울림을 준다는 점을 나는 예전보다 더 잘 알게 되었다. 나는 더욱 겸손해졌다. 마지막 구절을 쓰는 지금 내 심정은 어떤 장소나 사람 또는 세상을 떠날 때 사람들이 품는 바로 그것이리라. 해야 할 이야기가 더 많았던 것은 아닌지 나는 두렵기만 하다. 그러나 많은 경우 안타깝게도 나는 적절한 단어를 찾을 수가 없거나, 그 단어를 쓸 엄두가 나지 않았다. 지금 이 정도로 만족해야만 함을 나는 안다. 언제나 마무리는 이 정도로 만족하자는 마음가짐을 가져야만 이루어지니까.

나를 도와준

모든 분에게 감사한다.

나에게 생각을 길어 올릴

샘이 되어준 모든 분에게 감사한다.

나에게 남았거나, 떠난 모든 분에게도.

그리고 마지막까지 읽어준 모든 분에게도

감사를 드린다.

늘 언젠가는

마지막 쪽이 찾아온다.

그다음에는 다시

모든 것이 가능하다.

존재의 박물관

1판 1쇄 발행 2022년 5월 10일
1판 3쇄 발행 2024년 6월 10일

지은이 스벤 슈틸리히
옮긴이 김희상
펴낸이 이종호
편 집 김미숙
디자인 씨오디
발행처 청미출판사
출판등록 2015년 2월 2일 제2015-000040호
주 소 서울시 마포구 토정로 158, 103-1403
전 화 02-379-0377
팩 스 0505-300-0377
전자우편 cheongmipub@daum.net
블로그 blog.naver.com/cheongmipub
페이스북 www.facebook.com/cheongmipub
인스타그램 www.instagram.com/cheongmipublishing

ISBN 979-11-89134-31-0 03100

* 책값은 뒤표지에 있습니다.